电气化铁路概论

中国铁路经济规划研究院有限公司　著

西南交通大学出版社
·成　都·

图书在版编目（CIP）数据

电气化铁路概论 / 中国铁路经济规划研究院有限公司著. -- 成都：西南交通大学出版社，2024.11.
ISBN 978-7-5643-9994-8

Ⅰ.U22

中国国家版本馆 CIP 数据核字第 2024BN3424 号

Dianqihua Tielu Gailun
电气化铁路概论

中国铁路经济规划研究院有限公司　著

策 划 编 辑	张　波
责 任 编 辑	李芳芳
封 面 设 计	曹天擎
出 版 发 行	西南交通大学出版社
	（四川省成都市金牛区二环路北一段 111 号
	西南交通大学创新大厦 21 楼）
营销部电话	028-87600564　028-87600533
邮 政 编 码	610031
网　　　址	http://www.xnjdcbs.com
印　　　刷	四川煤田地质制图印务有限责任公司
成 品 尺 寸	210 mm × 285 mm
印　　　张	19.5
字　　　数	493 千
版　　　次	2024 年 11 月第 1 版
印　　　次	2024 年 11 月第 1 次
书　　　号	ISBN 978-7-5643-9994-8
定　　　价	100.00 元

图书如有印装质量问题　本社负责退换

版权所有　盗版必究　举报电话：028-87600562

《电气化铁路概论》编委会

编辑委员会

委　员　崔校玉　邓云川　霍中原　何正友　景德炎　李红梅
　　　　李　强　刘长志　刘孟恺　刘永红　罗利平　林云志
　　　　马劲飞　隋延民　王立天　王培雄　韦友春　魏宏伟
　　　　温建民　吴凤娟　吴命利　张　涛
　　　　（以姓氏拼音为序）

顾　问　钱清泉　周孝文　张润宝

编写组

主　编　景德炎
副主编　邓云川　张　涛　李红梅　霍中原

参　编　曹伟华　陈　敏　董志杰　方志国　谷元平　何常红
　　　　何国军　黄　军　黄玲珍　黄文勋　蒋功连　李　剑
　　　　李进军　李文豪　黎　锋　刘　浩　刘志刚　鲁小兵
　　　　邵健强　邵　明　盛望群　宋可荐　苏鹏程　王爱竞
　　　　王继来　王潘潘　王玉环　吴积钦　吴亚飞　汪自成
　　　　杨　佳　杨俊明　杨　可　杨袁煌　解绍锋　叶　涛
　　　　姚夕平　于素芬　赵春艳　占　栋　赵大伟　智　慧
　　　　周玉杰　祝幼强
　　　　（以姓氏拼音为序）

评审委员会

组　长　钱清泉
成　员　高仕斌　蒋先国　李群湛　李　晋　林宗良
　　　　戚广枫　倪少权
　　　　（以姓氏拼音为序）

序
PREFACE

中国铁路经济规划研究院领衔编著的《电气化铁路概论》就要出版了，我感到十分高兴和欣慰。我国电气化铁路自 1961 年 8 月 15 日宝成线宝鸡至凤州段建成通车以来，已经走过了 63 年波澜壮阔的伟大历程。电气化从无到有，从小到大，从弱到强，凝聚了一代又一代电气化人的心血和汗水，电气化规模不断扩大，技术水平不断提高。到 2023 年底，我国电气化铁路总里程已达到 11.9 万千米，技术标准整体达到国际先进水平，电气化率 75.3%，占世界电气化铁路总里程的比重超过 30%，高居世界第一位。中国已成为世界第一的电气化铁路大国，并进入电气化铁路强国行列。

电气化在我国铁路运输中处于十分重要的地位，其无可比拟的优越性和强大的牵引动力，支撑起了中国高速铁路、重载铁路的发展。2023 年电气化铁路完成了铁路货运周转量的 92.7%，电力牵引的动车组完成了旅客发送量的 75.2%，电气化是我国铁路运输的脊梁。电气化铁路对于促进国民经济发展、提高人民生活水平、实现节能减排"双碳战略"，发挥着越来越重要的作用，是我国铁路现代化的重要标志之一。

电气化是与行车组织和运输能力相匹配的铁路重要基础设施，与铁路运量、行车、线路、桥梁、隧道、站场、机务、车辆、通信、信号等众多专业联系紧密。本书深入浅出地介绍了电气化铁路基础知识，阐述了电气化与相关专业及电力等部门的联系和配合关系，是一本系统的电气化铁路专业科普图书。本书的出版发行，填补了我国电气化铁路总体设计方面的空白，是路内外从事与电气化铁路相关工作专业人员难得的一本参考指南，对于电气化铁路建设和运营管理，具有十分重要的意义。

希望通过此书的出版发行，进一步普及电气化铁路基础知识，加强电气化与相关专业和部门的协作与配合，提高我国电气化铁路的整体水平，宣传我国电气化铁路建设的伟大成就，并激励电气化专业人员继承电气化的光荣传统，增强使命感和责任感，再接再厉，更好地总结经验，形成与国际接轨的、引领世界的中国电气化铁路标准体系，打造中国电气化铁路的国际品牌，推动电气化为中国铁路及国民经济的发展作出更大的贡献。

钱清泉

2024年1月24日

前言
FOREWORD

中国电气化铁路从1961年8月15日宝成线宝鸡至凤州段建成通车开始起步，已经走过了63年不平凡的历程。电气化铁路从初期的隧道多、坡度大的山区铁路，向平原、长大干线铁路发展，并以其牵引特性好、节约和综合利用能源、环境污染小等无可比拟的优越性，发展成为中国铁路主要的牵引动力模式，我国高速铁路、重载铁路和众多干线铁路全部采用了电力牵引。截止到2023年底，中国电气化铁路总里程119 395 km，电气化率75.3%，占世界电气化铁路总里程的比例超过30%，中国已成为世界第一的电气化铁路大国。

中国电气化铁路从起步之初，就全部采用了世界上最先进的单相工频25 kV交流供电制式。避免了大部分国家早期采用的低压直流供电制式、德国等部分北欧国家采用的低频交流供电制式的弯路，为中国电气化铁路的发展奠定了良好的基础。

1985年建成的京秦铁路首次采用了AT供电方式，大大提高了电气化铁路的牵引供电能力，并成为以后重载铁路、高速铁路的主要牵引供电方式。

1992年建成了中国第一条以运煤为主、开行万吨重载列车、年运量1亿吨的大秦重载电气化铁路。目前大秦铁路通过几次扩能和牵引供电能力加强改造，已开行2万吨重载列车、年运量超过4亿吨。

1998年160 km/h的准高速铁路——广深电气化铁路投入运营，电气化开始向高速方向进军。在建成广深线和京沪高速铁路前期研究工作的基础上，结合铁路大提速的经验，2003年建成了秦沈客运专线，这是中国自主设计、自主施工建成的第一条进入高速序列的电气化铁路，试验时速达到了321.5 km/h，为后来中国高速电气化铁路的发展积累了宝贵的实践经验。

中国电气化铁路在几十年技术和经验积累的基础上，不断学习、创新和提高，特别是京秦线、大秦线、广深线、哈大线、秦沈客运专线的建设，大大促进了中国电气化铁路技术、装备水平的提高,成为中国电气化铁路走向现代化的重要里程碑。

2008年以京津城际铁路建成为标志,中国电气化铁路全面进入了高速铁路发展时期,陆续建成了京广、哈大、京沪、沪昆等四纵四横高速铁路网。2010年12月3日京沪高速铁路运营列车创造了486.1 km/h的世界纪录,京沪高速铁路是世界上一次建成里程最长、建设标准最高、运营试验速度最高的高速铁路。2023年中国已投入运营的高速铁路营业里程达到4.5万千米,遥居世界第一位。中国已成为世界上高速铁路系统技术最全、集成能力最强、运营里程最长、运行速度最高、在建规模最大的国家。

中国电气化铁路经过60多年的发展,从无到有,从小到大,从弱到强,已经形成了完整的电气化铁路工业体系和技术标准体系,从科研、设计、施工、设备制造到运营管理,都具有了雄厚的实力和丰富的经验,中国电气化铁路综合实力已处于世界领先地位。

本书由中国铁路经济规划研究院有限公司(工程设计鉴定中心)领衔,中国铁路设计集团,中铁第一、二、四、五、六院,中铁工程设计咨询集团,中铁上海设计院,西南交通大学、北京交通大学共同编写。参编主要专家全程参与了改革开放以来中国铁路高速发展时期电气化铁路及高速铁路技术研究、标准制定和工程建设工作,是中国电气化铁路建设的参与者和见证人。

主编景德炎负责全书的策划,编写目录大纲,领衔负责第1篇概述的编写,参与其他篇章部分内容的编写,并对全书编写内容进行协调和完善,负责全书最后定稿。副主编邓云川、张涛、李红梅分别领衔负责第2篇牵引供电、第3篇牵引变电、第4篇接触网的编写,并对各自负责的篇目编写内容进行协调和完善。副主编霍中原协助景德炎负责对全书的协调和完善工作,并参与了部分章节的编写。

各篇章作者如下:

第1篇 概 述

1. 电气化铁路概述,王继来、景德炎、解绍锋、宋可荐。
2. 电气化铁路特点及电气化与相关专业的关系,宋可荐、黎锋、景德炎。

第2篇 牵引供电

3. 行车与牵引负荷,占栋、景德炎。
4. 牵引供电负荷特性,宋可荐、董志杰、霍中原。
5. 牵引供电系统的组成及分布原则,黄玲珍、汪自成、黄军、景德炎。

6. 牵引供电方式，黄文勋、盛望群。

7. 牵引变压器结线，陈敏、苏鹏程。

8. 电气参数计算原则，邓云川、智慧、李剑、董志杰。

9. 牵引供电系统电能质量，赵大伟、宋可荐、景德炎。

10. 牵引供电系统外部条件的协调与配合，解绍锋、黄文勋、霍中原。

第3篇　牵引变电

11. 牵引变电主接线，李进军。

12. 牵引变电设施平面布置和选址，李进军、霍中原。

13. 牵引变电设备，王潘潘、赵春艳。

14. 综合自动化系统，姚夕平、杨可。

15. 辅助监控系统及在线监测系统，杨可。

16. 牵引变电绝缘、防雷、接地与回流，蒋功连、邵健强。

17. 交、直流所用电系统，叶涛。

18. 牵引供电调度控制系统，邵明、张涛。

19. 智能牵引供电系统，张涛。

20. 特殊环境地区的影响及对策，蒋功连、姚夕平、李进军。

21. 牵引变电外部接口与配合，李进军、景德炎、陈杰。

第4篇　接触网

22. 接触网系统构成及环境条件，方志国、李红梅、黎锋、杨佳、祝幼强、吴亚飞。

23. 接触网悬挂类型，何常红、李文豪、黎锋、方志国。

24. 导线与张力，李文豪、周玉杰、李红梅。

25. 接触网主要技术参数，何国军、杨俊明、方志国、刘浩。

26. 接触网支柱与基础，吴亚飞、王爱竞、于素芬、王玉环。

27. 接触网支持装置，王玉环、谷元平、杨袁煌、李文豪。

28. 接触网主要设施，杨佳、鲁小兵、方志国、景德炎。

29. 接触网平面布置，何国军、杨俊明、方志国、刘浩、霍中原。

30. 接触网绝缘、防雷、接地与回流，黎锋、霍中原、李红梅。

31. 接触网零部件，周玉杰、曹伟华。

32. 弓网受流系统与受流质量评价，吴积钦、刘志刚、李红梅。

33. 接触网外部接口与配合，霍中原、方志国、曹伟华。

刘洪升、胡晓丹、王利军、宋梦容、岳岩、杨洋、徐钊、宋洋、段甫川等参与了相关章节的研讨和部分插图的绘制、修改工作，其他为本书编写提供支持和帮助的专家和同仁，恕不一一列举，在此一并表示衷心的感谢。

本书在编写过程中得到了国铁集团发改部、科信部、工电部，铁科院有关部门和专家的大力支持和帮助，提供了许多基础资料。中铁二、四院，西南交通大学出版社在书稿的编写、修改过程中，提供了良好的技术支持和工作协助。书中大部分照片由景德炎拍摄，李书涛、李振仓、张家玮参与了部分照片的拍摄，在铁路现场调研和照片拍摄过程中，得到了中铁建电化局，中铁二、四院，中铁广州、成都、南昌、西安局集团公司的大力支持和现场配合。中铁一、二、四院和中国铁路设计集团，中铁电化局，中铁建电化局提供了部分照片，其余照片由章节编写作者提供。倪少权、王青元、耿敬春对行车章节提出了许多合理的修改建议。中国工程院院士、西南交通大学教授钱清泉老师，十分关心本书的编写，并主持了书稿的评审，提出了许多宝贵的意见和建议。在此一并表示衷心的感谢！

电气化是一个与铁路众多专业联系紧密的专业。本书系统介绍了电气化铁路的发展历程及牵引供电、牵引变电和接触网基础知识，在此基础上综合描述了电气化与运量、行车、线路、地质、路基、桥梁、隧道、站场、机务、车辆、电力、通信、信号、房建等相关专业的联系及配合关系，并介绍了电气化铁路外部电源及电能质量、电力迁改相关知识，为路内外相关专业人员提供一本系统的参考书，也可供电气化铁路从业人员参考。

希望通过此书的编辑出版，有助于科普电气化铁路基础知识，帮助我们进一步做好电气化与相关专业或相关部门的配合协调工作，系统性提升中国电气化铁路的整体技术水平，更好地促进我国电气化铁路事业的发展，为中国铁路及国民经济的发展作出更大的贡献。

由于本书涉及时间跨度大、内容广泛，疏漏之处在所难免，恳请读者批评指正，以利今后进一步修改完善。

作　者

2024 年 4 月

目 录
CONTENTS

第 1 篇　概　述

1　电气化铁路概述 ... 3
1.1　电气化铁路基本原理 ... 3
1.2　电气化铁路的优越性 ... 5
1.3　世界电气化铁路概况 ... 7
1.4　中国电气化铁路发展综述 ... 10

2　电气化铁路特点及电气化与相关专业的关系 ... 13
2.1　电气化铁路特点 ... 13
2.2　电气化与铁路相关专业的关系与配合 ... 16

第 2 篇　牵引供电

3　行车与牵引负荷 ... 21
3.1　铁路主要技术标准对牵引供电负荷的影响 ... 21
3.2　电气化铁路运输组织特点 ... 23

4　牵引供电负荷特性 ... 24
4.1　电力机车、动车组机电特性 ... 24
4.2　牵引供电负荷特性 ... 31

5　牵引供电系统的组成及分布原则 ... 34
5.1　牵引供电系统 ... 34
5.2　牵引变电设施 ... 34
5.3　牵引网 ... 37
5.4　牵引供电设施分布原则 ... 38
5.5　枢纽供电原则及方案 ... 40

6 牵引供电方式 56
6.1 直接供电方式 56
6.2 带回流线的直接供电方式 56
6.3 AT 供电方式 57

7 牵引变压器结线 59
7.1 Y/△结线牵引变压器 59
7.2 单相结线牵引变压器 59
7.3 V 结线牵引变压器 60
7.4 斯柯特平衡结线牵引变压器 61
7.5 阻抗匹配平衡结线牵引变压器 62

8 电气参数计算原则 64
8.1 阻抗计算 64
8.2 电压计算 64
8.3 变压器容量计算 65
8.4 牵引网载流及导线截面计算 65
8.5 牵引供电系统损耗计算 66
8.6 其他电气参数计算 66

9 牵引供电系统电能质量 67
9.1 电能质量国家标准要求 67
9.2 电气化铁路电能质量典型问题及治理措施 71

10 牵引供电系统外部条件的协调与配合 76
10.1 牵引供电系统外部电源 76
10.2 影响电气化铁路的电力线路处理措施 79
10.3 油气管道电磁干扰防护 81

第 3 篇 牵引变电

11 牵引变电主接线 87
11.1 牵引变电所 87
11.2 分区所 90
11.3 AT 所 90
11.4 开闭所 91

12 牵引变电设施平面布置和选址 ... 92

12.1 牵引变电设施平面布置 ... 92

12.2 牵引变电设施选址 ... 93

13 牵引变电设备 ... 95

13.1 牵引变压器 ... 95

13.2 自耦变压器 ... 96

13.3 断路器 ... 97

13.4 隔离开关 ... 98

13.5 互感器 ... 100

13.6 避雷器 ... 102

13.7 牵引变电所电源侧高压组合电器 ... 102

13.8 27.5 kV 空气绝缘成套配电装置（27.5 kV AIS 开关柜） ... 103

13.9 27.5 kV/2×27.5 kV 气体绝缘成套配电装置（GIS 开关柜） ... 104

13.10 箱式分区所（开闭所） ... 106

14 综合自动化系统 ... 107

14.1 系统构成 ... 107

14.2 测 量 ... 109

14.3 控 制 ... 109

14.4 继电保护 ... 109

15 辅助监控系统及在线监测系统 ... 114

15.1 辅助监控系统 ... 114

15.2 在线监测系统 ... 117

16 牵引变电绝缘、防雷、接地与回流 ... 118

16.1 电气装置绝缘与绝缘配合 ... 118

16.2 防 雷 ... 118

16.3 接地与回流 ... 120

17 交、直流所用电系统 ... 123

17.1 交流所用电系统 ... 123

17.2 直流所用电系统 ... 123

18 牵引供电调度控制系统 ... 125

18.1 SCADA 系统构成 ... 125

18.2 SCADA 系统主站功能 ... 127

  18.3 SCADA 系统通信传输 ·············· 128
  18.4 SCADA 系统被控站 ················ 129

19 智能牵引供电系统 ························ 130

20 特殊环境地区的影响及对策 ················ 131
  20.1 寒温及寒冷地区 ···················· 131
  20.2 大风沙地区 ·························· 131
  20.3 沿海地区 ···························· 132
  20.4 高海拔地区 ·························· 132
  20.5 地震高发地区 ······················ 132

21 牵引变电外部接口与配合 ·················· 133
  21.1 铁路外部接口 ······················ 133
  21.2 铁路内部接口 ······················ 133

第 4 篇 接触网

22 接触网系统构成及环境条件 ················ 143
  22.1 温 度 ······························ 143
  22.2 风 速 ······························ 144
  22.3 覆 冰 ······························ 145
  22.4 雷 电 ······························ 146
  22.5 污秽条件 ···························· 146
  22.6 海 拔 ······························ 147
  22.7 地 震 ······························ 148
  22.8 路基土壤类型与力学性能 ········ 148
  22.9 其他外部条件 ······················ 149

23 接触网悬挂类型 ···························· 151
  23.1 简单悬挂 ···························· 151
  23.2 简单链形悬挂 ······················ 152
  23.3 弹性链形悬挂 ······················ 153
  23.4 刚性悬挂 ···························· 154

24 导线与张力 ································ 156
  24.1 接触线 ······························ 156

	24.2	承力索	157
	24.3	吊弦	158
	24.4	弹性吊索	160
	24.5	附加导线	161

25　接触网主要技术参数 162

	25.1	接触线高度	162
	25.2	结构高度	163
	25.3	拉出值	163
	25.4	侧面限界	164
	25.5	跨　距	164
	25.6	锚段关节及锚段长度	164

26　接触网支柱与基础 166

	26.1	支　柱	166
	26.2	软横跨与硬横跨	170
	26.3	吊　柱	173
	26.4	支柱基础	173
	26.5	预埋结构	179

27　接触网支持装置 189

	27.1	腕臂安装	189
	27.2	定位装置安装	192
	27.3	车站接触网安装	194
	27.4	桥梁接触网安装	203
	27.5	隧道内接触网安装	206
	27.6	跨线建筑物接触网安装	214

28　接触网主要设施 219

	28.1	锚段关节	219
	28.2	下锚及中心锚结	220
	28.3	道岔定位	225
	28.4	电连接	228
	28.5	电分段	229
	28.6	电分相	231

29　接触网平面布置 236

	29.1	站场接触网平面布置	236
	29.2	站台区域接触网布置	240

29.3 区间接触网平面布置 ·· 244
29.4 接触网供电分段 ·· 250
29.5 接触网 V 停反行 ·· 251
29.6 接触网景观设计 ·· 252

30 接触网绝缘、防雷、接地与回流 ·· 256
30.1 接触网绝缘与绝缘配合 ··· 256
30.2 接触网雷电防护 ·· 257
30.3 接触网接地、回流与电气安全 ·· 257

31 接触网零部件 ·· 260
31.1 接触网零部件分类 ·· 260
31.2 接触网零部件的标准化 ··· 269
31.3 接触网零部件试验 ·· 271

32 弓网受流系统与受流质量评价 ··· 272
32.1 接触网的几何特性 ·· 272
32.2 弓网动态相互作用评价 ··· 273
32.3 弓网动态相互作用的仿真要求 ·· 274
32.4 弓网动态相互作用的检测要求 ·· 275
32.5 供电安全检测监测系统 ··· 275

33 接触网外部接口与配合 ·· 277
33.1 土建专业接口 ··· 277
33.2 "四电"接口 ·· 283
33.3 其他专业接口 ··· 285

参考文献 ·· 288

后　记 ·· 290

复兴号

CR400AF-A-206

414m 350km/h

第1篇　概　述

电气化铁路是以电力作为牵引动力的铁路系统，通过在铁路沿线架设的接触网，为电力机车或动车组供电，从而驱动列车运行。电气化铁路的电源一般来自电网。

电气化铁路具有功率大、速度快、能源利用效率高、环境污染小等优点，在现代铁路运输中处于主导地位。高速铁路、重载铁路一般采用电力牵引。

电气化铁路牵引供电系统是与铁路运输能力和行车组织相适应的主要基础设施，并与铁路线路、站场、路基、桥梁、隧道、通信、信号等专业及电网存在着十分紧密的联系，需要相互协调和配合。

1 电气化铁路概述

1.1 电气化铁路基本原理

铁路牵引动力随着科技的发展和社会的进步，从最初采用煤炭的蒸汽机车牵引，发展到后来的采用柴油的内燃机车牵引和采用电力的电力机车牵引。目前，我国铁路以电力牵引为主，内燃牵引为辅。

电力机车（动车组）产生牵引动力，但列车本身并不带有电源装置，需由外界即电网供给电能。因此，必须在铁路沿线设置一套完善的、不间断地向列车供电的设施，这种设施构成的系统就是牵引供电系统。

采用电力牵引的铁路称为电气化铁路。

1.1.1 电力系统

电力系统是指发电、供电（输电、变电、配电）和用电设备组成的整体。电力系统组成如图 1.1 所示。其中电力系统中不包含发电厂和用电设备的部分称为电网。电气化铁路作为电力用户从电网接引电源，获取源源不断的电能供给。我国电气化铁路为电力一级负荷，一般接引 2 路相互独立的电源：一路供电，一路备用。

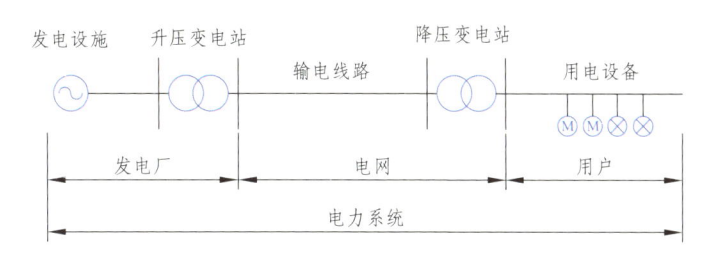

图 1.1 电力系统组成示意图

1.1.2 牵引供电系统

电气化铁路从电网接引电源后，并不能直接供给列车使用，需要由铁路牵引供电系统将电网电源转换成适合铁路运用的制式，才能供给电力机车（动车组），驱动列车运行。

牵引供电系统主要包括牵引变电所和牵引网两部分。牵引变电所是牵引供电系统的核心电源设施（与牵引变电所配套的还有分区所、AT所、开闭所等设施），它完成降压、分相并向牵引网供电等功能，实现电网三相交流电源系统与铁路单相牵引供电系统的接口与系统转换。牵引网是沿铁路线给列车供电的电气网络，由供电线、接触网、钢轨/地及回流线或正馈线等组成。电网电源经牵引变电所降压变换后由供电线输送给接触网，列车从接触网获取电能牵引列车运行，牵引电流再经钢轨/地、回流线或正馈线返回牵引变电所。牵引供电系统组成如图1.2所示。

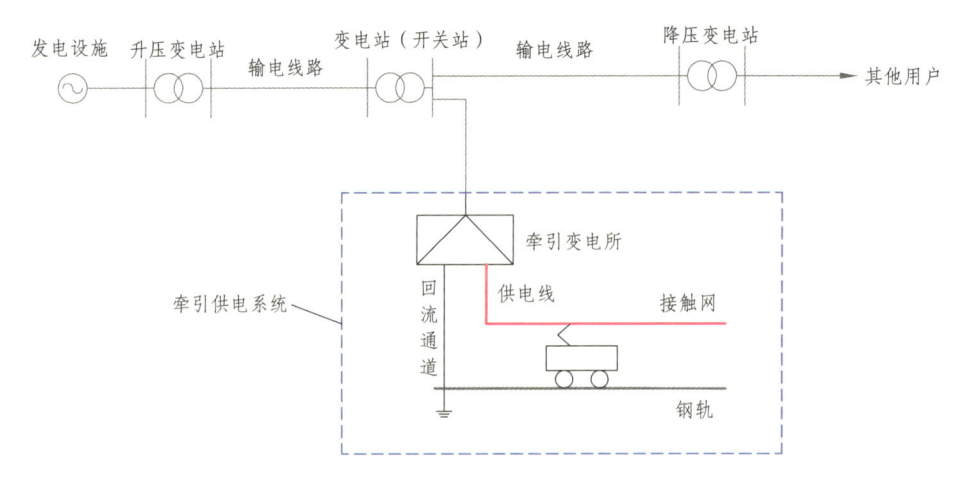

图 1.2　牵引供电系统组成示意图

1.1.3　电力机车（动车组）牵引原理

电力机车（动车组）利用电能来驱动电机牵引列车运行。我国电气化铁路列车采用交流-直流牵引系统（简称交-直牵引系统）和交流-直流-交流牵引系统（简称交-直-交牵引系统）两种电力牵引方式。交-直牵引系统采用直流电机牵引，设置了交-直转换环节，向牵引电机提供直流电源；交-直-交牵引系统采用交流电机牵引，为实现交流电机的调频调速，在直流牵引系统的基础上，增设了一个直-交转换环节，向牵引电机提供可变频、变压的交流电源。

1. 交流-直流牵引系统

我国早期的电气化铁路采用交-直牵引系统，如广泛使用的韶山系列电力机车及较早使用的其他类型电力机车都是交-直型电力机车。交-直牵引系统结构如图1.3所示。

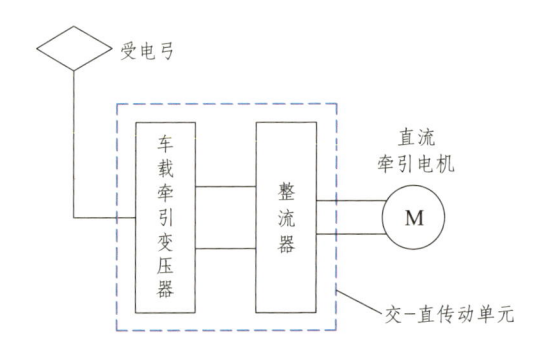

图 1.3　交-直牵引系统结构示意图

电力机车由受电弓从接触网取得单相交流电，再经车载牵引变压器降压后，由二极管整流器或晶闸管相控整流器将交流电整流为直流电，然后向直流牵引电机供电。交-直型电力机车采用电阻制动，制动电能通过电阻消耗掉。我国在 2006 年已停止交-直型电力机车的生产，存量的交-直型电力机车也将在使用期满后逐渐淘汰。

2. 交流-直流-交流牵引系统

随着大功率半导体器件及电力电子技术的发展，比交-直牵引系统更为先进的交-直-交牵引系统应运而生。交-直-交牵引系统结构如图 1.4 所示。电力机车或动车组由受电弓从接触网取得单相交流电，经车载牵引变压器降压后，由四象限脉冲整流器整流成直流电，再经过逆变器，把直流电转换成可变频、变压的三相交流电，然后向交流牵引电机供电。交-直-交型电力机车（动车组）采用再生制动，将制动电能反送回牵引网，供其他列车使用或反馈回电网，此时逆变器成了整流器，而整流器变为逆变器。交-直-交牵引系统牵引和再生制动是两个可逆的工况。

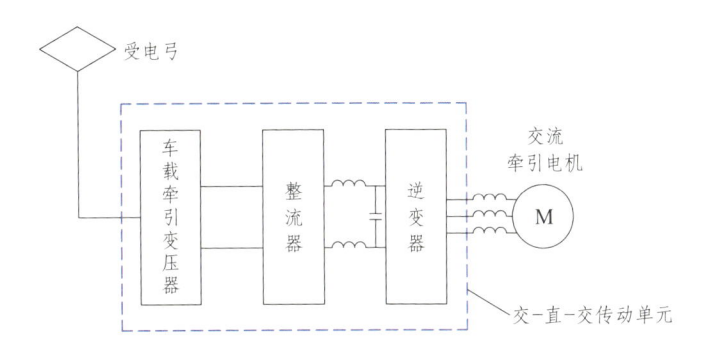

图 1.4 交-直-交牵引系统结构示意图

交-直-交牵引系统具有功率大、调速方便、电能质量好、节能等优点。我国自 20 世纪 90 年代开始研制交-直-交电力机车、动车组，目前生产的交-直-交型电力机车和动车组主要包括和谐号系列、复兴号系列，已在铁路全面推广应用。

1.2 电气化铁路的优越性

电气化铁路采用电力作为牵引动力，牵引功率大，能够综合利用能源，能源利用率高，对环境污染小，具有内燃牵引无可比拟的优越性。

1. 牵引功率大，能大幅度提高铁路运输能力

列车本身不需要储备燃料及装备产生能量的装置，动力装置简单、可靠，且电力牵引结构相对轻便，具有更大的牵引功率，牵引电机具备更大扭矩及更高轴功率，能够提供速度更高、牵引力更大的运载能力，能够多拉快跑，大幅度提高铁路运输能力。电力牵引除设有空气制动装置外，还设有电气制动装置，下坡再生制动电能还能助力上坡列车的牵引能力，在山区铁路及运输繁忙的铁路干线更显示其巨大的优越性。世界各国的高速铁路、重载铁路大都采用电力牵引。

2. 能够综合利用能源

电力机车（动车组）所需的电能来自电力系统。电力系统电能的来源十分广泛，电力是应用最广的能源型式。除传统的火力发电、水力发电外，还可利用核能发电、风力发电、太阳能发电、氢能发电、生物质能发电、潮汐发电、地热发电等电源。电气化铁路相当于间接利用了各种一次能源，这是内燃牵引所无法比拟的。随着国家"双碳"战略的实施，可再生能源的广泛推广利用，电力牵引采用电能的可持续发展优势会越来越突出。电气化铁路高度切合国家的能源发展战略，合理综合利用能源特别是可再生能源，减少交通运输对石油的依赖和对环境的影响，具有重要的战略意义。

3. 能源利用效率高

铁路发展经历了三种能源牵引动力模式，分别为蒸汽牵引、内燃牵引、电力牵引。蒸汽牵引终端能源利用效率最低，只有8%左右，目前我国早已淘汰了蒸汽牵引。

内燃牵引以内燃机作为原动力，我国铁路采用的内燃机车绝大多数配备柴油机，柴油在汽缸内燃烧，将热能转换为机械能，牵引列车在轨道上运行。电力牵引不是单纯直接利用一种能源，而是从电网接引电源，相当于综合利用了各种一次能源，包括燃煤发电、水力发电、新能源发电等，且发电厂集中发电装机容量大，能源利用效率高。电力牵引先由牵引供电系统将电网的电能转换成合适的制式供给电力机车或动车组，再经变换后驱动电动机牵引列车在轨道上运行。参照《综合能耗计算通则》（GB/T 2589）的方法，从一次初始能源开始计算，目前内燃牵引终端能源利用效率约为25%，电力牵引终端能源利用效率约为40%[①]。很显然，电力牵引能源利用率高，能综合利用能源。

另外，我国目前广泛使用的交-直-交型电力机车和动车组普遍采用再生制动，将制动能量转换成电能返回接触网或电网再次利用，这将进一步提高电力牵引的能源利用效率，节能效果十分明显。

4. 运营成本低

列车电力牵引设备结构相对简单，摩擦运动部件少，牵引电机和电气设备工作稳定可靠，因而检修周期长，维修工作量小，可以减少维修人员和维修费用。且电力牵引运行速度高，可加速机车车辆的周转，在完成同一运量的条件下，可减少机车车辆数量。还有整备作业少，不需中途加油，能够长距离运行，便于实行长交路、轮乘制。以及电力牵引能够综合利用能源，能源利用率高，能源成本费用低。内燃机车与电力机车的维修周期如表1.1所示。

表1.1 内燃机车与电力机车的维修周期对比

周期	内燃机车/万千米	电力机车/万千米	调车、小运转机车	
			内燃机车	电力机车
大修	70～90	160～200	8～10年	≥15年
中修	23～30	40～50	2.5～3年	≥3年
小修	4～6	8～10	4～6个月	≥6个月
辅修	>2	1～3	≥2个月	≥2个月

---

① 注：由于新能源快速发展，目前电网结构变化比较大，能源利用效率计算结果可能存在一定差异，此处数据仅供参考。

根据三种牵引类型共存年代铁道部完成的全路运输业务决策报告，分别对蒸汽机车、内燃机车和电力机车三种牵引类型列车的机务成本进行了计算，以电力机车牵引为100%，则内燃机车牵引为136.9%，蒸汽机车牵引为135.1%。其中，大修费以电力机车牵引为100%，则内燃机车牵引为297.3%，蒸汽机车牵引为160.3%。因此，电力牵引的运营成本低、劳动生产率高、经济效益好。

对于长期运量偏少的铁路而言，电气化需要建造专门的牵引供电系统，初期投资增多且需要持续的维护成本支出。不考虑综合利用能源和环境影响等社会效益，单纯从铁路经济性而言，运量偏小的电气化铁路的运营成本低有其局限性。

5. 环境友好，有利于保护环境和提高舒适性

电力牵引本身不直接产生废气、废水和烟尘，对环境无污染。采用的电能中，水电、风电等绿色能源基本没有污染。即使是火电，火电厂影响范围小且易于集中治理。电力牵引可大大减少铁路交通对环境的污染，对沿途环境友好，还能提高旅客的舒适度和改善司机及铁路工作人员的工作条件。所以，电力牵引可以实现绿色铁路，对于节能减排、保护绿水青山、创建和谐型社会具有十分重要的意义。

1.3 世界电气化铁路概况

1.3.1 电气化铁路的起源

1879年5月31日在德国柏林举办的世界贸易博览会上，德国西门子和哈尔斯克公司展示了世界上第一条电气化铁路试验线。这条电气化铁路长300 m，电力机车总质量954 kg，安装了2.2 kW 直流电动机，由150 V 外部直流电源经铺设在轨道中间的第三轨供电，与两条走行轨构成电流回路。它牵引三节敞开式车厢，每个车厢可以乘坐6名乘客，最高运行速度13 km/h。试验线运营引起了参观人员的极大兴趣，在四个月的展览期间共运送了8万多名乘客，试验现场照片如图1.5所示。这次博览会展示的电气化铁路在社会上引起了广泛的关注，为电气化铁路这种新型交通模式的应用起到了巨大的推动作用。

电气化铁路在柏林工业博览会上的巨大成功使其很快被用于商业运行。1881年5月12日，西门子和哈尔斯克公司在柏林近郊的利希特菲尔德修建的一条长2.45 km 的电气化铁路正式投入运行，这是世界上第一条商业运行的电气化铁路。

随着电气化铁路雏形的出现，西欧、美国、日本等纷纷开始修建电气化铁路。英国于1885年在伦敦修建了世界上第一条由架空导线供电的市内电车线路；1895年美国在巴尔的摩至俄亥俄之间的隧道区段内修建了一条5.6 km 直流675 V 供电的电气化铁路；1895年日本东京下京区修建了直流500V 电气化铁路；意大利于1902年修建了三相交流电气化铁路。到了19世纪末20世纪初，这种有轨电车、地铁等模式的电气化铁路已经成为当时发达城市的重要交通工具。后来，随着工业进步和电气化技术的发展，电气化铁路才逐渐应用于城市之间的客货干线铁路运输。1903年建成的柏林至汉堡电气化铁路，是世界上第一条干线电气化铁路。

图 1.5 世界第一条电气化铁路试验现场照片

1.3.2 电气化铁路的发展

电气化在干线铁路的运用，促进了电气化铁路技术的成熟和标准化。随着近代欧洲工业化发展，电气化铁路得到了广泛的推广和应用。特别是第二次世界大战之后，世界经济开始恢复和重建，欧美等工业化发达国家交通运输需求迅猛增长，铁路在运输能力和效率方面的优势得以凸显，极大地促进了电气化铁路的快速发展。20 世纪 60~70 年代是世界电气化铁路发展最快的时期，平均每年修建达 500 km。在此期间，工业发达的苏联、日本、欧洲各国的繁忙铁路干线都基本实现了电气化，并逐渐形成了电气化铁路网。随着经济发展和技术进步，高速电气化铁路开始萌芽。1964 年 10 月 1 日，在东京奥运会召开之际，日本开创性地建成了世界第一条高速铁路——东海道新干线，引起了世界铁路界的极大关注，为电气化铁路的发展注入了强劲的推动力。

20 世纪 80 年代以后，中国、印度、土耳其、巴西等发展中国家掀起了电气化铁路的建设高潮，特别是中国以空前绝后的速度，迅速成为世界电气化铁路里程第一的国家。日本、法国、德国等国家则进一步发展高速铁路，相继建成了时速 250 km 以上的高速电气化铁路网。进入 21 世纪后，世界进入了高速铁路建设新时代，以中国为代表的发展中国家开始进入高速铁路发展行列。中国高速铁路建设突飞猛进、日新月异，快速建成了"四纵四横"高速铁路网，一举成为世界高速铁路里程最长、技术标准最高的国家。

高速铁路已经成为国家社会经济发展水平和铁路现代化的重要标志。

世界主要国家电气化铁路运营指标统计如表 1.2 所示。

表 1.2 世界主要国家电气化铁路运营指标

国别	铁路营业里程/km	电气化里程/km	电气化率	外部电源电压	牵引供电方式	接触网悬挂类型
中国	158 601	119 395	75.3%	110 kV、220 kV、330 kV	AC 25 kV 50 Hz；带回流线的直接供电、AT 供电方式	简单链形悬挂、弹性链形悬挂
俄罗斯	85 494	44 067	51.5%	110 kV、220 kV	AC 25 kV 50 Hz、DC 3.0 kV；直接供电方式、AT 供电方式	简单链形悬挂、弹性链形悬挂、菱形悬挂
印度	67 415	34 319	50.9%	132 kV、220 kV	AC 25 kV 50 Hz、DC 1.5 kV；直接供电方式	简单链形悬挂
日本	19 123	11 756	61.5%	154 kV、220 kV、275 kV	AC 25 kV、AC 20 kV、50 Hz、60 Hz 和 DC 1.5 kV；直接供电方式、AT 供电方式	简单链形悬挂、复链形悬挂
法国	28 241	16 686	59.1%	225 kV、400 kV	AC 25 kV 50 Hz、DC 1.5 kV；直接供电方式、AT 供电方式	简单链形悬挂
德国	33 422	20 347	60.9%	110 kV	AC 15 kV $16\frac{2}{3}$ Hz、DC 0.75 kV；直接供电方式、AT 供电方式	简单链形悬挂、弹性链形悬挂
英国	16 295	6 125	37.6%	110 kV	AC 25 kV 50 Hz	简单链形悬挂
西班牙	15 185	8 847	58.3%	132 kV、220 kV	AC 25 kV 50 Hz、DC 3.0 kV；直接供电方式、AT 供电方式	简单链形悬挂、弹性链形悬挂
意大利	16 752	11 969	71.5%	130 kV	AC 25 kV 50 Hz、DC 3.0 kV；直接供电方式	简单链形悬挂
波兰	18 510	11 998	64.8%	110 kV、400 kV	DC 3.0 kV；直接供电方式。拟建高铁 AC 25 kV 50 Hz；AT 供电方式	简单链形悬挂，拟建高铁弹性链形悬挂

注：① 本表根据国际铁路联盟（UIC）、《中国铁路年鉴》及各国铁路官方部门发布的统计数据统计，各种数据统计口径和思路不统一，且缺乏系统性、连续性，仅供参考。
② 铁路营业里程、电气化里程、电气化率，中国是 2023 年数据，其他国家是 2019 年数据。

1.3.3 供电制式沿革

在电气化铁路发展历程中，供电制式大致经历了低压直流、三相交流、单相低频交流、单相工频交流的演变过程。在1915年以前的发展初期，各国铁路主要采用500～750 V的直流供电制式。从1915年到1930年，开始采用1200～1500 V的直流供电制式以及11 kV、15 kV的$16\frac{2}{3}$ Hz或25 Hz的低频交流供电制式，有些国家还采用了3.6 kV的三相交流供电制式。从1930年到1950年，出现了3 000 V的直流供电制式。1932年匈牙利采用了16 kV的单相工频交流制。第二次世界大战以后，发达国家迎来了经济和平发展的良机，运输需求急剧增长，汽车、飞机等快速发展的运输方式对铁路运输形成了强有力的竞争，迫使各国铁路系统开始现代化技术革新。更高电压的工频交流供电制式能提供更便捷的电源接入、提供更大运输能力，受到了许多国家重视。法国1950年在埃克斯·累·班—里亚罗什休尔伏龙建成了25 kV单相工频交流电气化铁路试验线并获得成功，随后日本和苏联分别于1954年、1955年建成了单相工频20 kV交流电气化铁路，进一步验证了单相工频交流供电制式的优越性。单相工频交流供电制式从电网接引电源后，不需要设置整流和变频设备，降低了成本，且较高的电压能有效增大供电距离、简化接触网结构、降低电能损耗，具有其他供电制式无可比拟的优越性。单相工频交流供电制式在法国、苏联、日本、印度、南斯拉夫、保加利亚等国家得到了广泛应用，发展非常迅速。我国从第一条电气化铁路开始就采用了单相工频交流供电制式。

目前，世界大多数国家一般采用25 kV的单相工频交流制式。由于既有电气化铁路的延续性等历史原因，北欧部分国家仍主要采用15 kV $16\frac{2}{3}$ Hz的单相低频交流供电制式，南欧、东欧及其他地区部分国家仍采用3 000 V直流供电制式。有的国家多种供电制式共存。

1.4 中国电气化铁路发展综述

1. 起步晚，起点高，初期发展缓慢

我国第一条电气化铁路从宝成线宝鸡至凤州段开始起步，全段线路长93 km，该段线路中著名的"观音山展线"以2个"马蹄形"和1个"8"字迂回展线上升，线路重叠3层，高达817 m，最小曲线半径300 m，行车条件十分困难。当时铁道部通过充分调研和论证，决定宝凤段采用电力牵引。电气化可使线路限坡从20‰提高到30‰，线路长度缩短18 km，隧道长度减少12 km，工程投资节省3 534万元，工期缩短一年。电气化早期方案参照苏联标准和国内煤矿铁路经验，采用3 000 V直流供电制式。在工程设计过程中，了解到法国成功建成了首条25 kV单相工频交流制式电气化铁路及日本、苏联成功完成了单相工频交流制式电气化铁路相关试验后，引起了国内专家的广泛关注并进行了深入的研究，以当时唐山铁道学院曹建猷教授为首的专家提出了直接采用最先进的25 kV单相工频交流供电制式的建议，1957年4月铁道部决定采纳专家的建议，改按25 kV单相工频交流供电制式进行设计建设。使我国电气化铁路避免了世界大部分国家早期采用低压直流供电制式的弯路，一诞生就赢在了起跑线上。

宝凤段电气化铁路于1958年6月15日开工建设，1961年8月15日正式交付运营。宝凤段线路示意图和现场实景照片如图1.6所示。

(a) 示意图　　　　　　　　　　　　(b) 实景照片

图 1.6　中国第一条电气化铁路——宝成线宝鸡至凤州段

宝凤段电气化工程建成后，牵引质量由 920 t 提高到 2 400 t，年输送能力由 250 万吨提高到 1 350 万吨，行车速度由 25 km/h 提高到 50～70 km/h。充分显示了电气化铁路的巨大优越性。

我国电气化铁路发展初期，主要局限在隧道多、坡度大的山区铁路，先后建成了宝成线、阳安线、襄渝线襄樊至安康、石太线石家庄至阳泉、宝兰线宝鸡至天水等电气化铁路。到 1980 年年底，共建成电气化铁路 1 676 km，发展速度十分缓慢。

2. 改革开放快速发展时期

国家实施改革开放政策后，确定了以经济建设为中心的基本路线，电气化铁路建设迎来了蓬勃发展的春天，开始从山区向平原，由标准低的边远地区铁路向主要长大干线发展。

国家"六五""七五""八五"规划发展时期，电气化铁路进入快速发展阶段，十五年共建成电气化铁路 8 012 km。特别是京秦线首次采用自耦变压器（简称 AT）供电方式，大大提高了牵引供电系统的供电能力；大秦线利用 AT 供电方式的强大牵引供电能力，开启了我国铁路开行万吨重载列车、年运量 1 亿吨的重载运输的先河，大秦铁路后经过几次扩能改造，牵引质量达到 2 万吨、年运量超过 4 亿吨，成为世界上运量最大的重载铁路；广深电气化铁路首次实现了时速 160 km/h 的准高速旅客运输，电气化开始向高速方向发展，广深线的建成和京沪高速铁路前期研究工作，奠定了我国高速电气化铁路的前期基础。

"九五"期间电气化铁路建设进一步加速发展，到 1996 年"九五"开局的第一年电气化铁路通车里程突破 10 000 km，从 1958 年宝成线开工建设起，期间用了 38 年。随后又陆续建成哈大线、成昆线、南昆线、秦沈客运专线、京沪线等电气化铁路。2005 年电气化铁路通车里程突破 20 000 km，期间用了 9 年。特别是秦沈客运专线设计速度首次达到 200 km/h，试验段速度 300 km/h，实际试验速度最高达到了 321.5 km/h，在中华大地上首次出现了铁路速度超过 300 km/h 的记录，中国的高速铁路建设正式迈出了坚实的第一步，也为电气化铁路快速发展奠定了基础。

3. 高速腾飞发展时期

2008 年 8 月 1 日京津城际铁路开通运营，以 350 km/h 世界最高的运营速度领跑全球。以京津城际高速铁路建设为起点，我国掀起了高速铁路建设的高潮，全面推进"四纵四横"高速铁路网建设。高速铁路全部为电气化铁路，高速铁路的建设进一步推动了电气化铁路的发展，我国电气化技术水平再上一个新台阶。从此我国电气化铁路建设开始了以高速铁路为主、继续完善普速铁路电气化网络的飞速发展时期。2009 年电气化铁路通车里程突破 30 000 km，期间用了 4 年。京广线、京沪线、哈大线、京九线、陇海线、沪昆线、焦枝线等主要干线铁路全部实现了电气化。2010 年电气化铁路通车里程突破 40 000 km、2012 年突破 50 000 km，并一举超越俄罗斯，成为世界电气化里程最长的国家；2014 年突破 60 000 km，2015 年突破 70 000 km，2016 年突破 80 000 km，2018 年突破 90 000 km，2019 年突破 100 000 km，2023 年达到 119 395 km，电气化率达到了 75.3%，创造了世界电气化铁路建设史上空前且可能绝后的纪录！我国电气化铁路逐年运营里程柱状图如图 1.7 所示。

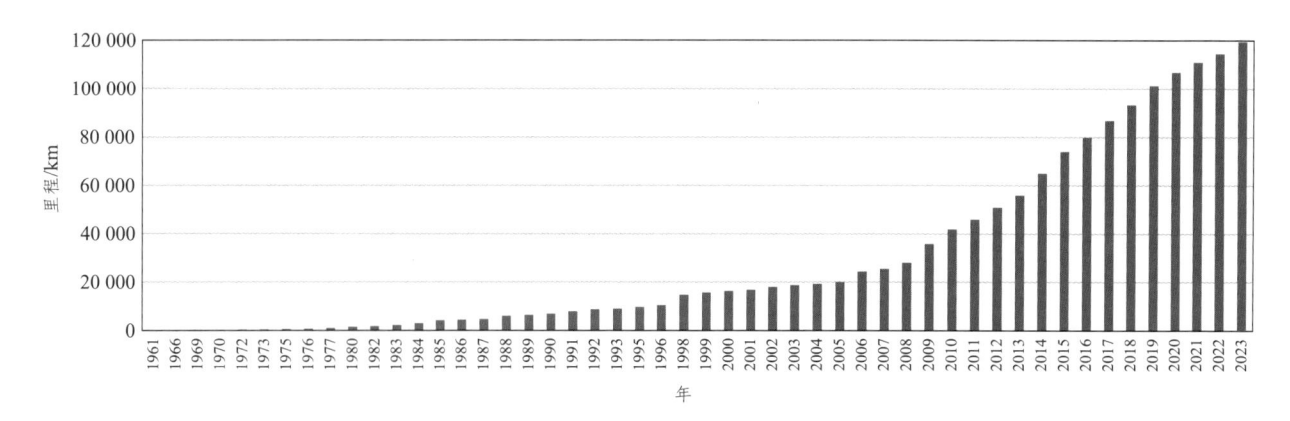

图 1.7 中国电气化铁路逐年运营里程图

京沪高速铁路作为我国高速电气化铁路自主创新的代表之作，也是我国电气化铁路的巅峰之作，牵引供电能力强大，弓网受流品质优良，运行稳定可靠，创造了一次建成里程最长、线路标准最高、运行速度最快的世界纪录，代表了我国高速电气化铁路的最高技术水平，使我国真正成为了世界电气化铁路大国和电气化铁路强国。

2 电气化铁路特点及电气化与相关专业的关系

2.1 电气化铁路特点

2.1.1 牵引供电系统供电能力要素分析

牵引供电系统是与铁路运输能力密切相关的铁路设施，牵引供电系统供电能力原则与线路能力相匹配，满足行车组织列车供电需要。牵引供电系统供电能力一般由以下 3 大技术参数来评估。

1. 牵引变压器容量

牵引变压器是给列车供电的核心牵引供电设备。牵引变压器容量主要与牵引变电所两侧供电臂范围内运行的列车数量、列车功率、列车运行工况及带电运行时分有关。牵引变压器容量一般根据行车牵引负荷及供电需要通过计算确定，相当于可以按照行车需要定制，不会成为影响牵引供电能力的制约因素。

2. 供电臂载流能力

供电臂载流能力指接触网及回流系统满足供电臂内全部列车通行时承受牵引电流的能力，与供电臂范围内运行的列车数量、列车功率、列车运行工况及带电运行时分有关。我国现行标准的电气化铁路接触网及回流系统一般能够满足铁路行车组织载流能力需要。部分铁路个别长大坡道区段、个别特别繁忙的高速铁路或重载铁路，可以采取增设加强线等措施提高供电臂载流能力，以满足行车供电需要。所以，供电臂载流能力可以通过设计方案且必要时采取增设加强线等措施，能够做到满足行车供电需要，一般不会成为影响牵引供电能力的制约因素。

3. 供电臂末端电压

供电臂末端电压指供电臂远离牵引变电所方向末端的最低电压，与供电臂长度、牵引供电方式及供电臂范围内运行的列车数量、列车位置、列车功率、列车运行工况及带电运行时分有关，同时还与给牵引变电所供电的外部电源相关地区电网供电容量有关。供电臂末端电压在牵引供电系统供电能力 3 大技术参数中最为复杂和敏感。我国以前电气化铁路普遍采用韶山型电力机车等交 - 直牵引系统时，在电网薄弱的西南、西北等边远地区，供电臂末端电压偏低问题比较突出，许多电气化铁路需要缩短牵引变电所间距或采取电压补偿等措施来提高供电臂末端电压。现在我国全面采用交 - 直 - 交牵引系统，加上全国电网也取得了很大的发展，一般电气化铁路供电臂末端电压基本上都能够满足行车供电需要，即使有的电网薄弱地区的电气化铁路个别供电臂末端电压偏低，也可以通过提高牵引变电所外部电源电压等级或采用 AT 供电方式等措施解决。所以，目前供电臂末端电压已不再是影响牵引供电系统供电能力的不易克服的困难因素。

为确保牵引供电系统供电能力适应行车供电需要，牵引供电系统主要技术标准如牵引供电方式、牵引变电所分布、外部电源电压、接触网导线及支柱等基础设施，按铁路在路网中的定位和规划要求确定，牵引变压器容量、开关容量等设备按近期运量确定。

牵引供电系统供电能力原则应满足行车组织供电需要，但对运量小的铁路或铁路运营初期运量小时，宜综合考虑牵引供电系统运营成本合理确定行车组织方案。

2.1.2 电分相设置原则

电气化铁路接触网由沿线分布的牵引变电所分段供电，在相邻牵引变电所之间（分区所处）通常设置电分相进行分段和隔离。在牵引变电所向两侧接触网供电的相序不同时，也需要在牵引变电所处两侧不同相序的接触网之间设置电分相。电分相能够承受两侧接触网不同相序造成的电位差即电压，电分相实质上就是串接在两侧不同相序接触网之间的绝缘装置。列车运行到达电分相时，一般需要断电靠惯性惰行通过，列车通过后会有一点速度损失。列车在低速或长大上坡区段运行时，通过电分相损失的速度相对稍大，严重时甚至个别列车会掉速太多闯不过电分相。

牵引变电所、分区所电分相一般设置在车站且大多在咽喉外不远处，在枢纽或不同线路连接的接轨站，不同线路牵引供电系统之间也要设置电分相，并且部分电分相设置在线路之间的联络线上。经常碰到联络线长度不够或坡度过大设置电分相困难的情况。

电分相的设置条件、设置方案及列车过分相的情况十分复杂，分别与行车、线路、站场、信号等专业密切相关。为确保列车正常通过电分相，电分相设置处的线路除满足电分相装置及相关预告信号设置位置长度外，还需要避免线路坡度偏大，以保证列车到达电分相时较高的初始速度并减少通过电分相时的掉速。所以，除了电气化应尽量减少电分相设置数量外，相关专业总体方案宜统筹考虑电分相设置的条件。电分相设置位置如图 2.1 所示。

(a) 牵引变电所、分区所处电分相

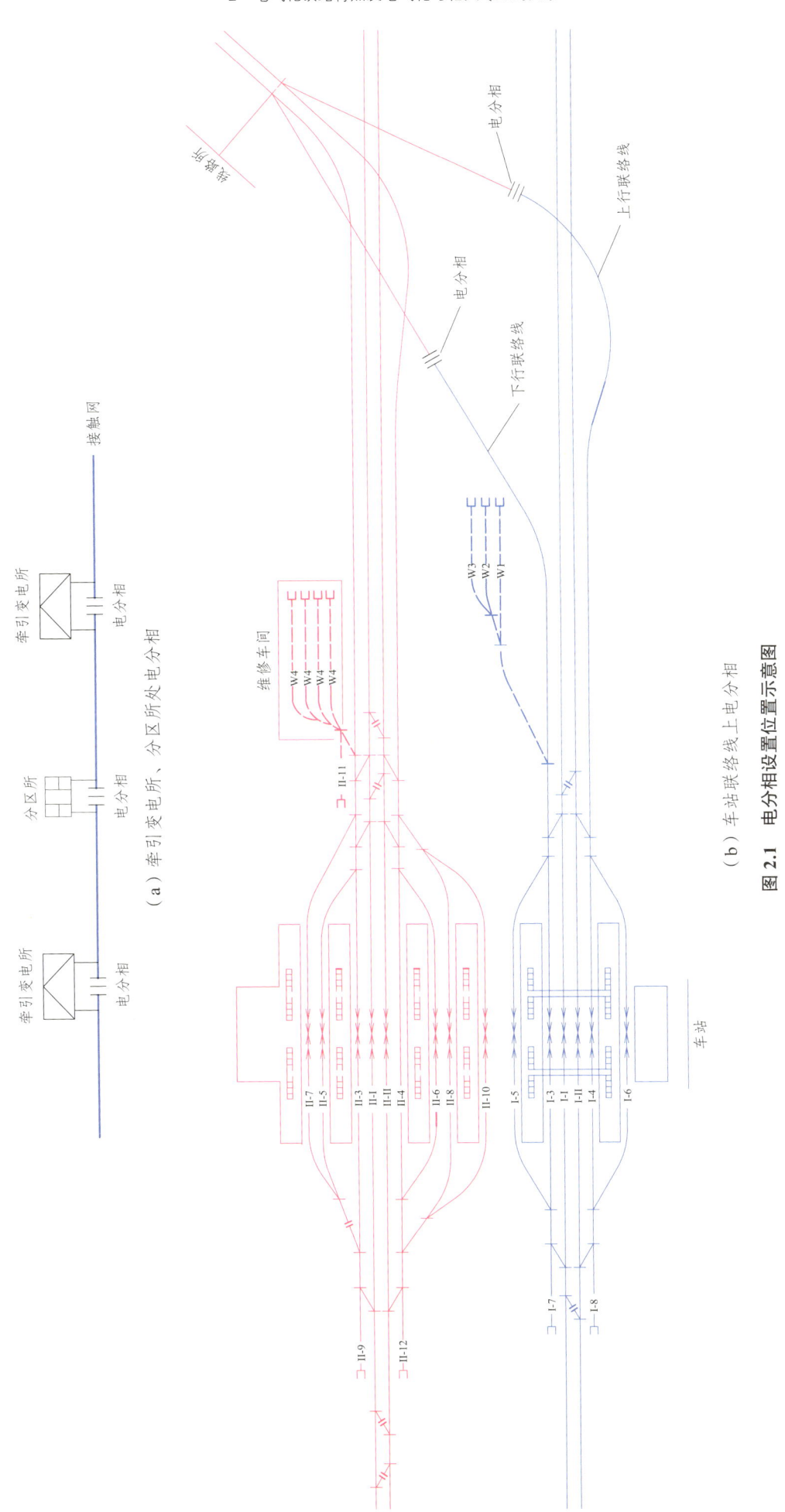

(b) 车站联络线上电分相设置位置示意图

图 2.1 电分相设置位置示意图

2.1.3 牵引供电设施运行环境与供电可靠性分析

牵引供电系统作为铁路牵引的动力来源，是重要的铁路运输基础设施，在维持铁路正常运输秩序方面处于十分重要的地位。牵引变电设施和接触网由于其技术特点、安装位置、运行特征和维护检修特点不同，其故障特性和对牵引供电可靠性及对铁路运输的影响也各不相同。

牵引变电所、分区所、AT 所、开闭所等变电设施沿铁路集中分布，方便维修管理；且牵引变电所接引 2 路外部电源供电，牵引变压器等高压设备、综合自动化系统、交直流操作电源系统等控制保护设备采用冗余配置。所以，牵引变电所等变电设施一般出现故障的概率低，对行车的影响相对较小。

接触网沿铁路露天连续分布，运行环境恶劣，且没有备用。接触网相对于牵引变电设施缺少冗余，受外部环境及列车电气接口影响大，故障隐患多，电气化铁路一般的故障大多发生在接触网。所以，接触网是电气化故障隐患的薄弱环节。

随着我国电气化铁路技术、装备及施工、运维水平的不断提高，牵引供电设备特别是接触网的故障已大幅度减少，并且电气化运营管理部门针对常见故障制定了系统的应对预案和处置对策，常见故障能够得到比较快速的处理，保障铁路供电。

电气化要重点防范的是：接触网因同一原因造成的大范围长时间停电故障、牵引变电所发生重大故障损毁退出运行及外部电源全部故障停电。如接触网干线或某一区域因某种特殊气象条件或污染源造成大范围绝缘子整体性污闪、沿海台风或区域强风造成大范围接触网结构损坏、特殊气象条件造成大范围接触线覆冰等。造成接触网大范围供电功能丧失、行车中断，且恢复需要时间较长。牵引变电设施近年出现过牵引变电所因雷击引起操作电源或控制保护系统损毁失效，造成牵引变电所烧损退出运行的重大供电事故。接触网大范围故障停电和牵引变电所故障损毁退出运行，都严重影响了铁路正常运输秩序。

接触网方面要避免出现大范围长时间停电故障，首先电气化铁路建设需要深入准确调研清楚沿线温度、湿度、风速及污染源等气象和环境条件，选用合适的建设方案和建设标准，避免大范围绝缘子污闪、强风造成大范围接触网结构损坏、特殊气象条件造成大范围接触线覆冰发生；或在运营维护方面提高运营维护的技术装备水平和管理水平，做好接触网运行环境和运行状态的监测，以防为主，提前介入，尽量将故障消灭在萌芽状态，防患于未然；或在维修方面做好应急预案，采取有效的预警、检修、抢修措施，在故障发生时快速消除或修复接触网故障。牵引变电所方面重点做好防雷、接地工作，避免发生雷电或短路故障烧损设备；合理选址，避免洪水淹没或泥石流冲击；配合电力部门做好外部电源方面工作，确保外部电源可靠、安全。

2.2 电气化与铁路相关专业的关系与配合

牵引变电设施、接触网设施沿铁路线分布，电气化与运量、行车、线路、站场、桥梁、隧道、地质、路基、机车、车辆、通信、信号等专业联系紧密，存在着众多交叉接口和专业配合关系。

电气化主要技术标准和牵引供电能力需要根据铁路在路网中的定位和主要技术标准，如：高速铁路、客货共线铁路、重载铁路，铁路年运量、货物运输的品种和流向，特别是重车方向，以及行车组织的列车编组大小、牵引质量、列车追踪间隔等列车负荷基础资料，计算牵引供电负荷，研究制定牵引供电方案，满足运量及行车组织需要。

需要根据线路平纵断面、车站分布及规模，进行牵引变电设施、接触网设施设计，并根据长大线路坡度，校验牵引供电能力和电分相设置方案。结合大型枢纽、接轨站规划方案，统筹制定总体牵引供电方案，满足行车运输能力及供电可靠性、灵活性的需要。

需要根据桥梁、隧道的分布及结构，进行桥梁上、隧道内的接触网方案设计，并需要桥梁、隧道专业对接触网及部分变电设施进行配套预留。

需要根据沿线地质、路基资料配套进行牵引变电设施、接触网设施的基础和接地设计。

需要根据机务、车辆设施的分布和供电要求，为机务、车辆设施做好配套牵引供电设计，并根据受电弓的类型、几何尺寸和特性，协调好接触网与受电弓的配合关系。

电气化向通信专业提出牵引变电、接触网对通信通道、传输、信息处理等方面需求，配合做好通信等弱电设施的电磁兼容设计。根据信号机等信号设施分布，协调好电分相设置方案，做好接触网支柱平面布置及接触网回流、接地方面的设计。

因此，电气化铁路的规划、建设、运营的各个环节都必须考虑与相关专业间的联系，合理确定专业界面划分原则和接口方式，加强接口管理和过程控制，确保电气化铁路的整体性和协调性。

复兴号

414m 350km/h

CR400AF

第 2 篇

牵引供电

电气化铁路牵引供电系统为铁路专用供电网络，一般从电网接引 110 kV 或 220 kV、330 kV 电源，经牵引变电所电能转换后向电力机车和动车组供电。牵引供电系统的供电能力原则与线路运输能力相匹配，满足行车组织需要。

牵引供电系统是电网的特殊用电负荷，有其自身特殊的牵引负荷特性、供电方式以及供电要求。牵引供电负荷具有波动性、不对称性、非线性和随机性等特点，并对供电能力、可靠性等要求高。牵引供电系统和电网存在电压偏差、功率因数、负序和谐波等电能质量方面的影响，需要在制定电气化铁路技术方案和牵引变电所外部电源方案时统筹考虑，合理确定电能质量改善措施或治理方案。

3 行车与牵引负荷

铁路一般分为客货共线铁路（又称普速铁路）、高速铁路和重载铁路3种类型，不同类型铁路在路网中的功能定位及主要技术标准、运量大小、行车组织方式等存在相应差别，导致牵引负荷特性差异较大。牵引供电系统方案及供电能力与牵引负荷相匹配，满足运量和行车组织的需要。

（1）客货共线铁路：旅客列车与货物列车共线运营、旅客列车设计速度 200 km/h 及以下的铁路。

（2）高速铁路：设计速度 250 km/h（含预留）及以上、运行动车组列车，且初期运营速度不小于 200 km/h 的客运专线铁路。

（3）重载铁路：满足列车牵引质量 8 000 t 及以上、轴重 27 t 及以上、在至少 150 km 线路区段上年运量大于 40 Mt 三项条件中两项的铁路。

运行速度 200 km/h 及以下动车组的城际或市域铁路，本书归入高速铁路范畴。

3.1 铁路主要技术标准对牵引供电负荷的影响

铁路主要技术标准与牵引供电负荷紧密相关的因素主要包括：速度目标值、限制坡度、牵引质量、机车功率、闭塞方式、追踪间隔。客货共线铁路、高速铁路、重载铁路主要技术标准对牵引供电负荷的影响各不相同，是牵引供电系统方案及供电能力设计的重要依据。

3.1.1 速度目标值

列车运行时会受到空气阻力的影响，牵引动力需克服空气阻力驱动列车前进，列车不同速度运行时空气阻力影响的程度不同。

（1）客货共线铁路速度目标值一般不高于 200 km/h，由于速度较低，速度因素相关的空气阻力相对高速铁路小。空气阻力是牵引供电负荷中的主要阻力之一，根据线路坡度不同，各种阻力的比重会有较大差别。

（2）高速铁路动车组运行速度高，列车运行速度与空气阻力存在非线性快速上升关系，随着动车组运行速度的提高，动车组空气阻力急剧增长，当动车组运行速度达到 300 km/h 及以上时，一般坡度高铁线路的牵引能耗大部分用于克服空气阻力。

（3）重载铁路最高运行速度目前一般在 80 km/h 左右，最高不大于 120 km/h。重载铁路速度目标值较客货共线铁路更低，速度对牵引供电负荷的影响较客货共线铁路进一步降低。

3.1.2 限制坡度

列车上坡运行时需要克服自身重量形成的坡道阻力，牵引质量越大，坡道阻力也就越大。坡道阻力是影响牵引负荷的重要因素。

（1）客货共线铁路限制坡道对牵引负荷的影响主要体现在货运方面，货运列车在上坡运行时，坡道阻力是列车的主要阻力之一。当货运列车在连续长大坡道上坡运行时，牵引能耗大部分用于克服坡道阻力。客运列车牵引质量小、速度较高，坡道阻力的影响相对较小。

（2）高速铁路由于动车组牵引质量小，加上速度高、空气阻力大，一般坡道条件下坡度阻力对牵引负荷影响相对较小。但在动车组起动或低速运行时，坡道阻力对牵引负荷的影响较大，当动车组在坡道大的连续长大坡道上坡运行时，坡道阻力对牵引负荷的影响比较突出，此时坡道阻力和空气阻力是影响牵引负荷大小的主要阻力。

（3）重载铁路由于牵引质量大，限制坡度对牵引负荷的影响十分突出。在客货共线铁路、高速铁路、重载铁路中，限制坡度对重载铁路牵引质量及牵引负荷的影响最大，是线路设计的控制性因素，重车方向稍大一点的上行坡度，牵引负荷很大，一般接近高速铁路负荷。

3.1.3 牵引质量

牵引质量对牵引负荷的影响主要与坡道阻力、轮轨摩擦力等相关联。旅客列车牵引质量较小，牵引质量对牵引负荷的影响主要体现在货运方面，在限制坡道较大时，牵引质量是影响货运牵引负荷的重要因素，重载铁路牵引质量则是决定牵引负荷的控制性因素。

3.1.4 电力机车或动车组类型

列车运行时电力机车或动车组从接触网取得电能，电力机车或动车组类型对应的功率决定着列车运行时对牵引供电系统的供电需求。电力机车或动车组的功率、牵引特性和制动特性，直接影响牵引负荷大小和牵引负荷特性。电力机车和动车组功率及电气负荷特性是牵引供电系统设计需要考虑的重要因素。我国早期电气化铁路电力机车采用交-直牵引系统，功率因数低、谐波含量高，应用电阻制动，电能质量较差。目前电力机车或动车组全面采用交-直-交牵引系统，基于高频电力电子变换技术实现高性能牵引控制，功率因数高、谐波含量低，应用再生制动，牵引特性和电能质量好。

3.1.5 闭塞方式与追踪间隔

闭塞方式与列车追踪间隔是决定供电臂或牵引变电所供电范围内运行列车数量的因素。采用半自动闭塞时，列车的数量由供电臂范围内包含的区间数决定；采用自动闭塞时，列车的数量由列车追踪间隔决定。客货共线铁路客运、货运电力机车或动车组功率相差较大，牵引供电能力一般按货运列车追踪考虑；高速铁路、重载铁路列车种类单一，牵引供电能力一般按大编组列车追踪考虑，另外，高速铁路还要适当考虑可能出现的更高速度的跨线列车通行（起动或加速运行时）的供电需求。

3.2 电气化铁路运输组织特点

电气化铁路采用电力牵引具有功率大、牵引特性好、运行速度高等特点。电气化铁路运输组织与内燃牵引的铁路比较，具有以下特点。

1. 有利于实施长交路

电力牵引与内燃牵引相比，电力机车整备作业少、辅助工作时间短、运行速度高，在规定的连续工作时间内，更适应于长交路。长交路相比短交路减少了直通列车换挂机时间和机车出入段次数，加速了机车周转，提高了客、货列车的直达速度和线路输送能力。

2. 有利于实施轮乘制

轮乘制与包乘制相比具有节省运用机车台数、节省乘务人员和机车使用灵活等特点。且电力牵引没有内燃牵引过程中排出的有害气体对乘务人员身体的伤害，大大改善了乘务人员的劳动条件，为运输组织的机车乘务组值乘方式采用轮乘制提供了有利条件。

3. 提高了线路运行图编制灵活性

电力机车或动车组运行速度高，牵引特性好，缩短了列车区间运行时分，同时电力牵引的机车交路延长后，减少了机车进出机务段和折返段的整备频次，提高了线路运行图编制灵活性，在某些"卡脖子"的特殊区段，可提高线路通过能力。

4. 远期运行图编制需验算供电能力

电气化铁路牵引供电系统一般按远期需要统筹规划设计，供电设备容量按满足近期运量及行车组织方案的牵引负荷要求实施。远期随着铁路运量的增长，列车对数增加或列车牵引质量提高，此时编制列车运行图需要对牵引供电设备容量进行校验，以确定是否需要对既有牵引供电系统进行扩容改造。

5. 运行图需预留接触网检修"天窗"时间

电气化铁路接触网沿着铁路线架设，长期处于风、霜、雨、雪及污染外部环境中，且列车运行时接触网还受到弓网受流引起的振动、摩擦影响，容易引起接触网的机械状态发生变化及外绝缘水平下降，需对接触网进行定期检查、调整和维修，以确保列车运行过程中接触网处于安全的技术状态。所以，列车运行图编制需要预留接触网检修"天窗"时间。

6. 货物装卸作业需与接触网相互协调

货物装卸需要利用装卸线路上部空间，电气化铁路在货物线上方如果架设有接触网，接触网上 25 kV 高压电会影响装卸作业人员或设备的安全，同时线路两旁的接触网支柱也会影响装卸设备作业范围。因此，电气化铁路接触网挂网范围及技术方案与货物装卸作业方式和范围需相互协调。

4 牵引供电负荷特性

电气化铁路电力机车、动车组是牵引供电系统的基本负荷单元。电力机车、动车组的机电特性反映了其负荷特性及对牵引供电系统的供电需求和对牵引供电系统的电能质量影响。客货共线铁路、高速铁路、重载铁路由于定位和作用不同，其线路限制坡度、牵引质量、速度目标值、追踪间隔等主要技术标准亦各不相同，相对应的牵引供电负荷特性也存在着很大的差别，反映了客货共线铁路、高速铁路、重载铁路各自不同的负荷特性和供电需求。

4.1 电力机车、动车组机电特性

电力机车、动车组牵引电能来自牵引供电系统。从电气化专业角度来说，电力机车、动车组是牵引供电系统的用电负荷，与一般用电负荷相比有以下主要特点：

（1）移动性，即负荷的空间位置随列车移动而变化，同一负荷不同时间可能在不同供电环境下运行。

（2）波动性，列车运行过程有牵引、制动、惰行工况，线路坡度、限速条件也在变化。因此，同一负荷在不同时间大小变化较大，甚至可能出现空载或短时冲击。

（3）不对称性，从三相电网侧看，电力机车、动车组为大容量单相负荷，对三相电网产生不平衡影响。

（4）非线性，电力机车、动车组采用交-直或交-直-交变换的工作方式，由于存在整流、逆变环节，会向电网侧注入谐波。

4.1.1 直流传动电力机车

1914年，抚顺煤矿使用1 500 V直流电力机车，这是中国最早使用的电力机车。1958年我国成功研制出第一台电力机车，从引燃管整流器到硅整流器，机车性能不断改善，到1976年研制的韶山1型（SS_1）131号基本定型，这是中国电气化铁路首批主型电力机车。后来又陆续研制出了各种型号的电力机车，形成了我国韶山型电力机车系列。其中1985年研制成功的韶山4型（SS_4）电力机车，为我国货运的主型电力机车，在直流传动电力机车中具有代表性。作为我国传统直流传动车型，虽然韶山系列电力机车已于2006年停产，但该系列车型仍在我国部分既有客货共线铁路、重载铁路担当运输任务。本节以韶山4改型（SS_{4G}）电力机车为例介绍直流传动机车机电特性。

SS_{4G}型机车是单轴功率800 kW的八轴重载牵引货运机车，轮周额定牵引功率6 400 kW，最高运行速度100 km/h，轴重23 t。牵引电机电枢电流随电力机车的速度的关系称为特性控制，该机车采用恒流-准恒速控制，牵引电机电枢电流随电力机车的速度的关系称为特性控制，图4.1为牵引电机电枢电流特性控制曲线。机车在启动阶段，电枢电流I_a和级位X成正比；机车运行阶段，电枢电流I_a随着机车运行速度v增加呈准恒速下降。机车牵引力与牵引电机电枢电流关系称为机车牵引力特性，一般由机车型式试验测出，见图4.2，牵引力随着电枢电流的增大而增加，级位越高，牵引力越小。

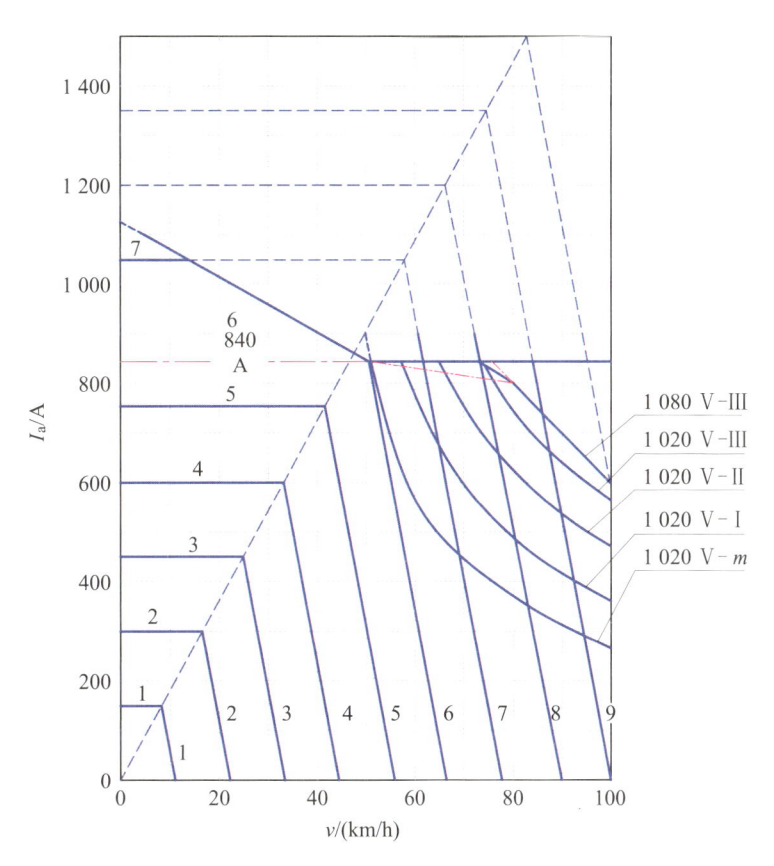

图 4.1 SS$_{4G}$ 机车电枢电流 I_a-v 特性控制曲线

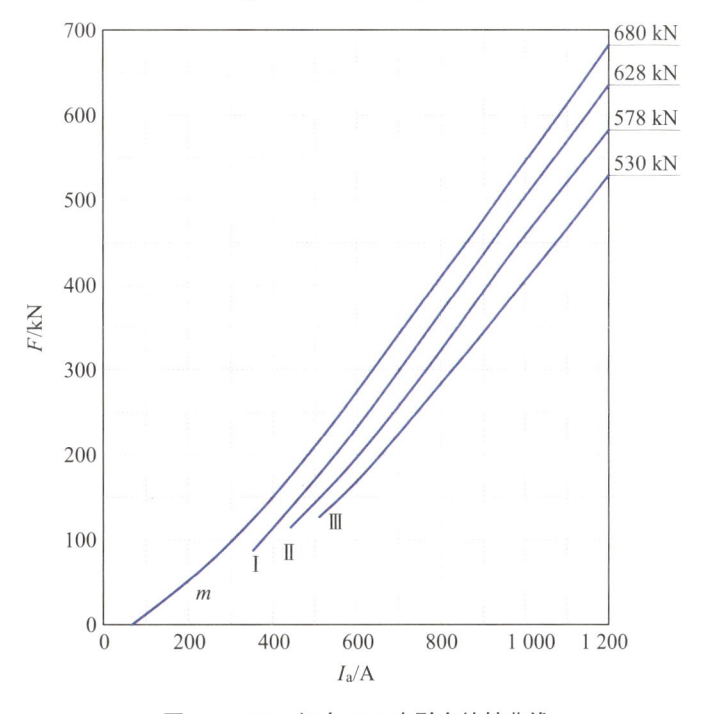

图 4.2 SS$_{4G}$ 机车 F-I_a 牵引力特性曲线

根据图 4.1 和图 4.2 可绘出 SS$_{4G}$ 机车牵引特性曲线，机车制动力 B 与机车速度 v 之间的关系称为机车制动特性，该车型牵引、制动特性曲线见图 4.3。

(a) SS$_{4G}$ 机车牵引特性曲线

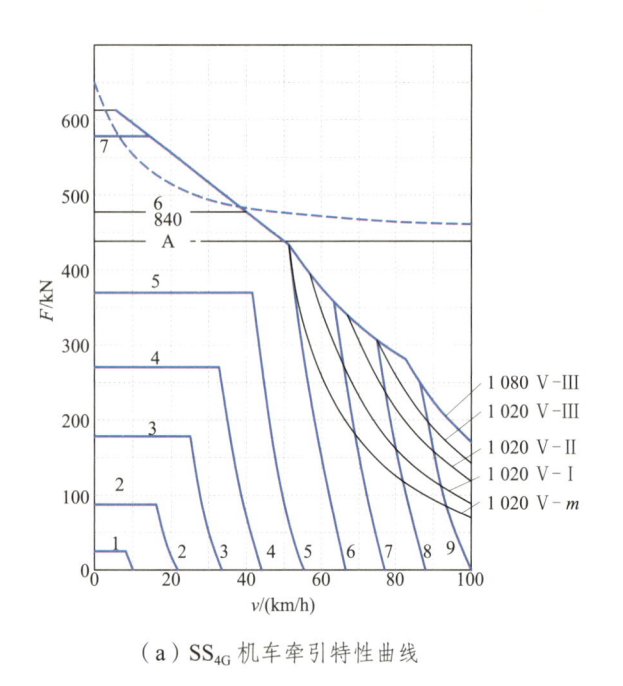

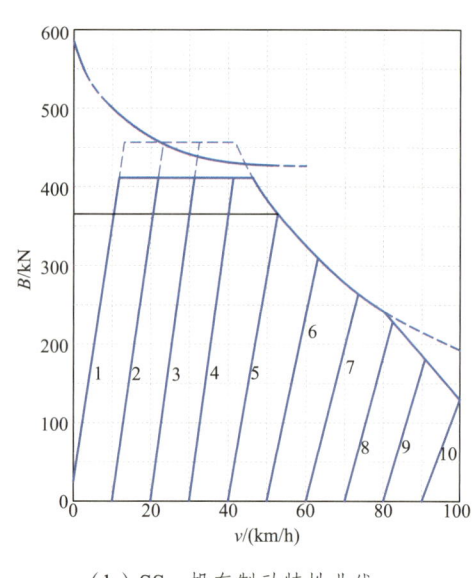

(b) SS$_{4G}$ 机车制动特性曲线

图 4.3 SS$_{4G}$ 机车牵引、制动特性曲线

4.1.2 交流传动电力机车

随着我国电力机车技术快速发展，电力机车传动技术从原有直流传动技术升级为交流传动技术，全面推广应用交流传动电力机车，其代表为和谐系列电力机车（HXD 系列），该系列各型机车已成为承担我国铁路运输任务的主力。以 HXD1 为典型车型介绍交流传动机车机电特性。

HXD1 型电力机车是单轴功率为 1 200 kW 的 8 轴交流传动货运电力机车，轮周额定牵引功率 9 600 kW，最高运营速度 120 km/h，轴重一般有 23 t、25 t，其牵引和再生制动特性曲线如图 4.4 所示。

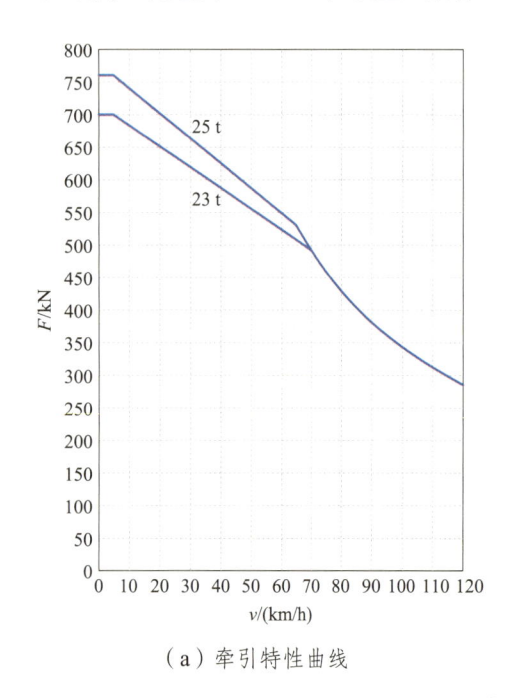

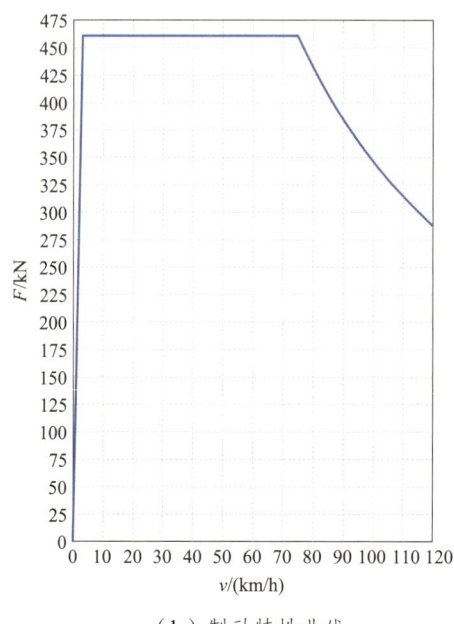

(a) 牵引特性曲线

(b) 制动特性曲线

图 4.4 HXD1 型电力机车牵引、制动特性曲线

表 4.1 给出了我国 HXD1、HXD2、HXD3 及其衍生型号的电力机车主要特性参数。

表 4.1　HXD 系列电力机车主要特性参数

车型	轴重/t	轴式	轮周额定牵引功率/kW	车载牵引变压器额定容量/kW	牵引电机额定功率/kW	最高运营速度/(km/h)
HXD1	23，25	2（B0-B0）	9 600	5 280×2	1 224	120
HXD1B	25	C0-C0	9 600	11 000	1 633	120
HXD1C	23，25	C0-C0	7 200	8 900	1 225	120
HXD1C	25	C0-C0	7 200	9 080	1 225	120
HXD1D	21	C0-C0	7 200	9 900	1 224	160
HXD1F	27，30	2（B0-B0）	9 600	5 280×2	1 225	100
HXD1G	19.5	2（B0-B0）	11 200	6 752×2	1 430	160
HXD2	25	2（B0-B0）	10 000 或 9 600	6 456×2	1 225	120
HXD2B	25	C0-C0	9 600	12 600	1 634	120
HXD2C	23，25	C0-C0	7 200	9 060 或 9 170	1 250	120
HXD2F	27，30	2（B0-B0）	9 600	6 493×2	1 226	100
HXD3	23+2	C0-C0	7 200	9 006	1 250	120
HXD3B	25	C0-C0	9 600	11 622	1 632	120
HXD3C	23，25	C0-C0	7 200	10 160 或 9 006	1 250	120
HXD3D	21	C0-C0	7 200	10 166	1 250	160
HXD3G	19.5	2（B0-B0）	11 200	7 051×2	1 430	160

4.1.3　动车组

我国高速动车组发展初期，在自主创新基础上，吸收世界各国的先进技术，博采众长，研制成功了和谐号高速动车组。在和谐号高速动车组运行经验的基础上，2018 年研发了具有完整自主知识产权、性能更为优越的复兴号动车组，其后不断迭代更新形成了和谐号、复兴号两大系列动车组。

我国动车组以动力分散方式为主，列车通过受电弓从接触网取得 25 kV 电能，通过列车牵引变压器降压至 950～1 900 V（取决于具体车型），再传输给牵引变流器，牵引变流器通过交-直-交变换后向牵引电机供电，驱动列车运行。动车组牵引传动系统由多个相对独立的基本动力单元组成，一个基本动力单元由 1 台牵引变压器、2 台牵引变流器和 8 台牵引电机构成，每台牵引变流器驱动 4 台牵引电机。我国高速电气化铁路全部采用高速动车组承担牵引任务，部分设计运行时速相对较低的动车组也承担客货共线铁路的客运运输任务。本节以速度 350 km/h 的 CR400BF 型高速动车组为例介绍动车组机电特性。图 4.5 和图 4.6 分别为 CR400BF 动车组编组示意图和动力构成示意图。

TC01　　M02　　TP03　　MH04　　MB05　　TP06　　M07　　TC08

图 4.5　CR400BF 动车组编组示意图

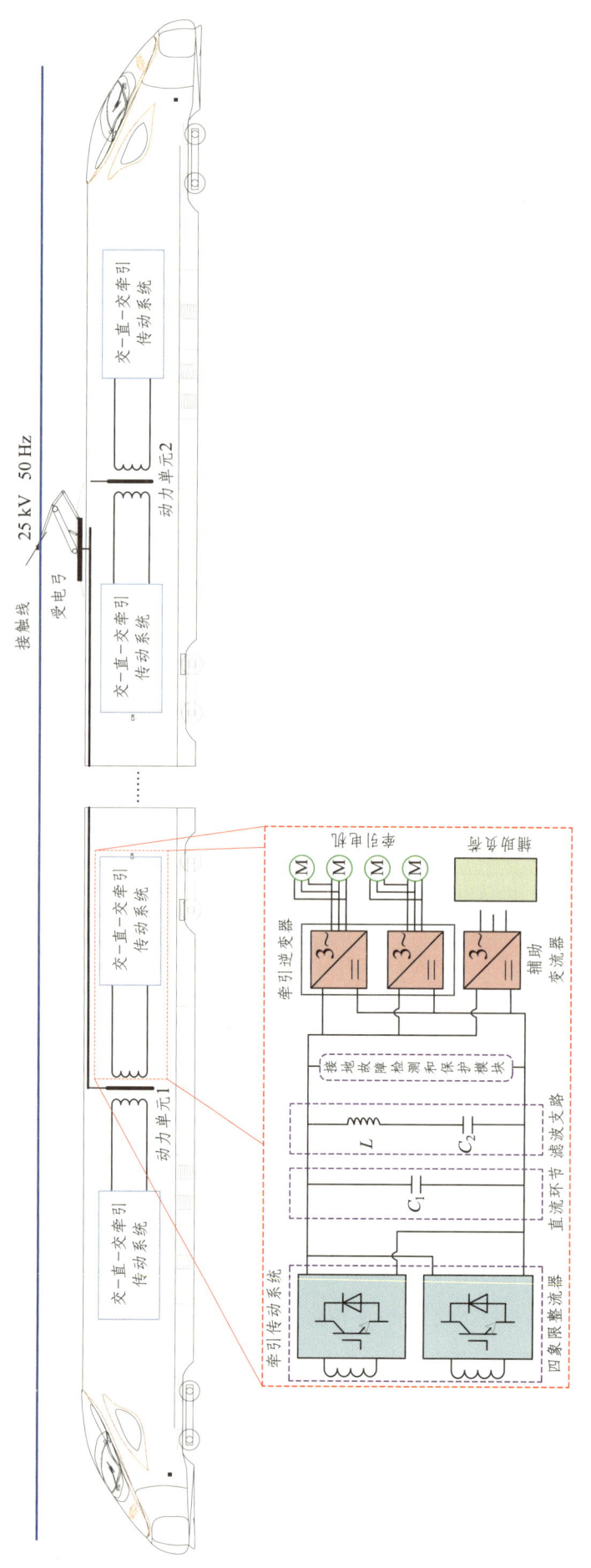

图 4.6 动车组牵引动力构成及牵引传动系统结构示意图

4.1.3.1 动车组对供电电压的要求

我国牵引供电系统采用单相交流工频（50 Hz）25 kV 的供电制式，按照《轨道交通牵引供电系统电压》（GB/T 1402）的规定：接触网标称电压为 25 kV，长期最高电压为 27.5 kV，短时（不大于 5 min）的最高电压为 29 kV，瞬时最高电压为 31 kV，最低工作电压 20 kV，短时（不大于 1 min）最低电压 17.5 kV。

图 4.7 为 CR400BF 型动车组轮周牵引功率与网压的对应关系。

动车组在网压波动时：

（1）网压在 22.5 ~ 29 kV 间发挥额定功率；
（2）网压在 22.5 ~ 19 kV 轮周功率从额定功率线性下降至 84%；
（3）网压在 19 ~ 17.5 kV 轮周功率从 84% 线性下降至 0；
（4）网压在 29 ~ 31 kV 轮周牵引功率从额定功率线性下降到 0。

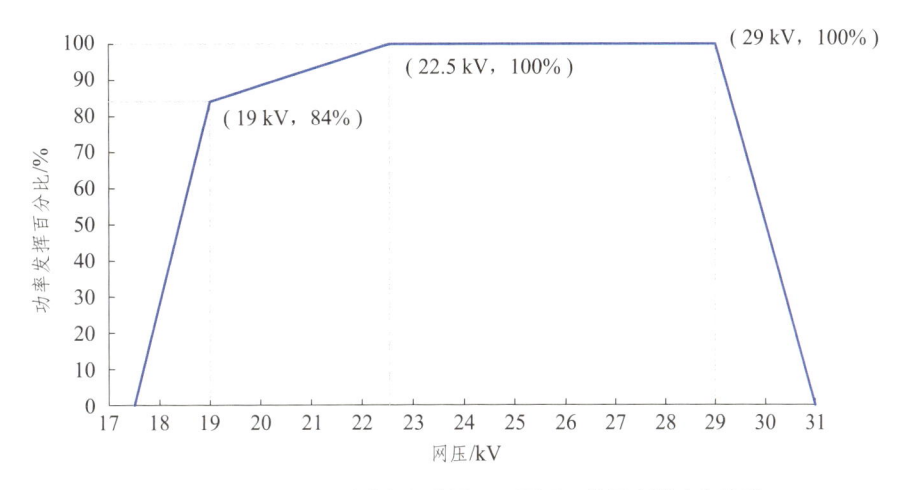

图 4.7 CR400BF 型动车组牵引工况网压 - 轮周牵引功率曲线

4.1.3.2 动车组机电特性

1. 牵引力

CR400BF 车型在平直道、定员载荷条件下，动车组 0 ~ 200 km/h 的平均加速度不小于 0.4 m/s^2；在平直道、定员载荷条件下，动车组以 350 km/h 速度运行时的剩余加速度不小于 0.05 m/s^2；可利用的黏着系数按最不利条件考虑，在起动时约为 0.12。图 4.8 为动车组牵引特性曲线。此外，在动车组牵引特性基础上增加了"高加速"起动模式，起动牵引力提升至 1.3 倍，50% 动力失效时，激活"高加速"起动模式，满足 30‰坡道起动。

2. 制动特性

动车组采用以再生制动为主，空气制动为辅的复合制动方式。动车组再生制动时，牵引电机工作在发电机模式，产生制动力矩，并利用交 - 直 - 交牵引变流器能量双向流动的工作特性，将电能反馈回接触网。图 4.9 给出了动车组制动特性曲线。对于轮周牵引功率 10 140 kW 的 CR400BF 车型，轮周再生制动功率不低于牵引功率的 1.3 倍；再生制动力可在 10 km/h 以上保证最大力发挥，并在 10 km/h 开始线性下降，直至速度为 2 km/h 时降为 0，再生制动力实际发挥由控制策略决定。

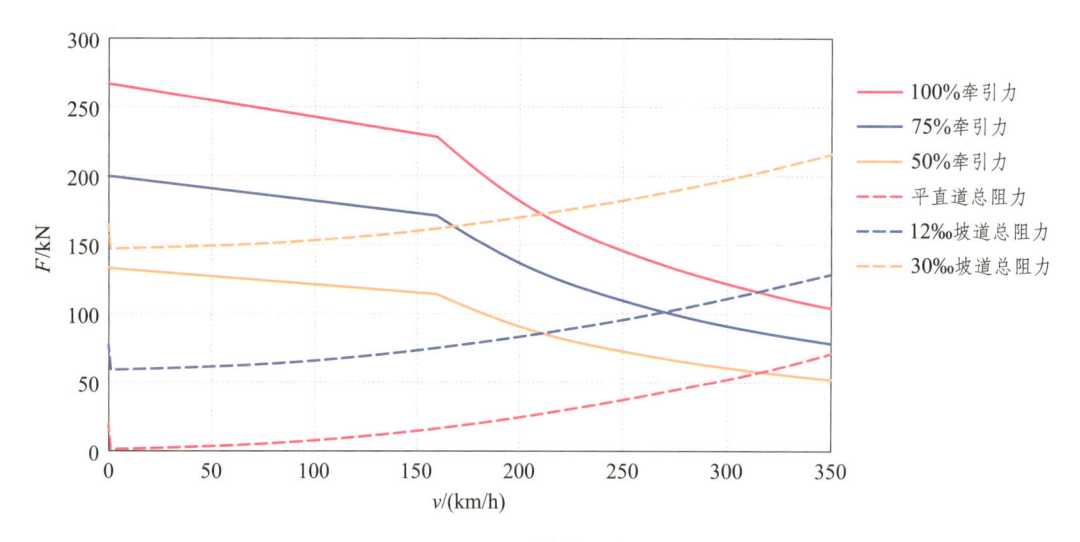

图 4.8　CR400BF 型动车组牵引特性曲线

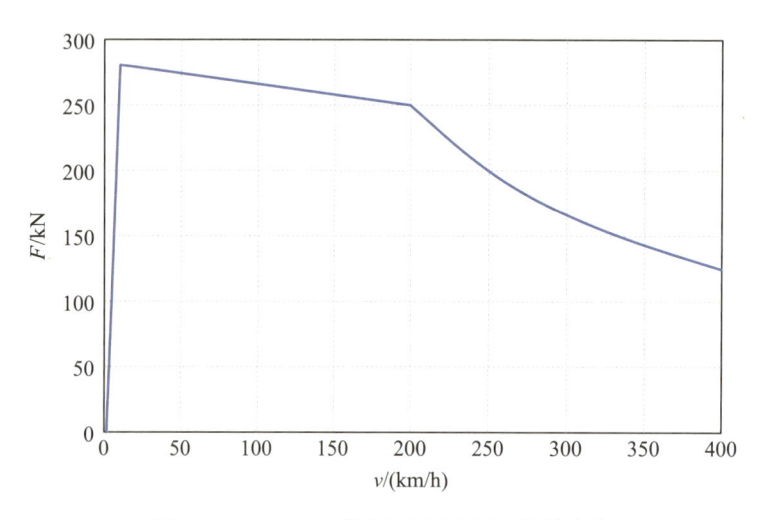

图 4.9　CR400BF 型动车组再生制动特性曲线

4.1.3.3　我国主要动车组特性参数

表 4.2 给出了目前我国各运行速度等级主要动车组特性参数，其中，CR400BF 等多数车型为标准 8 辆编组，既可单独运行，也可由两列重联组成一列长编组运行，重联情况下相关性能参数叠加。

表 4.4　我国各运行速度等级主要动车组电气参数

车　型	CR300AF	CR300BF	CRH380A	CRH380B	CRH380AL	CRH380BL	CR400AF	CR400BF
最高运营速度 /（km/h）	250	250	350	350	350	350	350	350
最高试验速度 /（km/h）	275	275	385	385	385	385	385	385
单列编组型式	8	8	8	8	16	16	8	8
动、拖数量	4M4T	4M4T	6M2T	4M4T	14M2T	8M8T	4M4T	4M4T
轴重 /t	≤ 15	≤ 17	≤ 15	≤ 17	≤ 15	≤ 17	≤ 17	≤ 17
轮周额定牵引功率 /kW	5 460	5 460	9 120	9 200	20 440	18 400	9 750	10 140
牵引电机额定功率 /kW	350	350	400	587	385	587	625	650

4.2 牵引供电负荷特性

客货共线铁路、高速铁路、重载铁路其线路坡度、牵引质量、运行速度、追踪间隔各不相同，呈现出各自不同的牵引供电负荷特性。

4.2.1 客货共线铁路牵引供电负荷特性

客货共线铁路为客、货混运，货运列车牵引质量比重载铁路小，主要干线一般为 5 000 t，个别达到 6 000 t。客运列车运行速度比高速铁路低，不超过 200 km/h。线路坡度通常高于重载铁路、低于高速铁路，一般不超过 13‰，少数山区铁路也可能采用更大的线路坡度。图 4.10 为客货共线铁路牵引变电所负荷曲线实例。

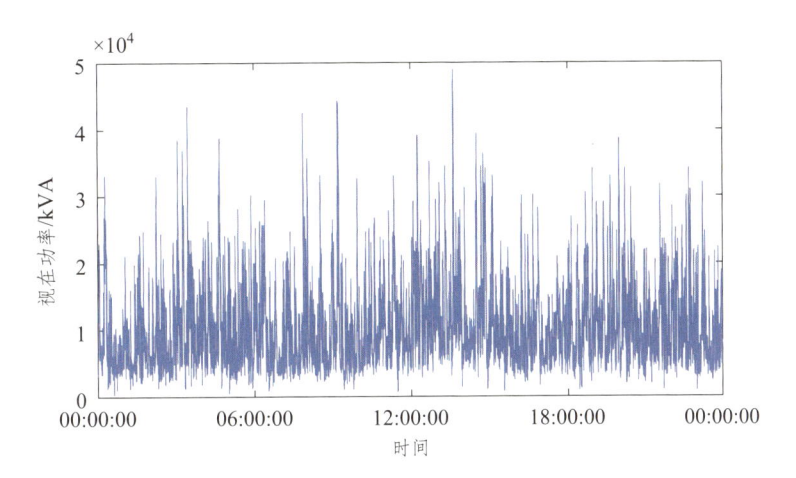

图 4.10　客货共线铁路牵引变电所实测负荷曲线

1. 牵引供电负荷相对较小

由于客货共线铁路客运列车、货运列车运行速度不高且货运列车牵引质量也远比重载铁路小，对应的客货共线铁路列车空气阻力和坡度阻力都相对较小。所以，客货共线铁路牵引供电负荷相比高速铁路、重载铁路小。但对于个别山区铁路采用较大的线路坡度时，线路坡度阻力会大幅度提高，此时货运列车牵引供电负荷会接近重载铁路。

2. 牵引供电负荷受线路坡度影响大

客货共线铁路客、货列车运行速度低，客、货列车的空气阻力相对比较小。由于货车的牵引质量远大于客车，货车的坡道阻力比客车大，实际上在稍大的线路坡度情况下坡道阻力是列车的主要阻力，即货车的坡道阻力是客货共线铁路的控制负荷，列车牵引力主要克服坡道阻力运行。牵引供电系统供电能力一般按满足货车追踪运行考虑。

3. 牵引供电负荷波动频繁

客货共线铁路的主要负荷一般是线路坡道阻力，而线路坡道随沿线地形、地貌等因素影响而变化，呈现出线路坡道变化频繁的特征。除部分区段出现较长的连续坡道外，一般都是较短的坡道相连，且上坡、下坡交替出现。所以，牵引供电负荷随线路坡道的大小、上下坡起伏变化，呈现出频繁波动的特性。上坡时负荷大，列车需要大功率运行；下坡时负荷小，甚至需要带制动惰行，列车工况变成再生制动，列车变成发电机向接触网反送电能；列车在平坡运行时，负荷较小，列车只需要较小的功率即可维持列车运行。

4.2.2 高速铁路牵引供电负荷特性

高速铁路相比于客货共线铁路，具有速度高、牵引质量小、线路坡度大、列车功率大、高峰时段明显等特征。高速铁路牵引变电所负荷曲线实例如图 4.11 所示。

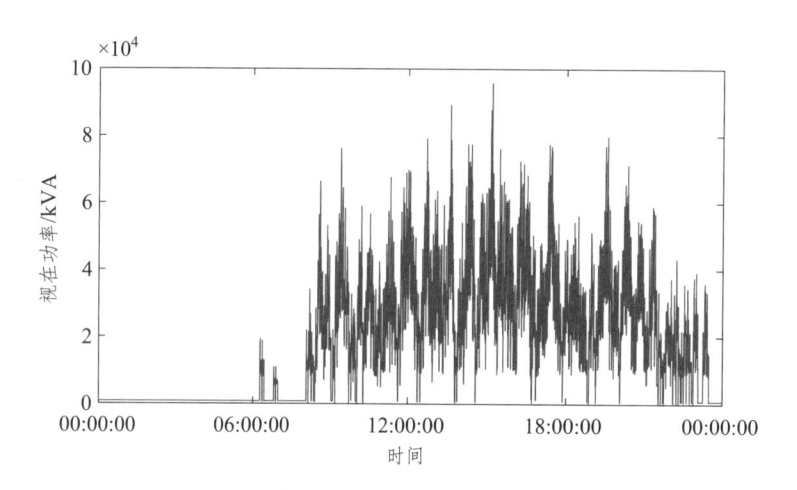

图 4.11 高速铁路牵引变电所实测负荷曲线

1. 牵引负荷大、空气阻力是列车主要运行阻力

高速客运列车运行速度高，空气阻力随速度呈非线性上升关系。当速度超过 300 km/h 时，空气阻力达到牵引负荷 90% 以上，空气阻力是列车主要运行阻力，列车牵引力主要克服空气阻力。列车运行时所需功率大，如京沪高铁运行的复兴号动车组功率达到 $2 \times 10\,140$ kW。在高速运行时线路坡度阻力相对影响较小，但在列车起动加速等低速运行情况下，线路坡度阻力影响比较突出。

2. 负荷持续、稳定

高速铁路的主要负荷是空气阻力，当列车维持高速运行时，即列车承受着持续、稳定的空气阻力，相当于货车在连续长大坡道上坡运行，列车需要维持持续的较大功率，克服持续的空气阻力。与客货共线铁路列车随着线路坡道起伏变化负荷时大时小，有着很大的差别。

3. 短时集中负荷特征明显

高速铁路牵引负荷具有显著的时段特征。在早晚时段和节假日的高峰客流期，根据客流量实际需要，可能组织大编组、高密度的客运方案，甚至在短时间内形成密集追踪的行车态势。牵引供电系统应满足各种集中负荷供电的能力和条件。

4. 越区供电能力要求高

由于旅客运输能力和列车准点的要求，牵引供电系统应具有应对各种条件下的供电能力。在出现某一牵引变电所解列退出供电的情况下，为了尽量减少越区供电对运输能力和列车准点的影响，应避免过多地限制列车数量或降低列车速度，牵引供电系统应具有较高的越区供电能力。

4.2.3 重载铁路牵引供电负荷特性

重载铁路牵引质量远大于高速铁路客货共线铁路，我国一般为 10 000 t、20 000 t。重载铁路具有牵引质量大、速度低、线路坡道小、列车功率大、年运量大等特征。图 4.12 为重载铁路牵引变电所负荷曲线实例。

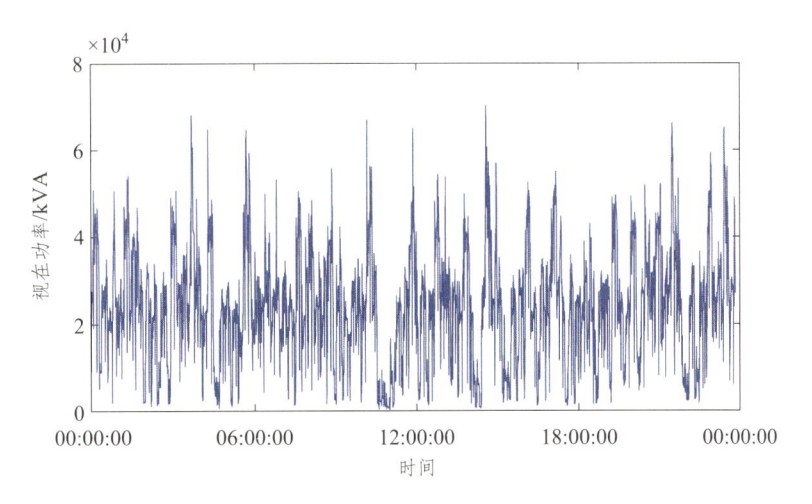

图 4.12　重载铁路牵引变电所实测负荷曲线

1. 牵引负荷大

重载铁路牵引质量大，坡道阻力十分突出，列车牵引力一般主要克服坡道阻力、轮轨摩擦力运行，负荷功率需求高。如大秦铁路 20 000 t 重载列车机车功率 $2 \times 9\,600$ kW，与京沪高铁的动车组功率 $2 \times 10\,140$ kW 相当。

2. 负荷受线路坡度影响大

重载铁路牵引质量大，对坡道十分敏感，列车上坡运行时受坡道阻力影响大，牵引负荷大，持续时间长，与高铁铁路持续高速运行时的负荷特性十分相似。列车下坡时，坡道阻力变成了动力，此时列车负荷大幅减小。

3. 轻、重车方向负荷特征区别明显

重载铁路一般运输某一种或几种货物，如大秦铁路主要运输煤炭，运输货物具有明显的方向性，反方向难以配载相近牵引质量的货物，往往是空车或轻车返回，轻、重车牵引质量差别大，如大秦铁路重车方向 20 000 t、轻车方向 5 000 t，牵引质量相差 4 倍。所以，重载铁路重车方向负荷大，轻车方向负荷小，差别较大。

5 牵引供电系统的组成及分布原则

5.1 牵引供电系统

牵引供电系统由牵引变电设施和牵引网组成，牵引变电设施包括牵引变电所、分区所、自耦变压器所（简称 AT 所）、开闭所等。牵引网包括接触网、钢轨/地、回流线或正馈线等，如图 5.1 所示。牵引变电所将电力系统输送来的三相交流高压电通过牵引变压器变换成 27.5 kV 或 2×27.5 kV 交流电，然后通过供电线与接触网连接，牵引电流经由接触网传送到列车，再经钢轨/地及回流线或正馈线返回牵引变电所牵引变压器，构成完整供电回路。

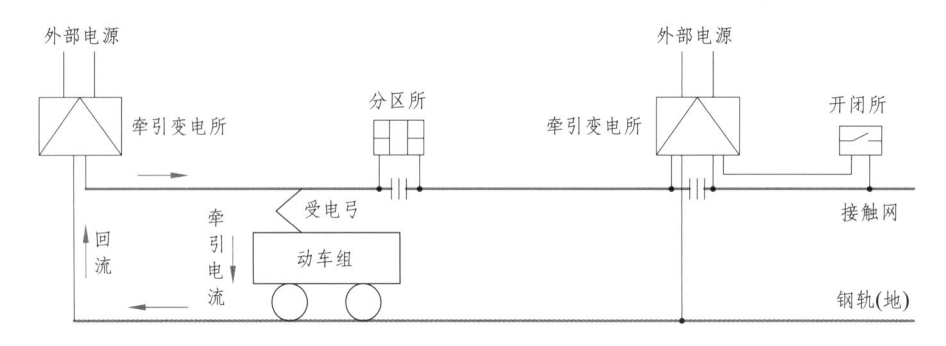

图 5.1 牵引供电系统组成示意图

牵引供电系统承担着向电气化铁路安全、可靠、不间断供电的责任，牵引供电系统供电能力与线路的运输能力相适应，满足列车运行的需要。

5.2 牵引变电设施

5.2.1 牵引变电所

牵引变电所是牵引供电系统的动力来源，主要是将电网接引的 110 kV（220、330 kV）高压电通过降压、分相，向牵引网供电，如图 5.2 所示。牵引变电所将接引的外部电源，经牵引变压器降压为 27.5 kV（AT 牵引变压器为 2×27.5 kV）后馈出至 27.5 kV 母线，通过 27.5 kV 母线分配到接触网，为列车供电。

牵引变电所承担着将电网电源转换后向接触网供电的重任，为确保牵引变电所供电的可靠性，牵引变电所主要供电设施都采用了冗余配置。首先,牵引变电所从电网接引 2 路可靠且相互独立的电源,在牵引变电所内电源侧高压设备及牵引变压器按一主一备配置,牵引变电所其他主要电气设备及相关控制保护设备也冗余配置。相邻牵引变电所之间还考虑了越区供电条件,当某座牵引变电所因故退出运行时,由相邻牵引变电所通过分区所越区向其承担的供电区域供电,确保重要列车运行。

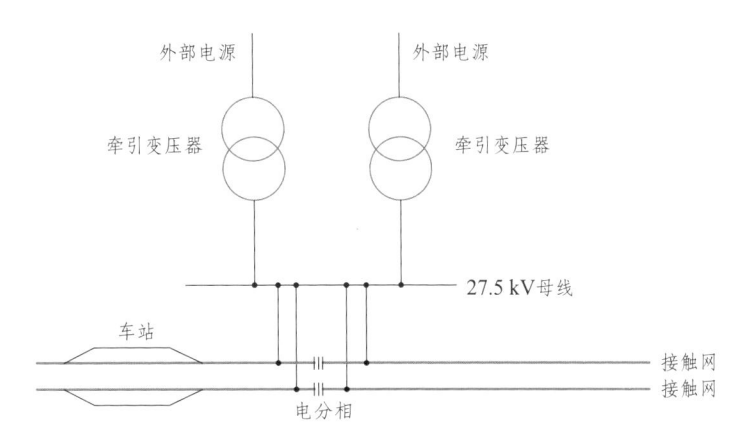

图 5.2　牵引变电所原理示意图

5.2.2　分区所、AT 所、开闭所

5.2.2.1　分区所

分区所设置于复线铁路的两个相邻牵引变电所供电臂末端电分相处,以增加供电的灵活性,提高运行的可靠性,如图 5.3 所示。分区所可通过供电臂末端并联开关实现供电臂上、下行并联供电,当某座牵引变电所因故退出运行时,可通过越区开关由相邻牵引变电所越区供电。

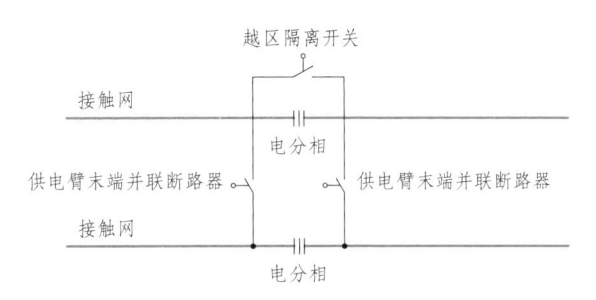

图 5.3　分区所原理示意图

分区所正常运行时一般将供电臂上、下行接触网并联供电。上、下行供电臂某处接触网发生故障时,断开相应牵引变电所和分区所开关,切除故障段接触网,非故障段接触网可正常运行,减少故障停电范围。

5.2.2.2　AT 所

AT 供电方式中,AT 牵引变压器与分区所设置的自耦变压器形成 AT 供电回路。为提高供电能力,缩短 AT 供电回路长度,在供电臂中部设置 AT 所,如图 5.4 所示。所内设置自耦变压器,与 AT 牵引变压器和分区所设置的自耦变压器形成相邻两个 AT 供电回路,AT 所还可以实现上、下行牵引网并联,有利于改善牵引网电压水平,降低电能损失;同时,一般在 AT 所处接触网上设置电分段,可以减少牵引网的事故范围,提高供电的可靠性和灵活性。

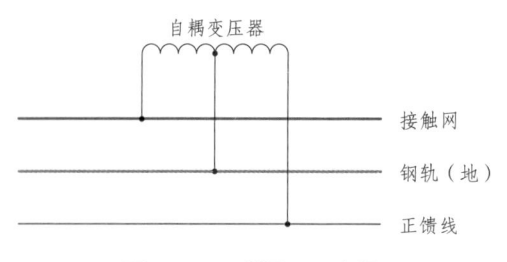

图 5.4　AT 所原理示意图

5.2.2.3　开闭所

开闭所是一个从牵引变电所等电源点接引电源，通过配电再馈出多路供电线的变电设施，如图 5.5 所示。图示开闭所接引两路进线电源，馈出 5 路供电线，在实际应用中具体进、出线规模根据电源条件和供电需求确定。

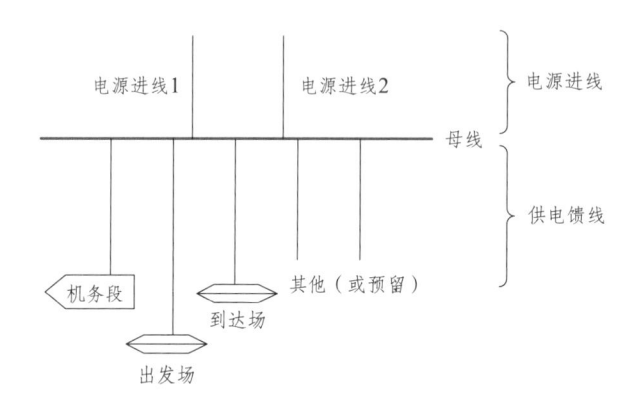

图 5.5　开闭所原理示意图

在枢纽或大型车站，一般将不同车场及机务段、折返段，车辆段、动车段、动车所等划分为单独的供电分区，分别接引独立的供电线供电，供电线有条件时一般从就近的牵引变电所接引。当各供电分区分散或牵引变电所距离较远，供电分区从牵引变电所接引供电线困难时，常常就地设置开闭所，开闭所从牵引变电所或接触网上接引 1 路或 2 路电源，再馈出多路独立供电线，给机务段、动车段等各供电分区供电。

5.2.2.4　牵引供电调度系统

电气化铁路牵引供电调度系统由远动系统、安全监控系统、供电维修管理系统等子系统组成。对牵引变电所、分区所、AT 所、开闭所、接触网开关控制站等牵引供电设备进行监视和控制，以实现数据采集、测量、参数调节、设备控制以及各类信号报警等功能。

我国高速铁路牵引供电、电力合设供电调度系统，客货共线铁路和重载铁路牵引供电、电力调度系统分别设置。

5.3 牵引网

5.3.1 牵引网组成

牵引网是沿着铁路线分布向列车供电的电气网络，主要包括接触网和牵引电流通过列车后返回牵引变电所的回流回路。一般由供电线、接触网、回流线或正馈线、钢轨/地构成，牵引网的结构和组成因牵引供电方式不同而稍有差别，如图 5.6 所示。

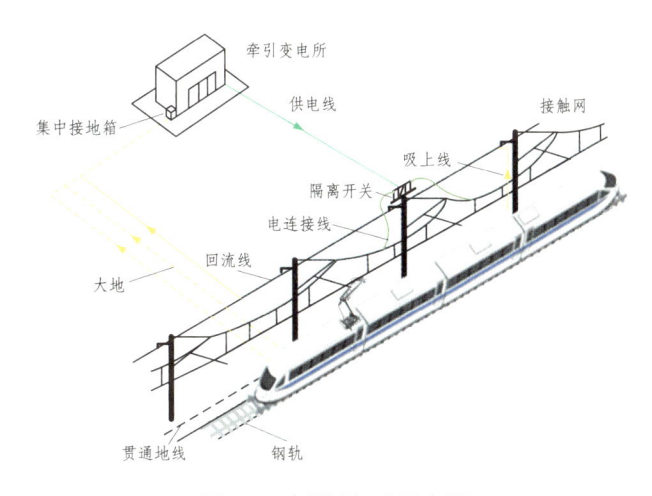

图 5.6 牵引网组成示意图

供电线是牵引变电所向接触网传输电能的专用供电线路；接触网是沿铁路线上空架设的向电力机车（动车组）供电的特殊输电线路，列车受电弓与其滑动接触受电；钢轨对牵引供电系统来讲是一个电流传输导体，牵引电流通过电力机车（动车组）后，经钢轨-大地等回流通路返回牵引变电所；回流线是指沿铁路线与接触悬挂平行架设的牵引回流通道，牵引电流通过电力机车（动车组）后，经钢轨、吸上线引入回流线返回牵引变电所。正馈线是沿铁路线与接触悬挂平行架设的供电线路，它既是 AT 供电电路的组成部分，同时也是牵引电流的回流通路。正馈线与接触网通过自耦变压器共同形成了向电力机车（动车组）供电的 2×25 kV 的传输回路。正馈线的电压与接触线相同，电流方向则与接触线相反，从而提高了供电电压，增加了电能输送能力，同时对通信线路起到屏蔽作用，减少对通信的干扰。

5.3.2 接触网供电方式

接触网供电方式一般分为单边供电和双边供电。

1. 单边供电方式

牵引变电所通过接触网向列车供电，从牵引变电所到分区所的接触网供电分区称为供电臂。相邻两牵引变电所之间两供电臂末端即分区所处设置电分相，将两牵引变电所供电的相邻两供电臂隔离。当列车受电弓在某一供电臂的接触网上运行时，只能从该供电臂连接的牵引变电所获取电能，而相邻的牵引变电所因为分区所处的电分相隔离而不能同时对该列车供电。这种接触网供电方式称为单边供电方式，如图 5.7 所示。复线铁路通常将供电臂末端即分区所处的上、下行接触网并联，可以均衡上、下行牵引供电负荷，减少单侧接触网通过的电流,降低牵引网中的电压损失和电能损失。我国电气化铁路目前均采用单边供电方式。

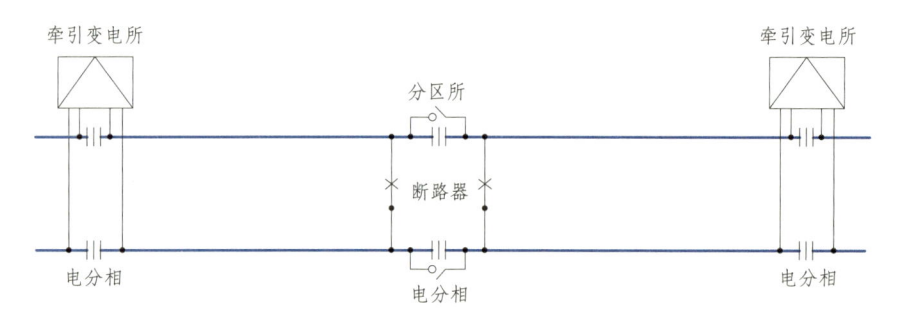

图 5.7 单边供电方式示意图

2. 双边供电方式

对应于单边供电方式,双边供电方式取消了分区所处两相邻供电臂之间的电分相,将两相邻的供电臂连通,即列车可以从相邻的两牵引变电所同时获取电能,如图 5.8 所示,双边供电方式可减少一半接触网电分相数量,进一步均衡牵引供电负荷和降低牵引网中的电压损失和电能损失,改善牵引网中的电流分布,进而提高牵引供电系统供电能力,有效延长供电距离,可减少牵引变电所设置数量,同时还有利于再生制动反送电能的吸收,减轻再生制动能量对电能质量的影响。双边供电方式在接触网侧将给牵引变电所供电的两相邻电力系统连通,在两电力系统间容易产生环流,同时牵引供电系统结构及继电保护和自动化装置变得复杂。双边供电方式已在俄罗斯等国家得到应用。国内目前结合川藏线等电气化铁路正在开展研究及试验论证工作。

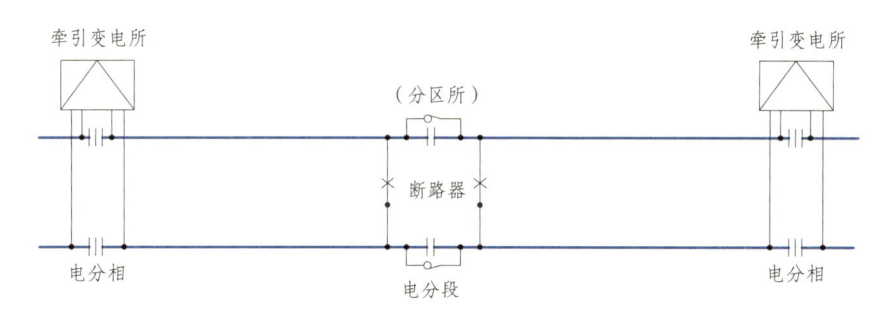

图 5.8 双边供电方式示意图

5.4 牵引供电设施分布原则

5.4.1 一般性原则

电气化铁路建设时,牵引供电系统供电设施分布应结合线路在路网中的定位和枢纽规划统筹考虑,按满足线路客、货运最高速度以及行车组织确定的列车编组和最小追踪运行间隔进行设计。牵引供电系统牵引变压器等供电设备供电能力按近期配置,预留远期发展条件。

5.4.2 牵引变电所设置原则

牵引变电所分布，按本线在路网中的定位，满足运输对牵引供电能力的需要原则确定。并与相关的枢纽、大型车站、接轨站牵引供电系统相协调，适应铁路远期发展的牵引供电需要。

（1）双线铁路区段牵引变电所分布应按本线规划的最高设计速度的动车组或最大功率的电力机车以行车组织确定的列车编组和最小追踪间隔进行设计，单线铁路区段牵引变电所分布应按远期需要设置。

（2）牵引变电所靠近负荷中心。

（3）满足接触网最低电压水平要求，且电压水平有利于列车发挥额定功率，并适应行车需要的更高标准的其他铁路跨线列车通行。

（4）牵引变电所的供电范围应考虑运营管理机构的管辖范围。高速铁路和城际铁路正线区段，牵引变电所供电范围不宜跨铁路公司或局界；其他Ⅰ、Ⅱ级标准轨距铁路区段，牵引变电所供电范围不应跨局界。

（5）向邻线及支线供电方便且技术经济合理时，可给规划线路预留供电条件。

（6）在正常供电布局的前提下校核牵引变电所的越区供电能力；高速铁路和城际铁路越区供电能力至少应保证1对动车组按设计速度运行，其他铁路越区供电能力应保证1列重要列车运行。

（7）宜在枢纽、大型车站、接轨站等关键节点供电方案明确后，再确定正线其他牵引变电所分布方案。

（8）满足天窗检修要求且运营维修方便。

（9）对电力系统电能质量影响小，外部电源工程量小。

（10）满足牵引变电所所址选择相关要求。

（11）在满足上述要求前提下，优先采用电能损耗小，节约能源的牵引变电所分布方案。

（12）枢纽（地区）牵引变电所设置除满足正线牵引变电所分布要求外，还应考虑近、远期供电的合理性和供电需要，结合路网电气化发展远期规划和枢纽总图规划，统一规划，统一设计，可结合相关干线电气化工程分期实施。

5.4.3 开闭所设置原则

开闭所根据枢纽、大型车站等供电分区对独立供电电源的需要及附近牵引变电所位置进行设置。

（1）在枢纽、大型车站等供电分区没有牵引变电所或牵引变电所距离较远时，设置开闭所。

（2）开闭所的电源进线方案应结合负荷需求、电源条件及天窗检修方式确定，有条件时宜从牵引变电所接引电源，2路电源尽量相互独立并同相序。

（3）开闭所所址应考虑进、出线方便。

5.4.4 分区所及 AT 所设置原则

分区所根据牵引变电所分布方案进行设置，AT 所根据牵引变电所、分区所分布方案进行设置。

（1）双线铁路在两相邻牵引变电所间设置分区所。

（2）采用 AT 供电方式时，牵引变电所和分区所之间即接触网供电臂中部设置 AT 所。

（3）当分区所或 AT 所和开闭所位于同一位置时，可以合建。

5.5 枢纽供电原则及方案

5.5.1 枢纽供电原则

铁路枢纽一般由各铁路线路、车站以及其他为运输服务的有关设施等组成。其中线路包括正线、支线、联络线、工业企业专用线等。车站按作业性质包括客运站、货运站、工业站、港口站等；按规模包括编组站、区段站、中间站等，客运站又分为特大型站、大型站、中型站、小型站。其他为运输服务的有关设施包括机务段、折返段、车辆段、客车整备所、动车段、动车运用所等。铁路枢纽内各种设施众多，枢纽牵引供电方案需要根据枢纽内线路走向、车站及客货运设施分布、运输组织、外部条件、供电设施维修方式等统筹规划，合理布局，确保牵引供电的可靠性和灵活性。枢纽供电的具体原则如下：

（1）枢纽内高速、城际和客货共线铁路牵引供电系统尽可能相互独立；无法相互独立时，枢纽内牵引变电所的技术标准宜与高速铁路或城际铁路的标准一致，且需要满足高速铁路、城际铁路与客货共线铁路维修天窗不同步的要求。

（2）铁路枢纽内应优先设置牵引变电所，且牵引变电所所址宜邻近大型客站、编组站、动车段（所）等负荷中心，以保证供电的可靠性、灵活性和便捷性，且便于故障时缩小停电范围，有利于快速抢修和相互支援供电。

（3）枢纽牵引变电所为多条线路供电时，应合理确定牵引变电所位置及供电范围，减少牵引变电所故障或检修时对运输组织的影响。

（4）铁路枢纽或枢纽内大型编组站等车站及段所集中区域，牵引供电方案原则划分为同一相供电分区，或根据线别和行车组织划分为不同相的供电分区，应尽量减少电分相数量。

（5）大型编组站各车场宜设独立供电线供电；车场规模较大时宜实行分束供电。分束原则根据行车组织及检修需要，一般 3～5 股道为一束。

（6）正线上的电分相应避免设置在长大坡道、列车起动加速或限速等低速区段。需在联络线上设置电分相时，应综合考虑联络线长度、坡度、曲线半径以及行车进路等情况，经过行车检算确认满足列车运行要求。

（7）机务段应设独立供电线，有条件时折返段可设独立供电线。

（8）动车段（所）及有检修作业的动车存车场应采用两回电源供电，其中至少 1 回宜来自牵引变电所或有牵引变电所独立电源的开闭所。当架设独立供电线确有困难时，动车段（所）供电方案应确保在枢纽接触网天窗时间不影响动车检修作业。

（9）枢纽内牵引变电所的两路外部电源，宜来自电网不同的电源点。高速铁路枢纽牵引变电所两路外部电源应来自电网不同的电源点，有条件时两路电源上一级变电站电源宜独立。

（10）枢纽牵引变电所停电时一般由相邻牵引变电所进行越区供电；为大型、特大客站供电的枢纽牵引变电所，牵引侧故障停电时一般可采用本所馈线备用方式，即开闭所备用方式；其中为重要的区域性特大型客站供电的枢纽牵引变电所停电时可采用整个牵引变电所备用方式，即全备用牵引变电所方式。

（11）高速、城际和客货共线铁路共用牵引变电所时，牵引变电所馈线母线宜分开设置，便于牵引变电所 27.5 kV 母线及馈线设备检修。

（12）位于同一车站的牵引变电所和电力变配电所，可需协商电力部门采用共用外部电源的合建方案。

（14）由两条或以上铁路交汇的接轨站，原则按线路别划分为不同相供电分区，分别由各自牵引供电系统供电。各铁路线间设置电分相困难无法按线路别划分供电分区时，整个站场宜划分为同一相供电分区，供电方案需考虑天窗检修模式的影响。

5.5.2 枢纽典型供电方案

各枢纽功能、作用和结构型式不同，其供电需求和供电方案也不相同。下面以西安北站、广州白云站、武汉北编组站、南昌枢纽横岗接轨站、上饶站东南西南联络线和绩溪北站南东客车联络线、广州枢纽新塘动车所为例，分别介绍大型客站、编组站（区段站）、接轨站、联络线、动车设施的牵引供电方案。

5.5.2.1 大型客站供电方案

1. 西安北站供电方案

西安北站总规模 16 台 34 线，设置有徐兰场、大西场、银西场。其中徐兰场 7 台 15 线，引入徐兰、大西和西成高铁；大西场 5 台 12 线，引入大西和西成高铁；银西场 4 台 7 线，引入银西和西延高铁。

徐兰高铁郑州至西安段引入西安枢纽工程中，在西安北站设置西安北牵引变电所，在西安北动车运用所设置开闭所；徐兰高铁西安至宝鸡段、西成、大西、银西和西延高铁引入西安北站时，接引西安北牵引变电所和西安北动车所开闭所馈线供电。西安北牵引变电所 27.5 kV 馈线最终规模达到 17 回馈线，其中 10 回 AT 馈线，分别为徐兰高铁、西成高铁、大西高铁、银西高铁供电；7 回直供馈线，分别为动车所开闭所、动车走行线、西安北至三桥联络线供电。西安北站及动车运用所范围采用同一相电源供电。

西安枢纽西安北站区域牵引供电方案示意图如图 5.9 所示。

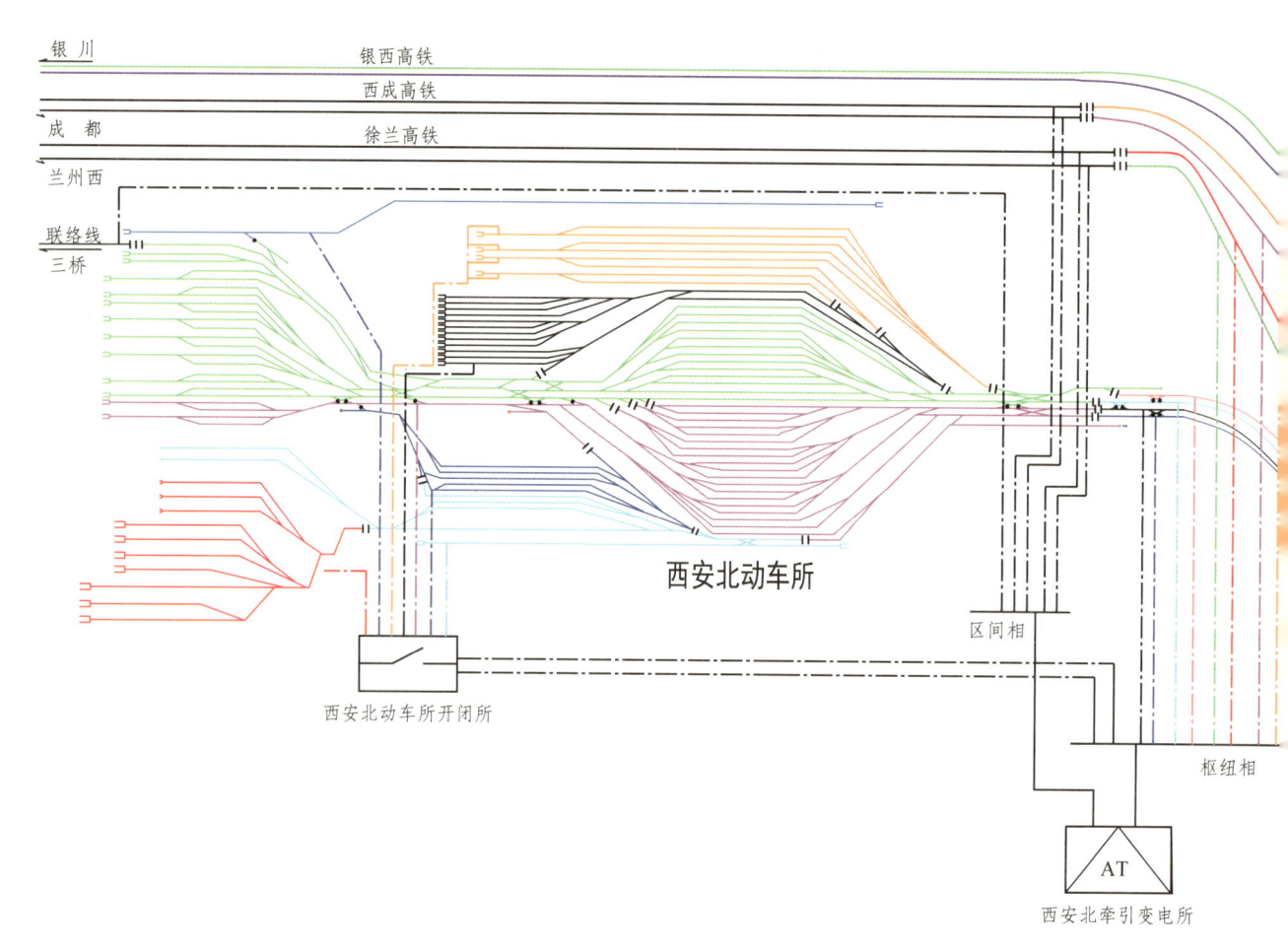

图 5.9 西安

西安北牵引变电所供电范围大，供电可靠性要求高，在西安北牵引变电所检修或故障停电时，将会影响引入的相关线路及枢纽内客运站、动车所的正常行车。牵引供电系统方案在由临近的临潼牵引变电所对西安北牵引变电所进行越区供电的基础上，在西延高铁引入西安枢纽时，利用西安北牵引变电所的既有条件，新建了独立的 27.5 kV 备用开闭所，即单独新建了独立的 27.5 kV 高压室和控制室，实现了西安枢纽内西安北牵引变电所所有 27.5 kV 馈线全备用，其供电方案如图 5.10 所示。正常供电时，由西安北牵引变电所供电，当西安北牵引变电所牵引侧发生永久故障或检修停电时，可将西安北牵引变电所全部负荷切换至备用开闭所供电。

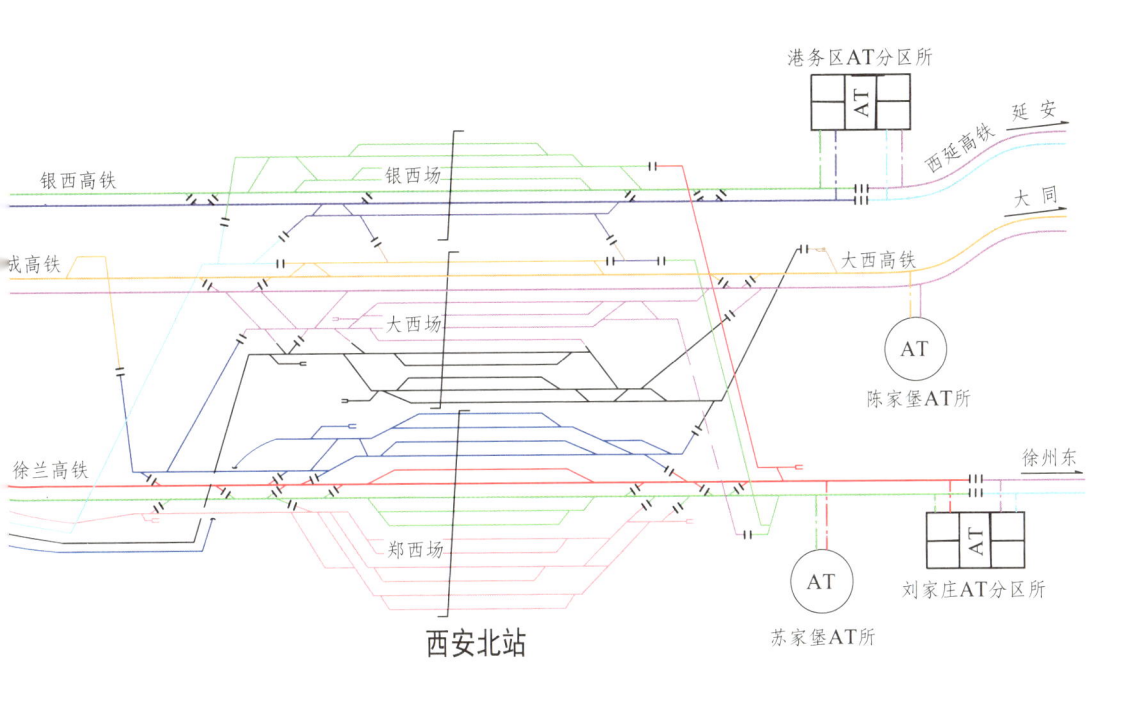

供电方案示意图

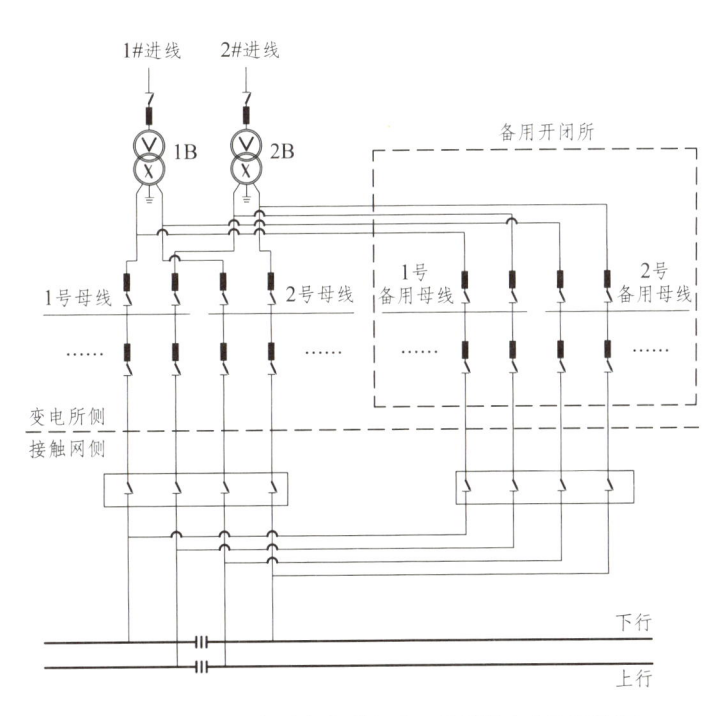

图 5.10　西安北牵引变电所备用开闭所供电方案示意图

2. 广州白云站供电方案

白云站总规模 11 台 23 线，设置有东、西高铁场、城际场、普铁场。其中：东、西高铁场 5 台 11 线，引入京广、广湛高铁；城际场 1 台 2 线，引入广清城际；普铁场 5 台 11 线，引入既有京广、广茂铁路。

白云站工程在白云站新建广州牵引变电所、大朗开闭所，广州牵引变电所总馈线规模共 19 回，其中近期实施 13 回馈线，分别为广湛高铁正线、京广高铁联络线、既有京广铁路正线、白云站普速场以及大朗开闭所供电；远期预留 6 回馈线，为今后广清城际引入等负荷供电。广州牵引变电所采用单相牵引变压器，白云站为同一相电源供电。白云站供电方案示意图如图 5.11 所示。

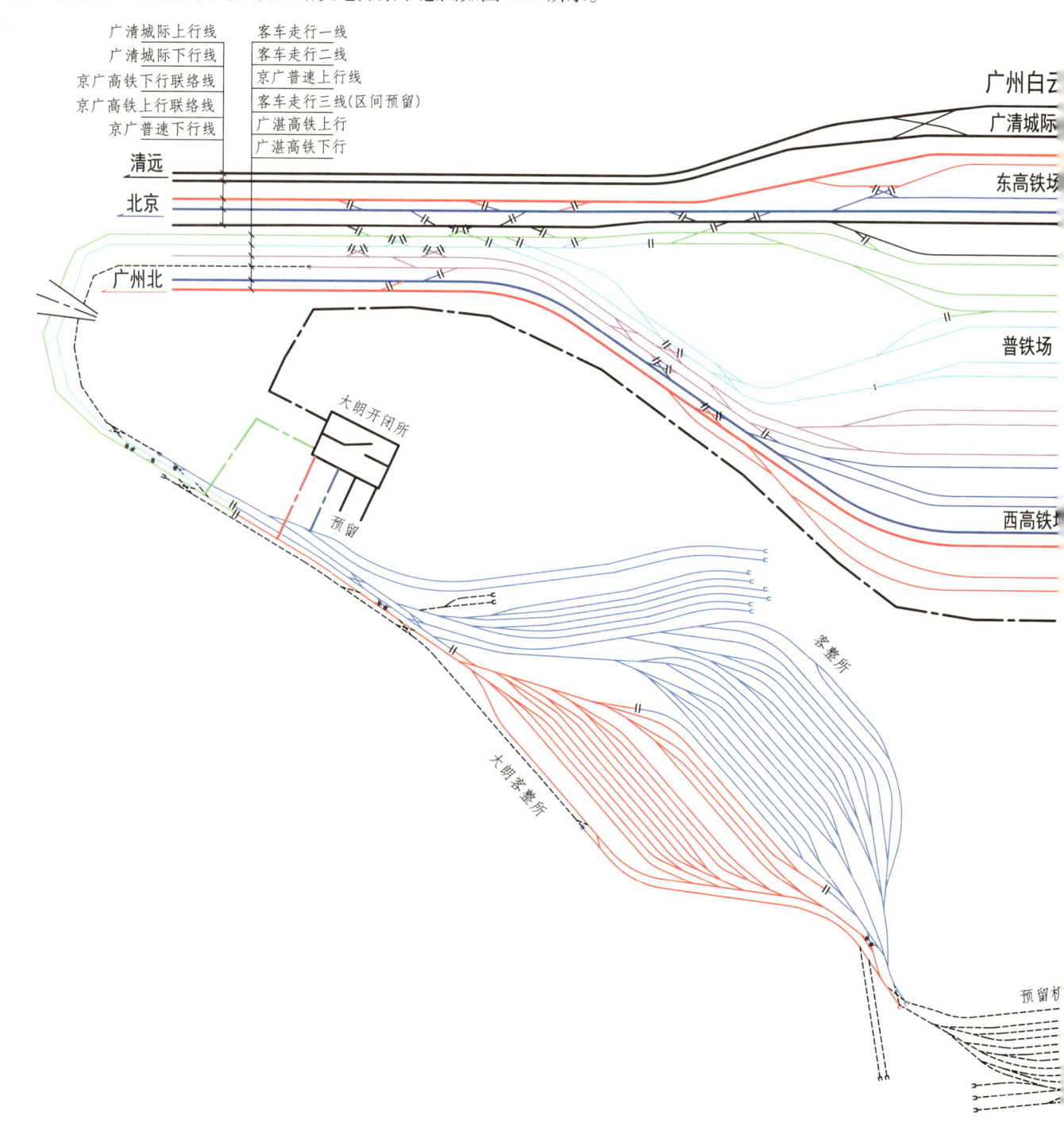

图 5.11 广州枢纽白

白云站工程新建的广州牵引变电所采用全备用牵引变电所方案。在常规牵引变电所基础上，共用两路外部电源新建 1 座单牵引变压器的独立牵引变电所作为备用牵引变电所。正常运行时，由常规牵引变电所供电；当常规牵引变电所停电时，转换到备用牵引变电所供电，负责正常牵引变电所供电范围的全部负荷。全备用牵引变电所供电方案示意如图 5.12 所示。

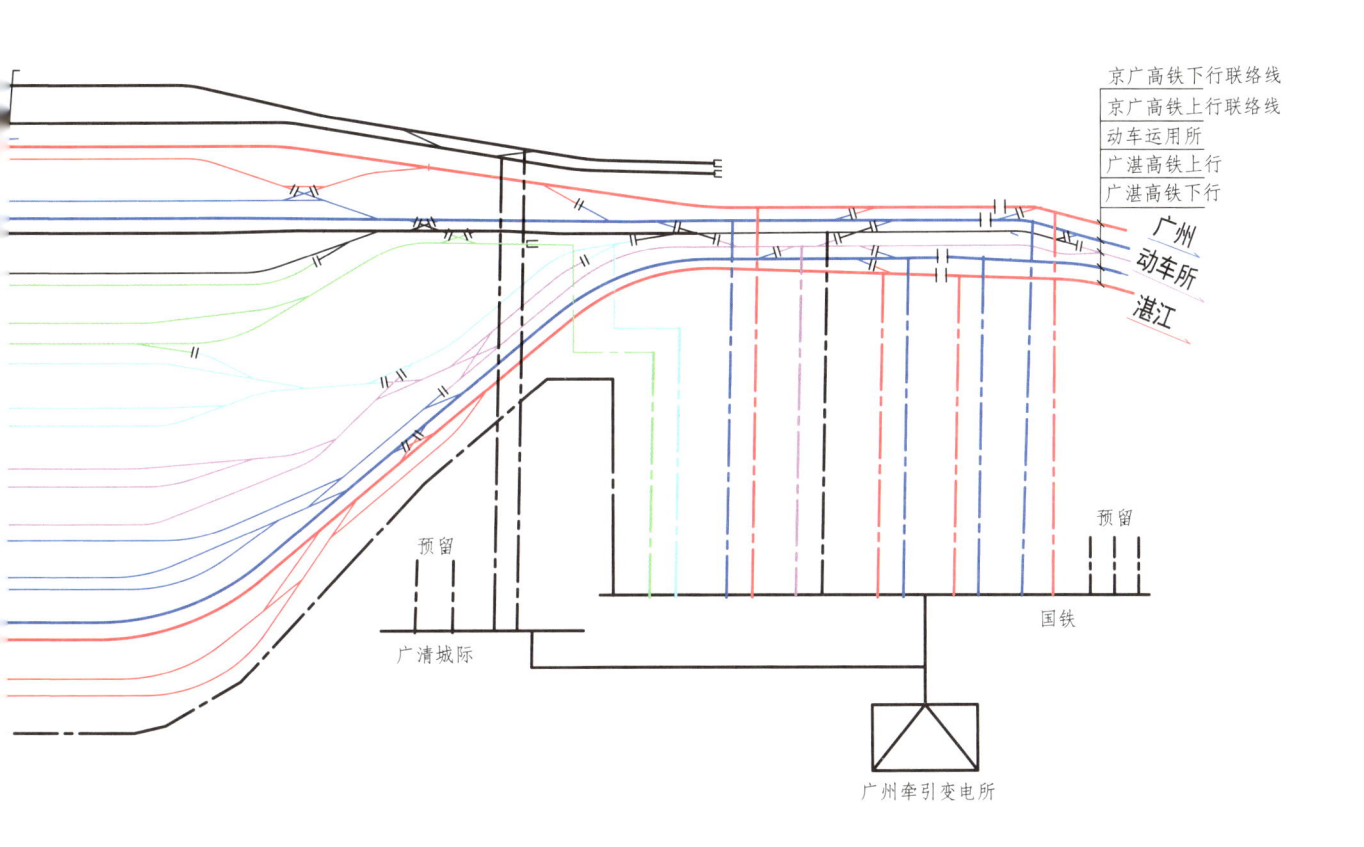

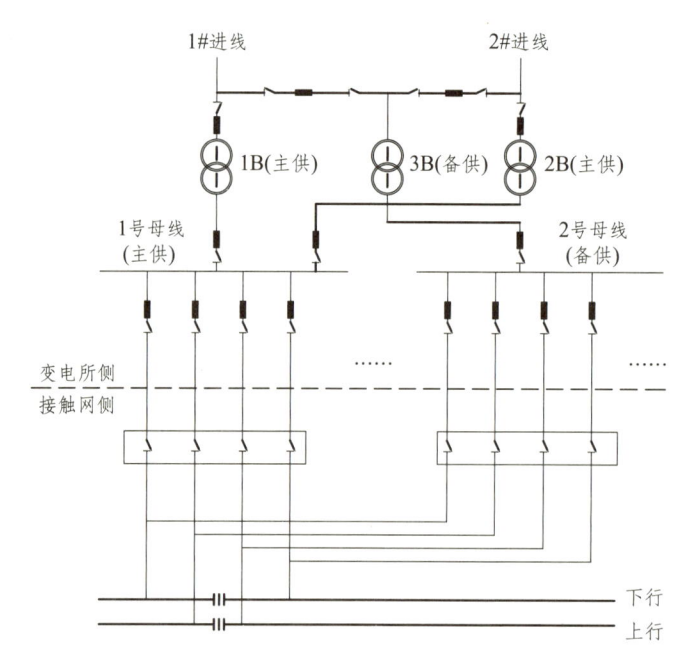

图 5.12　广州牵引变电所全备用供电方案示意图

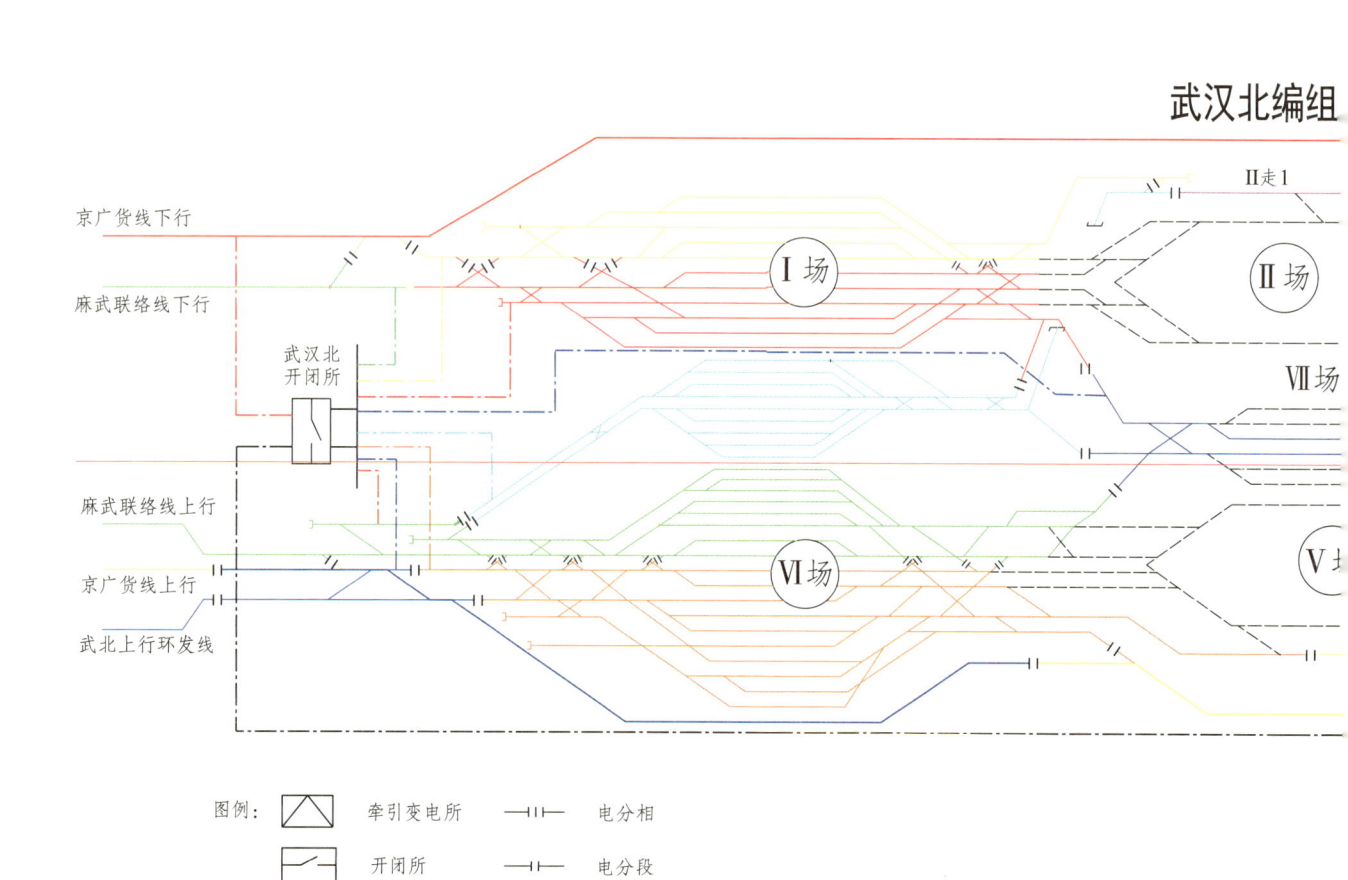

图 5.13　武汉北编

5.5.2.2 编组站（区段站）供电方案

武汉北编组站规模为三级七场，设有 7 个场、机务段及机务折返段。其中编组站 I 场、III 场、IV 场、VI 场、VII 场、机务段及机务折返段电化挂网。

武汉北编组站工程在编组站北端设置武汉北牵引变电所、在机务折返段附近设置开闭所。武汉北牵引变电所总馈线规模共 13 回馈线，分别为武汉北编组站（III 场、IV 场）、机务段、既有京广铁路三汊埠至丹水池客车正线、三汊埠至武昌东货车正线、武汉北开闭所供电。武汉北开闭所分别从武汉被牵引变电所、京广下行货线接触网各接引 1 路电源，为武汉北编组站（I 场、VI 场、VII 场）、机务折返段提供独立馈线电源。武汉北编组站各场、段采用同一相电源供电。武汉北编组站供电方案如图 5.13 所示。

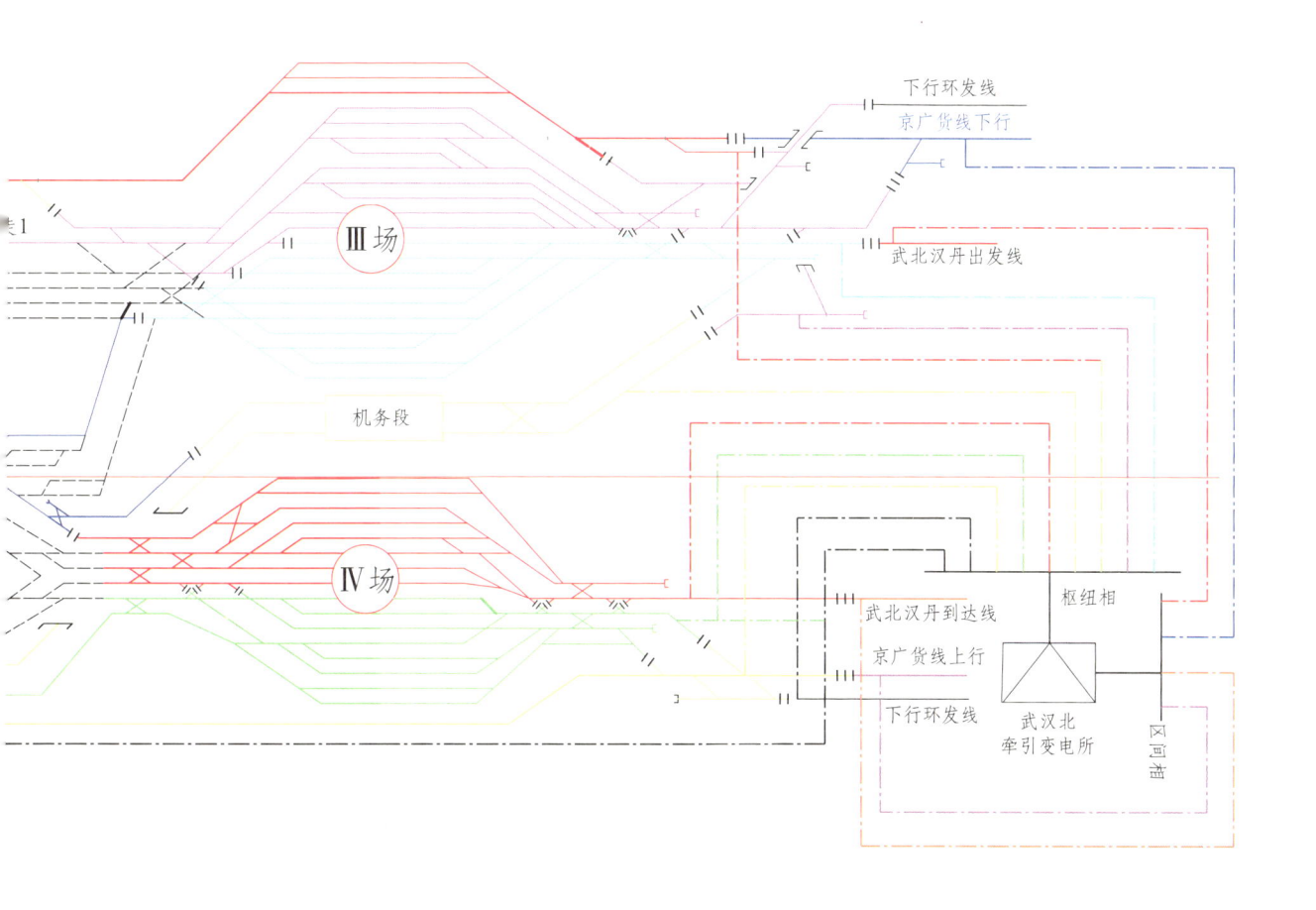

5.5.2.3 接轨站供电方案

横岗站原为南昌枢纽内既有京九铁路的一座中间站，随着沪昆高铁联络线、昌赣高铁联络线以及昌景黄高铁的引入，形成了高速铁路和客货共线铁路共站共场格局。横岗站共 3 台 8 线，另设置 1 条专用线。

既有京九铁路电气化改造时，横岗站位于向塘至南昌供电臂中部，由向塘西牵引变电所供电。沪昆高铁、昌赣高铁均通过联络线简单引入横岗站，在引入车站前均设置电分相，使其各自的牵引供电系统与既有京九铁路、昌景黄高铁的牵引供电系统相互独立。

横岗站为高速铁路和客货共线铁路共站共场车站，站场结构复杂难以按线别划分供电分区，只能作为整体由 1 条干线的牵引供电系统供电。考虑减少既有京九铁路和昌景黄高铁的行车组织、后期运营维护天窗时间不同步的影响，将既有京九铁路向塘至南昌供电臂由原向塘西牵引变电所供电调整纳入到昌景黄高铁南昌东牵引变电所供电（越区供电时横岗站关联的供电臂统一考虑越区供电方案），横岗站内按照昌景黄、京九铁路上下行划分为 4 个供电单元，相互之间设置供电分段划分供电分区，如图 5.14 所示。正常供电时，横岗站、昌景黄高铁南昌东至塘村区段、既有京九铁路向塘至南昌站区段均由南昌东牵引变电所供电。当京九铁路白天需要维修天窗检修或昌景黄高铁晚上固定天窗停电时，打开南昌东牵引变电所相应馈线开关及接触网电分段隔离开关，满足相应供电分区单独停电需要。

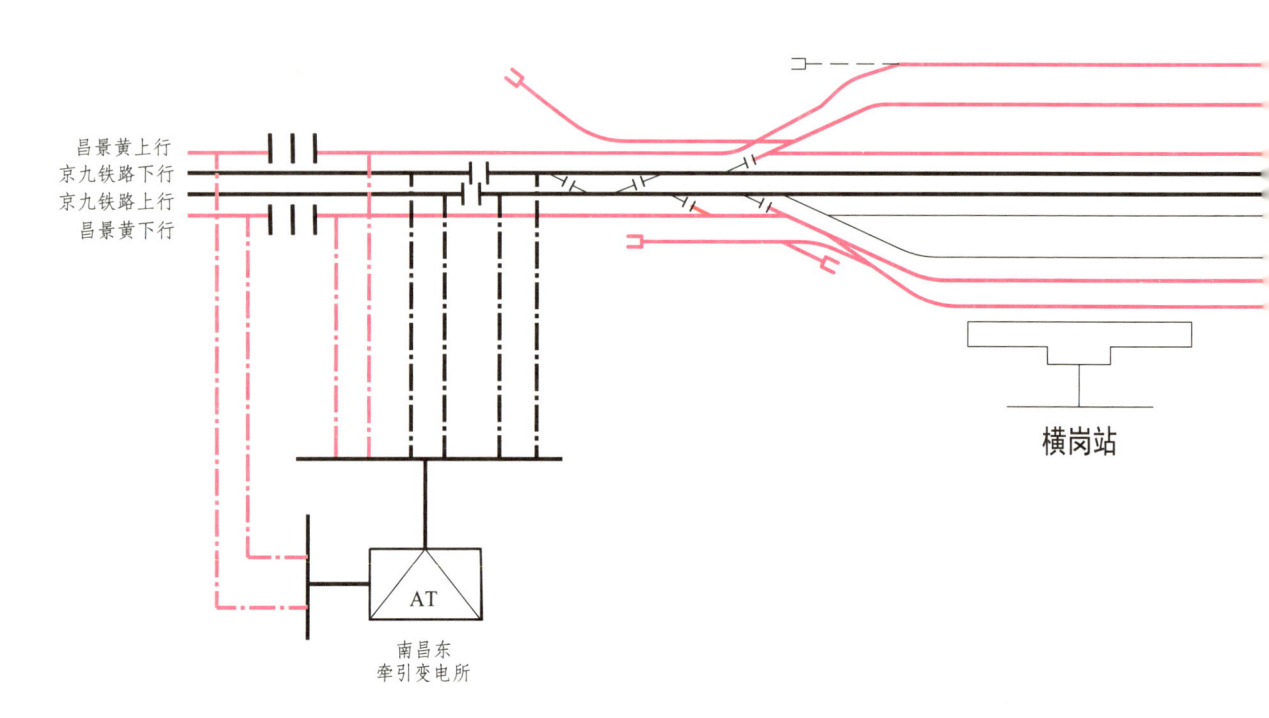

图 5.14 南昌枢纽

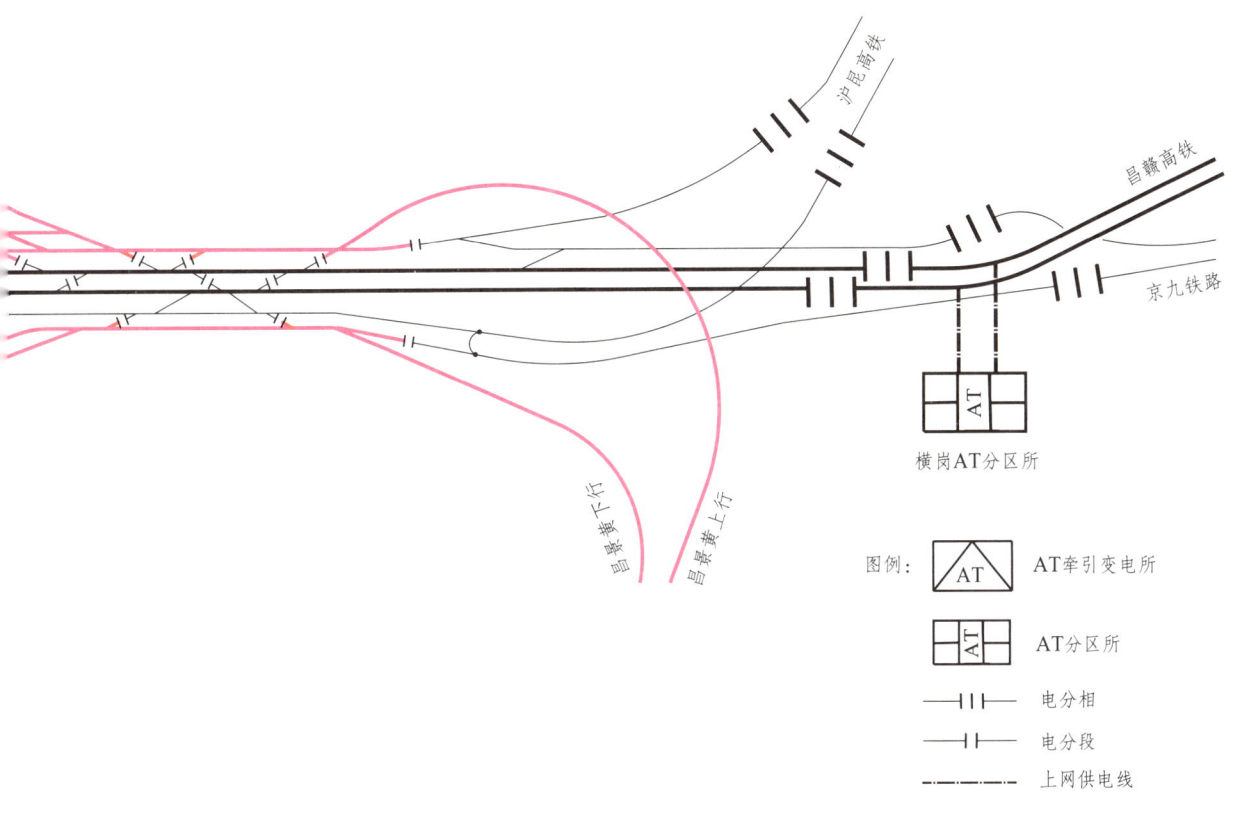

5 牵引供电系统的组成及分布原则

5.5.2.4 联络线供电方案

联络线连接不同线路、车站或车场，在牵引供电系统中联络线成为不同供电分区或供电单元的衔接点。联络线的供电方案重点要做好不同供电分区或供电单元的电气隔离。

1. 联络线上设置电分相方案

联络线连接的不同线路、车站或车场为不同相供电且联络线满足设置电分相并具备形成独立供电单元条件时，一般在联络线一端设置电分相，另一端设置电分段；当联络线不具备形成独立供电单元时，一般在联络线中部设置电分相，电分相两边的联络线由与之相连的供电单元供电。电分相和电分段设置位置应结合现场具体条件确定。以上饶站东南、西南联络线为例说明联络线一端设置电分相另一端设置电分段形成独立供电单元的供电方案。

上饶站沪昆高铁与京福高铁共站分场设计，为满足沪昆高铁与京福高铁互联互通需求，在两条高铁间设置了东南、西南联络线。沪昆高铁、京福高铁均由上饶客专牵引变电所供电，在东南、西南联络线沪昆高铁端设电分相，在东南、西南联络线京福高铁端设电分段。东南、西南联络线由上饶客专牵引变电所提供独立馈线供电。上饶站东南、西南联络线供电方案如图5.15所示。

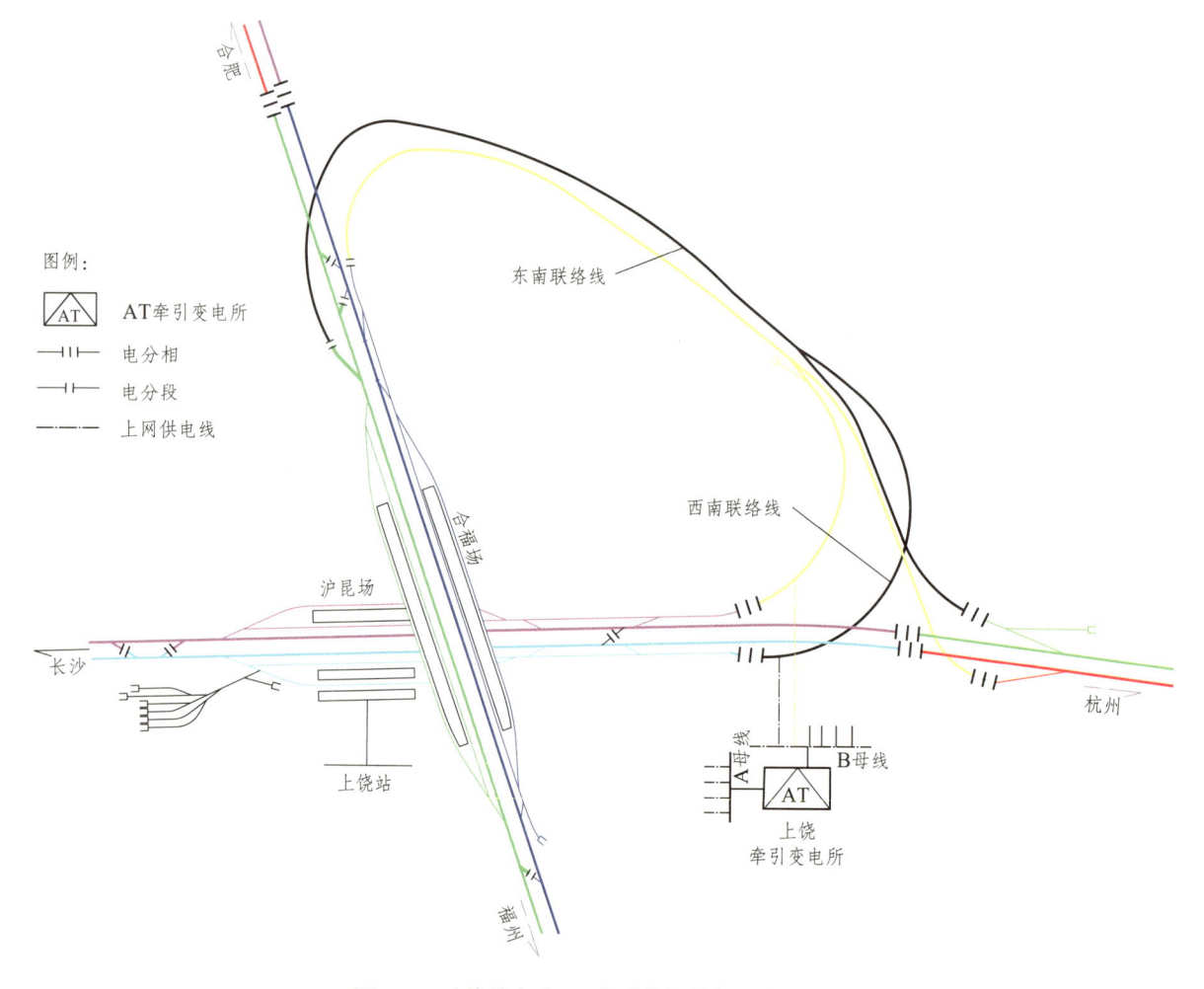

图 5.15 上饶站东南、西南联络线供电方案示意图

2. 联络线上设置电分段方案

联络线与其连接不同线路、车站或车场的牵引供电属同一相供电时，不需要在联络线上设置电分相。在联络线具备形成独立供电单元条件时，一般在联络线两端各设置一组电分段，使联络线形成独立的供电单元；当联络线不具备形成独立供电单元条件时，一般在联络线中部设置电分段，电分段两边的联络线由与之相连的供电单元供电。以长沙南站西北、西南联络线为例说明联络线两端设置电分段形成独立供电单元的供电方案。

京广高铁与沪昆高铁在长沙南按共站分场设计，为满足京广高铁与沪昆高铁互联互通需求，在两条高铁间设置了西北、西南和东南联络线。由于长沙南西北、西南和东南联络线均无法设置电分相，长沙南站范围内京广高铁、沪昆高铁、动车所和各种联络线只有同一座牵引变电所供电。结合长沙南站站场结构、联络线长度及列车径路，为降低西北、西南联络线故障对正线的运营影响，西北和西南联络线形成独立供电单元，并由平丰塘分区所兼开闭所提供独立馈线供电，东南联络线直接并联在沪昆高铁正线供电单元。长沙南站西北、西南和东南联络线供电方案如图 5.16 所示。

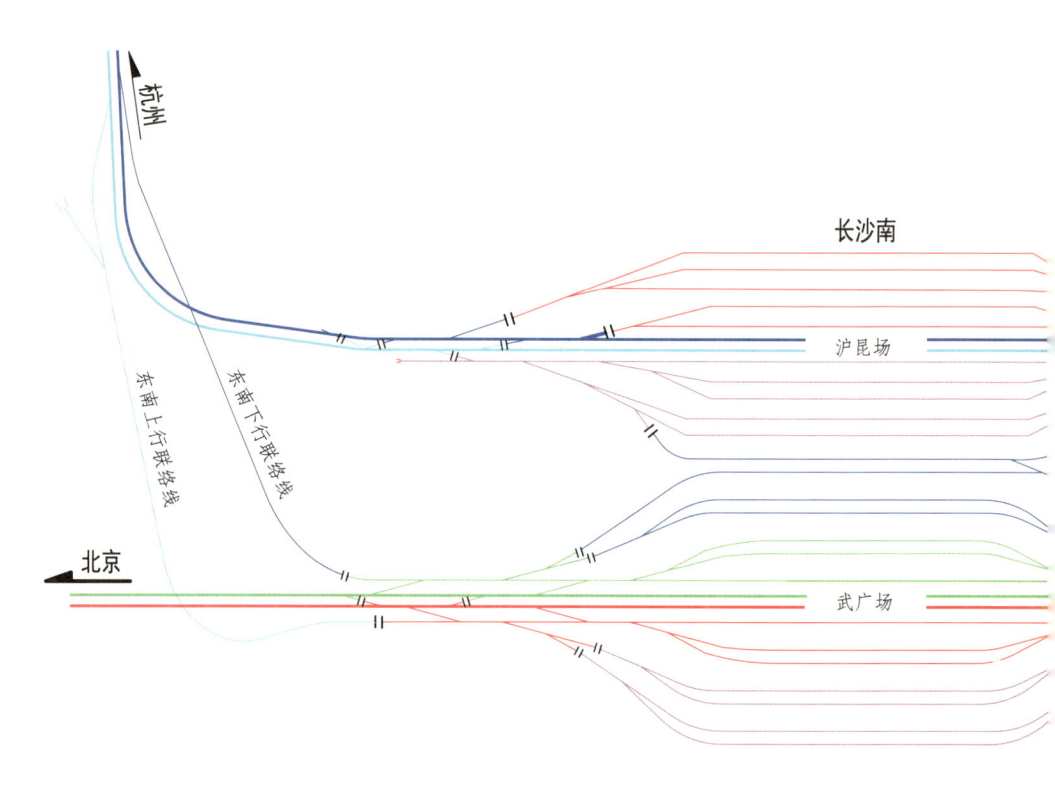

图例： AT牵引变电所 ——|├|—— 电分相
分区所兼开闭所 ——|├—— 电分段
—·—·— 上网供电线

图 5.16 长沙南站西北、

5 牵引供电系统的组成及分布原则

边山牵引变电所
AT
枢纽相
区间相

动车走行C线
动车走行A线
动车走行B线
动车所

动车走行右线
动车绕行线
西北下行联络线
南西联络线
西北上行联络线

广州

平丰塘分区所兼开闭所

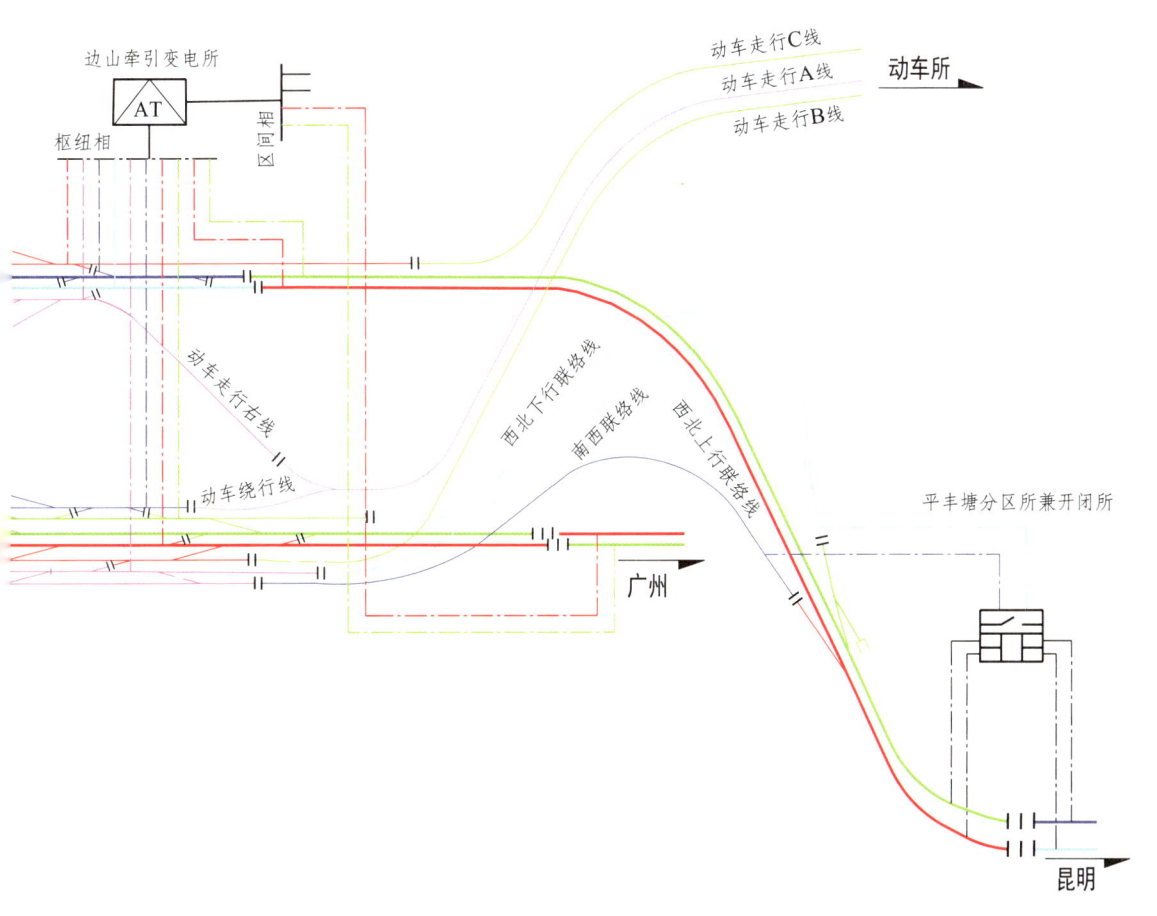

昆明

南联络线供电方案示意图

5.5.2.5 机务、车辆设施供电方案

机务段、折返段，车辆段、动车段、动车所、动车存车场等设施，一般设置单独的供电分区，原则接引独立供电线供电。动车段、动车所应由来自牵引变电所或接引牵引变电所电源的开闭所的独立供电线供电。下面实例说明广州枢纽新塘动车所供电方案。广州枢纽新塘动车所与新塘站接轨。在动车所与车站接轨的动车出入段线上设置电分段，将动车所设置为一个独立的供电分区。根据新塘动车所的功能、规模及建设时序，划分为检修库线、存车线、洗车库线等8个供电单元（含预留）。新塘动车所内设置岗尾开闭所，分别从新塘牵引变电所接引2路电源，通过开闭所为8个供电单元提供独立供电线供电。新塘动车所供电方案如图5.17所示。

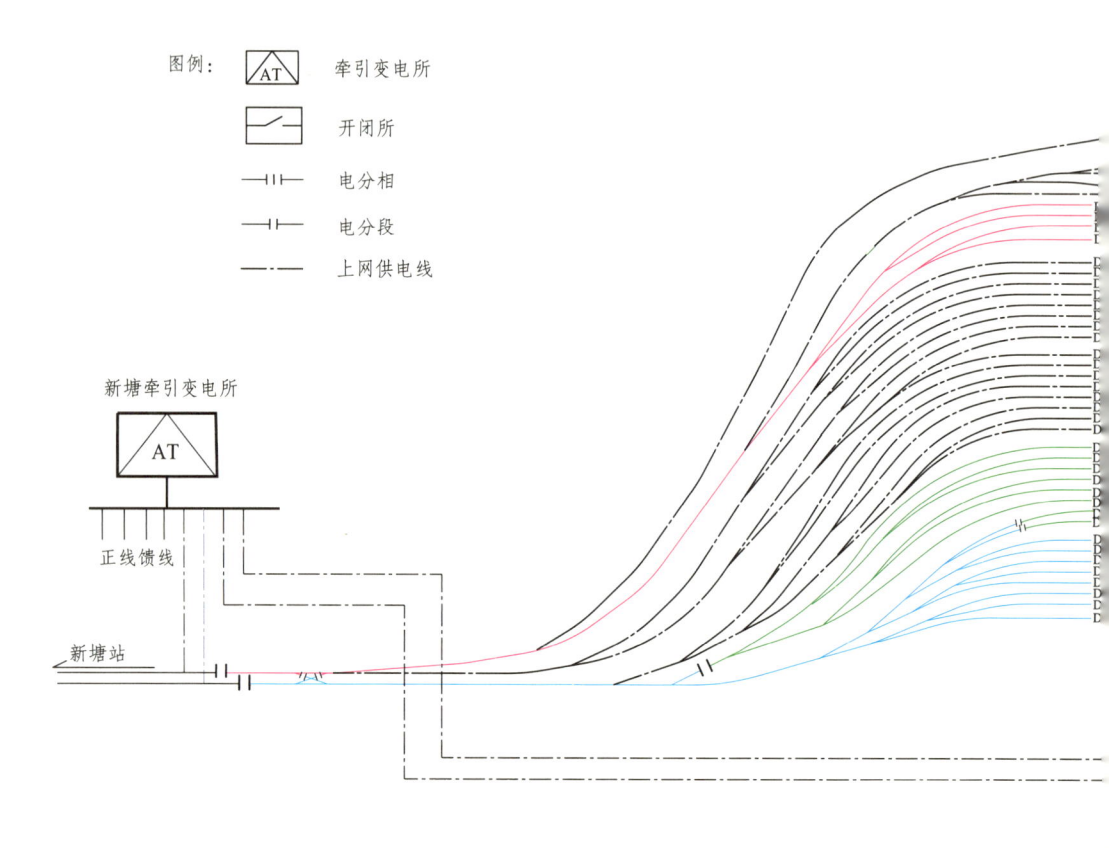

图 5.17 新塘

5 牵引供电系统的组成及分布原则

预留临修棚

预留车辆存车线

动车存车线

D51
D50
D49 预留检查库线
D48
D47
D46
D45 检查库线
D44
D43

车存车线

动车运用所

预留

岗尾开闭所

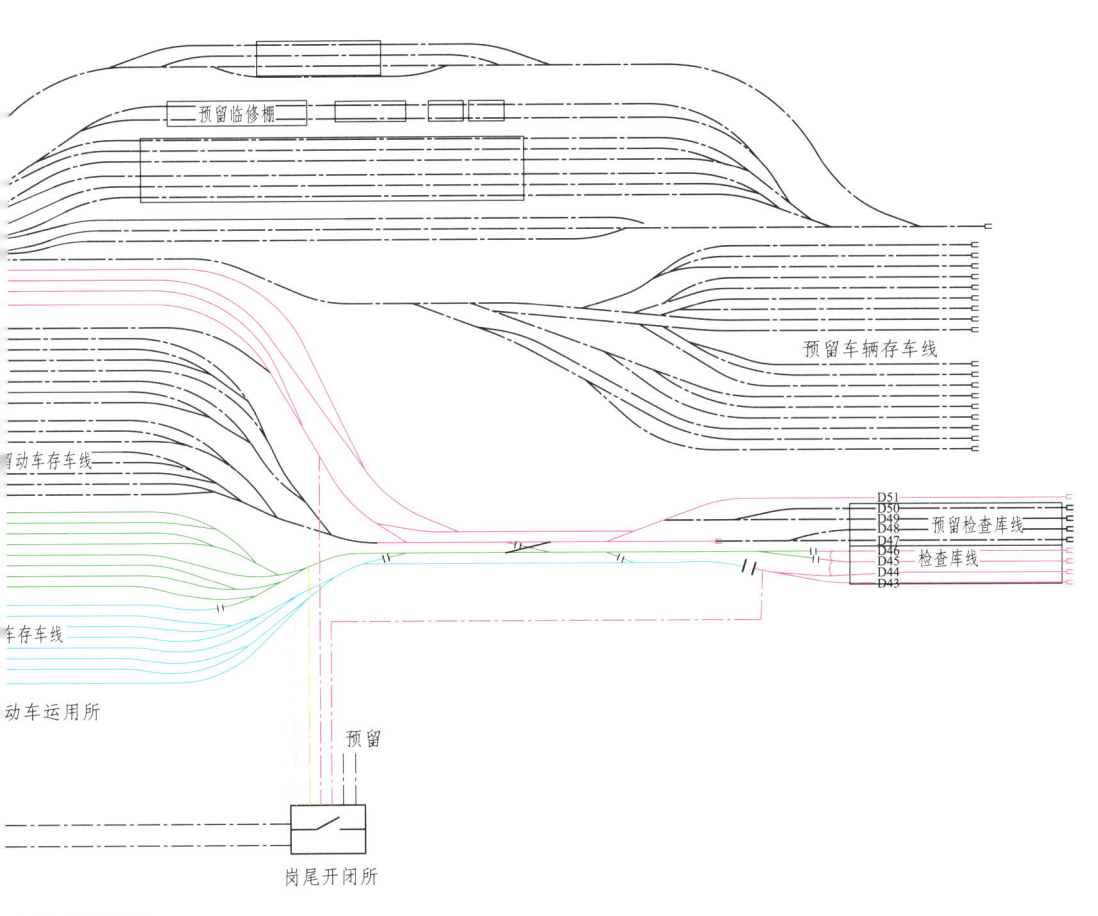

电方案示意图

6 牵引供电方式

电气化铁路从电网接引电源,通过新建的牵引供电系统给列车供电。牵引供电系统根据牵引负荷大小、外部电源条件、接触网架设环境等因素,一般采用直接供电方式、带回流线的直接供电方式、AT(Auto Transformer)供电方式3种,牵引供电方式早期还采用过BT(Boost Transformer)供电方式。目前我国主要采用带回流线的直接供电方式和AT供电方式两种供电方式。

6.1 直接供电方式

直接供电方式是一种最基本的简单供电方式,牵引变电所通过接触网向列车供电,牵引电流通过列车后经钢轨及大地返回牵引变电所,如图6.1所示(箭头为电流方向)。牵引电流路径从牵引变电所经供电线、接触网到列车,再经过钢轨、大地回到牵引变电所,牵引电流没有设置专门的回流通道。直接供电方式牵引网结构最简单,仅由接触网和钢轨、大地组成,牵引电流主要经钢轨、大地返回牵引变电所,回流分散、钢轨电位较高,对通信设施的电磁干扰较大。直接供电方式在国内主要用于大型车站车场、机务段、动车段(所)的站线等场所,干线铁路一般不采用。

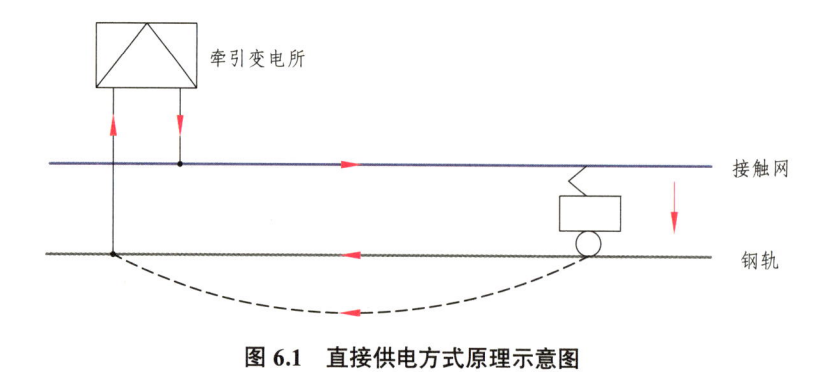

图 6.1 直接供电方式原理示意图

6.2 带回流线的直接供电方式

在我国电气化铁路早期,通信线路主要是电缆或双绞线,受电气化铁路电磁干扰影响较大,为了减少直接供电方式对弱电系统的电磁干扰，沿接触网架设一条回流线，并在接触网和回流线中串入吸流变压器，强制将钢轨电流吸引至回流线返回牵引变电所，由于回流线电流与接触网电流方向相反，电磁影响相互抵消，可减缓对通信线路的干扰。随着我国通信线路光缆化，大大提高了抗干扰能力，于是电气化铁路中取消了吸流变压器，变成了带回流线的直接供电方式，如图 6.2 所示。

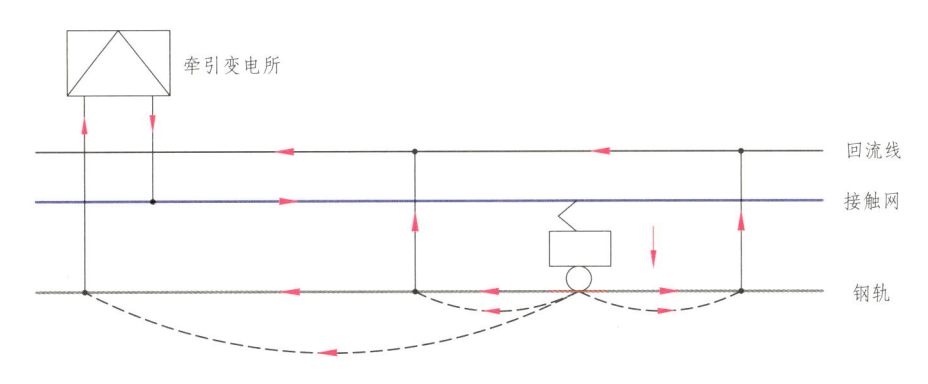

图 6.2　带回流线的直接供电方式原理示意图

该供电方式由于存在回流线，部分牵引电流会通过回流线返回牵引变电所，可以减轻对通信等弱电设施的电磁干扰，也有利于减少钢轨漏泄电流，降低对地电位。同时，由于取消了吸流变压器，避免了吸流变压器带来的牵引网阻抗增大及接触网在吸流变压器处存在空气间隙的弊端。带回流线的直接供电方式目前在我国广泛采用，客货共线铁路、速度较低的城际铁路和市域铁路一般都采用这种供电方式。

6.3　AT 供电方式

前面介绍的几种牵引供电方式都是从牵引电流的电磁干扰角度来分析的，如果从牵引供电能力来说，上面介绍的几种牵引供电方式供电能力大致相似，列车牵引电流对应等于接触网电流。对于客货共线铁路，这几种牵引供电方式基本上都能满足牵引供电能力需要。但对于高速、重载铁路，牵引负荷大幅度增加，同样的 25 kV 接触网供电电压，接触网电流对应增大，接触网载流能力显然难以满足要求。为解决供电能力问题产生了 AT 供电方式。如果把前面几种牵引供电方式称为 1×25 kV 供电网络，那 AT 供电方式就可称为 2×25 kV 供电网络，如图 6.3 所示。AT 供电方式可以理解为在接触网与钢轨之间形成一个 1×25 kV 供电网络，在正馈线与钢轨之间形成一个镜像 1×25 kV 供电网络。

AT 供电方式在不提高接触网对地电压等级即绝缘水平条件下，将实际供电电压提高了一倍，成倍提高了牵引网的供电能力，并相应降低了牵引网的电流，即可相应降低牵引网的电压损失和能耗。同时由于正馈线电流与接触网电流方向相反，电磁影响相互抵消，可大大减轻对通信等弱电设施的电磁干扰，降低钢轨对地的泄漏电流和钢轨对地电位等优点。AT 供电方式具有供电能力大，抗干扰能力强，在我国得到了广泛的应用。我国高速、重载铁路大都采用 AT 供电方式。

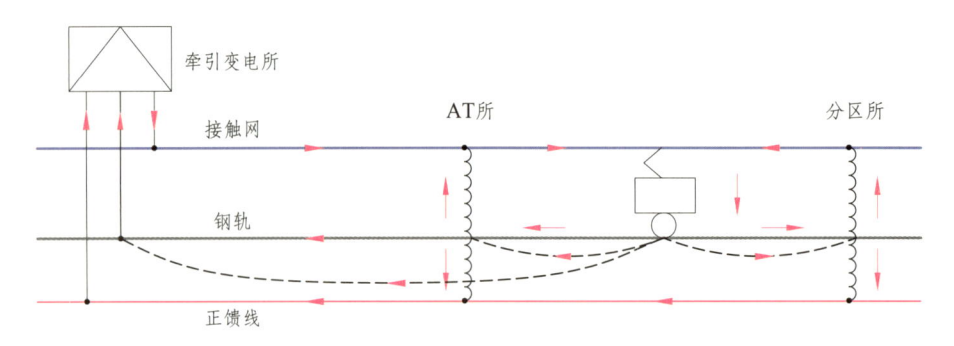

图 6.3 AT 供电方式原理示意图

7 牵引变压器结线

牵引变压器是电气化铁路牵引供电系统的核心主体设备,其作用是将取自电网的高压电源降压成适合列车使用的 27.5 kV 电压电源,带回流线的直接供电方式输出 27.5 kV 电压,AT 供电方式输出 2×27.5 kV 电压,向电力机车或动车组供电。

我国先后采用的牵引变压器结线型式主要有 Y/△结线、十字交叉结线、斯柯特平衡结线、阻抗匹配平衡结线、单相结线和 V 结线。电气化牵引供电负荷是单相不平衡负荷,负荷波动大、不均衡,对电力系统要求高且存在负荷冲击、谐波和负序影响。牵引变压器结线型式的选择,主要综合考虑牵引负荷特性、牵引变压器容量利用率及电力系统的供电容量、牵引负荷对电力系统的影响等因素进行技术经济比较后确定。

7.1 Y/△结线牵引变压器

我国电气化铁路建设初期,铁路没有专用变压器设备,而是借鉴电力行业的成熟经验,采用了 Y/△结线变压器。该类型牵引变压器应用于 AT 供电方式时,即为十字交叉结线变压器。Y/△结线变压器作为一款电力标准变压器,牵引变压器原边接入电力系统的三相 110 kV 电压,次边输出三相 27.5 kV 电压,原边和次边都是平衡的三相,如图 7.1 所示。而铁路牵引变电所向两侧接触网供电只需要两相,即图中 U_1 对应的 ac 相、U_2 对应的 bc 相。另一相 ab 相无法利用。所以,Y/△结线变压器容量利用率不高,仅为 75.6%。且三相只用两相造成供电负荷不平衡,会产生负序电流,对电网产生不利影响。我国早期电气化铁路一般采用 Y/△结线变压器,后逐渐淘汰。

7.2 单相结线牵引变压器

在我国部分电网发达地区,牵引变压器采用了单相结线型式。牵引变压器的原边接入电力系统中的两相 220 kV(外部电源 110 kV 时应用较少)电压,次边输出一相 27.5 kV 电压。如图 7.2 所示。牵引变电所两侧供电臂由同一相供电,牵引变电所处接触网可不设置电分相。

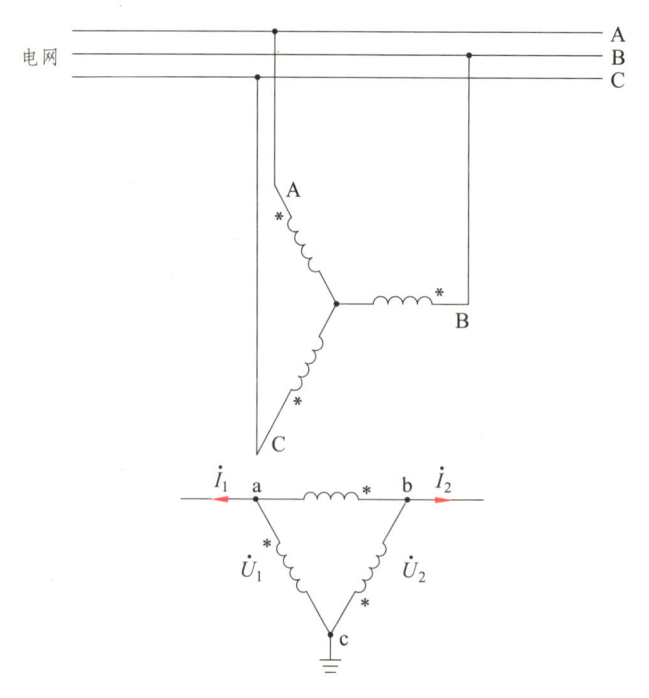

图 7.1 Y/△结线牵引变压器原理展开图

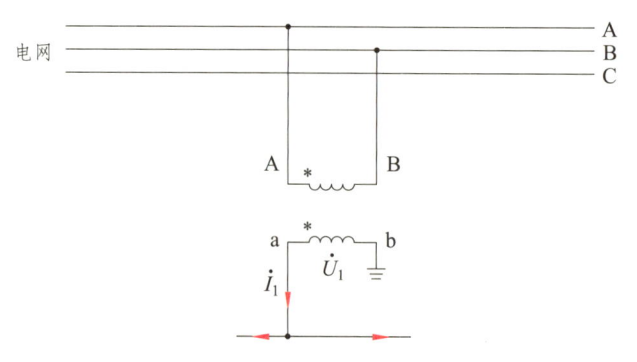

图 7.2 单相结线牵引变压器原理展开图

单相结线变压器容量利用率高，达到 100%；且减少了牵引变电所处的电分相，供电臂长度变长，牵引供电负荷相对均衡，牵引变压器安装容量小，并有利于列车再生能量的利用。但单相变压器对电网不平衡影响最大，故只在电力系统发达的地方采用。

7.3 V 结线牵引变压器

前面介绍的单相结线变压器结构简单，容量利用率高，但对电网不平衡影响大；斯柯特结线、阻抗匹配平衡结线等平衡结线变压器对电网不平衡影响小，但结构复杂或容量利用率稍低。我国于 20 世纪 80 年代末期研制应用了 V 结线变压器，分别是次边输出两相 27.5 kV 电压的 Vv 结线变压器和次边输出两相 2×27.5 kV 电压的 Vx 结线变压器。V 结线变压器结构简单，相当于两台单相变压器拼接。V 结线变压器容量利用率 100%，对电网不平衡影响介于单相变压器和平衡结线变压器之间。

7.3.1 次边输出电压 1×27.5 kV 的 Vv 结线牵引变压器

牵引变压器原边接入电力系统的三相 110 kV 或 220 kV 电压，次边输出两相 27.5 kV 电压，如图 7.3 所示。该变压器主要应用于带回流线的直接供电方式，是目前我国客货共线铁路应用最多的一种牵引变压器。

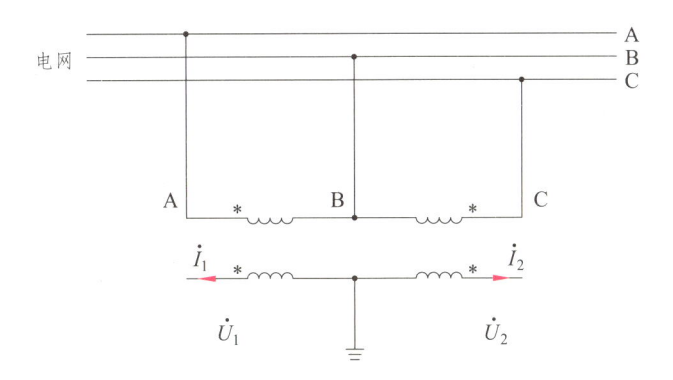

图 7.3　三相 Vv 结线牵引变压器原理展开图

7.3.2 次边输出电压 2×27.5 kV 的 Vx 结线牵引变压器

牵引变压器原边接入电力系统的三相 220 kV 或 330 kV 电压，次边输出两相 2×27.5 kV 电压。如图 7.4 所示。该变压器主要应用于 AT 供电方式。

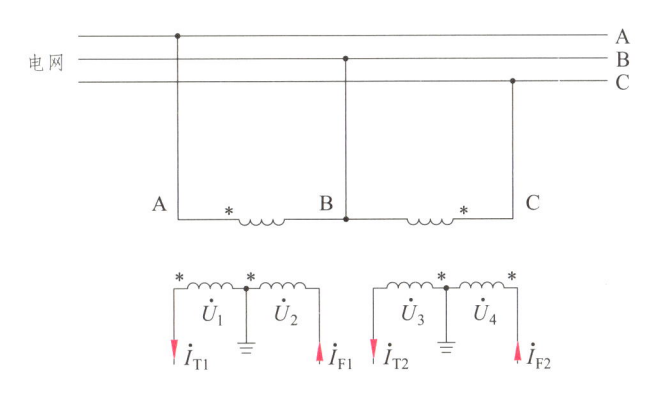

图 7.4　三相 Vx 结线牵引变压器原理展开图

该此结线牵引变压器利用变压器次边绕组兼做自耦变压器，省掉了后述采用斯柯特结线变压器时牵引变电所设置的馈线自耦变压器，降低了工程投资和维护成本。目前我国高速、重载铁路一般都采用这种 Vx 结线牵引变压器。

7.4　斯柯特平衡结线牵引变压器

鉴于 Y/△结线变压器的缺点，在 20 世纪 70 年代末 80 年代初开始采用斯柯特平衡结线变压器，牵引供电系统采用 AT 供电方式，变压器原边接入电力系统的三相 110 kV 电压，次边输出两相 55 kV 电压，为得到 2×27.5 kV 电压，在牵引变电所馈线出口设馈线自耦变压器。如图 7.5 所示。U_T 和 U_M 分别对应向两侧的接触网供电，若 U_T、U_M 供电的两侧接触网供电臂负荷电流相等，则牵引变压器原边侧三相电流平衡。斯柯特结线变压器次边两相对应原边三相为平衡结构，所以对电网的不平衡影响很小。且次边两相均给接触网供电，其容量得到充分利用，最大容量利用率为 92.8%。斯柯特结线变压器在我国早期 AT 供电方式电气化铁路中得到较多应用，后由于其结构复杂、副边输出 55 kV 电压且需在牵引变电所馈线出口设馈线自耦变压器，而被改进后的 Vx 结线变压器取代。

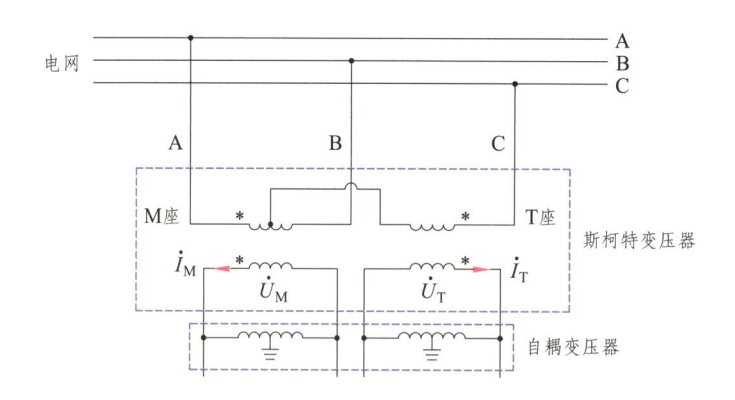

图 7.5　斯柯特平衡结线牵引变压器原理展开图

7.5　阻抗匹配平衡结线牵引变压器

为减轻电气化铁路对电网的不平衡影响，并提高牵引变压器的利用率，我国在 20 世纪 90 年代初研制成功阻抗匹配平衡变压器。阻抗匹配平衡变压器是三相变两相的新型变压器，它在继承 Y/△三相变压器的结构优点基础上，具有斯柯特平衡变压器平衡的换相功能，如图 7.6 所示。

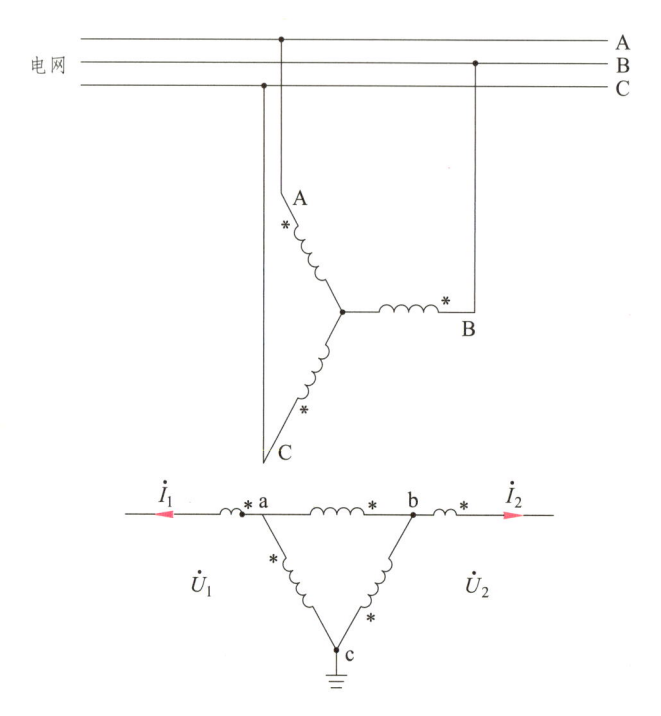

图 7.6　阻抗匹配平衡结线牵引变压器原理展开图

20 世纪 90 年代后期，对阻抗匹配平衡变压器进行了改进，在三角形绕组增加 2 个平衡绕组的基础上又增加了 2 个补偿绕组，形成曲折延伸结构，扩大绕组阻抗调整范围，如图 7.7 所示，使变压器制造更加方便，且变压器的容量利用率提高到 100%。

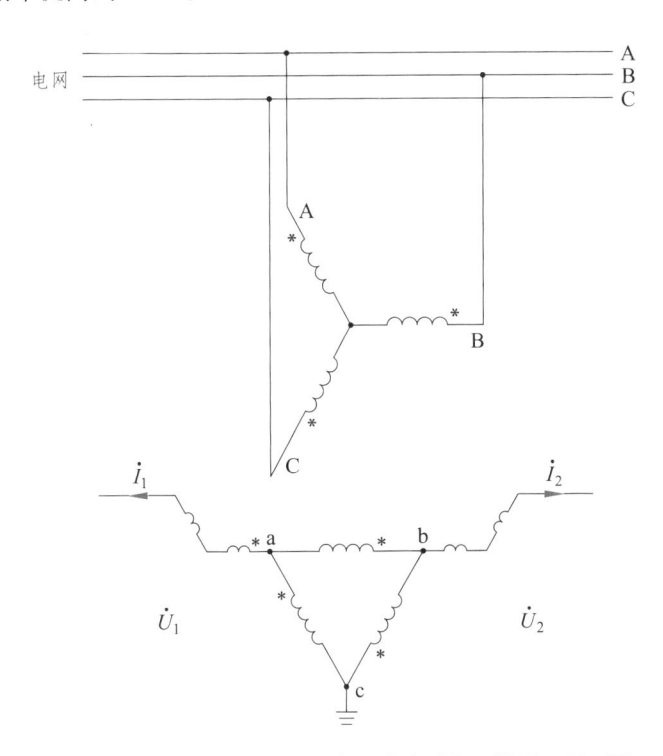

图 7.7　星形曲折延边三角平衡结线牵引变压器原理展开图

平衡结线牵引变压器一般用于带回流线的直接供电方式。

8 电气参数计算原则

牵引供电系统电气参数是电气化铁路建设和运营管理的基础。电气参数计算主要包括阻抗计算、电流计算、电压计算、变压器容量计算、牵引网载流及导线截面计算、能耗计算、回流参数计算、电能质量计算等。

8.1 阻抗计算

牵引网阻抗是牵引供电系统重要的电气参数，是开展电流分布、电压降、短路电流计算的基础参数。牵引网是由接触网和回流系统构成的多导体传输系统，接触线和承力索通过吊弦连接构成传输导体，回流线、钢轨、大地通过一定的横向导体连接构成回流导体，对于 AT 供电方式，正馈线从电流方向上也可视为回流导体，此外，高速铁路还设置了贯通综合地线，为高速铁路各个系统提供了一个统一的"地"，用以实现各个系统的等电位，该导体也构成了回流系统中的一个导体。

针对牵引网多导体传输线系统进行空间电磁场描述、列写磁链矩阵和电势矩阵，进而可得到阻抗和电位系数矩阵，通过解析阻抗和电位系数矩阵可分别得到阻抗和电容参数，在此基础上按照分布参数和"电报方程"可得到牵引网的链式方程。

8.2 电压计算

接触网供电电压是牵引供电系统供电能力最敏感的技术指标之一，接触网供电电压水平实时影响列车的牵引运行状态，即影响列车牵引力和运行速度，以至直接影响区段的通过能力。交-直-交牵引时列车对电压要求高，电压过低或过高甚至会触发功率锁闭。

接触网供电电压除受牵引负荷大小影响外，还与外部电源电力系统容量及其运行方式、牵引供电系统供电方式、牵引变压器结线型式等密切相关。

牵引变电所从电网接引电源，当接触网上有列车运行时，牵引电流从电网流经牵引变压器、接触网、列车，再通过回流系统流回到牵引变电所。牵引电流在电网内部、牵引变压器、牵引网产生电压降即电压损失。列车受电弓电压为 $U_{\min}$：

$$U_{\min} = U_0 - \Delta U_j - \Delta U_T - \Delta U_s \text{ (V)} \tag{8.1}$$

式中　U_0——牵引变电所空载电压，V。

　　　ΔU_j——牵引网电压损失，V。

　　　ΔU_T——牵引变压器电压损失，V。

　　　ΔU_s——电力系统电压损失，V。

我国电气化铁路相关标准规定，牵引变电所牵引侧母线上的额定电压，带回流线的直接供电方式为 27.5 kV，AT 供电方式为 2×27.5 kV；接触网的额定电压 25 kV，最高允许电压 29 kV，最低工作电压 20 kV，在供电系统非正常（检修或事故）情况下运行时电压不得低于 19 kV。

从以上分析可知，接触网上列车受电弓电压主要跟电力系统电压损失、牵引变压器电压损失、牵引网电压损失有关。其中，牵引变压器电压损失、牵引网电压损失跟铁路设计方案和选用设备相关，对不同的设计方案和不同设备电压损失值相差较小，即电压损失比较稳定。而电力系统电压损失与电网容量及供电能力密切相关，强的电网和弱的电网电压损失相差比较大，甚至相差数倍。所以，比较合理的外部电源供电方案是确保接触网供电电压的基本前提。实际上，我国一般地区电网比较发达，一般铁路牵引供电系统接触网供电电压基本满足要求，有利于交-直-交列车充分发挥牵引功率，确保列车正常稳定运行。但在部分边远地区，电网比较薄弱，外部电源难以满足牵引供电需求，需要加强电网或电厂建设，提高电网的供电容量和供电能力，以降低电网电压损失。在铁路侧还可以适当缩短牵引变电所间距或设置加强线，以降低牵引网电压损失。此外，还可以采用带有载分接开关的牵引变压器对电压进行调节。

8.3　变压器容量计算

牵引变压器是牵引供电系统的心脏，电力系统的强大电能通过牵引变压器输送到接触网上驱动列车运行。我国电气化铁路具有牵引负荷功率大、负荷波动频繁、负载率低、短时集中负荷特征明显等特点。牵引变压器相对应就需要适应牵引供电负荷的这些特点和供电需求，即一般负荷较小，负载率低，而在线路紧密运行等负荷高峰时，牵引变压器仍须满足最大负荷的供电需要。所以，牵引变压器与一般的电力变压器相比，具有较高的过负荷能力。我国电气化铁路实行包括电度电费和基本电费的两部制电价，电度电费按照牵引用电量计算，基本电费按照牵引变压器安装容量或最大需量计算。牵引变压器选用容量过小会使变压器长期过载，将造成变压器寿命缩短，以致烧损变压器；反之，容量过大将使变压器长期轻载运行，损耗增加，且需要支付较高的基本电费，使运营费用增加。目前我国电气化铁路大多选择最大需量电价方式。我国牵引变压器容量一般根据线路运量和行车组织进行计算，并按紧密运行等高峰负荷进行校验，最后综合评估负载率、过负荷倍数和基本电费确定，即通过综合技术、经济分析计算后确定。

8.4　牵引网载流及导线截面计算

牵引网系统按电流传输方向可以分为传输导体和回流导体。传输导体为接触网即接触线和承力索；回流导体为钢轨、大地、回流线或正馈线。回流导体通路多，且存在钢轨、大地等具有较大电流承载能力的导体，回流导体一般载流能力大或加大回流导体载流能力比较方便。所以，牵引网载流能力通常主要分析传输导体即接触网的载流能力。

接触网的载流能力实质上是接触网导电系统承受热负荷的能力。接触网产生的热量主要是牵引电流通过导体电阻时产生的焦耳热量和太阳辐射时吸收的太阳能热量。接触网散发的热量主要是接触网导体的对流换热热量和对外热辐射热量。在接触网存储热量的基础上，如果接触网产生的热量大于接触网散发的热量，接触网温度就会升高；如果温度持续升高，当热负荷超过导线的承载能力时，则可能出现接触线软化甚至断线、承力索软化散股断线等事故。接触网可以选用导电截面大的承力索、接触线，必要时还可以增设加强线，来提高接触网的综合载流能力。对于牵引供电负荷大的高速、重载铁路，可以采用 AT 供电方式。AT 供电方式牵引网采用 2×25 kV 电压供电。

接触线、承力索、加强线截面宜与载流分配匹配；牵引网各导线的截面，除应满足机械强度外，还应满足列车紧密运行时有效电流产生的温升校验、牵引网短路时各导线的动、热稳定性校验等电气性能要求。

8.5 牵引供电系统损耗计算

牵引供电系统电能损耗主要包括变压器（包括牵引变压器和自耦变压器）损耗、牵引网损耗和绝缘子泄漏电流损耗，特别在绝缘子污秽较重时损耗比较突出，由于牵引供电系统绝缘子数量庞大，该损耗不容忽视。

牵引变压器的损耗主要由空载损耗和负载损耗组成，空载损耗又称铁损，主要与牵引变压器运行时间有关，负载损耗又称铜损，主要与运行供电臂电流有关；接触网损耗主要是由传输电能引起的有功损耗，主要与接触网导线材质、运行期间电流有关。接触网绝缘子泄漏损耗是由绝缘子泄漏电流所导致的有功功率的损耗。

降低牵引变压器电能损耗，可以采用空载损耗、负载损耗小的节能变压器；降低接触网损耗主要通过采用电阻低的接触网导线；降低绝缘子泄漏损耗的主要措施是加强绝缘子清洗工作。

8.6 其他电气参数计算

回流系统电气参数计算主要包括回流系统各导体回路（钢轨、回流线、正馈线、贯通地线等）电流分配系数，钢轨电流和钢轨电位。

电气化铁路列车通过受电弓与接触网接触获取电能，牵引电流经过列车后，通过回流系统返回牵引变电所。牵引供电系统中，钢轨和大地是牵引电流回流回路的一部分，它们同时也是接地系统的重要组成部分。当牵引电流从钢轨流向大地时，电流通道存在着电阻效应，这种电阻称为泄漏电阻，当电流通过时就会形成电压降。同时其他带电导体的电磁场还会在接地体上产生感应电压，需要对接触网附近钢轨等接地体及各种金属导体进行电压计算和安全评估，确保人身及相关设备安全。

电能质量计算主要包括功率因数计算、不平衡计算和谐波计算。相关计算宜结合《力率调整电费办法》《电能质量 三相电压允许不平衡度》（GB/T 15543）、《电能质量 公用电网谐波》（GB/T 14549）等标准执行。

9 牵引供电系统电能质量

牵引供电系统是电气化铁路牵引负荷即列车的动力来源，其供电质量优劣将影响电气化铁路安全、可靠及经济运行，并间接对电力系统产生影响。电气化铁路是电力系统中的特殊用户，其直接接入高压系统，具有明显的不对称性、非线性和波动性。其负荷特点详述如下：

（1）直接接入高压系统。一般电气化铁路牵引供电系统接入110 kV 电压电网。随着高速铁路和重载铁路的发展，牵引负荷功率不断增大，110 kV 电压等级电网已不能满足高速、重载电气化铁路的需求。所以新建高速铁路一般接入220 kV（330 kV）电网。重载铁路接入220 kV 电网。

（2）负荷不对称性。牵引供电系统，以两相供电方式为主。对三相电力系统而言牵引负荷具有不对称性，导致三相不平衡，对电力系统的正常运行产生一定负序影响。

（3）负荷非线性。我国早期电气化铁路广泛采用交-直型电力机车，其功率因数低、谐波含量大，加之电网较为薄弱，对电力系统的谐波影响明显。我国于2006年已停止交-直型电力机车生产，新建铁路全部采用交-直-交型电力机车和动车组，在功率因数、谐波含量等方面得到根本性改善，谐波含量大幅度降低，但谐波影响依然存在。

9.1 电能质量国家标准要求

电气化铁路依靠电力系统提供电源供电，强大可靠的外部电源是电气化铁路安全稳定运行的基础。同时，电气化铁路作为电力系统的负荷其负荷特性也会对电力系统电能质量产生影响。根据电气化铁路负荷特性，主要相关的电能质量指标有电压偏差、功率因数、谐波、三相电压不平衡等。

9.1.1 电压偏差

牵引变电所的电压波动幅度可以作为衡量电力系统给牵引变电所供电的供电能力或供电质量的一项重要指标。实际运行电压对系统标称电压的偏差相对值，称为电压偏差。电压偏差过大，会直接影响电力机车或动车组牵引功率的发挥，过低或过高的电压都会造成列车牵引功率的大幅度下降，甚至导致列车不能运行。

电压偏差是电能质量的一项基本指标，我国电气化铁路牵引变电所进线电源为110 kV、220 kV、330 kV 电压等级，国家标准《电能质量 供电电压偏差》（GB 12325），中规定"35 kV 及以上供电电压正、负偏差绝对值之和不超过标称电压的 10%"。电气化铁路电压偏差主要和电力系统容量和铁路牵引负荷的大小息息相关，随着我国电力系统的持续发展和铁路交 - 直 - 交牵引技术全面推广应用，高速铁路、重载铁路一般采用 220 kV 电压供电。西北部分地区没有 220 kV 电压等级时，采用 330 kV 电压等级。客货共线铁路一般采用 110 kV 电源供电，基本上能够满足电气化铁路电压偏差要求。在部分电力系统薄弱的偏远地区，可以通过提高外部电源电压等级或加强电力系统供电容量来解决电压偏差问题。

9.1.2 功率因数

电力系统及电气化铁路等负荷一般都包括电阻、电感、电容 3 大成分，其中电阻是做功或耗能元件；电感、电容是储能元件，不耗能但可以存储和交换电能。电阻部分对应的功率称之为有功功率，电感、电容部分占用的电能容量称之为无功功率，有功功率和无功功率的正交和称为视在功率，即总功率。功率因数是有功功率对视在功率的比值，该参数是衡量供电系统运行效率高低的一个重要参数。功率因数偏低时，无功功率占用了系统有效容量，降低了系统容量利用率。为提高供电系统运行效率，国家相关主管部门制定了对功率因数的考核标准和奖惩办法。我国电气化铁路牵引用电 1993 年开始采用大工业类两部制电价并开始征收功率因数调整电费，功率因数考核指标为 0.9，低了罚款，超过了奖励。

我国电气化铁路以前采用韶山型等交 - 直型电力机车，由于机车采用相控整流方式，功率因数较低，我们采用了在牵引变电所或机车上进行功率因数补偿等措施来提高功率因数。但随着交 - 直 - 交新型电力机车或动车组全面推广应用，牵引传动系统采用脉冲宽度调制技术，功率因数一般能达到 0.9 以上，功率因数调整电费由以前的罚款普遍变成为奖励，很好地解决了电气化铁路功率因数不达标的问题。

9.1.3 谐波

我国电力系统交流电标准是 50 Hz（f_0）正弦波，称为基波，如图 9.1（a）所示。当电力系统接入整流、逆变、变频、气体光源等非线性负荷时，会引起基波交流正弦波畸变，如图 9.1（b）所示。畸变程度取决于谐波电流的频率和幅值，谐波个数越多，波形越不平滑，当高次谐波含量较大时甚至会出现"毛刺"现象。为了分析"毛刺"的组成机理，可以对其进行傅里叶级数分解，分解结果为一个直流分量和不同频率的正弦波。谐波频率一般是基波频率的整数倍。也就是说，当电力系统接入非线性负荷时，在基波的基础上再现了许多不同频率的正弦波，基波和这些不同频率的正弦波叠加起来就出现了"毛刺"现象，即波形发生畸变。图 9.1（c）为（b）图中畸变波形的谐波分解结果。

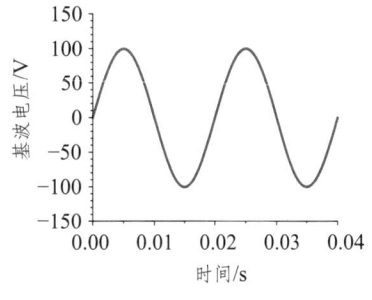

（a）频率为 50 Hz 的基波电压　　　　　（b）含有谐波分量的畸变电压

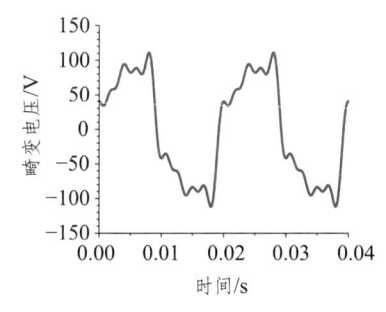

（c）畸变电压的谐波分解

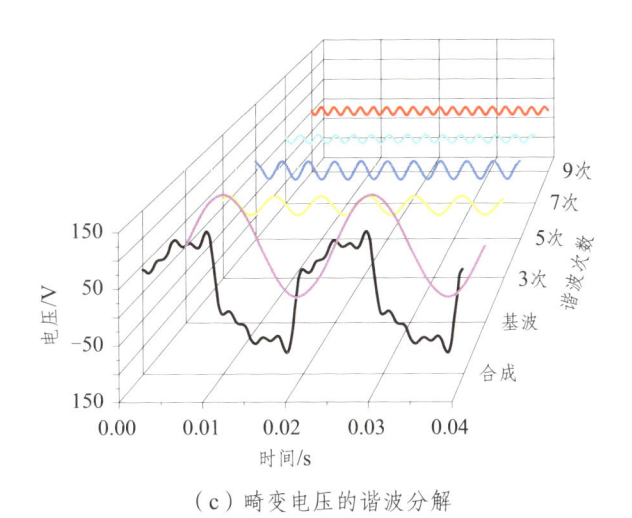

图 9.1　周期信号的谐波分析

谐波对电网及用户都会产生不利影响，会在电动机等用电设备上产生附加损耗、增大发热和噪声、降低电力继电保护灵敏度甚至误动作、降低计量装置精度、当系统相关电气参数匹配时还可能引起谐振，影响相关设备的正常运行，甚至造成设备损坏。电气化铁路由于电力机车、动车组存在整流、逆变等环节，会产生谐波注入电网。我国电气化铁路以前普遍采用的韶山型等交-直型电力机车，采用了相控整流方式，主要产生 3、5、7、9 等奇次谐波（谐波次数指谐波频率对基波频率的倍数），各次谐波随次数增大依次快速衰减，谐波影响明显，铁路对超过标准的牵引变电所采取了滤波等补偿措施对谐波进行治理。现在全面采用的交-直-交新型电力机车或动车组，通过四象限变流器脉冲宽度调制使机车电流波形接近于正弦波，总体谐波含量小，远低于交-直型电力机车的谐波，加上目前我国电网不断发展壮大，电气化铁路的谐波电压一般较小，从根本上改善了电气化铁路的谐波影响问题。图 9.2 和图 9.3 分别为 CR400BF 动车组的实测瞬时电流波形图和频谱图。

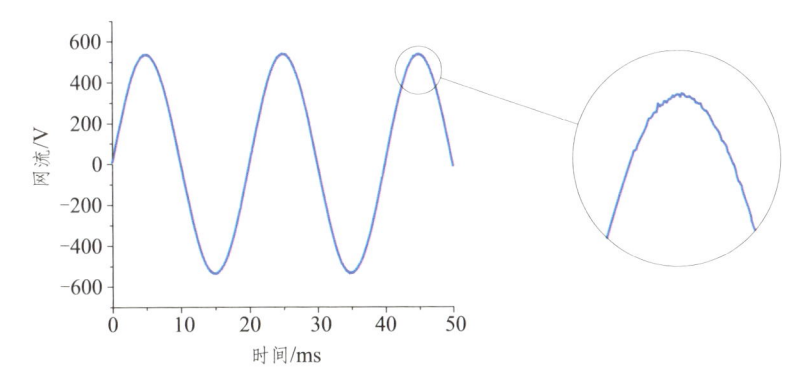

图 9.2　CR400BF 动车组瞬时电流（含微量谐波）波形

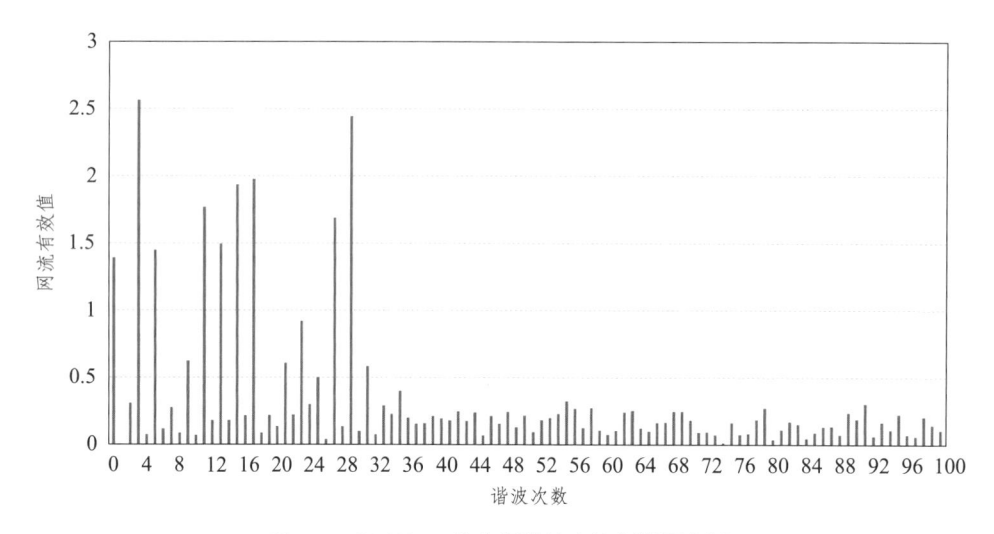

图 9.3　CR400BF 动车组谐波电流频谱图实例

9.1.4　三相电压不平衡

我国电网为由三个单相组成的三相平衡供电系统，当单相或三相不平衡负荷接入电网时，就会对电网产生不平衡影响。三相电压不平衡是指三相电力系统中三相不平衡的程度，用电压或电流负序分量与正序分量的方均根值百分比表示。三相电压不平衡会对电气设备造成不同程度的影响，可能造成继电保护误动、电机附加振动力矩和发热等问题。

在电力系统中通常采用对称分量法分析三相不平衡问题。在对称相量法中，可以将任意三相系统中的不对称的三相电流/电压分解为对称的三序分量，即正序分量、负序分量、零序分量。正序分量、三相量大小相等，相位互差 120°，与系统正常运行的相序相同；负序分量、三相量大小相等，相位互差 120°，与系统正常运行的相序相反；零序分量：三相量大小相等，相位一致。图 9.4 为对称分量法分解不平衡三相电流/电压的示意图。

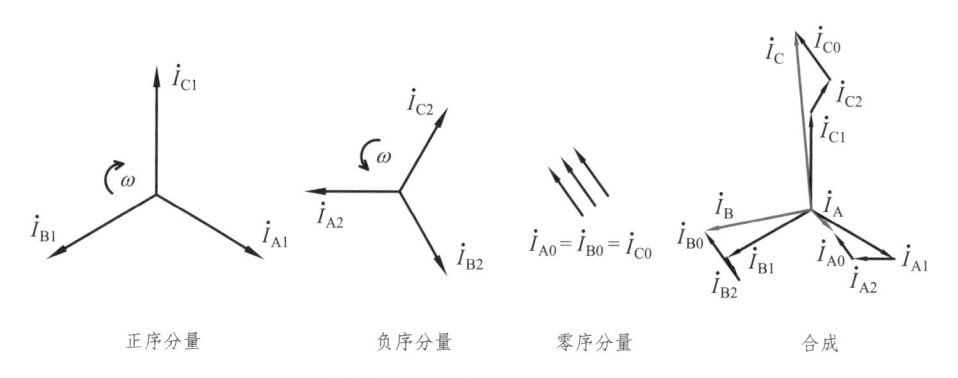

图 9.4　对称分量法分解不平衡三相电流示意图

电气化铁路牵引变电所从电网接引三相平衡电源后，只需要转换成两相或一相给两侧接触网供电，与电力系统对应的另一相或两相就不能全部利用而形成空载。

所以，电气化铁路对电力系统是一个不平衡负荷，存在不平衡影响，即使是牵引变电所采用了平衡结线变压器，也只有当牵引变电所两侧供电臂电流相等时对电力系统才是平衡的。我国电气化铁路牵引变电所采用相序轮换接入电网的方案，以单相接线为例，图 9.5（a）给出了各牵引变电所依次按照 A、B、C 三相组合轮换接入电网的示意图，在一定范围内整体来看牵引负荷对电力系统是平衡的，可以有效降低电气化铁路对电力系统的不平衡影响。图 9.5（b）给出了以牵引变电所 1 为例，一个牵引变电所采用单相接线接入三相电力系统时，牵引负荷电流的分解，即单相牵引负荷接入三相电力系统的 AB 相间时，根据对称分量法，可以分解为一组对称正序分量（I_{A1}、I_{B1}、I_{C1}）和一组对称负序分量（I_{A2}、I_{B2}、I_{C2}），两组分量的大小相等，即单相接线的不平衡度为 100%。

长期以来，电气化铁路涉及的电压偏差、功率因数、谐波及负序等电能质量是铁路和电力部门都关心的问题，双方共同进行了大量的研究和试验，取得了许多成果和共识。随着交 - 直 - 交型电力牵引技术的大规模应用，牵引负荷的功率因数、谐波问题得到了根本性改善；同时我国电网近年来取得了长足发展，电力网络不断完善，系统容量大幅度提高。研究和测试表明，一般地区牵引变电所接入电网的系统短路容量大、供电能力强，电气化铁路相关的电能质量水平得到整体提高，逐步形成了铁路和电网相互兼容发展的良好局面。

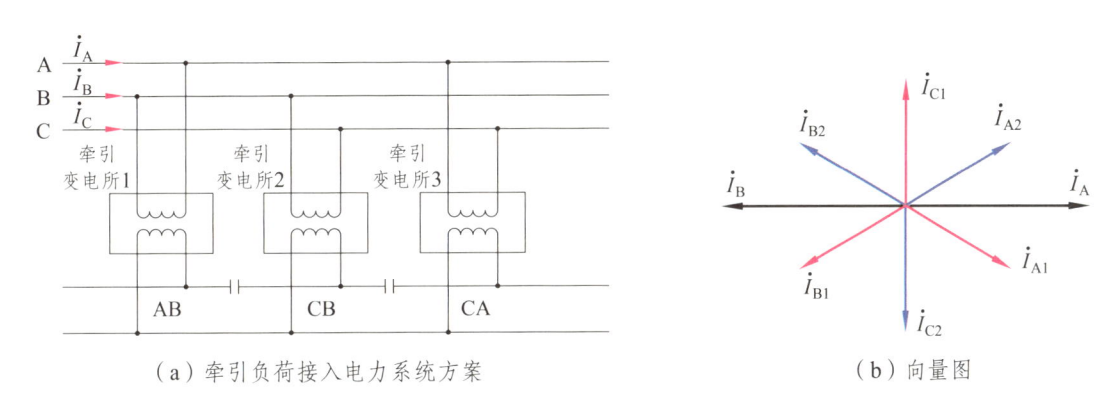

（a）牵引负荷接入电力系统方案

（b）向量图

图 9.5　牵引负荷负序示意图

9.2　电气化铁路电能质量典型问题及治理措施

我国电气化铁路全面推广采用交 - 直 - 交牵引，外部电源一般采用 110 kV、220 kV、330 kV 电源供电，电能质量的电压偏差、功率因数、谐波电压、负序电压不平衡度等一般满足国家标准等相关规范要求。在少数电网薄弱地区，可能会出现个别牵引变电所谐波电压偏高或负序电压不平衡度超过国家标准的情况，可以通过加强电网供电容量或提高供电电压等级等措施解决，也可以设置谐波补偿装置对谐波电压偏高问题进行治理。

此外，电气化铁路列车和牵引供电系统（简称车网）参数匹配还会偶发高次谐波谐振和低频振荡问题，在极端条件下会造成接触网、动车组主电路上的电压、电流严重畸变或异常波动，需要对牵引供电系统与电力机车（动车组）参数匹配进行优化，或采取相应治理措施。

9.2.1 高次谐波谐振

9.2.1.1 高次谐波的定义及谐波电流源

对周期性的信号，如振动、电压、电流等，用数学方法做傅里叶级数分解，将高于基波频率的谐波（从基波频率的 2 倍频起），统称为高次谐波。具体到目前铁路电气化技术领域，相对而言，一般将传统直流电力机车 3 次、5 次、7 次、9 次以上的谐波称为高次谐波。

在电气化铁路中最主要的谐波源，是电力机车（动车组），可视为谐波电流源，传统的直流传动电力机车由于其功率半导体器件开关频率相对较低，因此其发出谐波电流的频率也较低，以低次谐波为主；而现代交流传动电力机车（动车组），采用开关频率较高的功率半导体器件完成电能变换，在较宽的频域范围均会产生一定谐波电流，因此高次谐波和较低次的谐波均存在。本节讨论的高次谐波谐振现象，也是在我国开行交流传动电力机车（动车组）以后出现的。

9.2.1.2 高次谐波谐振现象

2007 年 7 月，我国发生了首例牵引供电系统高次谐波谐振，造成了避雷器等高压电气设备烧毁、牵引变电所保护动作跳闸等危害，严重影响列车正常运行，后又在不同线路发生了类似故障。图 9.6 给出了一组高次谐波谐振现象实测示例。

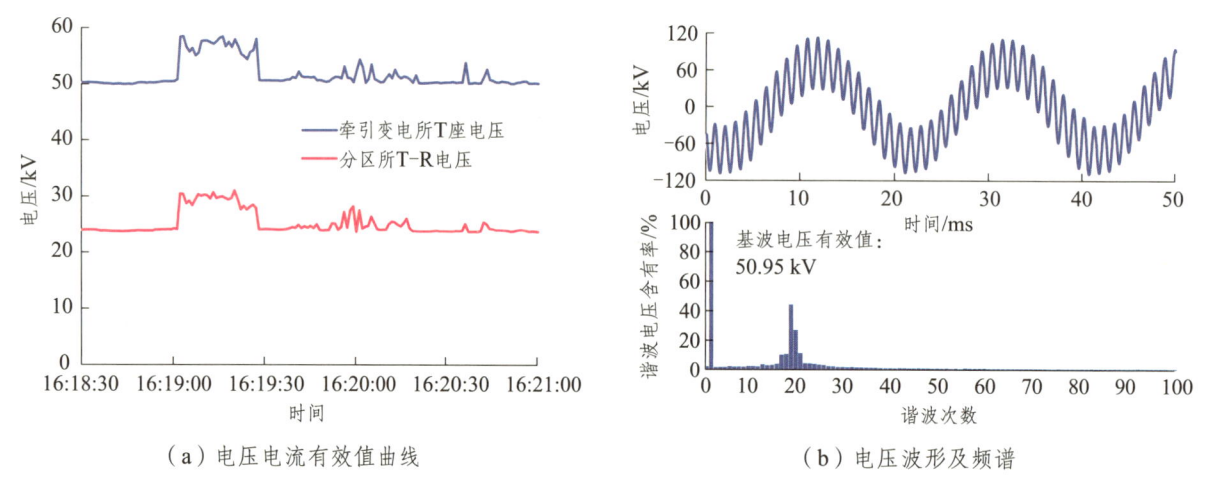

（a）电压电流有效值曲线 （b）电压波形及频谱

图 9.6 电气化铁路高次谐波谐振电气特征实测示例

针对我国发生的高次谐波谐振案例，根据相关专业人员现场调研和测试分析，电气化铁路高次谐波谐振的基本特性归纳如下：

（1）频率：潜在谐振频率范围较宽，17～75 次（750～3 750 Hz）谐波谐振均有发生记录，但某一供电区段谐振时，谐波放大频带不变且带宽基本在 500 Hz 以内。

（2）过电压：谐振总是引起很高的谐振过电压，单一频率高次谐波电压有效值达到几千伏以上的水平，甚至超过 15 kV，这些高次谐波电压叠加在基波电压上可能使接触网电压有效值超过 31 kV。

（3）持续时间：谐振通常持续时间几秒至几十秒不等，但可时断时续长达近 10 分钟。

（5）线路区段：发生谐振的线路、区段多样，并无直观规律，包括客运、货运、高速、普速各种线路，有正线也有站场、枢纽等区段。

（6）危害：谐振过电压会损伤地面和车载高压电气设备，其中避雷器易受高频过电压作用发生热崩溃甚至炸裂，此类情况会威胁车网电气运行安全，严重时可能影响行车秩序。

9.2.1.2 高次谐波谐振机理

高次谐波谐振现象是高次谐波电流作为激励被注入谐振电路里，从而产生电压、电流大幅度、高频率的振荡现象。具体来说，电力机车（动车组）是产生振荡激励的谐波源；而牵引供电系统是放大激励作用的谐振电路。在牵引供电系统中，存在外部电源内阻抗、牵引变压器漏阻抗等感性元件，以及接触网导线对地分布电容、并联无功补偿装置电容等容性元件，即该系统的等值阻抗不能简单的视作感性或容性，而取决于频率和计算阻抗的端口，对于某个端口必然存在感性和容性之间的"平衡点"，即谐振点，对应的频率为谐振频率。当电力机车（动车组）发出的谐波电流频率与系统的谐振频率重合或接近时，将发生谐振现象，谐振实际上是无功能量在感性和容性元件之间的频繁交换行为，具体反映为过电压或过电流振荡。有如下简要结论：

（1）谐振频率由系统综合感性和容性参数决定，通常牵引供电系统的谐振频率较高，我国已有记录发生谐振的频率范围为 750 ~ 3 750 Hz，对应谐波次数为 15 ~ 75 次，因此被称为高次谐波谐振。

（2）我国早期的直流传动电力机车由于发出谐波电流频率较低，因此不会引发谐振；而现代交流传动电力机车（动车组）在较宽的频域可能发出谐波电流，因此有激发高次谐波谐振的风险。

（3）高次谐波谐振从本质上可以看作牵引网分布电容 C 与牵引变电所等值电感 L 的并联谐振，并联谐振会导致比较高的谐波电压。

（4）电力机车（动车组）是激发高次谐波谐振的谐波源，谐振发生与否取决于电力机车（动车组）发出的谐波电流频率是否与牵引供电系统谐振频率重合或接近。

9.2.1.3 高次谐波谐振治理措施

高次谐波谐振本质上是车-网电气匹配失稳问题，涉及牵引供电系统和电力机车（动车组）两个方面。因此，治理对策可以从车、网两方面入手。不论采取哪种手段，基本思路就是设法破坏谐振发生的条件。即一方面使电力机车（动车组）尽量不发出牵引网谐振频率的谐波电流；另一方面设法改变牵引网的谐振频率尽量避开电力机车（动车组）发出的谐波电流的频率。应本着先易后难、先简单后复杂、先软件后硬件的思路进行。

从列车的角度而言，首先可以考虑优化牵引变流器网侧四象限整流环节的脉冲宽度调制算法或控制策略，消除或降低谐振频段谐波含量。其次可以考虑加装车载滤波装置，即在谐波激励端就近滤除，减少注入网侧的谐波电流。

从牵引供电系统的角度而言，首先可以采取一些应急处理手段，如倒换外部电源、改变越区供电方式等，本质上这些手段均改变了牵引供电系统的阻抗频率特性，即通过改变谐振频率避开电力机车（动车组）发出的谐波电流频率。另一种较为成熟的方案是在牵引供电系统安装高通无源滤波器，滤除注入牵引网的高次谐波电流。

9.2.2 低频振荡

低频振荡是指多列同型号电力机车（动车组）集中处于供电区间内的同一处升弓整备时，牵引网网压、网流、列车牵引变流器直流电压出现低于基波频率（通常为几赫兹）的一种同步振荡现象。国内外相关研究通常将低频振荡视作一类稳定性问题，一般基于控制理论的稳定性判据现象进行分析。考虑到在低频振荡过程中，接触网和电力机车（动车组）的电压、电流均会出现异常波动，甚至可能超出相关电能质量标准规定范围，因此将低频振荡问题视作电气化铁路的一类特殊电能质量问题进行分析。

9.2.2.1 低频振荡现象

我国首例低频振荡发生于 2007 年年底，如图 9.7 所示，多台 HXD1 型交流电力机车在机务段同时升弓准备发车时，出现了牵引网电压 3 ~ 4 Hz 的低频振荡，导致机车牵引封锁，影响正常运输。随后其他机务段、动车段（所）也发生过类似的低频振荡。

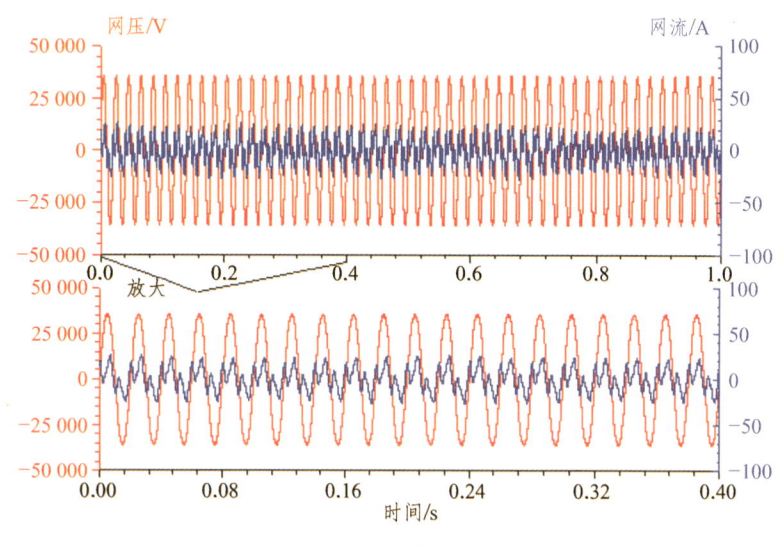

（a）5 列 HXD1 机车同时升弓

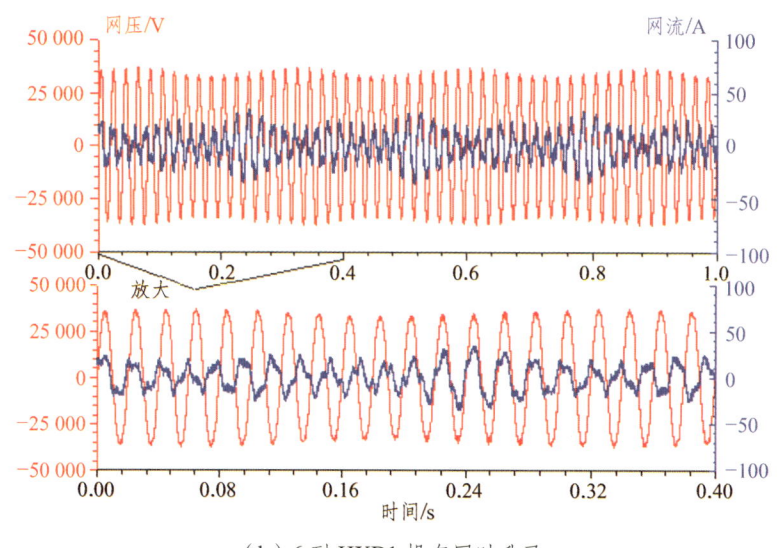

（b）6 列 HXD1 机车同时升弓

(c) 7 列 HXD1 机车同时升弓

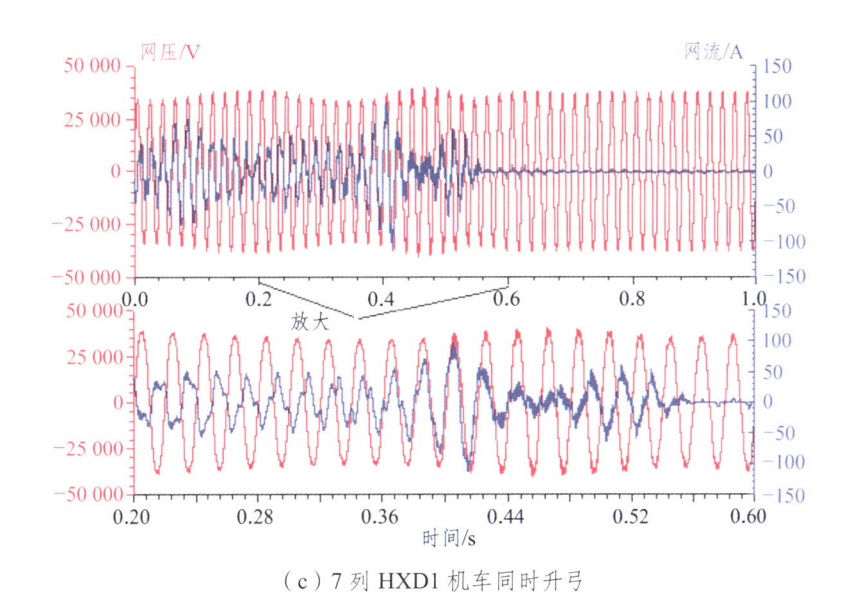

图 9.7 电气化铁路车网电气低频振荡实测案例

低频振荡归纳有以下特性：

（1）低频振荡发生在机务段、动车段、车站等电力机车或动车组集中的供电区段。

（2）低频振荡发生时有多列同型号电力机车或动车组同时升弓，并处于整备状态（通常是准备发车状态）。

（3）低频振荡过程是随着升弓列车数量增加网压从稳定到不稳定的过程，对特定区段存在一个保持临界稳定的列车数量，该数量实际上取决于区段供电参数和运用的电力机车或动车组车型参数，例如对于图 9.7（b）所示案例，临界数量为 6 列。

（4）低频振荡过程中车网电压、电流波动的幅度和频率通常不足以直接损伤车网电气设备，但容易触发电力机车（动车组）牵引系统保护逻辑，导致牵引封锁，可能延误发车，影响正常运输秩序。

（5）我国已有记录发生的低频振荡频率在 2～7 Hz。

9.2.2.2 低频振荡机理及治理措施

低频振荡是由采用四象限变流器的列车与牵引供电系统相互作用引起的，是一类典型的变流器并网稳定性问题。车、网构成了一个"源-荷"闭环系统，源、荷两侧阻抗存在匹配关系，当系统的频域模型为欠阻尼状态但十分接近临近阻尼时，由于系统内存在不同型式的持续的干扰源，使得车-网系统以主导极点对应的频率持续振荡，并处于一个临界状态，此时，车网系统中的电气量均以该频率波动，形成低频振荡。

对于低频振荡的治理对策，与高次谐波谐振相似，也可从车、网两方面着手。从列车方面考虑，调整四象限变流器控制参数，从而优化其功率变换控制性能是较好的办法，这在我国相关车型上已经有成功经验；从网侧考虑，倒换牵引变电所进线电源、采用低短路阻抗的牵引变压器等手段也是可行的；此外，从运输组织考虑，控制同型电力机车（动车组）在同一场所同时升弓数量也是一种针对低频振荡的应急处理办法。

10 牵引供电系统外部条件的协调与配合

10.1 牵引供电系统外部电源

电气化铁路是电力系统重要的特殊负荷，安全可靠供电是电气化铁路正常运行的基础。牵引变电所由两路独立、可靠的外部电源供电，两路电源互为备用，平时均处于带电状态，一路电源发生供电故障时，另一路电源自动投入，以保证不间断供电。

10.1.1 外部电源供电方式

牵引变电所外部电源供电方式（电网向牵引变电所供电的方式）通常可分为双电源双回输电线路供电方式、单电源双回输电线路供电方式、双电源单回路（双回路）环形供电方式等几种基本类型。

10.1.1.1 双电源双回输电线路供电方式

如图 10.1 所示，牵引变电所进线来自电网两个不同变电站（开关站），电力线路 L1 和 L2 为向电气化铁路供电专线。L1 和 L2 及相应电源一组工作时另外一组作为备用，两者互为备用。双电源双回路两个电源点相互独立，可靠性高，是牵引变电所基本的外部电源供电方式之一，特别是高速铁路，宜采用此外部电源方案。

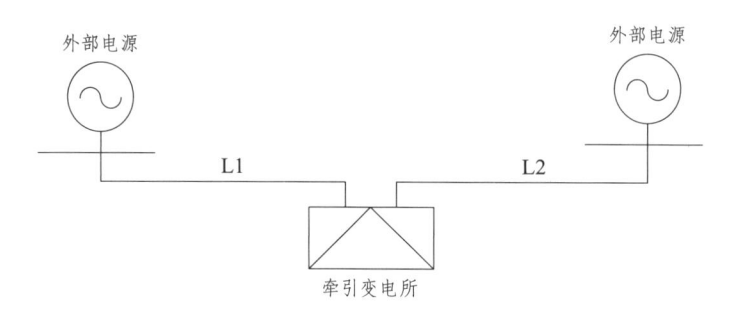

图 10.1 双电源双回输电线路供电方式示意图

10.1.1.2 单电源双回输电线路供电方式

如图 10.2 所示，牵引变电所两路电源进线来自同一个变电站，取自不同母线段，线路 L1 和 L2 为向电气化铁路供电专线。L1 和 L2 及相应电源一组工作时另外一组作为备用，两者互为备用。该供电方式可靠性较高，是客货共线铁路、重载铁路和部分高速铁路牵引变电所常用的外部电源供电方式之一。

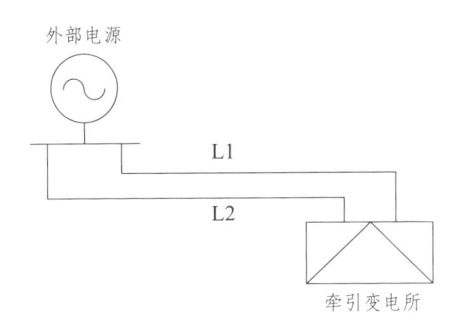

图 10.2 单电源双回输电线路供电方式示意图

10.1.1.3 双电源单回路（双回路）环形供电方式

如图 10.3 所示，两座牵引变电所进线电源分别来自不同的变电站，其中各有一路分别直接取自变电站，另一路通过相邻牵引变电所供电。两座牵引变电所的两路电源一组工作时另外一组作为备用，两者互为备用。若此方案两座变电站之间有联络线，可大幅度提高该方案外部电源的可靠性，如图 10.4 所示，带联络线的双电源双回路环形供电方式可作为客货共线铁路、重载铁路、高速铁路的牵引变电所外部电源供电方案。

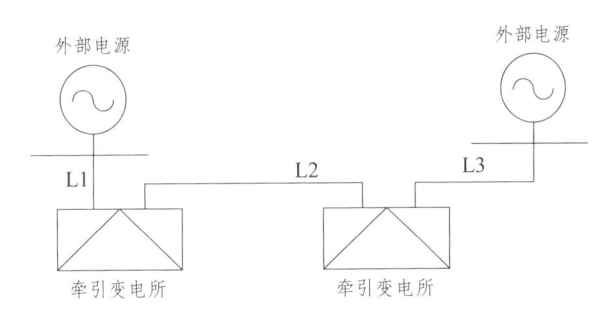

图 10.3 双电源单回路环形供电方式示意图

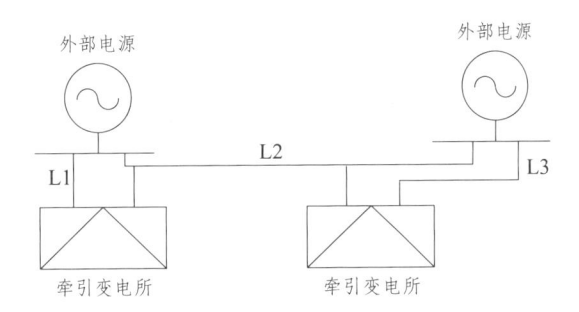

图 10.4 带联络线的双电源双回路环形供电方式示意图

10.1.2 电能质量与电力系统容量之间的关系

1. 电压损失

牵引供电系统的电压水平与电力系统容量密切相关，牵引供电系统的电压损失主要包括牵引网电压损失、牵引变压器电压损失以及电力系统的电压损失。

牵引网电压损失在确定的供电方案的基础上，与供电臂长度、列车功率因数等密切相关：供电臂长度越长，列车功率因数越低，其压降越大。从牵引负荷对供电电压的需求出发，对典型工况下综合电压损失进行计算和分析，可得出满足电压损失最低要求的供电系统条件。

为保证电气化铁路的正常运行，需要电力系统提供足够大的容量，以适应牵引负荷大、冲击性强的特点，保证列车供电电压。

结合牵引变压器容量，在典型牵引负载情况下，研究系统短路容量对供电电压的影响。以列车受电弓上的最低电压水平在正常情况下不低于 20 kV 为指标，在常速、重载货运、高速客运的电气化铁路中，可获得不同牵引变压器安装容量在典型负荷配置条件下的最低电压水平与电力系统短路容量的基本关系。

从保证牵引供电系统的电压质量、确保列车运行的角度，系统短路容量越大，电力系统压降越小，越有利于列车的供电。但如仅通过提高系统短路容量来提高供电电压，则效果是有限的。

2. 三相电压不平衡

根据《电能质量 三相电压不平衡》（GB/T 15543）的规定，电力系统公共连接点的正常电压不平衡度允许值为 2%，短时不得超过 4%。国标规定三相电压不平衡如式（10.1）所示：

$$\varepsilon_u = \frac{\sqrt{3}U_L I_2}{S_k} \times 100\% \tag{10.1}$$

式中　S_k——短路容量，kVA；

　　　I_2——负序电流，A；

　　　U_L——系统电压，kV。

由式（10.1）可知：三相电压不平衡与公共连接点的短路容量成反比，与负序功率成正比，负序功率与牵引负荷的大小、牵引变压器的接线型式等因素有关。在负序功率一定的情况下，三相电压不平衡度只与公共连接点的短路容量有关，短路容量越大，系统承受负序影响的能力越强。

减小三相电压不平衡主要方法有两个：① 选择短路容量大的电源，即减小系统等值阻抗；② 减小负载的不对称性，具体措施包括在同一条线路相邻各牵引变电所之间采用循环换相、采用平衡接线牵引变压器等。

3. 谐波

谐波电流是电力系统中非线性负荷产生，电气化铁道是典型非线性负荷之一。产生的谐波电流注入电力系统，在系统等效的谐波阻抗上产生谐波电压。各次谐波电压叠加后与基波电压的比值为综合谐波电压畸变率 THD_U。

电网公共连接点谐波电压畸变率 THD_U 为

$$THD_U = \sqrt{\sum_{h=2}^{\infty}\left(\frac{\sqrt{3}U_L h I_h}{S_k}\right)^2} \times 100\% \tag{10.2}$$

式中　U_L——系统额定电压，kV；

　　　h——谐波次数；

　　　I_h——谐波电流，A；

　　　S_k——系统短路容量，kVA。

由式（10.2）可知，对非线性负荷来说，接入电压等级确定条件下，影响谐波电压的因素主要包括两个方面：谐波电流和系统短路容量。产生的谐波电流越大，谐波电压含有率越大；系统短路容量越小，谐波电压含有率越高。因此，降低谐波电压含有率主要有两种途径：① 降低非线性负荷产生的谐波电流或注入电力系统中的谐波电流；② 增大系统短路容量，减小系统谐波阻抗。

10.1.3 影响接入电压等级的因素

我国电气化铁路牵引供电系统接入电压主要有 110 kV、220 kV 和 330 kV。电压等级高的电源系统容量大、电压稳定、电能输送距离远。

1. 电力系统供电容量

电气化铁路供电系统的外部电源来自电网，电网送电能力主要考虑导线发热、电压损失、功率和能量损耗、稳定性 4 个方面。一般情况下，电压等级越高输送功率越大、传输距离越远。电网的电压等级一般根据输送功率和输电距离来选择，其应用的大致范围可参考表 10.1。

表 10.1 电网电压与输送功率、距离的关系

额定电压 /kV	输送功率 /MVA	输送距离 /km
110	10 ~ 50	50 ~ 150
220	50 ~ 500	100 ~ 300
330	200 ~ 800	200 ~ 500

2. 接入系统的电压等级

结合目前我国电网及其短路容量现状，一般按如下原则考虑接入系统的电压等级：

（1）客货共线铁路：客货共线铁路列车运行速度相对较低，根据牵引负荷需求，一般采用 110 kV 电压等级。部分东北地区（无 110 kV 电压等级）或大坡道区段牵引负荷较大时，可采用 220 kV 电压等级。

（2）重载铁路：重载铁路列车牵引负荷大，持续受电时间长，一般采用 220 kV 电压等级。

（3）高速铁路：高速铁路动车组牵引负荷大，持续受电时间长，可靠性要求高，一般采用 220 kV 电压等级，部分西北地区（无 220 kV 电压等级）可采用 330 kV 电压等级。

10.2 影响电气化铁路的电力线路处理措施

在铁路沿线与铁路交叉跨越或平行的电力线路，不符合现行国家及行业有关规程规范要求，或影响铁路有关专业主体工程施工时，均应进行迁改。电力迁改应本着"维持既有设备标准，在保证安全运行前提下，选择最小迁改方案"的原则，在贯彻国家的基本建设方针和技术经济政策前提下，做到安全可靠，同时尽可能节省投资。

10.2.1 技术要求

架空电力线路与电气化铁路安全距离及交叉、接近应严格执行国家及行业颁布的现行规程规范及相关文件之规定。架空电力线路与铁路交叉或平行接近应符合如表 10.2 所示的要求。

表 10.2 架空电力线路与铁路交叉或平行接近要求表

项 目		内 容	
导线或地线在跨越档内接头		不得接头	
交叉档导线最小截面		35 kV 及以上采用钢芯铝绞线为 35 mm²	
邻档断线情况		35 kV 及以上校验（见注 3）	
导线在交叉挡内接头		不允许	
交叉档导线支持方式（针式绝缘子或瓷横担）		独立耐张段双固定、双挂点、双联串等	
最小垂直距离 /m	电压等级	至轨顶	至接触网最上部导体或至架桥机顶
	0.4 ~ 35 kV	改电缆	改电缆
	110 kV	11.5	3
	220 kV	12.5	4
	330 kV	13.5	5
	500 kV	16	6
	750 kV	21.5	10.0
	±1 000 kV	28.5	19.5
最小水平距离 /m	电压等级	杆塔外缘至轨道中心 /m	
		交 叉	平 行
	10 kV 及以下		
	35 kV		
	110 kV		
	220 kV	杆塔高加 3.1 m	
	330 kV		
	500 kV		
	750 kV		
	±1 000 kV		
交叉角度	电压等级	交叉角度	
	110 kV		
	220 kV	不得小于 30°	
	330 kV		
	500 kV		
	750 kV	不得小于 45°	
	±1 000 kV		

注：1. 电力线路与铁路交叉时，交叉档两端杆塔应有加强措施，且悬垂线夹均应采用固定线夹；
    2. 送电线路的跨越档距超过 200 m 时，最大弧垂应按导线温度 + 70 ℃ 计算；
    3. 邻档断线计算条件：+ 15 ℃，无风。跨越档导线距 27.5 kV 带电体最小垂直距离 >2.0 m，当杆塔为固定横担，且为分裂导线时，可不校验；
    4. 以上交叉跨越高度，均未考虑架桥机连续作业，在架桥机作业地段需考虑架桥机作业安全距离，如能采取安全防护措施保证施工安全，则可按一般地段导线至轨顶的最小垂直距离迁改；
    5. 架空线路不宜在出站信号机内跨越；
    6. 在大型枢纽及车站，电力线路改移还须考虑房屋、灯塔等因素影响；
    7. 桥梁地段采用升高跨越方式迁改的 110 kV 及以上电力线路，必须满足桥梁采用架桥机连续作业要求，并保证足够的安全距离。

10.2.2 迁改方案

根据对铁路沿线电力线路及设施的现场调查，结合国家及行业颁布的现行规程规范及相关文件要求，铁路沿线电力线路及设施迁改的方案如下：

1. 与铁路交叉跨越的电力线路及设施迁改设计方案

（1）35 kV 及以下电压等级的架空线路不得架空跨越铁路。原则改为电缆线路地埋下穿，拆除架空线路；电缆线路下穿铁路时应按国家及行业现行的有关标准要求选择电缆材质及截面，不应设置电缆中间接头或中间接头设于路基范围之外，且必须采取有效的防护措施，满足铁路路基稳定。

（2）35 kV 以上电压等级的架空电力线路应按国家及行业现行的有关标准要求进行技术改造。

① 电力线路的基本风速、基本覆冰重现期应按 100 年一遇计算；

② 在覆冰区段，导线、地线应分别按比同区域常规线路增加 10 mm、15 mm 的覆冰厚度进行验算；

③ 跨越铁路时采用独立耐张段（包括"耐-直-直-耐""耐-直-耐""耐-直-直-直-耐""耐-耐"4 种型式），且跨越挡导线、地线不得有接头；

④ 杆塔外缘至铁路线路中心的水平距离不应小于塔高加 3 100 mm，特殊困难情况下，可适当缩小距离，但在任何情况下，不得小于 40 m，并采取必要的安全措施；

⑤ 与铁路的交叉角度不应小于 45°，困难情况下双方协商确定，但不得小于 30°，且不宜在铁路车站出站信号机以内跨越；

⑥ 尽量避免出现大档距和大高差情况，跨越塔两侧档距之比不宜超过 2∶1；

⑦ 跨越铁路两侧的杆塔结构重要性系数应取 1.1，且除防盗措施外，还应采用全塔防松措施；

⑧ 跨越段绝缘子串采用"V"串或双挂点双联"I"串；

⑨ 跨越档档距大于 200 m 时，导线最大弧垂的计算温度应按相关国家标准执行，且不应小于 70 ℃。

2. 与铁路平行接近的电力线路及设施迁改设计方案

与铁路平行接近的电力线路，杆塔外缘至铁路中心的水平距离不应小于杆塔高加 3 100 mm，困难情况下协商确定，并采取防护措施防止杆塔倾倒后侵入铁路建筑限界。

铁路电力线路的杆塔内缘至铁路线路中心的水平距离不应小于杆塔高加 3 100 mm。

10.3 油气管道电磁干扰防护

随着国民经济的快速发展，我国油气管道与电气化铁路均呈现快速增长态势，由于地理位置的限制，在油气管道、电气化铁路的工程建设中，往往不可避免的会发生并行铺设或交叉穿越敷设等情况。电气化铁路对油气管道的影响主要有容性耦合、感性耦合、阻性耦合三方面。这些影响与有关技术方案及参数有关，包括电气化铁路不同的供电方式、正常运行和短路故障下的牵引电流、金属管道和接触网的接近长度、间距、金属管道防腐层所用材料及绝缘电阻大小、管道的直径、传播常数、采用的埋设方式、附近的大地导电率等。由于电气化铁路采用钢轨和大地作为电流回路，其泄漏电流较大，使得电气化铁路对油气管道阻性耦合的影响成为电磁干扰的主要因素。感性耦合是一种典型的电磁感应现象。对于电气化铁路，交流牵引电流及其回流会在周围空间产生交变磁场，该磁场将在邻近的钢质油气管道上感生电流，从而激发更为复杂的磁场分布，进一步影响管道电位。容性耦合是由于接触网、承力索等高压线缆，与管道间存在电位差，从而产生管道电位抬升的现象。

10.3.1 防护要求

（1）交流电气化铁路对油（气）管道危险影响及安全电压标准，见表10.3。

表 10.3 安全电压标准

接触网运行方式	电压允许值（管道对地）/V
正常运行时	60
故障运行时	430

（2）当管道上的交流干扰电压不高于 4 V 时，可不采取交流干扰防护措施；高于 4 V 时，应采用交流电流密度进行评估。

（3）管道受交流干扰的程度可按表 10.4 交流干扰程度的判断指标规定判定。

表 10.4 交流干扰程度的判断指标

交流干扰程度	弱	中	强
交流电流密度 / (A/m^2)	<30	30 ~ 100	>100

（4）交流电气化铁路区段与油库专用线安全电压：交流电气化铁路区段油库专用线钢轨与管鹤间的电位差小于 0.7 V。

10.3.2 防护方案

在进行持续干扰防护措施设计时，应根据调查与测试结果进行分析，结合对阴极保护效果的影响等因素，选定适用的接地方式。交流电磁干扰防护常用的接地方式有：

（1）直接接地排流：具有简单经济、减轻干扰效果好的优点；缺点是应用范围小，漏失阴极保护电流，适用于阴极保护站保护范围小的被干扰管道。

（2）负电位接地排流：具有减轻干扰效果好、向管道提供阴极保护的优点；缺点是管道进行瞬间断电测量与评价阴极保护有效性实施困难，适用于受干扰区域管道与强制电流保护段电隔离，且土壤环境适宜于采用牺牲阳极阴极保护的干扰管道。

（3）固态去耦器排流：能有效隔离阴极保护电流，启动电压低，可将感应交流电压降到允许的极限电压内，减轻干扰效果好；额定雷电冲击及故障电流同流容量大，装置抗雷电或故障电流强电冲击性能好，缺点是价格高，使用范围广泛。

考虑到公用走廊管道和铁路两者安全的重要性,推荐采用固态去耦器加接地体的排流防护方案。

复兴号

414m 350km/h

CR

第3篇

牵引变电

电气化铁路在铁路沿线设置牵引变电设施，将从电网接引的电源转换为适用于电力牵引的电能，通过接触网为列车供电。根据各牵引变电设施在牵引供电系统中的功能的不同，一般可分为牵引变电所、分区所、AT所、开闭所、网上开关站等不同类型。牵引变电所是连接电网和接触网的核心设施，可实现变压、变相并向接触网提供电源。牵引变电主要设备采用冗余或备用设置方案，以提高供电的可靠性和灵活性。牵引变电设施全部采用远动系统，推广无人值班、无人值守模式，实现集中调度运营管理。

11 牵引变电主接线

牵引变电所、分区所、AT 所、开闭所等牵引变电设施（以下简称牵引变电设施）的电气主接线，就是将牵引变电设施内牵引变压器、断路器、隔离开关、电流互感器、电压互感器等各类高压电气设备和导线相互连接而构成的电路，满足预定的电能传输、分配和运行方式等要求，它反映了牵引变电设施的基本结构和功能。

牵引变电设施的电气主接线是总平面布置、电气设备选型、继电保护配置等设计的原则和基础。电气主接线需综合考虑牵引变电设施的容量规模、技术经济性、电源条件、馈出线的要求及牵引供电系统的运行方式等因素合理确定。

11.1 牵引变电所

图 11.1 为典型的 110 kV 直供牵引变电所主接线示意图。

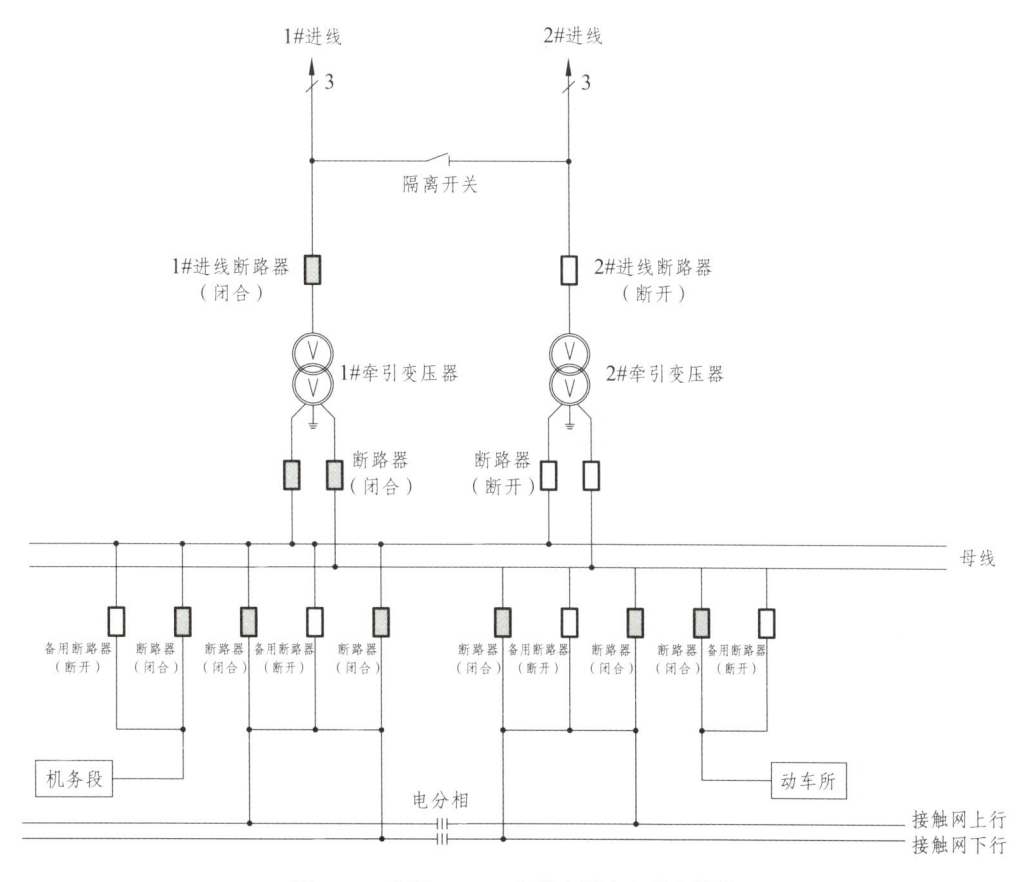

图 11.1 典型 110 kV 直供牵引变电所主接线

牵引变电所主接线主要包括电源侧(外部电源至牵引变压器)及牵引侧(牵引变压器至接触网)的接线方式。

电源侧一般引入两路电源进线为两组牵引变压器供电,其主接线方式采用线路分支接线或线路变压器接线,当电网需要有穿越功率经过牵引变电所时,可采用外桥或单母线接线方案。

牵引侧27.5(2×27.5)kV母线可采用单母线分段或不分段型式。为保证馈线断路器故障时能继续供电,根据设备类型的不同采取不同的备用方式,可分为互为备用以及带旁路母线固定备用方式。

牵引变电所主接线方式如表11.1所示。

表11.1 牵引变电所主接线方式

名称	分类		示意图	适用范围
牵引变压器电源侧	线路分支接线			适用于双回进线电源供电可靠性不高,普速铁路采用该种方式较多
	线路变压器组			适用于双回进线电源采用专供回路,供电可靠性高,通常高速铁路、客运专线采用该种方式
	桥接线	外桥		适用于牵引变压器切换频繁或外电线路有穿越功率的情况,与电力变电所合建时也通常采用该方式。特点是变压器故障不影响外电线路

续表

名称	分类		示意图	适用范围
牵引变压器电源侧	桥接线	内桥	1#进线　2#进线	适用于变压器不经常切换或线路较长、故障率较高的情况。特点是进线电源故障或检修时不影响变压器运行
牵引侧	100%备用（每路馈线设一台旁路备用断路器）			适用于单线电气化铁路牵引变电所
	50%备用（上、下行馈线共用一台旁路备用断路器）			适用于复线电气化铁路牵引变电所
	n+1备用（多路馈线共用一台旁路备用断路器）			适用于铁路枢纽等牵引变电所馈线数目较多时

名称	分类	示意图	适用范围
牵引侧	互为备用（上、下行馈线断路器互为备用）		一般应用于高速铁路牵引变电所

11.2 分区所

图 11.2 为典型的直供分区所主接线示意图。分区所同一方向上、下行供电臂通过并联断路器连接。正常运行时并联断路器闭合，实现供电臂上、下行并联供电。当供电臂发生故障时，并联断路器打开，可实现上、下行分别供电。

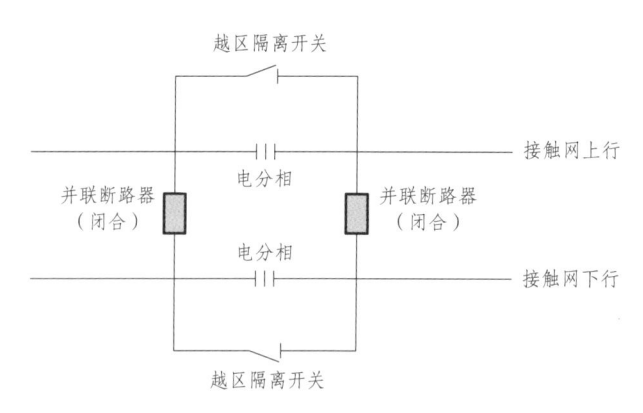

图 11.2 典型直供分区所主接线

相邻供电臂上、下行之间分别设置越区隔离开关实现越区供电。正常运行时越区隔离开关打开，当一侧供电臂因其牵引变电所故障或检修停电时，可闭合越区隔离开关，由另一侧牵引变电所实现越区供电。

11.3 AT 所

图 11.3 为典型的 AT 所主接线示意图。AT 所除在供电臂中部加强 AT 功能外，还可实现上、下行供电臂并联供电功能。

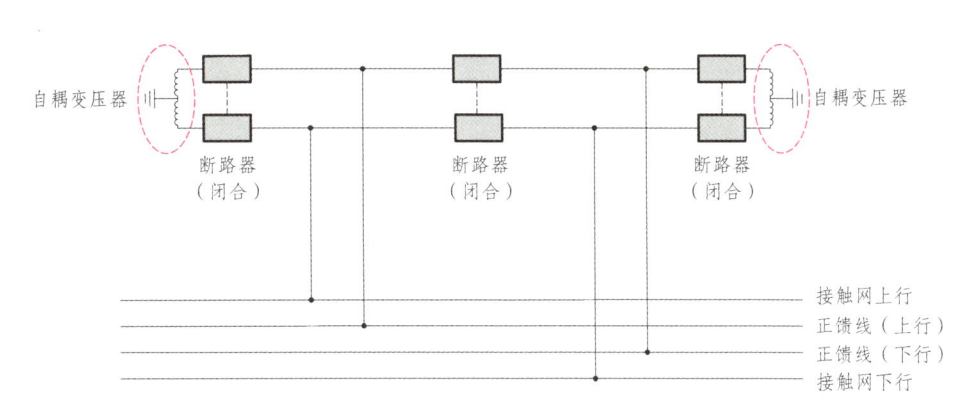

图 11.3　典型 AT 所主接线

11.4　开闭所

图 11.4 为直供开闭所主接线示意图。直供开闭所一般引入两回进线电源，一主一备运行或两回并列运行。进线电源设置自投装置。馈线侧断路器采用固定备用，一般采用旁路断路器作为备用断路器。

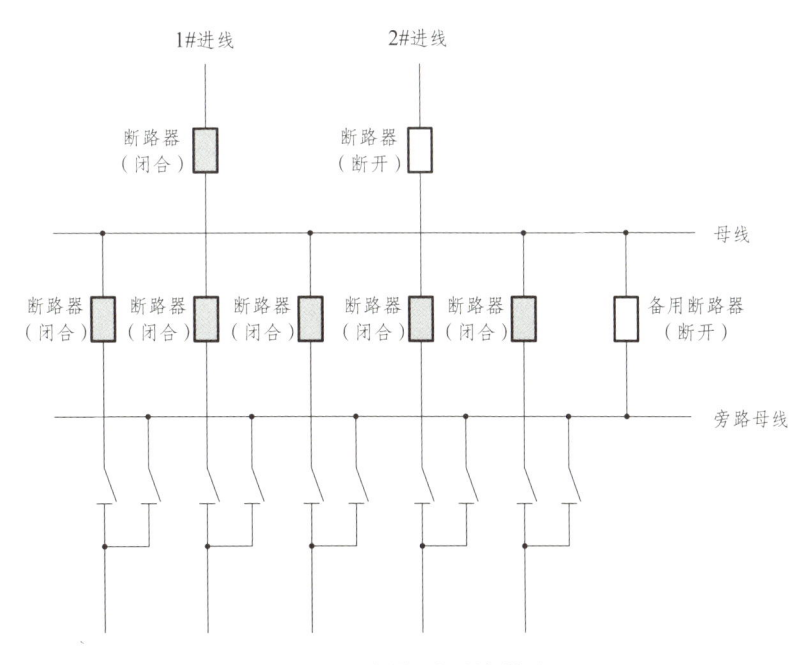

图 11.4　直供开闭所主接线

牵引变电所、分区所、AT 所及开闭所因进出线数量、备用方式、运行检修方式等不同对应不同的接线方式。

12 牵引变电设施平面布置和选址

12.1 牵引变电设施平面布置

牵引变电设施平面布置在总体规划和工艺要求的前提下，结合自然条件和工程特点，应满足运行、检修、交通运输、安全、防火、卫生、环境保护等方面的要求，努力做到因地制宜、统筹安排、合理紧凑、方便运维、节约用地和节省投资。

牵引变电所的牵引变压器等高压电气设备一般采用室外布置；牵引变电所、分区所、开闭所等 27.5 kV（2×27.5kV）设备一般采用室内布置，AT 供电方式采用单体设备时则采用室外布置；综合自动化系统、交直流系统等控制保护相关设备采用室内布置。在有城市规划要求的市区或环境条件恶劣地区，牵引变电所可采用全室内布置方式。

牵引变电所总平面通常按功能布局可分为高压配电装置区、牵引变压器区、生产及辅助房屋区、馈线配电装置区等。图 12.1 为牵引变电所总平面实景照片。

图 12.1 牵引变电所总平面实景照片

总平面布置应按远期规划设计，土建工程一次实施，预留远期电气设备安装位置和空间，分期建设；牵引变压器基础按远期设计实施。

12.2 牵引变电设施选址

根据牵引供电方案确定的牵引变电设施布点方案，结合实际地形、地貌和周边环境条件进行牵引变电设施的选址工作，以确定各所的实际位置和用地范围等。牵引变电设施的选址结果与工程投资、设备运行安全、运营维护管理等息息相关。对于工程建设的不同阶段，选址工作可分为规划选址和工程选址。规划选址一般在可行性研究阶段，根据牵引供电布点方案预先选择所址，进行经济、技术综合比较，从而选定位置和用地范围。在工程项目可行性研究批复后，根据确定的线路、站场等主体专业方案，具体落实牵引变电设施的位置和用地范围，称为工程选址。所址选择是个综合性工程，涉及多方面因素，要结合现场实际，周密调查，综合研究，避免出现颠覆性影响因素，还要根据规划适当考虑今后的发展条件和改扩建的可能性。

根据国家土地、环境保护、水土保持和生态环境保护政策要求，现场踏勘应在当地政府相关部门（规划、交通、土地等）、电力部门、铁路部门以及铁路设计单位的线路、站场、地质、供电、变电、房建等专业协同配合下共同调查选址，尽可能选择多个方案进行比选。

牵引变电设施选址的重点是牵引变电所选址。当牵引变电所位置确定后，在相邻两牵引变电所之间位置附近落实分区所位置；根据牵引变电所和分区所位置，在牵引变电所、分区所的中间位置附近落实 AT 所位置；开闭所选址根据其供电范围和现场条件确定，应尽量靠近负荷。

牵引变电设施选址需要考虑的主要原则见表 12.1。

表 12.1 牵引变电设施选址原则

序号	项 目
1	根据牵引供电方案选择，兼顾规划、建设、运行等方面要求
2	节约用地，不占或少占耕地和经济效益高的土地，尽量利用荒地、劣地
3	便于架空和电缆线路的引入和馈出，牵引变电所、分区所所址应尽量靠近电分相，以减少供电线架设
4	根据运输需求和当地交通运输条件，方便牵引变压器运输
5	具有适宜的地质条件及地基承载力，并避开危岩、流砂、滑坡、落石等地质不良地带
6	避开高填方，尽量减少土石方量及大量拆迁建筑物和地下设施
7	不宜设在大气严重污秽地区
8	不宜设在高土壤电阻率地区
9	所址高程在 100 年一遇的高水位、蓄滞洪水或最高内涝水位之上。当分区所、AT 所、开闭所位于降水量较少、气候干燥的干旱地区或地势较高地区，例如西北地区等，经比选采用 50 年一遇洪水位或内涝水位。所内场坪宜高于或局部高于所外自然场地高程 0.5 m 以上，所址不应被积水淹没；山区牵引变电设施的防洪、排洪设施应满足泄洪要求
10	与所外的铁路线路、建筑物、堆场、储罐之间的防火净距，应符合《建筑设计防火规范》（GB 50016）、《火力发电厂与变电站设计防火标准》（GB 50229）及《铁路工程设计防火规范》（TB 10063）等相关标准的有关规定
11	所址距机场、导航台、地面卫星站、军事设施、通信设施以及重要的天文、气象、地震观察等设施的距离应符合相关标准的规定
12	尽量方便职工检修、巡视，有条件时宜与工区邻建

所址选择因涉及的因素广、影响的环节多，从最初图选到工程建成投运，是一个循序渐进，不断调整优化的过程，尽可能做到科学、合理、可行、经济。选址中需重点考虑下述几个因素：

1. 牵引供电方案

牵引供电系统服务于铁路运输组织，牵引变电设施选址应满足牵引供电系统的供电能力需要，通常先对牵引变电设施的供电对象（如区间、站场、专用线等）、负荷分布情况以及近、远期在牵引供电系统中的地位作用，做出综合分析，以便减少工程建设投资及电能损耗。

牵引变电所、分区所选址应结合电分相设置条件综合考虑。如因电分相设置受限造成供电线过长或供电方案不合理时，需结合供电方案、线路和站场条件对所址位置进行调整。

2. 外部电源条件

牵引变电所从电网接引两路外部电源，电源线路电压等级高，占用空间大。牵引变电所选址要结合外部电源条件，统筹兼顾，使外部电源引入及接触网供电线上网方便，尽量减少供电线路交叉跨越、转角及拆迁。

3. 对邻近设施的影响

所址选择要考虑对邻近设施的影响，尽量减少由于牵引变电所的地电位升高、电磁感应、无线电干扰、噪声等对周围邻近设施造成的影响，主要包括：无线电收发台、飞机场、地震台、军用设施及其他通信设施等。所址选择尽量远离这些设施，当确实无法避免时，需满足相应规程规范要求且取得这些部门的书面同意文件。

所址还应远离火药库、打靶场、易燃易爆危险品等设施。所内的建（构）筑物与所外的民用建（构）筑物及各类厂房、库房、堆场、储罐之间的防火间距应符合现行国家或行业相关标准的有关规定。

4. 自然环境条件

所址选择要充分利用地形，尽量减少挖填土方量；注意防洪防涝，并满足泄洪要求，否则需要设置防护设施并防止所址被积水淹没；避免受山洪冲刷，避开地质断层、滑坡、塌陷区、溶洞、山区风口和地震断裂地带等不利的地质地带；避开自然保护区和重点保护的人文遗址以及矿产资源的地点。寒温及寒冷地区宜尽量避开易积雪、易发生冻胀的灾害区。

所址应该尽量避开污染区，如无法避免时，尽量选择在污染源的上风侧，同时室外运行设备及构架采取防污秽的技术措施或采取室内布置方案。

5. 运营维护需求

所址选择要考虑施工时设备材料及牵引变压器等大型设备的运输，并考虑长期运行、检修的交通运输方便。一般情况下，所址要靠近公路，便于公路引进且路程要短。

为满足牵引变电所检修人员的生产生活需求，就近有条件时宜接引水源。当水源困难时，可采用雨水收集等设施，满足生产生活用水需求。

13 牵引变电设备

牵引变电设备根据用途一般分为高压电气设备和控制保护设备。高压电气设备在变电设施中发挥主体作用，主要有牵引变压器、自耦变压器、断路器、隔离开关、电压互感器、电流互感器、避雷器及所用变压器等；控制保护设备为配套高压电气设备发挥测量、控制、保护等辅助作用的低压电气设备，主要有综合自动化系统、交直流所用电设备及辅助监控系统等。下面主要介绍高压电气设备。

13.1 牵引变压器

牵引变压器是牵引变电所内的核心主体设备，担负着将电力系统供给的 110 kV（220 kV、330 kV）的三相电源变换成适合列车使用的 27.5 kV 单相电的任务。

牵引变压器一般采用油浸式变压器，利用变压器油作为绝缘和散热介质。它主要是由铁芯、绕组、油箱、储油柜、套管、散热器、温度计、瓦斯继电器、压力释放阀等组成，如图 13.1 所示。图 13.2 为牵引变压器实景照片。

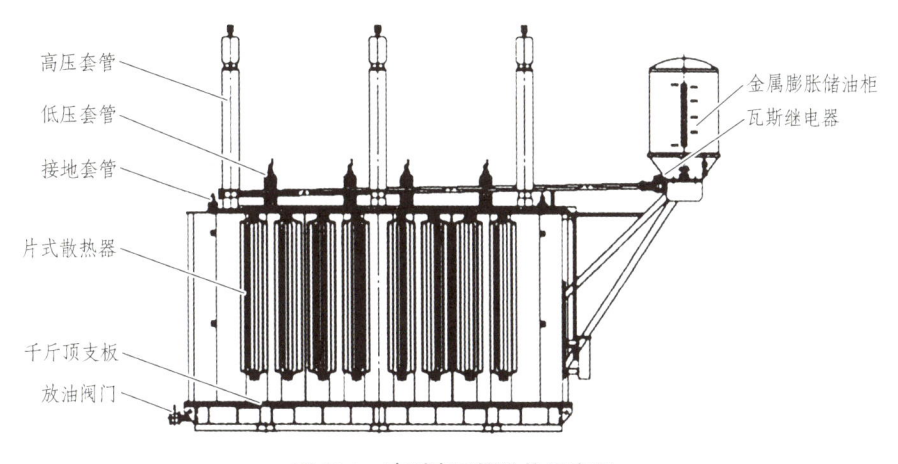

图 13.1 牵引变压器结构示意图

图 13.2　牵引变压器实景照片

13.2　自耦变压器

自耦变压器是 AT 供电方式中用于构成 2×27.5 kV AT 供电网络的主体设备，它主要应用于 AT 所或 AT 分区所中，它的作用是将牵引变压器次边馈出的 2×27.5 kV 电压在牵引网中构成接触网与钢轨地之间、钢轨地与正馈线之间 2 个 27.5 kV 供电回路。自耦变压器一般采用油浸式变压器，利用变压器油作为绝缘和散热介质，在室内、隧道内或地下也可采用 SF_6 气体作为绝缘介质。

油浸式自耦变压器主要由铁芯、绕组、油箱、储油柜、套管、散热器、温度计、瓦斯继电器、压力释放阀等组成，如图 13.3 所示。图 13.4 为油浸式自耦变压器实景照片。

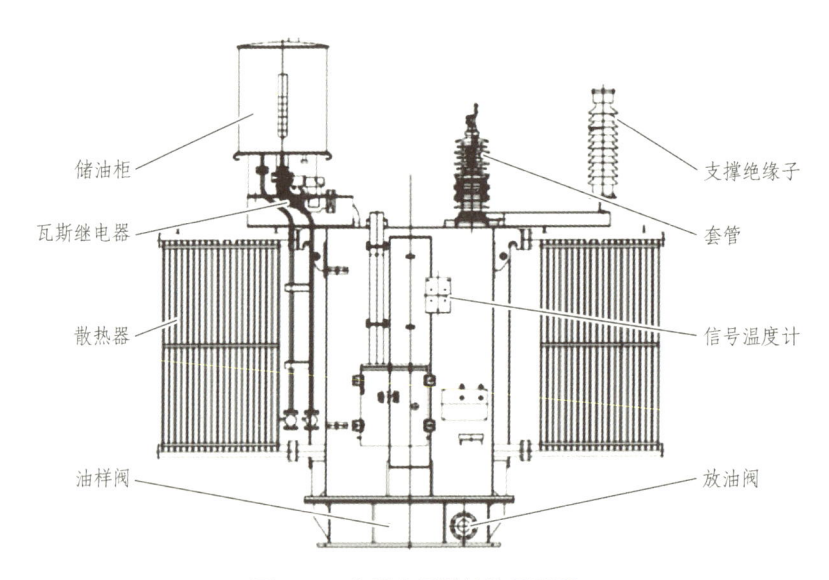

图 13.3　自耦变压器结构示意图

图 13.4　自耦变压器实景照片

SF_6 自耦变压器主要由铁芯、绕组、套管、散热器、温度计、压力释放继电器、气密计等组成。

13.3　断路器

断路器是应用在高压电气回路中的开关，与普通民用低压开关不同的是它还具有熄灭电弧的功能。高压电气回路由于电压高、负荷电流大，在接通或断开电路时，会产生强大的电弧，使开关电极间的空气间隙丧失绝缘性能，并且电弧的高温和机械力还会烧蚀或损坏开关电极等部件。所以在高压电气回路中使用的开关设备是具备接通和切断负荷电流、短路电流功能的断路器。在正常工作状态下，断路器用于接通和切断正常工作负荷电路，供电线路发生故障时断路器跳闸切除故障回路，保护系统中电气设备不受损坏，并减少停电范围，防止事故扩大，保证系统无故障部分安全运行。

110 kV（220 kV、330 kV）断路器以六氟化硫（SF_6）气体作为绝缘和灭弧介质，一般为室外支柱式安装。图 13.5 为 220 kV SF_6 断路器实景照片。

27.5 kV 真空断路器利用高真空度的绝缘和灭弧性能来熄灭电弧，一般采用室内网栅或开关柜安装，室外布置时采用支柱式安装。图 13.6 为 27.5 kV 真空断路器实景照片。

图 13.5　220 kV SF_6 断路器实景照片

图 13.6　27.5 kV 真空断路器实景照片

13.4　隔离开关

隔离开关是一种没有熄灭电弧能力的高压开关设备,在电气回路中通过关合或开断操作,连通或切断某一部分电气回路或电气设备,来满足某种运行方式或电气设备检修维护的需要。隔离开关在分闸断开时能提供明显可见的隔离断口,从而在牵引供电系统检修维护时对检修人员和其他设备起到有效的保护作用。

隔离开关电气原理类似于普通民用低压刀闸开关,没有灭弧功能,不能切断负荷电流和短路电流,否则产生的电弧会烧损隔离开关电极触头,严重时会造成开关设备损坏或影响操作人员的安全。因此,隔离开关一般应与断路器配合使用,只有在断路器完全开断的状态下才进行操作。为了防止带负荷分合隔离开关,一般将隔离开关与断路器进行联锁。图 13.7、图 13.8 为隔离开关实景照片。

图 13.7　220 kV 隔离开关实景照片

图 13.8　27.5 kV 隔离开关实景照片

13.5 互感器

牵引变电高压电气设备电压高、回路电流大，对其电压、电流等电气参数直接进行测量比较困难且不经济，需用互感器将电压、电流信号变小来进行测量。互感器的工作原理就是一个将高电压变换为低电压或将大电流变换为小电流的特殊变压器。互感器分为电压互感器和电流互感器，电压互感器原边跨接在高压侧，次边接电压表等测量仪表及继电保护装置，用于测量高压侧电压。电流互感器原边串接在电路中，次边接电流表等测量仪表及继电保护装置，用于测量电路中的电流。图 13.9 ~ 图 13.13 分别为电压互感器、电流互感器的工作原理接线图和实景照片。

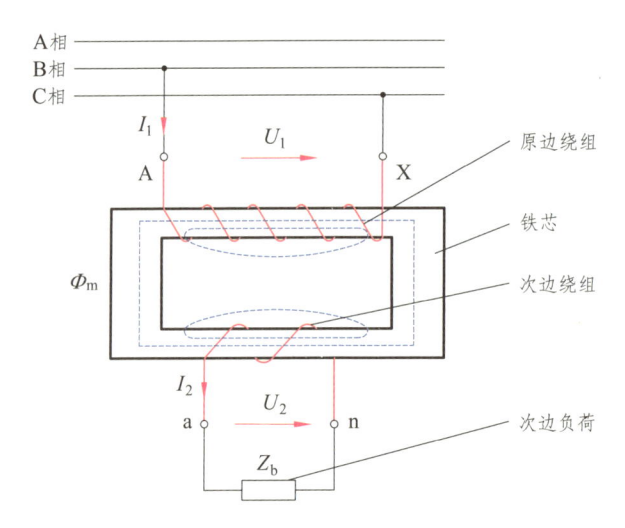

图 13.9　电压互感器工作原理接线图

图 13.10　220 kV 油浸式电压互感器实景照片

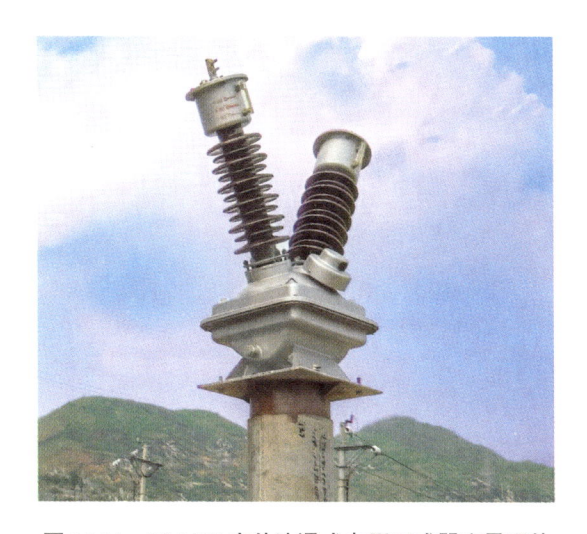

图 13.11　27.5 kV 室外油浸式电压互感器实景照片

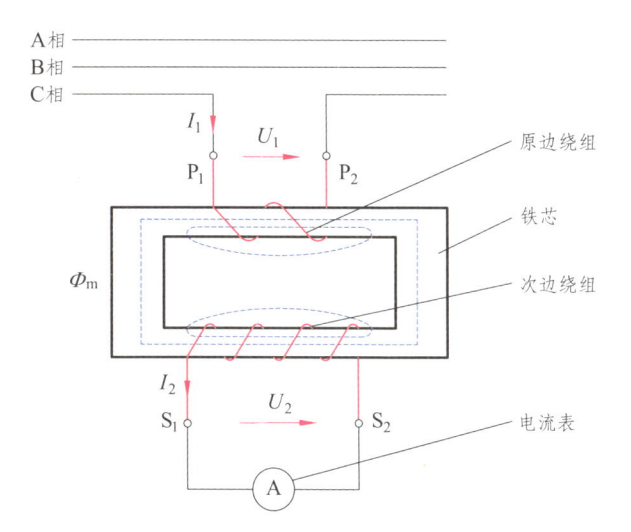

图 13.12　电流互感器工作原理接线图

图 13.13　220 kV 电流互感器实景照片

同时通过互感器可将次边的电压、电流标准化，有利于实现电气仪表和继电保护装置的标准化，如电压互感器的次边额定电压一般为 100 V 或 $100/\sqrt{3}$ V。电流互感器的次边额定电流大多为 5 A 或 1 A。互感器还具有隔离高电压的作用，电压互感器和电流互感器的原边和次边在电气上相互绝缘，次边的电压很低，可以较好地保证二次系统设备以及方便操作人员工作。

13.6 避雷器

避雷器是用于保护牵引供电系统高压电气设备免受雷电过电压、操作过电压等瞬态过电压损害的一种辅助电气设备。目前一般采用氧化锌避雷器，安装在被保护的高压设备旁。电气设备在工作电压下正常运行时，避雷器对地呈现高阻抗状态，相当于对地绝缘。当电气设备遭受雷击或牵引供电系统自身出现的操作过电压、工频暂态过电压达到避雷器限值时，避雷器呈现低阻抗状态，形成对地的良好导电通道，让瞬态过电压形成的大电流快速从导电通道泄漏到大地，从而限制过电压的幅值，保护电气设备免受过电压损坏；避雷器放电结束后又自动恢复到初始工作状态即高阻抗状态。图 13.14 为 220 kV 避雷器实景照片。

图 13.14　220 kV 避雷器实景照片

13.7 牵引变电所电源侧高压组合电器

牵引变电所 110 kV（220 kV、330 kV）电源侧高压设备，一般是在场坪地面上单体分布安装，占地面积大，高压设备容易受风、雨、雷、电及空气污染等环境因素影响。SF_6 气体绝缘高压组合电器（以下简称 GIS 组合电器）把牵引变电所电源侧主电气回路中除牵引变压器外的一次高压设备包括断路器、隔离开关、母线、互感器等分别安装在各自密封空间中组成一个整体，充以 SF_6 气体作为绝缘介质。GIS 组合电器具有结构紧凑、体积小、重量轻、受环境条件影响小、检修周期长和噪声干扰小等特点。图 13.15、13.16 为 220 kV GIS 组合电器结构及实景照片。

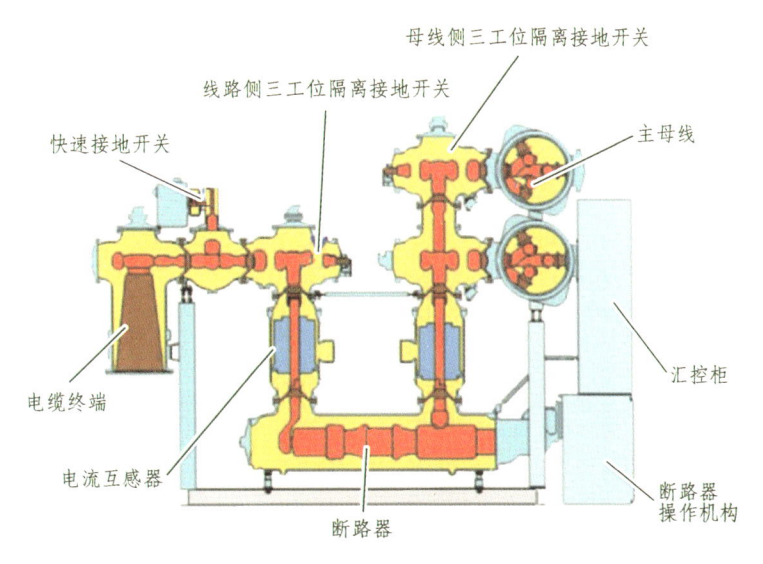

图 13.15　220 kV GIS 组合电器结构示意图

图 13.16　220 kV GIS 组合电器实景照片

13.8　27.5 kV 空气绝缘成套配电装置（27.5 kV AIS 开关柜）

在早期电气化铁路中，27.5 kV 设备一般采用单体设备，安装在室内网栅间隔内。AT 供电时，采用支柱式单体设备，安装在室外场坪上。AIS 开关柜整合集成了 27.5 kV 高压设备及控制保护设备，将断路器、隔离开关、电压互感器、电流互感器等设备集成安装在密封的金属柜内，以空气作为绝缘介质（空气绝缘成套配电装置简称 AIS 开关柜）。柜体分为高压室、低压室等隔室，隔室之间由金属隔板隔离。低压室内部设有设备元件安装板，便于各类控制保护设备安装及更换；可安装综合保护设备实现系统的遥控、遥测、遥信等远程监控功能。图 13.17、图 13.18 为 27.5 kV AIS 开关柜结构和实景照片。

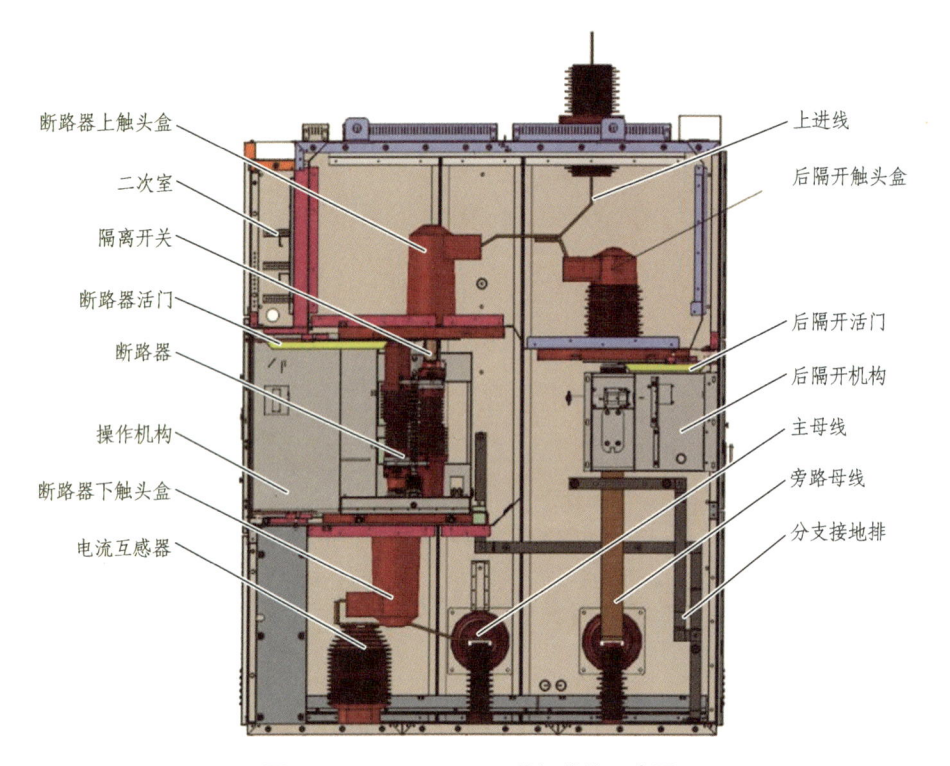

图 13.17　27.5 kV AIS 开关柜结构示意图

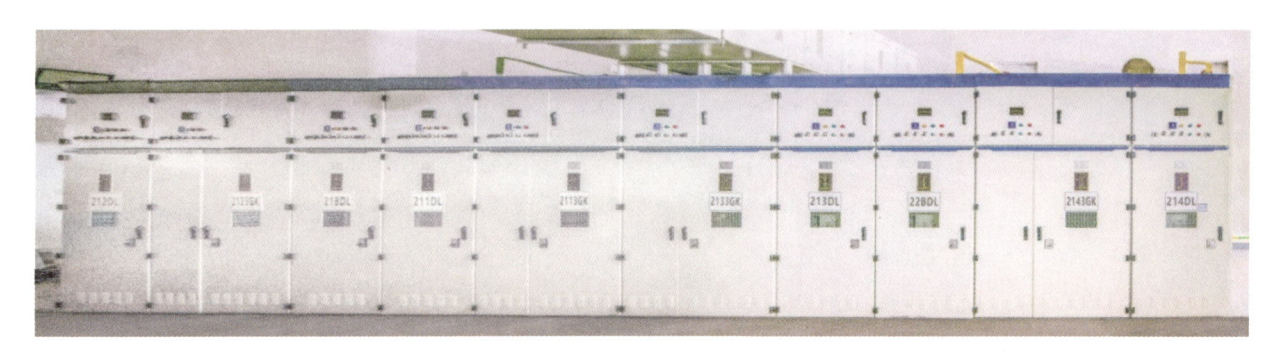

图 13.18　27.5 kV AIS 开关柜实景照片

13.9　27.5 kV/2×27.5 kV 气体绝缘成套配电装置（GIS 开关柜）

27.5 kV/2×27.5 kV 气体绝缘成套配电装置（简称 GIS 开关柜）利用比空气绝缘性能更好的 SF_6 气体作为绝缘介质，主要的高压单体设备和母线均密封在 SF_6 气室内部，与空气及外部环境完全隔绝，同时断路器室、母线室等一般为独立气室，互相不会发生干扰。GIS 开关柜集成度高，维护工作量小，安全性好。图 13.19、图 13.20 为 27.5 kV GIS 开关柜结构和实景照片。

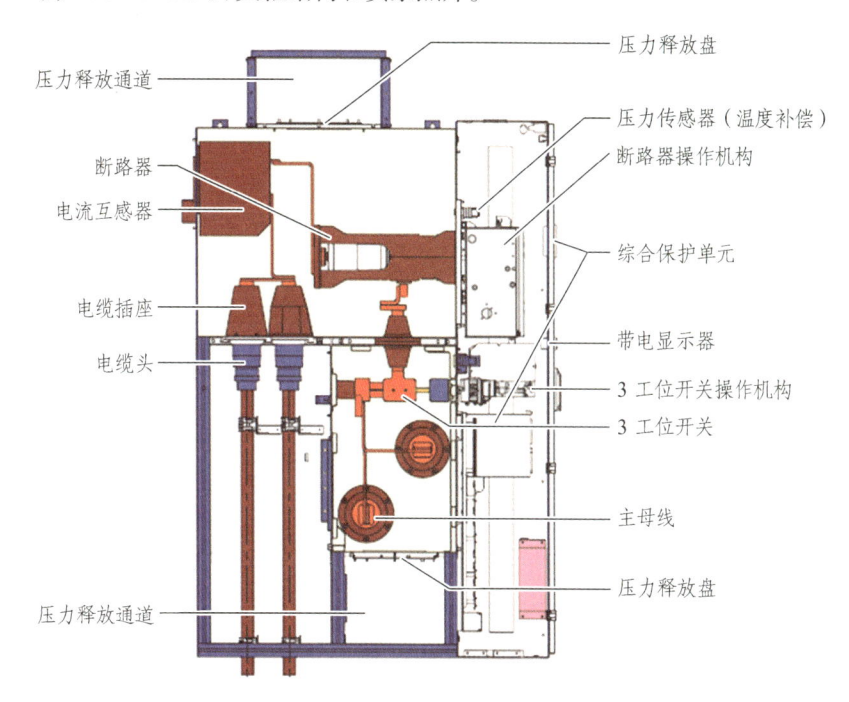

图 13.19　27.5 kV GIS 开关柜结构示意图

图 13.20　27.5 kV GIS 开关柜实景照片

13.10　箱式分区所（开闭所）

箱式分区所（开闭所）将一个分区所或开闭所内的主要高压设备和辅助设备等集成安装在金属箱体内，在工厂完成预装和调试，形成一个整体的箱式装备。箱体内集成的设备主要包括断路器、隔离开关、电流互感器、电压互感器、避雷器等高压设备及控制保护、自动装置、操作电源等辅助设备。箱式分区所（开闭所）占地面积小，无须设置房屋，施工安装调试周期短。图 13.21 为箱式分区所实景照片。

图 13.21　箱式分区所实景照片

14 综合自动化系统

牵引变电所、分区所、AT所和开闭所等牵引变电设施内设置有综合自动化系统，主要完成高压设备回路的电气量测量，断路器、隔离开关等开关设备分合闸操作，以及高压设备运行状态监视和故障情况下的继电保护等功能，并实现与调度所和维护管理系统的通信。

14.1 系统构成

综合自动化系统是把现代计算机技术、电子技术、通信信号处理技术同传统的继电保护原理结合起来，经过功能的整合和优化，实现牵引变电设施内主要设备的测量、控制、保护、自动装置等功能的系统。该系统也具备远动终端的功能，可以同远方调度所进行数据和信息的交互，实现遥控、遥测、遥信和遥调（四遥）功能。

综合自动化系统采用开放的分层分布式系统结构，按照集中监控、分散控制的原则设计，由站控层、间隔层和通信网络组成。

站控层由当地监控系统、通信管理装置、打印机、逆变电源、时钟同步装置等设备组成，站控层实现对牵引变电设施的集中监控和管理。通信管理装置通过通信网络实现综合自动化系统内部各种保护装置、测控装置的互联，并通过铁路专用通信网络接入远方调度所和运营维护管理系统，上传所内的高低压设备的运行状态、保护动作和测控信息等各类数据，并接收来自调度所的各种调度指令和信息，实现牵引供电系统的遥控、遥测、遥信和遥调功能。

间隔层由各类保护测控装置组成，包括牵引变压器保护测控装置、自耦变压器保护测控装置、馈线保护测控装置、故障测距装置、故障录波装置等，实现对所内变压器、断路器、隔离开关等一次设备的测量、控制、保护和与当地监控单元通信等功能，还具有馈线重合闸、故障测距、故障录波、备自投、自诊断及调试维护等功能。保护测控单元采用模块化结构，一般采用在控制室内集中组屏或在开关本体处分散式安装的方式布置。

通信网络是站控层和间隔层之间数据传输的通道，通信网络采用双星形或环形以太网通，其他监控单元可通过网关或通信管理装置接入系统。

牵引变电所系统综合自动化系统结构如图14.1所示。

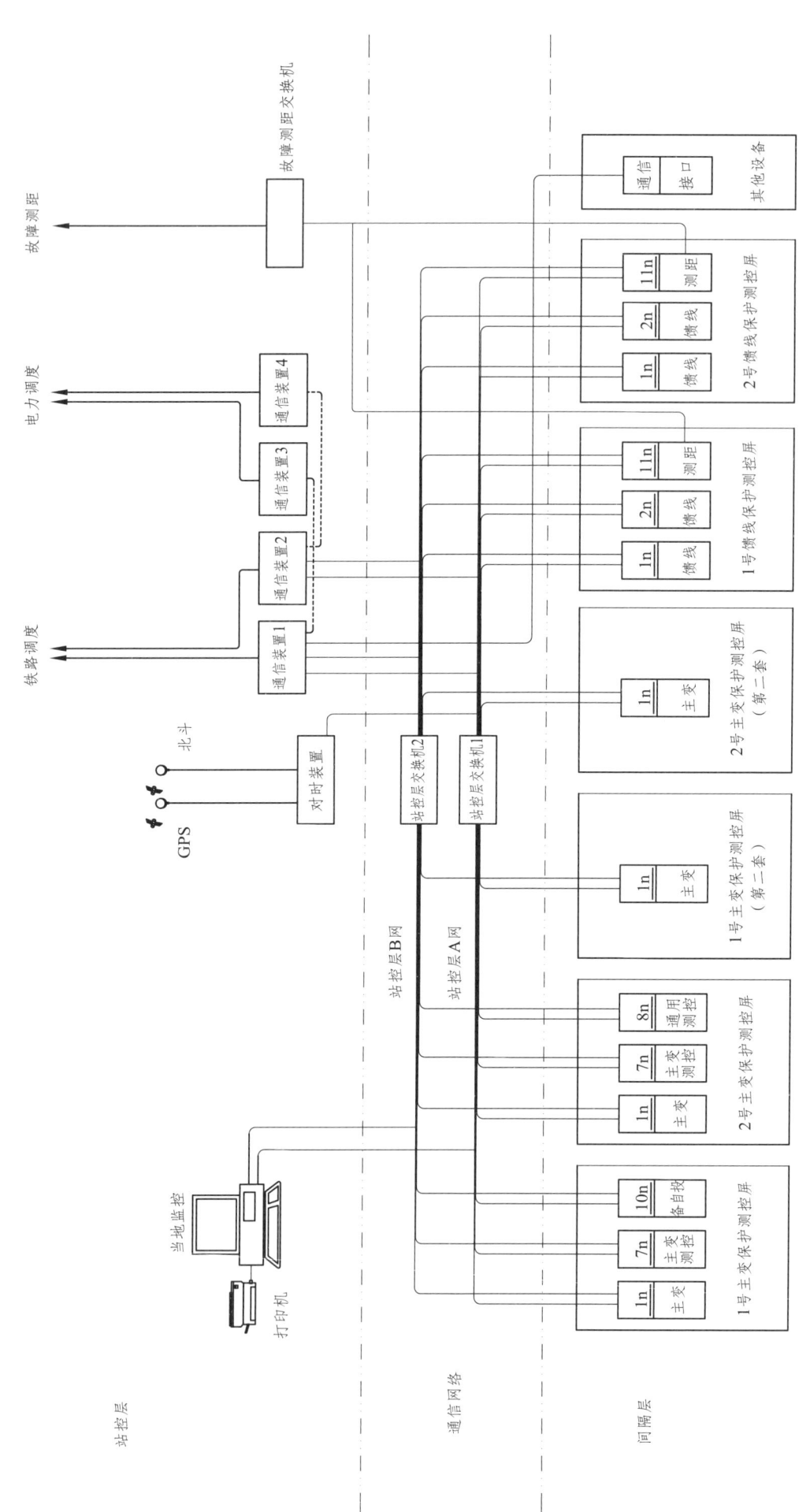

图 14.1 牵引变电所综合自动化系统结构示意图

14.2 测量

为保证牵引变电设施运行状态稳定可靠，综合自动化系统需实时监测牵引变电设施的运行状态。通过在高压回路中装设电压互感器、电流互感器等设备，测量牵引变电所、分区所、AT 所和开闭所的进出线、母线的工作电压，各工作回路的电流等电量，并在综合自动化系统的后台上进行处理，保存的数据可以生成各种报表，用于指导运行管理和事故追溯分析。

14.3 控 制

当需要改变牵引变电设施内供电回路运行方式或对各所内进线、馈线等进行停送电操作时，这些操作由控制系统对相关的高压断路器、隔离开关等设备进行分合闸来完成。

所内高压设备的控制，分为调度所远控、控制室屏控和设备本体就地控制 3 种方式。3 种方式互为闭锁，控制方式通过位置转换开关进行选择。调度所远程控制时，根据操作卡片流程，可以对单个操作对象下达操作指令，也可以对一组操控对象下达程序化操作指令。常规的停送电或倒闸作业操作可以使用程序化操作以简化操作指令。

牵引变电设施实行无人值班、无人值守模式，一般情况下由调度所进行远程控制，在设备巡检时采用控制室屏控或设备本体控制。设备本体控制具有优先权，当设备操作机构控制箱转换开关位于"就地"位时，控制室屏控和调度所远控均无法对该设备进行操作。

14.4 继电保护

牵引变电设施、接触网运行时可能会出现绝缘污秽闪络、绝缘件击穿、异物悬挂短路以及接触导线断线等故障情况，这些情况一旦发生，牵引变电所、开闭所内装设的继电保护装置将自动跳开相关断路器切断供电电源，或与分区所、AT 所相关断路器配合动作，切除并隔离故障区域，确保其他区域正常运行。

14.4.1 基本要求和分类

继电保护装置可以对牵引变电设施和接触网的电气量和非电气量等参数进行监测，并在发生故障或出现异常时，在可实现的最短时间和最小区域内对故障进行切除、隔离或报警，实现牵引供电系统安全可靠运行。继电保护系统在技术上须满足选择性、速动性、灵敏性和可靠性等基本要求。

根据被保护对象，继电保护分为牵引变压器保护、自耦变压器保护、馈线保护等；从保护配合来看，继电保护又分为主保护、后备保护。当牵引变压器、自耦变压器或接触网发生故障时，本级主保护应能快速可靠动作；当主保护未动作时，本级后备保护应可靠动作；当本级主保护及后备保护均未动作时，上一级保护作为本级的远后备保护应可靠动作。

14.4.2 牵引变电所继电保护配置

在正常运行条件下，接触网在每座牵引变电所、分区所处通过电分相装置隔离，牵引变电所与分区所之间的接触网成为一个独立的供电臂单元。在 AT 供电方式下，供电臂中部还需设置 AT 所。牵引变电所馈线分别为两侧的供电臂单元供电。当某一座牵引变电所退出运行时，与之相邻的牵引变电所从两侧通过分区所分别为该区域的 2 个供电臂供电，即越区供电。

牵引变电所设置牵引变压器保护和馈线保护，可识别和切除所内故障和接触网故障。为配合电网实现对外电线路的保护，牵引变电所进线可设置差动保护、距离保护等。

14.4.2.1 牵引变压器保护

牵引变压器设置差动保护作为主保护，设置低压起动过电流保护、失压保护、过负荷保护作为后备保护，以及非电量保护等。当变压器高压侧有中性点时，设置零序过电流保护。

差动保护用于切除牵引变压器内部故障，高压侧低压起动过电流保护作为差动保护的后备保护，低压侧低压起动过电流保护用于切除所内母线故障并作为所内馈线保护的后备保护。

1. 差动保护

差动保护是利用基尔霍夫电流定理（电路节点流入、流出电流相等）工作的，当变压器正常工作或本保护区外故障时，变压器高压侧电流和折算至高压侧后的低压侧电流相等，差动保护不动作。当变压器内部故障时，高压侧向故障点提供短路电流，高、低压侧出现电流差，差动保护动作。

2. 零序过电流保护

牵引变压器高压侧存在接地中性点时，配置零序过电流保护。该类牵引变压器在倒闸时采用中性点直接接地系统，在供电过程中，接地故障是主要的故障型式，因此要求在系统中装设零序保护，作为牵引变压器主保护的后备保护及馈线接地短路的后备保护。

3. 低压起动过电流保护

当牵引变电所内或接触网发生短路时，牵引变压器低压侧母线电压会大幅下降，因此，在牵引变压器高压侧及低压侧均设置低压起动过电流保护，并设置延时动作时限，作为牵引变压器差动保护和馈线保护的后备保护，在牵引变压器差动保护或馈线保护不动作时，延时动作切断故障。

4. 失压保护

失压保护在牵引变电所进线失压或缺相运行时动作。失压保护动作后可启动进线电源自投程序，将牵引变电所电源自动投切到另一路进线，快速恢复供电。

5. 过负荷保护

牵引变压器长时间过负荷运行将导致温升较大，引起内部绝缘水平下降，因此装设过负荷保护。根据牵引变压器过负荷程度不同，保护分别动作于发出报警信号或跳闸。

6. 非电量保护

牵引变压器装设有瓦斯继电器、温度传感器以及压力释放保护阀等用于变压器本体保护的监测元件，当牵引变压器内部发生故障时，温度、压力等物理状态发生重大改变，这些测量元件将发送状态量改变信号，触发牵引变压器设置的非电量保护动作。

14.4.2.2 馈线保护

牵引变电所馈线保护主要用于保护接触网设施，当接触网发生绝缘击穿、故障短路或异物侵入时，触发馈线保护动作，从而快速切断电源。

馈线保护主要有距离保护、电流速断保护、低压起动过电流保护和电流增量保护多种保护措施。馈线距离保护为主保护，保护范围应为馈线供电臂的接触网全长，当实行越区供电时，需同时切换整定值以延伸保护范围。

1. 距离保护

距离保护也称阻抗保护，通过测量供电臂回路的阻抗值来区分线路正常与故障情况。根据供电臂长度和单位阻抗，可以计算出馈线总阻抗值 Z_0，当供电臂发生接地故障时，距离保护的测量阻抗 Z 将小于 Z_0，此时距离保护动作。

2. 电流速断保护

当馈线供电臂近端发生短路故障时，短路电流较大，这时通过电流速断保护来快速切除接地短路故障，动作电流值一般根据馈线短路电流值进行计算。

3. 低压起动过电流保护

过电流保护是在接触网发生短路，电流达到某一预定值时，反应于电流升高而动作的保护。当牵引负荷比较大时，会出现最大牵引负荷电流大于末端最小短路电流的情况，此时牵引负荷可能会被误判为末端短路的情况。因此，引入一个低电压判据，用于区别牵引负荷电流与短路电流。当馈线出现大电流时，只有母线电压降低至整定值以下，两个判据才同时成立，则启动保护跳闸。

4. 电流增量保护

牵引网金属性短路可以通过距离保护、电流保护快速切除，但在牵引网经过渡电阻接地或摆动性接地时，会出现母线电压较高、短路电流较小的情况，上述保护可能无法正确动作。这时，需要设置电流增量保护来避免这一情况的发生，电流增量保护通过电流增大变化率来启动保护动作。

14.4.2.3 应急保护

当牵引变电所操作电源失效时，若此时发生短路故障，保护装置将无法起动断路器进行跳闸，对牵引供电系统的运行安全造成影响，严重时可能影响到上级电网的变电站。为了解决这类问题，牵引变电所增设了独立的应急保护装置，并配置独立的电源系统，电气上与主体保护装置没有直接联系。在继电保护电源失效时，应急保护根据触发信号跳开主变压器电源侧断路器，将牵引变电所退出运行。

14.4.3 分区所继电保护配置

分区所位于牵引变电所供电臂末端,当牵引网采用直供方式时,分区所用于上、下行供电臂并联或分开供电,以及越区供电。当牵引网采用 AT 供电方式时,分区所还与位于供电臂中部的 AT 所构成 AT 供电回路。

14.4.3.1 直供分区所

直供分区所设置馈线保护,馈线保护主要用于解除上、下行供电臂并联运行方式。当供电区域内上行或下行接触网发生短路时,分区所馈线保护动作,跳开所内上、下行并联断路器。此时,牵引变电所馈线保护同时检测到供电臂短路故障,跳开短路故障对应的馈线断路器,而非故障供电臂不受影响。

直供分区所馈线保护主要有距离保护、过电流保护和电流增量保护等。

14.4.3.2 AT 分区所

AT 分区所设置有馈线保护和自耦变压器保护。馈线保护主要用于解除上、下行供电臂并联运行方式,自耦变压器保护用于保护自耦变压器。

AT 分区所馈线设置失压保护,失压保护用于解除上、下行供电臂并联运行方式。

自耦变压器设置差动保护作为主保护,设置失压保护、过负荷保护作为后备保护,以及非电量保护等。

14.4.4 AT 所继电保护配置

AT 所位于供电臂中部,与牵引变电所和 AT 分区所各形成一个 AT 供电回路,同时实现供电臂中部的并联或分开运行。AT 所设置有自耦变压器保护和馈线保护,其作用和原理同 AT 分区所。

14.4.5 开闭所继电保护配置

开闭所设置于大型车站、动车段(所)等场所,其电源进线来源于牵引变电所或接触网,馈出多条馈线。开闭所设置进线保护和馈线保护,进线保护设置失压保护或距离保护,馈线保护设置距离保护、低压起动过电流保护和电流增量保护。

14.4.6 自动装置

牵引变电设施内的自动装置,主要功能是实现在故障情况下自动切换运行方式,尽可能缩小停电时间,自投装置一般由保护动作后按预先设置的程序自动启动,不需要人工进行干预和操作。

1. 牵引变电所进线电源及牵引变压器自投

牵引变电所电源侧设备为一主一备运行,当运行的进线电源失压或牵引变压器故障时,自投装置将供电回路切换至备用进线电源或备用牵引变压器回路,快速恢复供电。

2. 开闭所进线失压自投

开闭所一般接引 2 路进线电源,一主一备运行,当一路进线电源失压后,自投装置将供电回路切换至另一路进线电源。

3. 自耦变压器自投

AT 分区所及 AT 所中同方向供电臂的自耦变压器设置为一主一备运行，当一台自耦变压器故障退出运行时，自动投入另一台自耦变压器。

4. 馈线自动重合闸

接触网处于室外露天环境中，主要故障一般是污染、异物、机械结构等原因造成绝缘闪络、接地甚至瞬间绝缘击穿，引起给接触网供电的牵引变电所、分区所或开闭所馈线跳闸，切断接触网电源。接触网故障有些是永久性的，如绝缘子损坏丧失绝缘功能或接触网机械结构损坏，需要维修才能恢复，这类故障叫永久性故障。有些是瞬时性的，如异物飘挂接触网引起短路跳闸，短路产生的电弧机械力和高温可能会将异物击落或烧毁，异物造成的故障亦被排除，接触网自动恢复正常状态，这类故障叫瞬时性故障。牵引变电所、开闭所馈线保护中设置一次自动重合闸装置，在馈线跳闸后自动重合送电一次，如果瞬时故障已被排除，接触网就可快速恢复供电，大大提高了供电可靠性。

14.4.7 故障测距

接触网发生故障停电后，最紧迫的就是要迅速确定故障位置并安排人员抢修。牵引变电设施馈线保护装置具备故障测距功能或设置独立的故障测距装置，当接触网发生故障跳闸后，通过故障发生时刻的电气量自动计算故障点距离，指示故障点位置及故障类型，以便抢修人员快速到达现场并实施抢修。

15 辅助监控系统及在线监测系统

牵引变电所、分区所、AT所、开闭所等牵引变电设施早期采用有人值班方式，所内的运行、维护工作都由值班人员现场完成，在实施牵引供电系统远动化后逐步改为无人值班、有人值守方式，牵引变电设施的运行由远动系统进行控制，所内仅配设固定维护值守人员，定期巡检高低压设备，现场勘查、排除故障隐患等。随着网络通信技术的发展、自动化技术水平的提高，特别是各类监控技术手段的完备，牵引变电设施逐步开始推广无人值班、无人值守方式，设置辅助监控系统是实现牵引变电设施的全面无人化的重要技术保障，通过辅助监控系统的视频巡检代替人工巡检，并对所内的环境、安全防范、火灾报警等进行远程监测。无人化对于实现节支降耗、提高运维管理效率具有重要意义。

15.1 辅助监控系统

辅助监控系统采用分层架构型式，分为站控层、间隔层和通信网络。站控层设置在控制室内，由综合应用服务器、网络设备和站级终端等构成。当辅助监控系统与所内综合自动化等系统存在数据交互时，应安装防火墙等网络安全设备，具备逻辑隔离、报文过滤、访问控制等功能，阻隔来自外网的网络攻击。间隔层设备分散设置在所内各被监控点附近，包括各类监控终端、摄像头和辅助设备等。辅助监控系统架构如图15.1所示。

辅助监控系统主要包含视频监控及巡检、安全防范、环境监测、火灾报警、动力照明控制等子系统，通过对子系统的集中整合、统一管理，实现对所内视频、环境监测量、安全报警信息、火灾报警信息等辅助信息进行统一采集、编码、存储、告警、联动、上传并由监控平台完成整个系统的全面监控、一体展示、统一管理和维护功能。辅助监控系统横向可以实现与牵引变电所内综合自动化系统的信息交互；纵向可以实现与辅助监控系统主站的信息交互。

15　辅助监控系统及在线监测系统

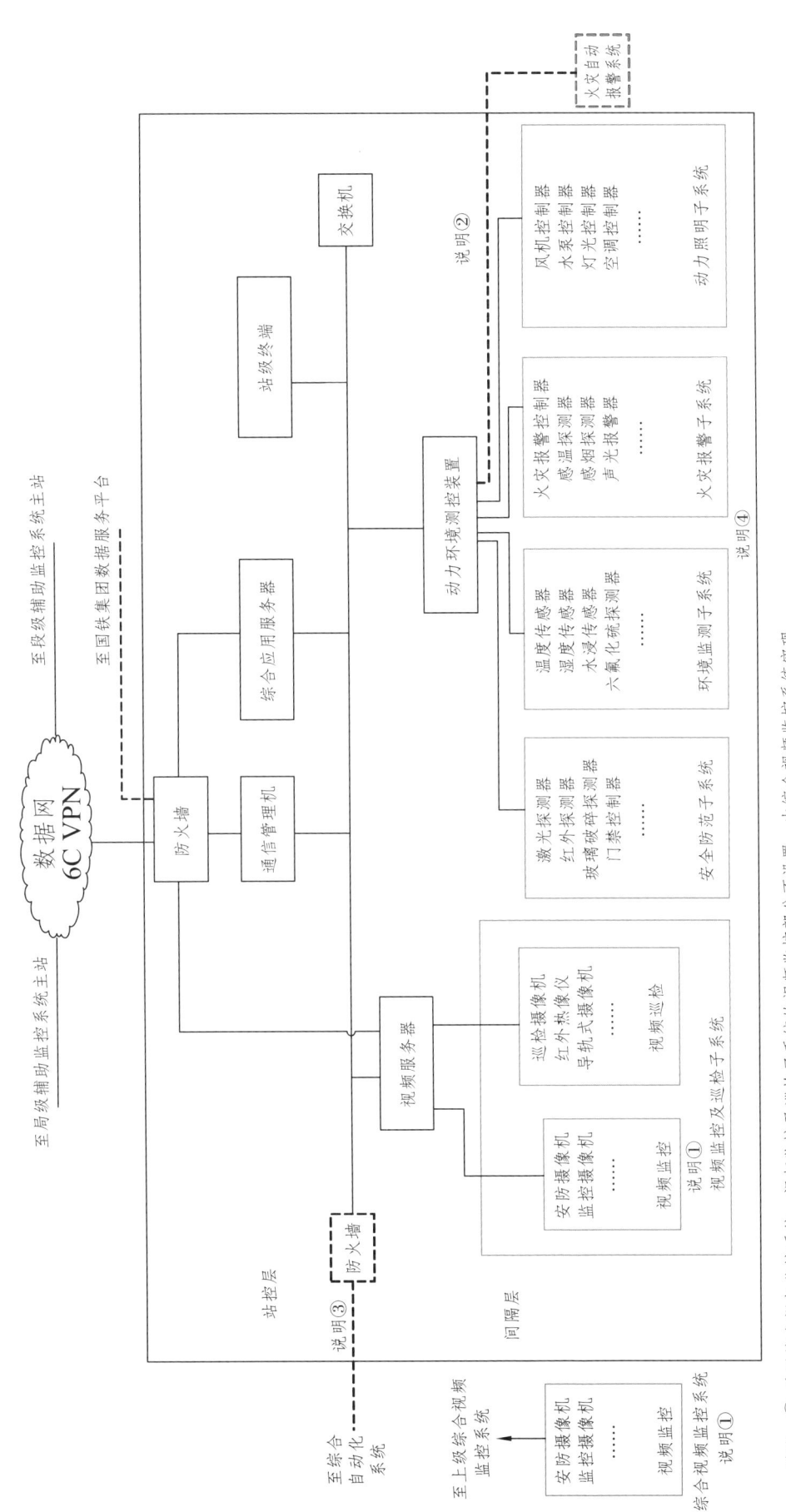

图 15.1　辅助监控系统架构

说明：① 采用综合视频监控系统，视频监控及巡检子系统的视频监控部分不设置，由综合视频监控系统实现。
② 满足消防要求时可接入火灾自动报警系统。
③ 网络安全保护要求符合自动化系统连接。
④ 安全防范子系统、环境监测子系统、火灾报警子系统、动力照明控制子系统支持通信的设备，可直接接入网络。

15.1.1 视频监控及巡检子系统

视频监控及巡检子系统由安装在变电所内的监控和巡检摄像机、红外热成像仪和视频服务器组成，具有视频显示、图像存储与回放、视频设备控制、视频巡检、智能图像识别、红外热成像监测等功能。

视频监控是对所内火灾、雷击、暴雨等自然灾害和人为破坏进行监控的系统，监控摄像机安装在室外场坪、高压室、主控制室等处，实时监控所内异常情况。视频巡检是利用现代智能图像识别技术，对设备的外观和运行状态进行周期性的视频图像识别，通过比对巡检对象的标准图谱数据库，读取相关设备的仪表数据，判断当前的设备是否运行正常，如果出现异常自动报警。系统可接收辅助监控系统主站下发的巡检卡片，实现对牵引变电所的远程智能巡视，替代人工巡视。

红外热成像监视是以设备的热状态分布为依据，通过对设备热成像图的分析，诊断设备的状态和隐患缺陷。红外热成像仪主要监测的对象是变压器、互感器、避雷器、导线、线夹等导流回路设备。热成像仪采集到设备的温度数据和红外图像后，通过对比该设备的特征图像数据和历史数据，判断设备的温度状态，达到阈值则报警。

15.1.2 安全防范子系统

安全防范子系统是在牵引变电设施的围墙和房屋周界处安装激光对射或电子围栏、门禁控制设备、玻璃破碎探测器等传感装置，预防、阻止外部非法入侵的系统。系统一经触发，可发出声光报警信号，并将报警信息上传。

15.1.3 环境监测子系统

环境监测子系统用于监测牵引变电设施室内外的工作环境和气象参数。在控制室、高压室等重要设备的房间内设置温度、湿度探测器，在电缆夹层、电缆沟等易积水区域配置水浸传感器，大风地区在室外装设风速传感器。

装有 GIS 组合电器或 GIS 开关柜的牵引变电设施，需在相应设备房间设置 SF_6 气体在线监测系统。SF_6 气体在线监测系统主要是通过检测设备附近环境空气中 SF_6 气体含量和氧气含量，与设定值进行比较判断环境空气中是否存在 SF_6 气体含量超标或缺氧，检测异常时实时报警，同时自动开启通风机进行通风。

15.1.4 火灾报警子系统

火灾报警子系统采集牵引变电设施设备房屋内的火灾探测器报警信息，当有烟雾、高温等火情信息被前端探测器检测出时报警，并将信息上传至辅助监控主站，实时掌握屋内火灾报警相关信息。

15.1.5 动力照明子系统

在动力配电箱和照明配电箱内的室内外灯光、通风、排水、空调等重要回路设置接触器和控制装置，实现远方调度所、运维管理部门通过辅助监控系统对这些回路的远程控制。

15.2 在线监测系统

在线监测系统实现对牵引变电设施内重要的高压设备运行状态的实时收集，实现对全所设备状态参量的测量、处理、存储、展示、分析和转发，为所内其他系统和远方主站系统提供基础数据、告警、分析诊断结果以及设备运行工况等信息。

15.2.1 变压器油色谱在线监测

变压器长期过负荷运行或绕组匝间短路时会引起绝缘油过热气化产生氢气（H_2）、一氧化碳（CO）、甲烷（CH_4）、乙烯（C_2H_4）、乙炔（C_2H_2）、乙烷（C_2H_6）等气体。油色谱在线监测系统通过对变压器油样的气相色谱的分析掌握绝缘油中微量气体异常情况，从而实时捕捉到变压器设备可能存在的潜在故障信息。

15.2.2 变压器温度在线监测

变压器长期过负荷运行或发生匝间短路时，变压器绕组温度会快速上升，影响变压器寿命。变压器内部属于高电压强磁场的环境，可采用光纤测温装置对绕组温度进行实时监测，及时发现异常状态。传感器（光纤测温探头）安装在变压器绕组上，通过光纤把温度信息传送至测温主机上，在不影响变压器运行的情况下，为运维人员提供实时绕组温度数据。

15.2.3 变压器铁芯接地电流在线监测

变压器在运行时会在周围产生强电磁场，受静电感应的作用，变压器的铁芯等金属零件会在表面产生悬浮电位，当电位达到一定时就会对地放电。通过在铁芯接地回路中设置穿心式电流互感器实时监测铁芯接地电流，以判断铁芯的绝缘状态。

15.2.4 27.5 kV 电缆在线监测

27.5 kV 电缆线路的故障大多发生在电缆终端，高压电缆温度在线监测装置通过在高压电缆终端设置光纤温度传感器，实现对电缆终端温度的监测，当温度异常时发出报警信息。

15.2.5 GIS 组合电器和 GIS 开关柜在线监测

GIS 组合电器和 GIS 开关柜都是以 SF_6 气体作为绝缘介质的装置。装置对气体额定工作压力和年泄漏率要求严格，因此装置一般设置气体密度继电器，实时监测气压，当气压值过低时可闭锁开关的操作，并发出报警信息。装置还可设置微水密度在线监测装置，用以监控 SF_6 气体内的水分含量；设置局部放电在线监测装置，通过监测装置局部放电时产生的高频信号评估装置运行状态等。

16 牵引变电绝缘、防雷、接地与回流

16.1 电气装置绝缘与绝缘配合

绝缘是将带电设备通过不导电物质进行电气隔离的技术手段，是电气设备与供电线路安全运行最基本和必要的基础条件。不导电物质就是绝缘体，简称绝缘，通常可分为气体绝缘、液体绝缘和固体绝缘。

绝缘水平是指电气设备能够承受电压的能力，不同的电压等级要求的绝缘水平不同，电压等级越高，要求的绝缘强度越大。绝缘水平定得太低，容易发生绝缘击穿造成事故，维护成本高；绝缘水平定得太高，则会导致成本大幅增加，且不利于供电系统内不同供电设施的绝缘协调配合。确定供电系统各电气设备绝缘水平的原则和方法就是绝缘配合。

牵引供电设施的绝缘水平根据系统可能出现的各种电压、保护装置特性和设备的绝缘特性确定，绝缘水平一般用设备绝缘可以耐受（不发生击穿、闪络或其他损坏）的试验电压值表征。

空气间隙及设备固体绝缘外露在大气中的表面，称之为外绝缘。牵引供电设施外绝缘承受运行电压并受大气和其他现场的外部条件，如污秽、湿度、海拔等的影响，需要综合考虑污秽、海拔等外部条件确定外绝缘水平。污秽度从很轻到很重按 a、b、c、d、e 共 5 个等级划分，设备和线路的外绝缘水平根据污秽度等级确定。外绝缘基础值按海拔高度不超过 1 000 m 的地区确定，当海拔高度超过 1 000 m 时，外绝缘需要进行海拔修正。密封在设备内部的固体、液体或气体绝缘称之为内绝缘。内绝缘仅承受运行电压，不受大气和其他外部条件影响。

16.2 防 雷

16.2.1 雷电对牵引变电设施的影响

雷电是一种云层间或云层与地面间因大规模电荷活动而产生的放电自然现象。雷电对牵引变电设施的影响主要有以下几方面：

（1）直击雷的危害。雷电直接击中变电设备时，在极短时间内释放出巨大的能量，容易造成电气设备损毁，混凝土结构炸裂，小截面金属熔化，金属导体连接部分断裂破损，甚至引起火灾和爆炸。牵引变电设施分布在铁路沿线，多位于较空旷地带，且变电设施架构较高，易受到直击雷的危害。

（2）雷电侵入波的危害。雷电波侵入的方式主要有两种：第一种是直接雷击所外线路时，雷电流会以波的型式向两侧传导，从而侵入牵引变电设施内；第二种是来自感应雷的高电压脉冲，即由于雷云对大地放电或雷云之间迅速放电形成的静电感应和电磁感应，在架空线路或金属管道中感应出几千伏到几十千伏的高电位，以波的形式沿导体传播而引入所内。雷电侵入波可造成配电装置或电气线路绝缘击穿，雷电侵入波侵入牵引变电设施二次系统时，可能造成所内控制保护系统出现误动、拒动，甚至出现系统损毁导致控制保护失效的情况。

（3）雷电反击。遭受直击雷的金属接地装置（包括接闪器、接地引下线和接地体），在引导雷电流流入大地时，在它的引下线、接地体以及与它们相连接的金属导体上会产生高电位，对邻近室内外的电气设备、电气线路产生反击。

16.2.2 牵引变电设施直击雷防护

牵引变电设施对直击雷的防护常用措施是设置避雷针。在雷雨天气天空出现带电云层时，地面上的较高的导电物体顶部会感应大量电荷，由于避雷针高于被保护对象，且针头较尖，所以避雷针尖端会聚集最多的电荷，从而最先影响雷云的向下放电通道，使雷电击中避雷针，并顺利泄入地下，使周边的被保护物得到保护，免遭雷击。避雷针防护如图16.1所示。

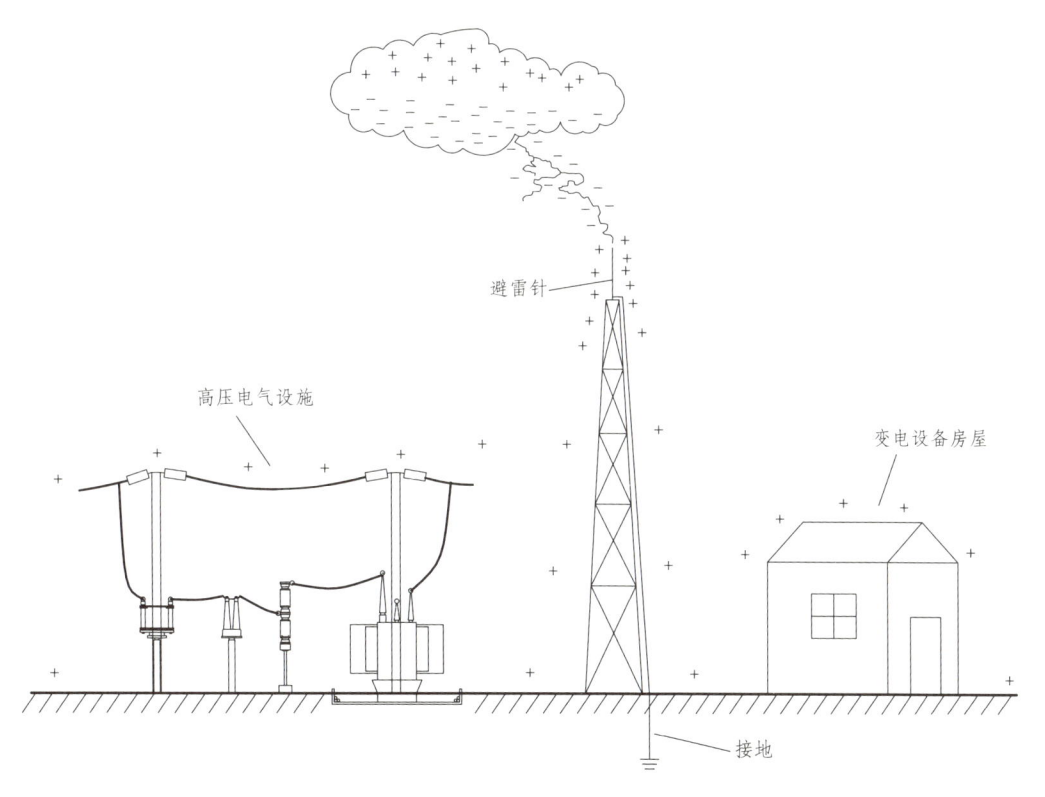

图 16.1　避雷针防护示意图

根据配电装置的高度和布置区域，牵引变电设施一般设置避雷针，使配电装置均处于避雷针的保护范围之内。图16.2为牵引变电所避雷针保护范围示意图。

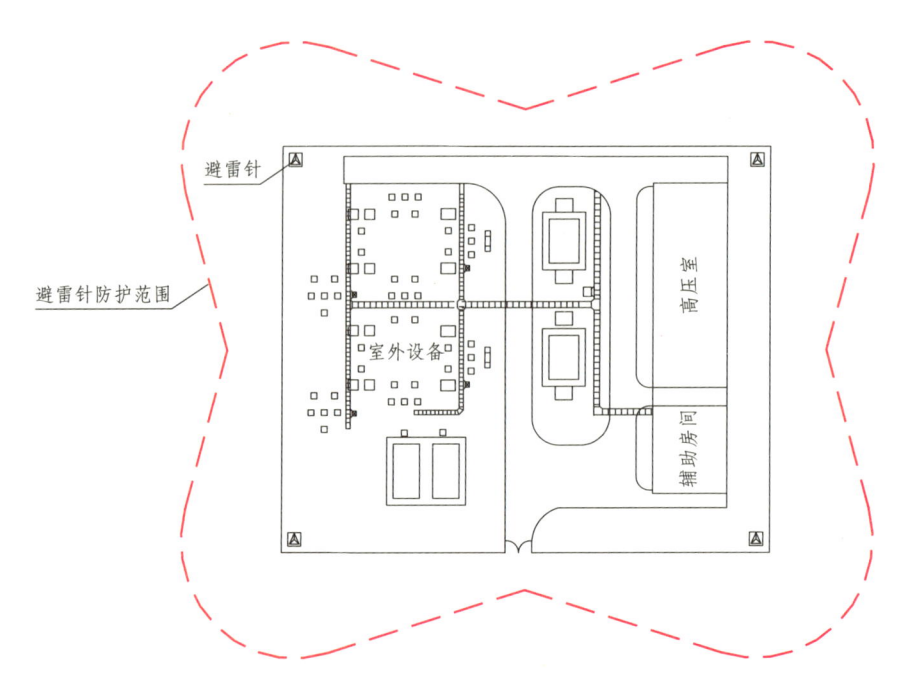

图 16.2　牵引变电所避雷针保护范围示意图

16.2.3　牵引变电设施雷电侵入波防护

牵引变电设施高压电气设备包括变压器、断路器、隔离开关、互感器等。雷电侵入波防护主要措施为设置避雷器。避雷器设置在牵引变电设施的高压电源进线、馈线以及母线上，避雷器以最短的接地线与所内接地网连接，并在其连接处装设集中接地装置。当线路上的雷电波侵入所内时，避雷器动作，将雷电流通过避雷器泄入大地，从而避免所内设备免受雷电危害。

牵引变电设施控制保护及辅助设备主要包括综合自动化系统、交直流系统、辅助监控系统、接触网开关控制系统等。雷电侵入波主要通过控制保护及辅助设备至室外设备的电源线、控制线、信号线等途径侵入，严重影响设备运行安全。雷电侵入波防护主要措施为设置电涌保护器及隔离变压器等。

16.3　接地与回流

16.3.1　接　地

16.3.1.1　电气装置接地

接地是指将电气装置或系统的某些部分与大地作良好的电气连接。接地按功能可分为系统接地、保护接地和防雷接地。

系统接地是指牵引供电系统一点或多点的功能性接地，是系统正常运行需要而设置的接地。例如三相变压器的中性点需根据系统运行方式进行接地。保护接地是指为电气安全或人身安全，将系统、装置或设备的一点或多点接地。防雷接地是指为雷电保护装置（避雷针、避雷线和避雷器等）向大地泄放雷电流而设的接地。

16.3.1.2 接地装置的设置

变电设施的接地是通过接地装置来实施的，接地装置是埋入地下的接地体和接地连线的总和。

接地装置一般采用由水平接地体和垂直接地体组成的人工接地网，接地网的外缘闭合，外缘各角为圆弧形。接地网内敷设水平均压带，接地网埋设深度一般不小于 0.8 m。

对于采用综合接地系统的铁路，牵引变电所、分区所、AT 所、开闭所的接地网与综合接地系统连接。

16.3.1.3 接地装置的接地电阻及均压要求

1. 接地电阻

接地电阻是接地装置的主要技术参数，是电流经接地装置流入大地呈现出的电阻。接地电阻值体现电气装置与"地"接触的良好程度。根据接地所起的作用不同，可将接地电阻分为工频接地电阻和冲击接地电阻两类。

牵引供电系统正常负荷电流经接地装置流入大地呈现的电阻称为工频接地电阻。

当有冲击电流（如雷击电流）通过接地体注入大地时，接地体周边土壤会被电离，此时呈现出的接地电阻为冲击接地电阻。

在山区等高土壤电阻率地区，接地电阻不容易满足设计要求时，可采取敷设引外（至电阻率低的区域）接地装置、采用井式或深钻式接地体、填充电阻率较低的物质或降阻剂等措施来降低接地电阻。

2. 接触电位差和跨步电位差

当变电设施发生设备对外壳短路等接地短路故障时，故障电流经接地装置流入大地，引起接地装置对地电位升高，并随着入地故障电流由接地装置向大地流散，在大地表面形成分布电位，分布电位由接地装置处向周围大地逐渐降低。当维护人员在发生短路故障时手部接触到设备的金属外壳，设备外壳处与人体脚部所站立的大地之间会存在电位差，此电位差即为接触电位差。此时会有电流由接触设备外壳的手部通过人体流入大地。人行走时双脚之间也会存在电位差，即为跨步电位差，此时也会有故障电流经双脚流过人体。

为保障人身安全，接地网的接触电位差和跨步电位差均不应超过相关规范规定的最大允许值。当人工接地网局部地带的接触电位差和跨步电位差超过允许值时，易使人遭受电击，威胁人身安全，可采取局部增设水平均压带、垂直接地体以及铺设砾石、沥青路面等措施，降低接触电位差和跨步电位差或使其允许值提高，以保障人员安全。图 16.3 为接触电位差和跨步电位差示意图。

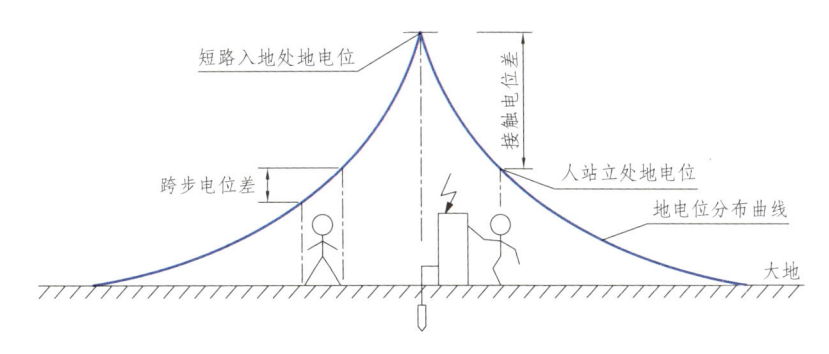

图 16.3 接触电位差和跨步电位差示意图

16.3.2 回 流

采用带回流线的直接供电方式时，牵引负荷电流主要经由钢轨、大地和回流线回流至牵引变电所；当采用 AT 供电方式时，牵引负荷电流主要经由正馈线、钢轨、大地和保护线回流至牵引变电所。高速铁路还包括综合接地线回流，如图 16.4 所示。

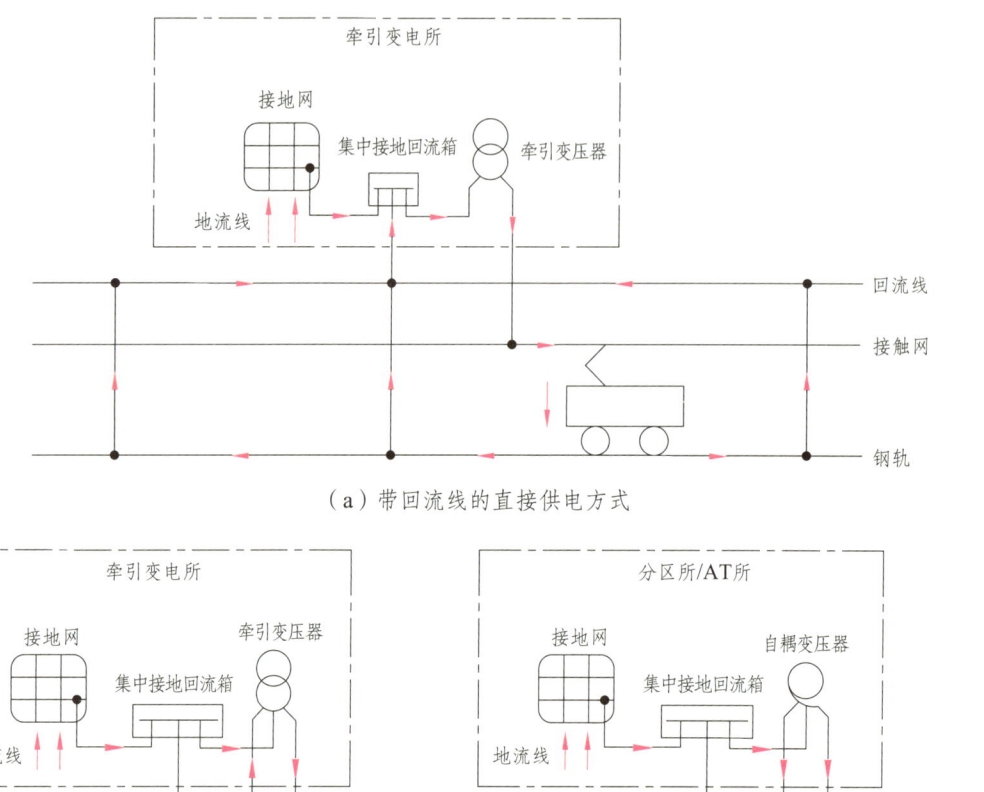

（a）带回流线的直接供电方式

（b）AT 供电方式

图 16.4　牵引供电系统回流示意图

牵引变电所中的牵引变压器、分区所及 AT 所中的自耦变压器的回流端均应与钢轨以及大地构成可靠的电气通路，以满足牵引负荷电流回流的要求。各回流通路导体截面应满足回流电流的需求。

牵引变电所、分区所、AT 所设集中接地回流箱。将钢轨、信号扼流变压器、接触网回流线或保护线、综合接地线等接入集中接地回流箱，地中电流通过所内接地网接入集中接地回流箱。集中接地回流箱与牵引变压器或自耦变压器回流端连接，形成完整的牵引供电系统回流回路。

17 交、直流所用电系统

交、直流所用电系统是向牵引变电所等变电设施内的动力、照明和控制、保护及自动装置等提供工作电源的设施，分为交流所用电系统和直流所用电系统。交流系统主要为所内动力、照明、消防、通信等设备供电，并为直流系统提供交流电源。直流系统由交流系统电源整流得到，主要为继电保护和自动装置、开关操作机构、事故照明、逆变电源等负荷供电。所用电系统在正常情况下，应能提供断路器跳、合闸以及其他设备保护和操作控制的电源，在事故状态下，能提供继电保护跳闸及事故照明电源，避免事故扩大。

17.1 交流所用电系统

为了可靠供电，交流所用电系统通常接引两路电源，并设置两台变压器，两路电源可根据铁路供电条件分别引自电力 10 kV 贯通线或 27.5 kV 母线，并根据电源设置 10/0.4 kV 或 27.5/0.4（0.23）kV 所用变压器。

交流所用电系统由所用变压器、交流屏及连接电缆等组成。正常供电时，一般由一路交流电源供电，另一路备用。

17.2 直流所用电系统

牵引变电所等变电设施的控制、信号、保护、自动装置、事故照明、逆变电源等负荷采用直流供电，需设置可靠的直流所用电系统。直流所用电系统引入两路交流电源，一主一备运行，通过整流装置变成直流电源给蓄电池组充电，并馈出给各直流用电设备供电。直流所用电系统由电源系统、充电装置、直流开关设备、蓄电池组及连接电缆等组成。

直流系统负荷包括经常性负荷、事故性负荷和冲击负荷。经常性负荷是指要求直流电源在各种工况下均应可靠供电的负荷，包括信号、继电保护和自动装置、不间断电源等用电负荷；事故性负荷是指要求直流电源在交流电源事故停电时间内可靠供电的负荷，包括继电保护装置、事故照明、不间断电源、事故相关的信号装置等用电负荷；冲击负荷指在极短时间内施加的很大的负荷电流，如断路器的跳、合闸电流等，包括事故初期冲击负荷和事故末期冲击负荷。事故性负荷和冲击负荷由蓄电池供电，蓄电池容量应满足全所事故停电时间内的用电需求。

直流所用电系统对牵引变电所的控制、保护等重要负荷供电，对牵引变电所的正常运行和安全运行具有十分重要的作用，一般采用双套充电装置、两组蓄电池的冗余配置。系统配置监控装置对充电装置进行监视和控制，并对蓄电池组实施动态管理，实现遥控、遥信、遥测等功能。直流屏上的所有进出线开关也纳入监控装置，通过远动系统实现远程监视和控制。

18 牵引供电调度控制系统

牵引供电调度控制系统，简称 SCADA（Supervisory Control And Data Acquisition）系统，是对牵引供电系统进行远程数据采集、通信、监视、测量、控制、保护、辅助监控的系统，也是牵引供电系统的调度指挥中心，包括主站、被控站、远动通道和复示终端。我国高速铁路牵引供电调度系统和电力供电调度系统合并设置，客货共线铁路牵引供电调度系统一般单独设置。

电气化铁路发展初期，牵引供电采用电话调度方式，调度员与牵引变电所现场值班员通过电话联系，实现信息的上传下达，由现场值班员操作。随着计算机技术的发展，微机远动装置出现并逐步推广应用，利用音频线路实现调度所与牵引变电设施的通信，开始实现了遥测、遥信、遥控的基本功能。20 世纪末起，随着计算机技术、信息处理技术、网络通信技术等的发展，远动系统的功能配置从基本的"三遥"功能，逐步发展到目前丰富的调度管理功能，以及先进的数据通信处理和数据库管理功能等，形成了目前具有自动化和智能化功能的牵引供电调度系统。

为适应我国高速铁路的大规模建设和发展的需求，2007 年开始，按照全路"统一规划、统一标准、分层分步"实施的原则，建设高速铁路供电调度系统，实现了国铁集团调度中心、各铁路局集团有限公司调度所分层分级的调度管理。

随着智能铁路的发展，供电调度步入智能化时代。智能供电调度包括智能 SCADA 系统和智能供电调度运行管理系统，具有数据采集、遥测、遥信、遥控、遥调、遥视等基本功能和源端维护、重构自愈、智能告警、作业管理等高级功能。

18.1 SCADA 系统构成

SCADA 系统由设在调度所（见图 18.1）内的主站、设置在沿线牵引变电所、分区所、AT 所、开闭所内的综合自动化系统、辅助监控系统、接触网开关控制站等被控站以及远动通道组成，主站系统构成如图 18.2 所示。主站与被控站间设置两组互为备用的通信通道。在各铁路局、供电段或其他需要监视供电系统运行情况的处所可以设置复示终端。

图 18.1 调度所大厅实景照片

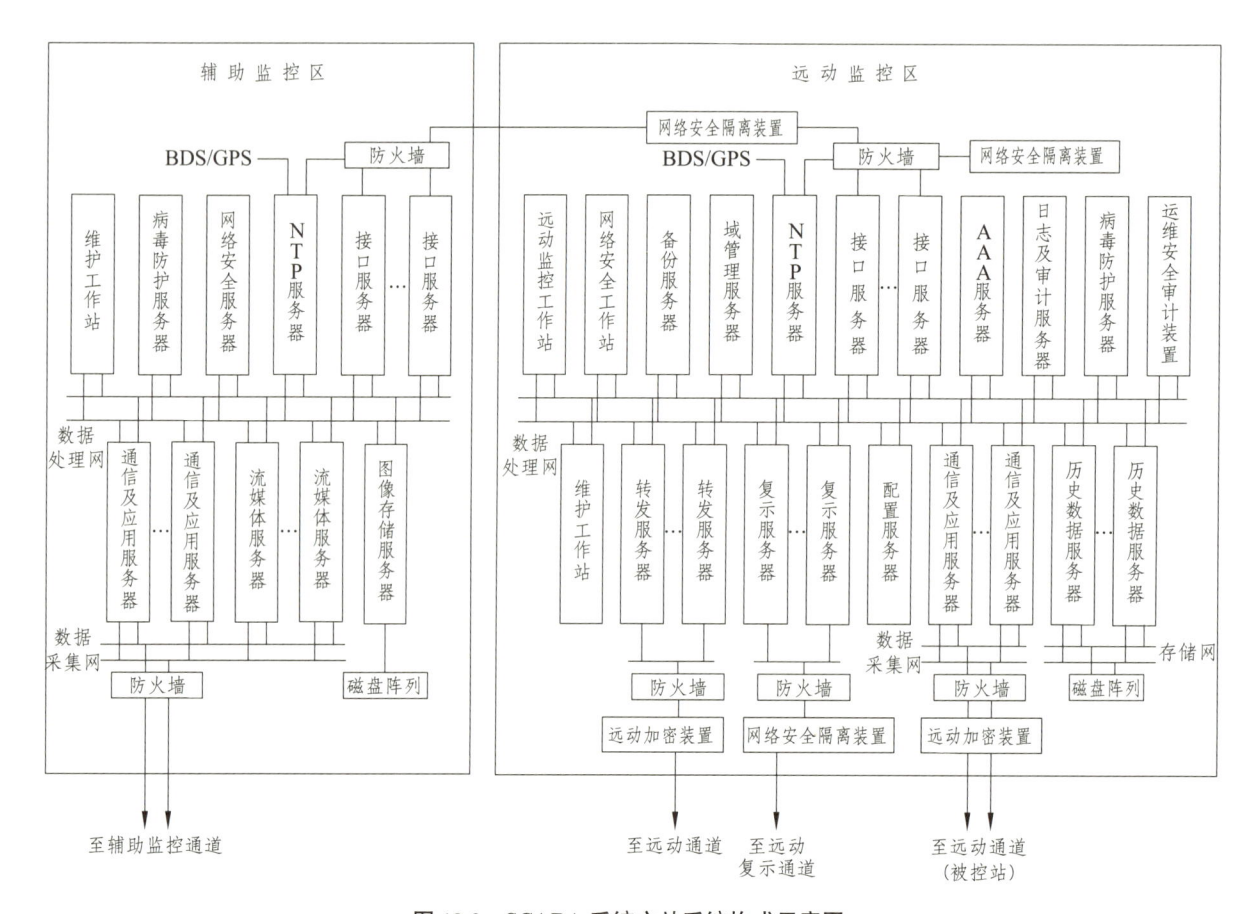

图 18.2 SCADA 系统主站系统构成示意图

SCADA 系统主站包括远动监控区和辅助监控区，通过通信通道与被控站进行远程通信，实现对牵引供电系统及电力供电系统的远程监视控制、辅助监控等功能，并具备支持与其他相关系统协调联动的功能。SCADA 系统主站采用分布式多层体系结构，系统主要由数据层、应用层及客户端系统构成。

SCADA 主站硬件配置主要包括：局域网络设备、服务器、存储系统、网络安全设备、通信接口设备、不停电电源设备、时钟同步设备、调度员工作站、维护工作站、打印设备和大屏幕显示屏等设备。软件配置包括系统软件、平台软件和应用软件。为了确保系统的可靠性，关键设备采用冗余配置。

18.2 SCADA 系统主站功能

SCADA 系统主站的主要功能有远动监控、辅助监控、告警处理、历史数据存储、制表打印、拓扑着色、事故追忆、人机界面交互等。

18.2.1 运动监控功能

运动监控区，完成 SCADA 系统最基本的遥测、遥信、遥控、遥调、遥视功能。

1. 遥测

对供电系统主要电气量进行远程测量，遥测对象主要包括：牵引变电所电源侧进线电压、进线电流；牵引变压器的电流、功率、功率因数；27.5 kV 侧母线及馈线电压；馈线电流；接地箱回流；牵引变压器油温；智能电表的参数等。

遥测上送方式采用越阈值变化上送方式，同时具备进行定时自动召唤、手动召唤功能；可对遥测信号的实时显示和历史数据的存储功能。

2. 遥信

对设备运行状态进行远程监视，遥信对象主要包括：遥控对象的位置信号；牵引变压器和动力变压器的各类故障信号；自耦变压器的故障信号；馈电线的各类故障信号；自动装置的运行位置和动作信号；开关操动机构的工作状态信号；综合自动化设备故障信号；交直流系统故障信号；牵引变电所进线电压有压（失压）信号；GIS 设备气室压力信号。

具备变化上送、定时自动召唤和手动召唤遥信信号的功能；具备对遥信信号的实时显示和历史数据存储功能。

3. 遥控

对被控站内的可控对象进行远方控制。遥控对象主要包括：牵引变电所、分区所、AT 所、开闭所内的断路器、电动隔离开关、所用变压器负荷开关；接触网及供电线上的电动隔离开关；自动装置的复归；自动装置、成组控制装置的投切开关；继电保护软压板；交直流系统进馈线开关等。

遥控类型包括单控、程控、复归三种类型。单控是对被控站内的一个可控对象进行遥控；程控是对一个被控站内的多个可控对象（站内程控）或多个被控站内的多个可控对象（站间程控）进行成组遥控；复归是对继电保护装置或自动装置等的动作信号进行远方复归。

4. 遥调

具备对被控站内可调节元件进行远方调节的功能，如继电保护整定值调整、有载调压变压器抽头位置调整等。

5. 遥视

通过与辅助监控区的接口交换视频信息，实现遥视功能。

18.2.2 辅助监控功能

SCADA 系统主站辅助监控区具有与牵引变电设施内的辅助监控系统进行远程数据交互和图像采集的功能，包括对辅助监控系统视频前端设备进行远程控制，对牵引变电设施进行自动或手动视频巡检，与遥控操作和开关跳闸、火灾报警等重大故障信息联动或响应手动召唤命令，远程获取辅助监控系统相应设备的实时图像，接收辅助监控系统的重要报警信息等。

18.2.3 异常状态报警功能

报警类型包括供电系统异常或故障、地震报警、遥测越限、远动通道异常、远动装置异常、辅助监控报警；采用多种报警方式包括实时文字报警、画面推图、开关闪烁、音响提示等。

18.2.4 网络安全

随着计算机和网络通信技术在 SCADA 系统中的广泛应用，网络安全日益重要。为了加强 SCADA 系统的安全管理，防范黑客及恶意代码等对 SCADA 系统的攻击侵害，需要对 SCADA 系统进行网络安全防护。

SCADA 系统面临的主要网络安全威胁为黑客入侵、旁路控制、完整性破坏、越权操作、无意或故意行为、拦截篡改、非法用户、信息泄露、网络欺骗、身份伪装、拒绝服务攻击、窃听等。

网络安全防护遵循的基本原则和措施如下：

（1）建立健全防护体系。逐步建立 SCADA 系统网络安全防护体系，主要包括基础设施安全、体系结构安全、系统本体安全、可信安全免疫、安全应急措施、全面安全管理等。

（2）分区分级保护重点。根据 SCADA 总体的业务特性和业务模块的重要程度，遵循国家信息安全等级保护的要求，准确划分安全等级，合理划分安全区域。

（3）网络专用多重防护。SCADA 系统采用专用局域网络和广域网络与外部因特网和企业管理信息网络之间进行物理层面的安全隔离。

（4）全面融入安全生产。将安全防护技术融入 SCADA 系统的采集、传输、控制等各个环节业务模块。

（5）风险管控保障安全。全面加强网络安全风险管控，保障 SCADA 系统安全。

SCADA 系统主站目前按满足 GB/T 22239 规定的网络安全等级保护的第三级安全要求，供电调度控制系统主站不同的安全分区间应配置网络安全隔离装置，并应配置相应的安全防护策略，以确保分区间的网络安全。

18.3 SCADA 系统通信传输

目前，SCADA 系统主站与被控站通信使用铁路专用通信网络作为传输通道，主要采用 SDH（同步数据体系）系统。根据各所业务需要的不同，通过专用通信网络为远动系统、故障测距、辅助监控系统、复示系统、运营维护管理等系统提供不同的通信通道。

18.4 SCADA 系统被控站

SCADA 系统被控站主要包括牵引变电所、分区所、AT 所、开闭所的综合自动化系统和辅助监控系统，以及接触网开关控制站等。

SCADA 系统被控站主要实现调度端所需信息的采集和处理功能，接受调度端对被控站设备遥控、遥调指令，通过综合自动化系统实现对所内的断路器、隔离开关等设备的控制及参数设定功能；实现调度端对所内的保护软压板投退、定值区切换、定值修改功能；将遥测数据、遥信变位信号、事故信号上传至调度所；远动信息需满足调度端对有关信息实时性、可靠性、传送方式、通信规约及接口等方面的要求。通过辅助监控系统实现对所内视频图像、环境监测量、安全报警信息、火灾报警信息等辅助信息进行统一采集、编码、存储、告警、联动、上传并由监控平台完成整个系统的全面监控、一体展示、统一管理和维护功能。

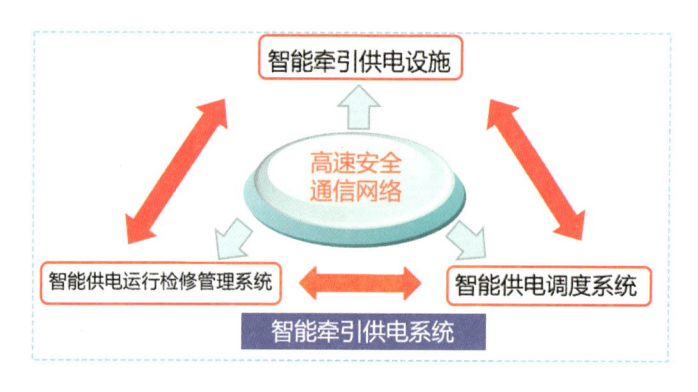

19 智能牵引供电系统

智能牵引供电系统运用了先进的测量、传感、控制、通信、信息、人工智能等技术，以智能化牵引供电设施和高速双向通信网络为基础，以数字化、信息化、网络化、自动化、互动化为特征，具备全息感知、多维融合、重构自愈、智慧运维等特性。智能牵引供电系统为铁路运行提供了安全可靠、高效优质的牵引动力。

瓦日铁路综合试验段中开展了数字化牵引变电所研究试验，随后我国自主研发的智能牵引供电系统在京沈客运专线上成功完成试验并投入运营，在此基础上我国首条智能高铁——京张高速铁路，全面采用了智能牵引供电系统。

智能牵引供电系统由智能牵引供电设施、智能供电调度系统、智能供电运行检修管理系统及通信网络构成，其系统构成如图19.1所示。

图 19.1　智能牵引供电系统构成

智能牵引供电设施包括基于智能设备组成的变电设施（包含牵引变电所、分区所、AT所、开闭所及接触网开关控制站等）和接触网，是智能牵引供电系统的采集和执行层，由分布于牵引变电所、分区所、AT所、开闭所内的智能高压设备和广域保护测控系统及接触网上的智能设备组成，实现电气设备之间和各所之间的信息共享和互操作。

智能供电调度系统实现对牵引供电系统的远程监视控制、调度运行管理、辅助监控等功能，并支持与其他相关系统的协调联动，具备运行数据全景化、报警分析综合化、调度作业自动化、调度决策精细化等特征。

智能供电运行检修管理系统对智能牵引供电设施等设备进行基础数据管理、检测监测、运行检修作业、设备状态评估与预测等全寿命周期管理，由国铁集团、铁路局集团有限公司、供电段、车间/工区四级系统组成。

智能牵引供电系统的应用可提高牵引供电系统的可靠性，降低故障发生率，缩短停电时间，对保障铁路正常运输秩序、提高运维效率、降低运营成本具有重要意义。

20 特殊环境地区的影响及对策

我国地域辽阔，气象地理环境复杂多变，有很多高速铁路地处环境恶劣地区，如兰新第二双线途径高海拔、高地震、大风区，最高海拔 3 600 m，最大风速 55 m/s；哈大高铁处于高寒地区，极端最低气温 – 39.9 °C；海南环线等沿海铁路常年处于高盐雾、高湿热、台风频发的环境中。对于不同地域的高速铁路，牵引供电系统在常规设计之外，要根据环境的不同特点和要求考虑采取针对性的应对措施。

20.1 寒温及寒冷地区

寒温及寒冷地区的极端低温环境对牵引变电设施内的设备和材料的性能、安全运行存在着很大影响。低温环境造成的影响主要包括钢结构在低温下的塑性、韧性和强度降低；绝缘子强度下降容易断裂；开关设备中的 SF_6 气体在低温下易发生液化，影响开关的绝缘性能和开断能力；土壤发生冻胀，影响设备基础及电缆沟稳定，同时使土壤电阻率增大，影响接地网的接地电阻。

针对上述影响，采取的措施如下：选用 Q345B 耐候型钢材，降低钢材脆性破坏发生的几率；设备采用阻尼隔振缓冲材料，对水泥胶合剂与瓷件之间、水泥胶合剂与附件之间的应力起到缓冲作用，减少绝缘子的断裂故障；SF_6 断路器采用了 $SF_6 + CF_4$ 混合气体作为灭弧介质，保证 – 40 °C 低温开断能力；高、低压电缆沟全部采用混凝土现浇制作方式，提高周边土壤的防渗水和抗冻胀能力；钢柱采用混凝土扩底基础，同时加大埋深，使其通过季节性冻土区至稳定层；接地网宜埋设在冻土层以下并深入底层土壤，以降低接地电阻。

20.2 大风沙地区

环境风速直接影响到牵引变电设施设备选型、布置方式、架构类型及受力等多个方面。

针对上述影响，采取的措施如下：室外的设备加强高压设备接线端子等连接件的机械荷载；室外导线采用加强型钢芯铝绞线；提高室外悬式绝缘子、支持绝缘子、绝缘套管以及高压设备的绝缘水平和机械强度；避雷针选用迎风面积小的结构型式，如圆钢格构式结构或锥形钢管塔结构；在风力最大、风沙危害最严重的区段，高压电气设备采用室内布置方式，必要时牵引变压器也采用室内布置方式，减少大风沙对设备的影响。

20.3 沿海地区

沿海地区的牵引变电设施面临台风威胁和盐雾侵蚀。台风造成的危害及应对措施可参考大风沙地区。沿海地区盐雾密度大，污秽环境中的各种污秽物质对电气设备和线路的危害，取决于污秽物质种类及其导电性、吸水性、附着力、数量、相对密度以及污秽源的距离和气象条件。

为保证电气设备的安全运行，针对上述影响，采取的措施如下：增加绝缘子的有效爬电比距，选用有利于防污的材料或造型，如采用硅橡胶、大小伞、大倾角、钟罩式等特制绝缘子；涂抹防污闪涂料，如PRTV涂料；采用SF_6气体绝缘高压组合电器或室内配电装置，隔离污秽环境；增加钢结构受力部件厚度，延长钢结构寿命；各类端子箱、机构箱应密封处理，箱体内设防凝露装置。

20.4 高海拔地区

在高海拔地区，其特殊的自然气候环境条件对电气设备的影响很大，主要体现在：由于空气压力和密度的降低，电气设备的外绝缘强度会随着空气压力和密度的降低随之降低，空气间隙的击穿电压会相应降低；设备的外绝缘受太阳辐射影响而容易老化；昼夜温差的增大使得设备表面更容易形成凝露，增大了绝缘子闪络放电的概率。

针对上述影响，采取的措施如下：提高设备的空气间隙、绝缘爬距、绝缘耐受电压；采用全封闭的SF_6气体绝缘组合电器或开关柜等方案；高压电气设备采用室内布置，减少太阳辐射影响。

20.5 地震高发地区

地震的随机性和复杂性使电气抗震设计成为重要的研究课题。汶川特大地震后，相关学者对地震作用效应与电气设备的影响进行了大量研究，从理论研究出发，结合场地条件、抗震设防烈度、安装方式等因素，分析典型设备抗震验算的类型和方法，并通过模拟震动试验提出了抗震设计的要求。《电力设施抗震设计规范》（GB 50260）对抗震设防烈度6度至9度地区的电力设施抗震设计进行了相关规定，牵引变电所在地震区，需要进行系统性的抗震设计，以保证牵引变电工程达到"大震不倒、中震可修、小震不坏"的抗震设防目标，保障铁路运输安全可靠。

牵引变电所的抗震主要从所址选择、设备选型、布置方式、设备及架构的基础安装等方面采取相应的措施。主要包括：选址避开可能因地震引发次生灾害的区域；电气设备选型应考虑抗震性能，选择抗震性能较好的GIS设备，布置于一楼地面基础上；牵引侧引出线采用硬母排加软连接，牵引变压器宜采用减震底座+限位器的安装方式；柱上式设备安装时根部与支承柱的连接部件要选择有利于抗震的型式，以提升设备的整体稳固性能，并采用在设备底部装设减震器或阻尼器、改进外瓷套的形状等措施；导线架构采用格构式角钢支柱和硬横梁架构，设备支柱采用钢柱；部分间距较小的设备或有整体位移要求的多个设备，采用整体联合基础；设备之间连接导线，需留有充分的拉扯余量，避免地震时发生拉扯导致瓷柱弯矩负荷的增加，硬导体与设备之间的连接应设置伸缩节。

21 牵引变电外部接口与配合

牵引变电涉及接口较多，可分为铁路外部接口和铁路内部接口两大类。外部接口主要包括与铁路外部配套及保障部门之间的接口，如与地方政府规划、土地管理、电力等部门之间的接口配合；内部接口主要包括与线路、路基、站场、地质/物探、牵引供电、接触网、房建等专业之间的接口配合。

21.1 铁路外部接口

21.1.1 地方政府

在牵引变电设施选址过程中，需要牵引变电专业配合线路、站场等专业与地方政府规划部门和土地管理部门沟通，了解当地城乡建设、交通、水资源、自然保护区、旅游区、矿区或文物等规划，结合牵引变电设施位置用地范围，统筹考虑电源进出线径路、进所道路、牵引变压器运输路径、防排洪设施、设备布置型式等设计方案，与当地规划方案相适应，避免因不满足规划要求而导致牵引供电方案出现较大调整。调查当地土地利用总体规划，了解牵引变电设施用地范围的土地性质，贯彻保护耕地政策，结合地形地貌，合理利用土地，尽量不占或少占基本农田和经济效益高的土地，因地制宜，节约用地。

21.1.2 电力部门

牵引变电专业协同牵引供电专业配合电力部门完成牵引变电所接入系统设计、电能质量评估等专项研究；配合电力部门进行牵引变电所外部电源径路调查、协商牵引变电所设置位置。根据电力部门完成的牵引变电所接入系统方案评审意见，牵引变电专业完成牵引变电所计量、保护配置及整定配合、网络与信息安全防护、调度方式等设计；根据工程界面，完成进线电源的设计接口确认，并提供牵引变电所的牵引变压器接线型式、参数、安装容量及过载能力、主接线图、主要电气设备参数、总平面布置图、围墙四角及进线架构中心坐标以及架构型式、尺寸、偏角等资料。

21.2 铁路内部接口

21.2.1 线路、站场、路基

牵引变电所、分区所、AT所、开闭所等牵引变电设施分散布置在铁路沿线。变电专业提供牵引变电设施位置里程、占地面积、通所道路（铁路）引入要求、牵引变压器运输重量及尺寸等相关资料，线路/站场/路基据此完成铁路用地和通所道路的设计，配合完成征地工作。在所址确定过程中，线路/站场/路基等专业需重点核查所址是否处在地质不良或容易发生地质灾害地带，有无压覆矿产、文物、保护区等情况，有无设在泄洪区、滞洪区等地段，并尽量避开有严重污染的污染源。通所道路的设计应与外部公路衔接，牵引变电所的道路需满足牵引变压器等大型设备运输条件。为配合电力部门完成牵引变电所外部电源的设计，线路还需将牵引变电所围墙四角及进线架构中心坐标转换为符合电力部门要求的坐标系下的坐标数据，提供给变电专业。所址平面图为确定牵引变电设施所址位置提供了线位、地形地貌、道路等要素。

21.2.2 地质/物探

牵引变电设施所址位置的地质条件对牵引变电工程建设及运营安全都具有直接影响。工程地质勘测取得的地质构造、地基承载力、地震加速度等勘测资料是牵引变电设施内设备及架构的基础设计的依据，海拔高度、风速、污秽度等气象环境因素直接影响变电设施的布置和设备选型。牵引变电设施的接地与设备运行及人身安全息息相关，所内敷设人工接地网，并根据土壤电阻率计算接地电阻，需要针对不同地质条件采取相应的接地设计方案或降低接地电阻的处理措施；地震烈度7度及以上地区，电气设备需要采取抗震设防措施，降低地震影响及次生灾害的发生。

地质/物探专业需提供牵引变电设施的地质特征、冻土厚度、地震动参数、地下管线、土壤电阻率以及距地面 30 m 深综合电阻率等资料。

变电专业对地质/物探专业的勘测要求如表 21.1 所示。

表 21.1　变电专业对地质/物探专业的勘测要求

勘测项目	勘测范围	勘测要求
地下隐蔽物及污染资料	各牵引变电设施	收集调查有关地下隐蔽物及污染资料，内容如下： （1）牵引变电设施范围内地下油、水、气管道及电力、通信、邮电电缆； （2）沿线主要工业污染区域范围、大型发电厂、水泥厂、化肥厂、化工厂等污染点位置，影响范围
土壤电阻率	各牵引变电设施	（1）牵引变电设施测量范围的测量点数量一般不少于4处，当测量数值相差较大时，应适当增加测量点；不同地貌单元情况下，应以牵引变电设施处的主要位置布置勘测点； （2）土壤电阻率测量方法满足《铁路综合接地系统测量方法》（TB/T 3233）的相关要求
地质勘探	各牵引变电设施	对牵引变电设施位置处的地质情况进行勘查，并提供工程地质报告，其包括如下内容但不限于： （1）地质情况说明书，包括地下水深度、含水量、土壤性质、冻土深度、土壤酸碱度及腐蚀性、工程措施意见等； （2）地质柱状图

21.2.3 隧　道

在长大隧道、隧道群或特殊环境区段，可能会有分区所、AT 所、接触网开关控制站等牵引变电设施设置在隧道内或隧道斜井、横洞等辅助坑道内的情况出现。牵引变电设施的设备安装、接地、沟槽管线等预留预埋需在隧道工程中同步实施，平面布置方案需满足防火、通风、运输及运营维护需要。隧道内接触网开关控制站专用洞室平面及断面布置实例如图 21.1 所示，隧道斜井内 AT 所平面及断面布置实例如图 21.2 所示。隧道专业需提供隧道表、隧道断面、辅助坑道位置及横断面、综合洞室位置等资料，并完成隧道内牵引变电设施的洞室及预留预埋设计。

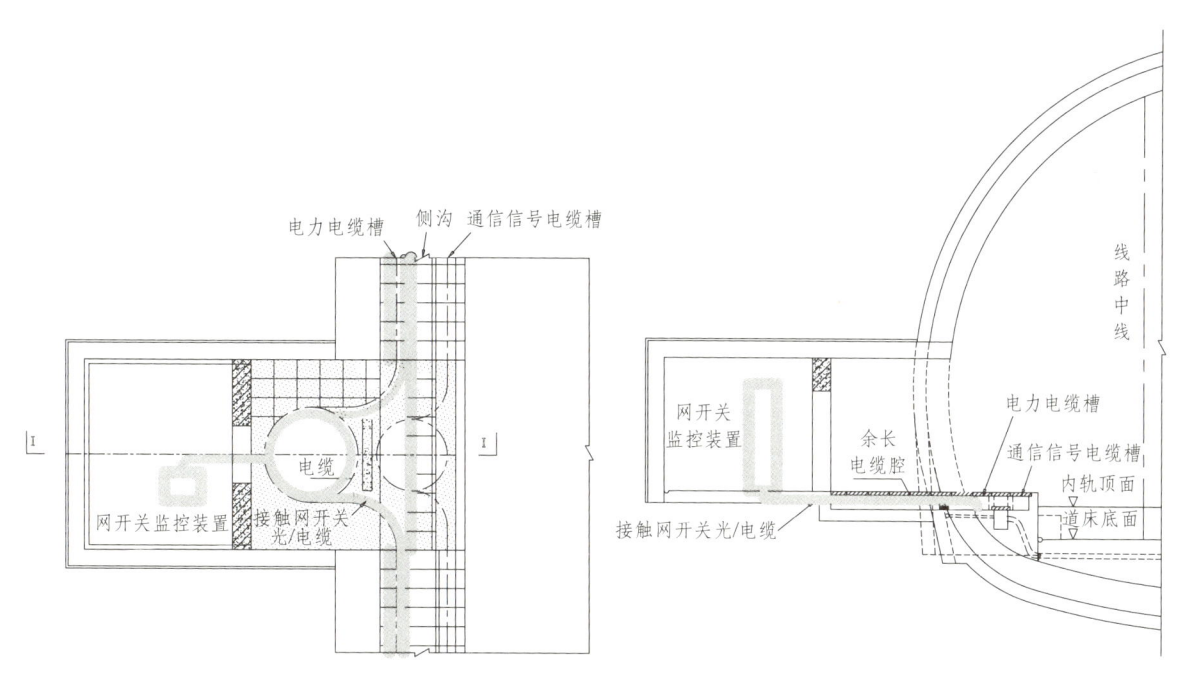

图 21.1　接触网开关控制站专用洞室平面及断面示意图

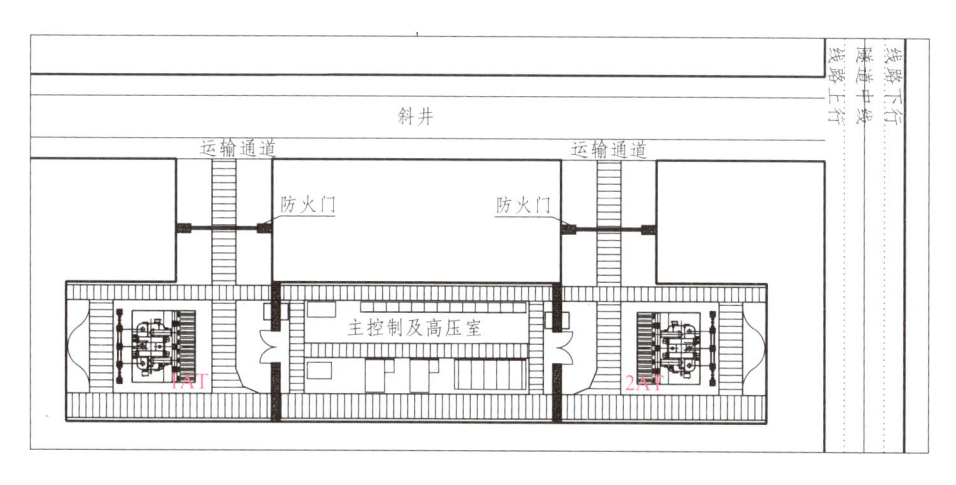

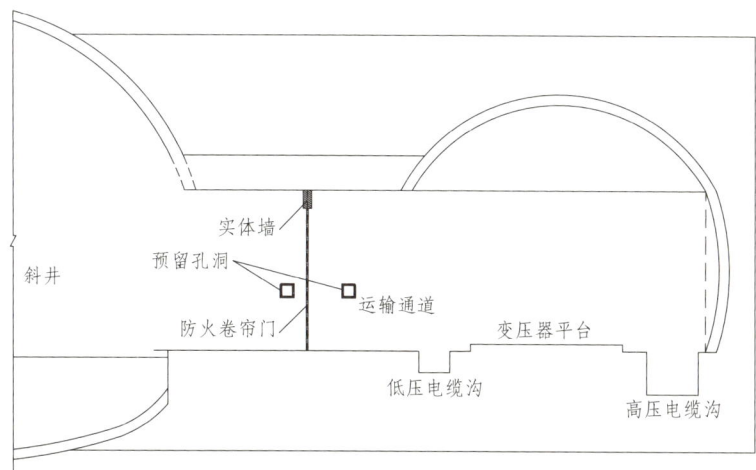

图 21.2　隧道斜井内 AT 所平面及断面示意图

21.2.4 桥 梁

桥梁专业提供的资料除了桥梁基本的设计资料外，还包括如桥线分界里程、大中桥表，小桥涵表，跨线桥梁建筑物资料，桥面布置图及相关电缆槽数量，桥梁全桥布置图、平面图，紧急疏散通道设置资料等。为确定牵引变电设施的场坪标高，还需要为牵引变电专业提供各牵引变电设施所在处的设计频率洪水位或历史内涝水位资料。提供沿线气象资料（包括最大覆冰厚度、风速，雷暴日数、最高温度和最低温度、雨量等），用于变电设施的布置和设备选型及采暖通风方案等设计。另外，牵引变电设施与设在桥上的接触网电动隔离开关之间敷设有用于隔离开关的操作电源及远程控制的线缆，桥梁专业需在相应的位置预留锯齿孔、预埋电缆爬架等。隔离开关的位置发生变化时，应尽早联系桥梁专业及时调整预留的位置，确保预留设施满足线缆敷设要求。

21.2.5 牵引供电、接触网、通信、电力

1. 牵引供电

牵引供电系统的供电方式、牵引变电所外部电源电压等级与牵引变电所等牵引变电设施的所址选择及主接线、设备选型、平面布置、继电保护、工程造价以及相关专业接口等密不可分。

牵引供电专业提供牵引供电方式、牵引变电设施分布方案、牵引变电所外部电源等级、主接线、变压器容量、馈线数量及预留要求、各供电臂相序及电流等资料，作为牵引变电专业设计的依据。

2. 接触网

牵引变电专业向接触网专业提供所址位置及供电线出所方位和方式，并负责邻所接触网隔离开关的远程控制。牵引变电设施的供电线分为架空线和电缆两种方式，与接触网之间一般以馈线架构或开关柜电缆终端头为分界。供电线采用架空线时，变电专业需配合接触网专业完成馈线排列顺序，避免馈线间出现相互交叉的问题；接触网专业根据所址位置确定电分相的位置。

接触网专业提供电分相设置里程、需要纳入远动的接触网隔离开关位置及要求，并负责与所内集中接地回流箱相连的牵引网回流系统的设计，包括与所内集中接地回流箱相连的回流线、保护线、综合地线、钢轨等。

3. 通信

牵引变电设施的综合自动化系统、辅助监控系统、接触网开关控制系统、供电调度控系统等系统间需要通过铁路专用通信通道进行连通并传输信息，实现远程监控管理等功能。

变电专业根据业务和安全需要，向通信专业提出远动通道、故障测距通道、辅助监控通道、广域保护通道、复示通道的数量、构成、带宽、时延等要求，同时提出调度电话、程控电话等设置要求。并根据通信专业关于通信机械室面积、用电、接地等要求，统筹在所内考虑通信机械室和通信电源等通信设施房屋及通信电源条件，协调好通信设施接地。

通信专业负责变电远动等各种通道的实施。远动通道一般采用两条互为备用的通信通道，星型汇聚方式或以太网总线方式组网；故障测距通道承载牵引故标数据，一般为数值型数据，采用单通道，以太共享

环网方式组网；广域保护通道用于智能牵引供电系统，承载广域保护相关数据，一般采用两条互为备用的通信通道，以太共享环网方式组网；辅助监控通道承载视频、报警及在线监测等辅助监控数据，一般采用两条互为备用的通信通道，以太网总线方式或星形汇聚方式组网。

为满足调度需要，由通信专业为牵引变电设施及调度所设置调度电话和铁路程控电话。

接触网开关控制系统的集中监控屏根据安装条件，一般设在牵引变电设施内，也可能设置在车站、信号楼、隧道等地点，接触网开关控制系统的集中监控屏与调度所间的通信通道由通信专业实施，负责通道组网设计。接触网开关控制系统的集中监控屏、光（电）缆及监控单元由变电专业实施。

4. 电力

牵引变电设施的动力、照明等普通电力负荷供电，属于电力专业范畴，供电方案一般有 10/0.4 kV 和 27.5/0.4（0.23）kV 两种类型。其中 10 kV 电源由电力专业提供，一般接引自电力贯通线，27.5 kV 电源则接引自所内 27.5 kV 母线。设置在车站、信号楼、隧道等地点接触网开关控制系统的集中监控屏电源也由电力专业实施。

牵引变电专业向电力专业提出牵引变电设施位置及用电需求。电力专业负责 10 kV 电源及所用电变压器的设计。设置在车站、隧道等工点的接触网开关控制站的用电也由电力专业实施。

21.2.6 建筑与结构、暖通、给排水、环保及消防

1. 建筑与结构

牵引变电设施内的房屋通常采用单体结构，一层或二层布置。全室内布置时可采用多层，重量较大设备如牵引变压器、自耦变压器安装在一层。室内 GIS 开关柜布置方式设有电缆夹层。房屋布置除满足防火要求外，还应考虑设备运输及吊装、防盗、防寒保温、采光、门窗、装修、预留预埋等需要。室内高压设备房间不设吊顶，设置吊顶的房间不能影响设备正常运行。

室外架构及设备支柱分为钢结构、钢筋混凝土结构等型式。架构、设备支柱和基础的设计应将安装、运行、检修、地震四种情况组合校验，荷载包括永久荷载（包括自重、张力、压力等）、可变荷载（风、冰、雪、地震、温度变化等）和偶然荷载（包括短路电动力等）。室外充油电气设备油量在 1 t 以上时，要设置贮油池；总事故贮油池容量不小于最大充油设备油量的 60%，具备油水分离功能，防止污染环境，还需设置收集装置。

牵引变电设施的总平面布置、生产及辅助房屋平面布置、室内外预埋件、电缆沟、道路、贮油池、设备荷载、预留孔洞以及架构的型式、尺寸、拉力、拉环位置、爬梯、偏角等资料由变电专业提供。

房建专业负责牵引变电设施的场坪、电缆沟、围墙、贮油池、架构及设备支架、基础以及房屋平（立）剖面图、室内沟槽管洞等设计。

2. 暖通

牵引变电不同房屋内安装的设备类型不同，对屋内的通风和温湿度控制有不同的要求。暖通专业采取不同的通风换气和温度调节措施。牵引变电设施的控制室内装有微机保护测控装置等电子设备，按夏季温度 26~28 ℃、冬季温度 18~20 ℃ 考虑，需设置具备远程控制功能的机房空调；高压室采取机械通风和事故排风措施，装有 SF_6 组合电器或开关柜的高压室采用能将 SF_6 气体排出屋外的低位机械排风，避免有害

气体造成对人身的伤害。

房屋采暖、制冷、通风等设备的平面布置以及用电要求由暖通专业提供，并负责完成室内通风、制冷、采暖、灭火、排烟等设计。变电专业负责房屋采暖、制冷、通风等设备的供电、远动控制设计。

3. 给排水

目前，牵引变电所等变电设施推广采用无人值班、无人值守模式，但检修人员需定期进行检测维护，并在出现故障时需进驻抢修。所以，牵引变电所等变电设施需配备给排水设施，一般有条件时接引市政水源，困难时可采取打井、雨水收集等措施解决水源问题。

牵引变电专业提供牵引变电设施位置，总平面布置图、房屋总平面布置图、值班运维方式、生产及生活用水要求，并负责自动水泵等排水设备的供电、远动控制设计。

给水排水专业负责给排水工程设计。

4. 环保及消防

环保专业提供环境敏感区资料及对环保的相关要求。

牵引变电专业提供牵引变电设施位置，并根据环保专业资料，按相关标准规范要求，合理考虑设备运行噪声、电磁辐射污染、事故油污染处理等措施。

牵引变电设施采取的消防、防火及安全防护措施，包括牵引变电设施控制室、高压室等房屋内设置的火灾探测报警装置，可通过气体灭火控制器消防联动；电缆沟室内外入口处、开关柜及二次设备盘柜的开孔部位等采用防火封堵措施；围墙安装金属防护网等。须配合房建、暖通等专业完成消防相关工作。

复兴号

414m 350km/h

第 4 篇

接触网

接触网是沿铁路线架设、向电力机车、动车组供电的特殊供电网络。电力机车、动车组通过车顶的受电弓与接触网滑动接触，来获取电能驱动列车运行，牵引电流通过钢轨等回流回路返回牵引变电所。

接触网沿铁路线架设，运行环境恶劣，且无备用。接触网一旦故障停电，将直接影响行车。所以，接触网是整个牵引供电系统最薄弱环节。接触网应尽可能采用先进、可靠的技术和装备，提高工程质量、设备质量和运营管理水平，以确保牵引供电系统安全可靠供电，保障列车安全正点运行。

22 接触网系统构成及环境条件

接触网是沿铁路线架设的单相工频交流 25 kV 高压输电网，主要由接触悬挂、支持装置、基础结构和土建预埋结构等部分组成。其中，接触悬挂主要包括接触线、承力索、吊弦；支持装置主要包括腕臂装置、下锚装置、软横跨；基础结构主要包括支柱、吊柱、硬横梁以及支柱基础；土建预埋结构主要包括路基支柱基础、桥梁支柱基础、隧道预埋槽道结构、预埋接地及过轨设施。以 AT 供电方式为例，接触网组成如图 22.1 所示。接触网与正馈线、保护线、钢轨、大地、综合贯通地线等回流通道，构成牵引网。

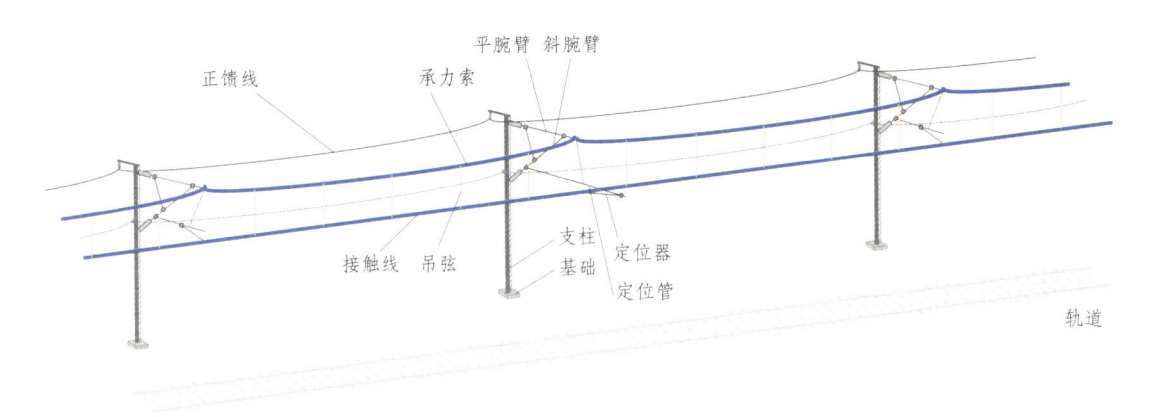

图 22.1 接触网组成示意图

我国地域辽阔，各地地形、地貌和气象条件千差万别。接触网所处的自然环境及其运行条件十分恶劣，且接触网无备用。自然环境主要指温度（气温）、风速、覆冰（霜、雪）、雨、雷电、日照，以及大气污染、腐蚀及异物侵入等。运行条件主要指列车作为接触网的移动牵引供电负荷，其运行受电弓的性能及数量、运行速度、列车开行对数、载流要求，以及运行时的温度（导线温度和温升）等。接触网的设计、施工、运营均需考虑行车需要及各类复杂环境条件的影响，确保接触网在任何条件下具有良好的电气和机械性能，安全、可靠地供电，并具备良好的可维修性以达到期望的使用寿命。

22.1 温度

温度是接触网需要考虑的主要气象条件之一，温度对接触网系统的影响包括环境温度和工作温度两方面。环境温度对接触网工作温度、接触网运行状态等都有着直接影响。工作温度是评估接触网载流能力和悬挂定位及下锚位移的重要技术参数，尤其是接触网导线的工作温度范围，是电气化铁路接触网系统的重要影响因素。

接触网导线最高工作温度是决定接触网导线载流量的主要因素之一，要考虑最高环境温度、日照辐射热和牵引负荷电流产生的焦耳热。我国接触网导线最高工作温度一般按 80 ℃ 设计，在我国南方等地区环境温度较高、日照辐射较多的地区可按 90 ℃ 考虑。接触导线最高工作温度与最低工作温度之差，定义为最大工作温度变化值，是影响接触网腕臂安装偏移、锚段长度、下锚补偿装置行程的关键因素之一。隧道内接触网选用的主要温度需根据隧道外温度进行计算调整。

导线高温软化温度取决于导线材质的特性，关乎导线在过热工作条件下的机械安全，是导线选型的重要考虑因素之一。

我国北方寒温及寒冷地区的电气化铁路，还需考虑低温冰冻等恶劣气候环境对接触网结构及零部件的工艺设计和材料选型影响，以提高系统结构可靠性。寒温及寒冷地区的温度选取按《寒温及寒冷地区为环境条件分类自然环境条件温度和湿度》（GB/T 4797.1）规定执行。

22.2 风　速

22.2.1 环境风

环境风对接触网来说，不仅增加其机械负荷，还会使接触线在风的速度和方向变化时产生摆动、振动或舞动。当气流遇到接触线时，会在接触线的背风面形成涡流。在涡流作用下，接触线会产生一个向上或向下的力，从而对接触线产生周期性的冲击，导致接触线上下振动。在特大风作用下，甚至会出现支柱倾覆、接触网断线、零部件断裂的情况。在冬季，接触网有时会出现覆冰现象，增加接触网线索及其零部件的机械负荷，在特定的风速下可引发接触网自振，严重时将导致接触网断线、塌网事故。

风速大小、方向、湿度等的不同，会产生许多类型的风，包括天然风、旋风、焚风、台风、龙卷风、山谷风、海陆风、季风、信风等。表 22.1 列举了我国典型气候分布区域及风类别。不同区域、不同类型的风对接触网的导线、零部件及其附着构筑物的影响也不同。

表 22.1　我国典型气候分布区域及风类别

序号	类别	分布区域	主导风类别
1	高原气候区	西北及西南地区	信风、山谷风等
2	热带季风性气候区	东南沿海地区	海陆风、季风
3	亚热带季风性气候区	东南部地区	天然风
4	温带季风性气候区	北方地区	信风
5	温带大陆性气候区	西北和华北北部地区	信风、焚风

风是空气从气压大的区域向气压小的区域流动而形成的。气流遇到结构物的阻塞，会形成压力气幕，即风压，风压与风速有直接的关系。设计用风荷载主要是由风速决定的，风速越大，其对结构产生的影响也越大。风荷

载属于典型的可变荷载，接触网是完全暴露在露天环境中的大型空间结构，受外部气候环境的作用影响较大。

由于风的随机性，结构所承受的风荷载并非规律的，具有明显的非重现性的特征，一般要用时距、重现期等进行修正。实践中一般根据气象站测风仪所得的大量的数据采用数理统计方法进行分析计算，得到工程所需要的设计风速。

22.2.2 接触网设计风速

接触网设计需考虑风速对运行安全和结构安全的影响，需根据基本风压分别计算校验风偏的运行设计风速和校验结构强度的结构设计风速。

接触网的运行设计风速通常按正常行车允许的最大风速确定，我国高速铁路安全预警的最高行车风速为 30 m/s。

根据国家标准《建筑结构荷载规范》（GB 50009），结构设计风速按 50 年一遇基本风压计算确定。垂直于接触网构件表面上的风荷载标准值，一般按照《建筑结构荷载规范》（GB 50009）、《轨道交通 地面装置 电力牵引架空接触网》（GB/T 32578）、《铁路电力牵引供电系统设计规范》（TB 10009）等的规定执行。

计算运行设计风速和结构设计风速时，根据地区、地形、高度进行修正使用，保证接触网主要构件在结构设计风速下不被破坏、安全可靠。高铁隧道内的结构强度校验还需考虑驶过列车引起的气动力的影响。

22.3 覆 冰

22.3.1 覆冰厚度

接触网在冬天或寒冷的环境中会产生覆冰，覆冰将增大接触网的重量，同时还增大了导线受风截面，即增大了风荷载，接触网设计需要对覆冰荷载进行计算。接触网导线的覆冰厚度与环境中的冰冻天气的日平均气温、相对湿度、风速、导线高度和截面有关。铁路一般调查并参考沿线电网架空线路、户外设备等运营环境中的覆冰厚度或冰区分布图，并结合《电网冰区分布图绘制技术导则》（GB/T 35706）的计算方法，分析计算确定接触网导线覆冰厚度。主要原则如下：

（1）接触网系统中，覆冰厚度以承力索覆冰厚度为标准进行折算。

（2）承力索覆冰厚度根据线路所经地区的观测资料或运行经验取 50 年一遇的最大值。

（3）接触线的覆冰一般为承力索覆冰厚度的 50%，当承力索覆冰厚度大于 10 mm 时，腕臂覆冰厚度按两倍承力索覆冰厚度选取。

22.3.2 覆冰荷载计算

覆冰状态下，荷载计算需考虑气温、风速和覆冰厚度的综合影响，根据电力及铁路部门的运营经验，覆冰时的气温一般取 −5 °C，风速一般取 10 m/s。

22.4 雷 电

22.4.1 接触网雷击特性分析

接触网沿铁路线分布，直接暴露在雷电活动环境中。雷云对地放电受到气象、地质和地形等众多自然因素影响，雷电活动的频繁程度也因地域而异。接触网遭受雷击分为两种类型：一种是雷电直击线路，称为直击雷；另一种是雷击线路附近地面或设施，电磁感应到线路上，称为感应雷。

当沿铁路线路的雷云放电时，无论是雷电直击接触网或雷击接触网附近地面或设施引起的过电压，都有可能造成接触网绝缘子闪络甚至损坏，引起牵引变电所保护跳闸。

22.4.2 年平均雷暴日及雷电分区

我国地形地貌等环境条件复杂、各地雷电活动差异大，需要深入调查各地雷电活动情况，研究各种防雷措施的效果，根据雷电活动影响程度采用合理的防雷措施。

雷电活动强度一般根据年平均雷暴日数划分，少雷区：年平均雷暴日在 20 天以下的地区；中雷区：年平均雷暴日在 20 ~ 40 天以内的地区；多雷区：年平均雷暴日在 40 ~ 60 天以内的地区；强雷区：年平均雷暴日在 60 天以上的地区。

22.4.3 雷电故障影响分析

接触网雷电故障多发生在多雷区或强雷区，雷击一般容易造成接触网发生绝缘闪络。若在大雨季节，可能顺着绝缘子形成较大水流，降低了绝缘子的湿闪耐压水平，当雷击产生的电位差大于绝缘子的湿闪耐压水平时，容易发生闪络甚至损坏绝缘子。雷电还可能由于接触网支柱接地阻抗值较大，当雷击中支柱或导线时，因接地阻抗较高，容易引起雷电反击。

22.5 污秽条件

22.5.1 环境污染情况及影响

接触网在自然环境中运行，各种工业粉尘、腐蚀气体等污染物和潮湿空气混合后会影响接触网的电气绝缘和金属表面耐腐蚀性能。尤其是处于高温、高湿、高盐或雾霾环境附近（如近海 5 km 范围）的接触网，不可避免地承受各种腐蚀介质以及空气湿度或高温环境等引发的绝缘性能降低和金属腐蚀问题，影响接触网供电的可靠性。

根据《污秽条件下使用的高压绝缘子的选择和尺寸确定》（GB/T 26218）和《电气化铁路接触网用绝缘子选用导则》（TB/T 2007）规定，将环境描述为荒漠型、沿海型、工业型、农业型、内陆型五种类型；将能导致闪络的绝缘子污秽基本类型分为 A、B 两类：

A 类：沉积在绝缘子表面上的不溶成分的固体污秽，湿润时该沉积物变成导电物；

B 类：沉积物在绝缘子上的不溶成分很少或没有不溶成分的液体电解质。

运煤线及其隧道内、内燃和电力混合牵引区段属于工业型环境类型，其他铁路基本上按照途经地域环境类型确定，接触网除了考虑环境条件外，还要同时考虑沿线化工厂等污染源的影响。

22.5.2 污秽等级划分

污秽等级的选用和划分需考虑地理环境并结合具体工作条件的特点确定。接触网相对于电网的电力线路来说，具有架设高度低、离地面近、铁路列车运行造成地面粉尘飞扬和弓网受流摩擦产生导电粉末等特点，接触网的污秽环境比电网电力线路更加恶劣。

在《污秽条件下使用的高压绝缘子的选择和尺寸确定》（GB/T 26218）中，将现场污秽度（SPS）等级定性地定义为 a、b、c、d、e 共 5 个污秽等级，表征污秽度从很轻到很重；同时，对每一污秽水平给出了某些典型的相应环境示例和大致描述。

电气化铁路在《电气化铁路接触网用绝缘子选用导则》（TB/T 2007）中规定，接触网绝缘器件污秽等级根据接触网所处环境的污湿特征和运行经验，并结合其外绝缘表面污秽物质的等值附盐密度（简称盐密）三个因素综合考虑，决定污秽等级。因此，结合我国电气化铁路接触网实际运行经验，综合考虑接触网绝缘表面污秽物质的等值附盐密度等因素，接触网运行环境污秽等级的划分见表 22.2。

表 22.2 接触网运行环境污秽等级划分标准

污秽等级	典型环境的描述
c	TB/T 2007 中表 1 示例 E1、E2 和无混合牵引和非工业污染的站场和间在污闪季节中干燥少雾（含毛毛雨或雨量较多时）
d	TB/T 2007 中表 1 示例 E4、E5 和 E6，有双机或三机混合牵引的站场和区间枢纽站
e	TB/T 2007 中表 1 示例 E7，大气特别重污染地区，海岸 1 km 以内的线路站场、货物装线和隧道内

注：接触网安装高度低，列车运行过程中易产生粉尘污染，一般 a、b 污秽等级不适用。

22.6 海 拔

海拔影响接触网系统的空气绝缘间隙、设备耐受电压、绝缘爬电距离等外绝缘性能，目前一般技术标准中关于绝缘方面的规定是按照海拔不大于 1 000 m 制定的。当海拔大于 1 000 m 时，由于空气相对密度减小，电子的自由行程增加，导致空气更容易电离，空气的电气强度下降，需要对绝缘水平进行修正，即适当增大绝缘强度，相应隧道净空、跨线建筑物净空均需加大。在海拔 1 000 ~ 4 000 m 时，海拔大约每提高 1 000 m，接触网绝缘水平提高 1%。当海拔大于 4 000 m 时，接触网绝缘水平的修正值需要根据现场试验研究确定。

22.7 地 震

接触网系统结构较为复杂、且与土建结合紧密，除了承受列车受电弓带来的冲击外，还要承受地震、冰、风等外界自然荷载。在我国"5·12"汶川特大地震中，宝成线、成都枢纽和成渝线等接触网支柱、装备遭到不同程度的损坏。接触网受地震的影响主要表现为支柱/拉线基础开裂，混凝土支柱倾斜、开裂，定位器非正常偏移，下锚补偿装置失衡等，以及相应引起的接触悬挂参数异常。

须根据接触网系统各部分的结构特点、功能特性和使用年限，分别确定抗震设防目标、抗震设防类别，并根据所处地区的抗震设防烈度、场地类别等进行抗震设计。为提高接触网系统的抗震性能，需充分采取科学合理的抗震减震措施，如：接触网支柱需选用震害影响小、便于更换恢复的钢结构法兰支柱；接触网结构的自振周期需避免与桥梁、建筑等自振周期接近；供电线路径和杆位选择尽量避开地震时易发生危险的地段等。

接触网系统的抗震设计验算可采用《中国地震动参数区划图》（GB 18306）所提供的地震动参数。地震烈度对接触网的地基处理、构造措施或其他防震减灾措施有影响，根据地震基本烈度数值查取地震动峰值加速度，并进行校验。

22.8 路基土壤类型与力学性能

22.8.1 土壤类型及影响

位于路基地段的接触网悬挂支柱、供电线支柱、拉线锚固等的基础均与路基土壤地质条件密切相关。按我国《建筑地基基础设计规范》（GB 50007）分类法，作为建筑地基的土（岩）可分为：岩石、碎石土、砂土、粉土、黏性土和人工填土等。除此之外，还有一些特殊土，如淤泥、淤泥质土、膨胀土、湿陷性黄土、红黏土等。高原铁路沿线存在冻土等多种特殊土壤类型。特别在冻土区修建电气化铁路面临两大难题：冻胀和融沉。沙漠地区风积沙地基的流动性大、孔隙率大、无黏聚力、整体强度差等，都给接触网基础设计带来技术挑战。

22.8.2 土壤力学性能

1. 基底压力

基底压力作用于基础与地基的接触面上，也称为接触压力，其反作用力称为基底反力。基底压力的分布与多种因素有关，如基础的形状、平面尺寸、刚度、埋深、基础上作用荷载的性质与大小、地基土的性质等。

2. 土的压缩性

土的压缩性系指在压力作用下体积缩小的特性。正是因为土具有压缩性，因而当基础遇到外部荷载时，必然会产生沉降。其沉降量的大小与荷载的大小、分布，土层的类型、分布、土层的厚度及其压缩性有关。土的压缩性用空隙比（e）与压力（p）的特性曲线表示，在工程应用中，则常常被描述为压缩系数（a）、压缩模量（Es）、变形模量（E0）可量化指标，根据 GB 50007 进行分析计算。

3. 土的抗剪强度

地基承载力、基础稳定性、土坡稳定性均受土的抗剪切强度影响，抗剪强度是土的重要力学性质之一。

4. 土压力

依据基础或挡土墙的受力或位移状况，土压力可分为 3 种：静止土压力、主动土压力和被动土压力。

22.9　其他外部条件

接触网所处外部条件除了上述环境条件外，还需关注接触网系统与其他系统等运行条件的接口设计和兼容性，以确保弓网系统受流稳定和结构安全可靠。

22.9.1　接触网系统需求

1. 使用寿命

在正常的运行维护修程修制条件下，我国电气化铁路接触网系统设计使用年限不小于 30 年。各零部件的耐久性使用年限与外界环境和运行工况引起的疲劳或腐蚀有关，疲劳与损伤机理与外部环境密切相关。接触线使用年限需根据磨耗确定，一般不少于 200 万弓架次（弓架次是单架受电弓通过次数），实际运行中还与系统维护维修紧密相关。吊弦的使用年限受接触线平顺性、轨道平顺性、受电弓性能和列车对数等影响较大，实际运营中，吊弦的运行状态和寿命离散性较大。

支柱和基础的使用年限按基础设施要求，一般不小于 30 年，具体还跟支柱类型和运行环境有关，实际使用年限往往大于 30 年。预埋构件可达到与土建主体工程的使用年限。

2. RAMS（可靠性、可用性、维修性和安全性）要求

接触网系统在自然环境和运行环境中需符合可靠性、安全性的要求，有足够的机械、电气强度和安全性能。

22.9.2　限界条件

接触网系统需满足在线路上开行的各类电力牵引机车车辆的限界、建筑限界和电气安全限界等要求。接触网系统设计、施工和运营中，需对各种限界条件予以明确，并进行检测确认，主要包括静态机车车辆限界、动态机车车辆限界、机车车辆的外轮廓、动态包络线、基本建筑限界等。

22.9.3　受电弓特征参数

弓网动态受流性能是电气化铁路的核心技术之一，尤其在高速铁路上运行受电弓的静态和动态特性是高速接触网动态匹配和兼容的首要因素。受电弓静态参数包括同时取流受电弓数量和间距，受电弓静态抬升力，受电弓弓头的宽度、长度和外形，工作高度范围和落弓高度，受电弓滑板的数量、间距和材料类型等。

动态参数包括受电弓的气动升力、气动阻力、动态接触力和晃动量等。

22.9.4 线路条件

为满足电气化铁路运输服务特点和运行要求，接触网系统需考虑下列线路条件：线路上使用的机车车辆的功率最大速度；设计运行速度目标值和试验速度的余量能力；站线、联络线、走行线等的运行速度；线路的平面和纵断面，包括道岔和联络线等；道岔的类型；车站、路基、桥梁、隧道的横断面，以及过渡段的结构特征；声屏障、高架站房、雨棚、综合管线等分布及结构；运行控制信号模式等。

22.9.5 隧道内环境条件

电气化铁路隧道内接触网通过预留槽道或后置锚栓结构固定吊柱和底座类零件等，结构设计需考虑驶过列车引起的气动力的影响。根据我国高速铁路隧道气动力影响试验数据和运营经验，行车速度达到 140 km/h 及以上的隧道中，列车通过时产生的气动力影响不可忽略，隧道内接触网结构需考虑气动力影响。一般在时速 250 km 的双线隧道内，结构设计风速按不小于 41 m/s 考虑；在时速 350 km 的双线隧道内，结构设计风速按不小于 49 m/s 考虑。由于隧道内风形成湍流，结构设计风速的影响在隧道内按最不利的方向考虑。

长大隧道内或近海、长大江河附近的特殊山体隧道内，接触网的导线、零部件、支持结构等容易受到温度、湿度、腐蚀性气体、来自钢轨打磨或隧道衬砌等粉尘、虫害因素的影响，需要加强防腐措施，设备选用足够的防护 IP 等级。

23 接触网悬挂类型

我国电气化铁路接触网按其结构型式分为架空柔性接触网和架空刚性接触网两大类。其中架空柔性接触网是我国电气化铁路通常采用的悬挂类型,包括简单悬挂、简单链形悬挂和弹性链形悬挂3种。另外还有复链形悬挂方式,弹性均匀度好,但结构复杂,维修不便,除日本外我国及世界其他国家一般未采用。

我国在速度250 km/h及以上线路上,电气化铁路接触网优先采用弹性均匀度好、双弓受流动力学性能好的弹性链形悬挂。客货共线铁路、速度250 km/h以下的城际铁路和客运专线一般采用简单链形悬挂。在行车速度不超过80 km/h区段的隧道内或低净空跨线建筑物处、部分检修车场或机务、车辆检修车间内局部采用简单悬挂。

刚性悬挂在我国电气化铁路中采用较少,一般在净空受限的少量普速铁路隧道内使用。近年来,随着地铁开始采用交流牵引供电制式,部分地铁接触网采用交流制式的刚性悬挂。

23.1 简单悬挂

23.1.1 概述

简单悬挂是将接触线直接固定在支持装置上的悬挂型式,为了提高接触线的平顺度,在悬挂点增设了弹性吊索。简单悬挂如图23.1所示。

简单悬挂结构简单、安装方便、维护工作量小,造价低。但接触线不平顺,弹性均匀度差,弓网接触力波动大,导线局部磨耗严重,载流量小,因此适用速度较低。

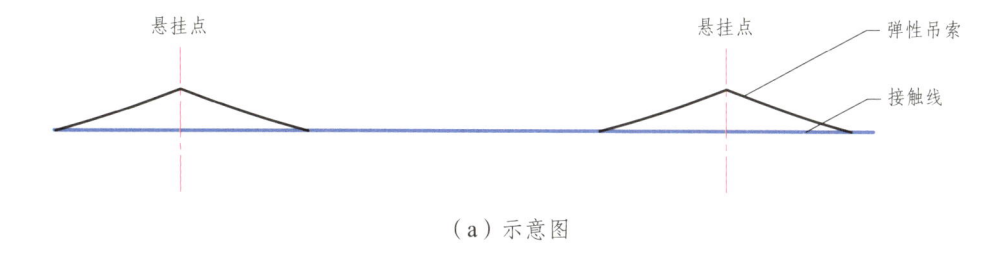

(a)示意图

（b）实景照片

图 23.1　简单悬挂

23.1.2　应用情况

简单悬挂主要应用于速度不大于 80 km/h 的局部低净空隧道和特殊低净空跨线建筑物处、部分检修车场或机务、车辆检修车间内以及部分厂区铁路、专用线等铁路，一般不在干线铁路上使用。

23.2　简单链形悬挂

23.2.1　概　述

为了克服简单悬挂接触线不平顺、弹性均匀度较差的不足，在接触线上方再增设一根承力索，将接触线通过吊弦或弹性吊索悬吊在承力索上，就形成了链形悬挂。我国电气化铁路接触网一般采用链形悬挂。其中，支柱悬挂点未设弹性吊索的为简单链形悬挂，设置了弹性吊索的为弹性链形悬挂。这两种悬挂类型具有结构简单、弹性均匀度好、载流量大、适应速度高、经济技术性好的特点。简单链形悬挂如图 23.2 所示。

简单链形悬挂弹性均匀度好，结构简单稳固，抵抗风、雪等环境因素影响较好，速度适应性强，在国内具有丰富的施工、运营经验，且无弹性吊索，施工和运营维护相对比较方便，普速铁路和高速铁路均可选用。

（a）示意图

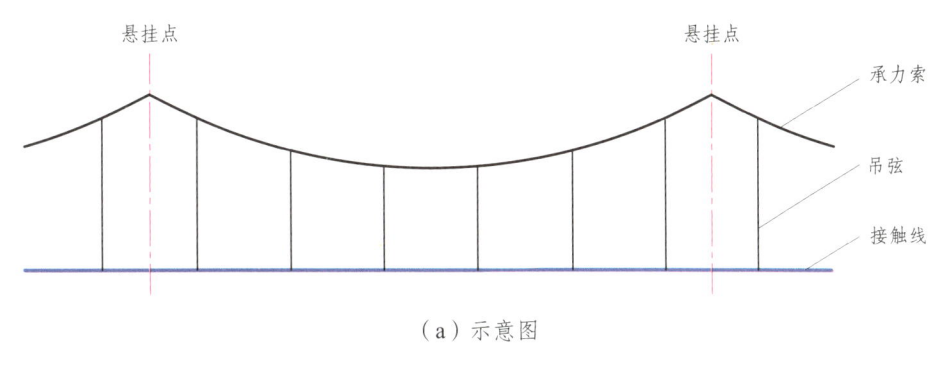

（b）实景照片

图 23.2　简单链形悬挂

23.2.2　应用情况

普速铁路、重载铁路及速度 250 km/h 以下的城际铁路和客运专线一般采用简单链形悬挂。对于导高较高或环境风速较大的速度 250 km/h 及以上高速铁路也可采用简单链形悬挂，此时需适当提高接触线张力。

23.3　弹性链形悬挂

23.3.1　概　述

弹性链形悬挂由于在支柱悬挂点增设了弹性吊索，相比简单链形悬挂弹性均匀度更好，更适应长编组列车双弓运行条件。弹性链形悬挂如图 23.3 所示。

（a）示意图

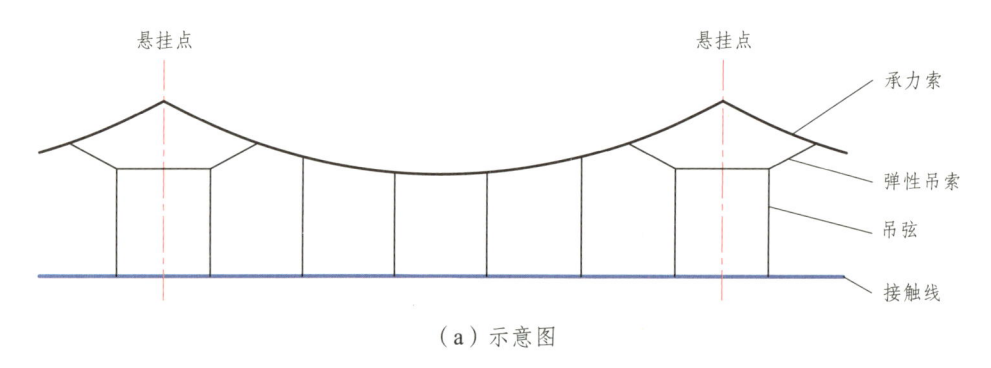

（b）实景照片

图 23.3　弹性链形悬挂

弹性链形悬挂弹性均匀度最好，速度适应性强，尤其适宜双弓运行，前弓受流质量与简单链形悬挂相当，后弓优于简单链形悬挂，国内施工和运营维护经验丰富。

23.3.2　应用情况

250 km/h 及以上高速铁路一般采用弹性链形悬挂。弹性链形悬挂也可适用于速度 250 km/h 以下铁路，但由于结构、施工和运营维护相对复杂，因此一般不推荐。

23.4　刚性悬挂

23.4.1　概　述

刚性悬挂采用刚性汇流排夹装接触线作为接触网，供受电弓滑动取流。刚性悬挂由汇流排通过中间接头连接组成，刚性悬挂与柔性悬挂之间存在刚柔过渡。相对于链形悬挂接触网，刚性悬挂接触网只有一根接触线，且接触线和汇流排不设张力。刚性悬挂具有占用空间小、载流截面大、结构稳定、主体结构维护工作量小的特点。但其跨距仅 8～10 m，是柔性接触网的 1/6 左右，因而悬挂点和零部件多，接触网工程投资较大，我国尚需进一步积累运营维护管理经验。同时，接触线和汇流排均为刚性固定，且与受电弓运行追随性差，还存在中间接头和刚柔过渡，弓网受流质量相对柔性悬挂差。刚性悬挂如图 23.4 所示

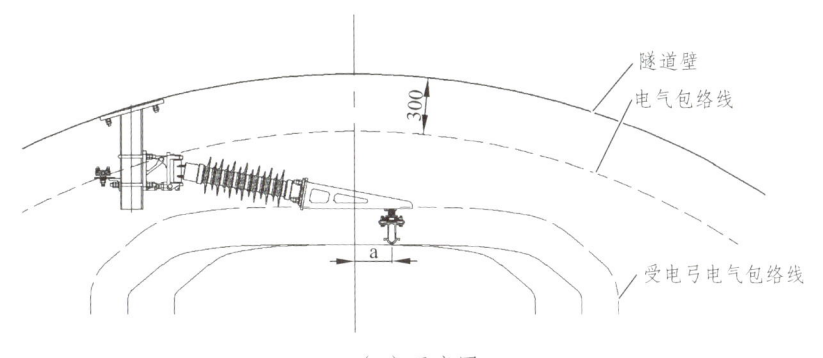

（a）示意图

（b）实景照片一

（c）实景照片二

图 23.4　刚性悬挂

23.4.2　应用情况

目前我国刚性悬挂主要在 160 km/h 及以下速度等级铁路隧道和个别低净空跨线建筑物等处少量应用。

24 导线与张力

接触网导线主要包括接触线、承力索、吊弦、弹性吊索、附加导线等。接触线是接触网中最重要的导线，是直接与列车受电弓接触实现供电取流的关键装备，承力索通过吊弦悬挂接触线，实现接触线受流面平顺并兼顾载流。导线选型时，一般需要综合考虑抗拉强度、导电性能、耐热性、耐磨性、耐疲劳等因素。

24.1 接触线

接触线是电气化铁路架空接触网中与列车受电弓滑板相接触并传输电流的带槽导线，如图 24.1 所示。接触线需具有良好的导电性能，足够的机械强度、耐磨性和耐高温软化等性能。接触线是所有供电类导线中工作环境最恶劣的线索，正常工作时需要承受振动、冲击、磨耗、温差变化、环境腐蚀和电火花烧蚀等。因此，接触线的性能和工作状态直接影响到列车的弓网受流质量，影响到牵引供电系统的供电可靠性和铁路运输秩序。

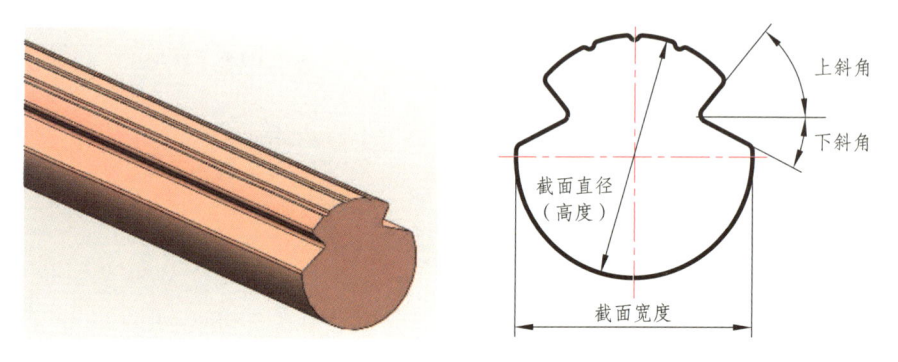

图 24.1 铜合金接触线外形及截面

24.1.1 接触线材质

我国接触线先后采用了纯铜线、钢铝复合线、铜银合金线、铜锡合金线、铜镁合金线、铜铬锆合金线等导线。纯铜线机械强度低、耐磨性差；钢铝复合线耐腐蚀性差、硬度大、弓网受流质量差。这两种接触线只在早期电气化铁路中使用过，目前已不再采用。目前接触线主要采用铜银合金线、铜锡合金线、铜镁合金线。铜银合金线导电性最好，但机械强度稍低，适用于重载铁路和普速铁路；铜锡合金线、铜镁合金线机械强度高、耐磨性好，主要适用于高速铁路，也能用于普速铁路，具体根据铁路速度和运量及铁路沿线环境综合选用。铜铬锆合金线是我国结合京沪高速铁路研制成功的具有世界领先水平的新型高强高导接触线，具有更加优良的导电性和机械强度，能适应更高速度的弓网受流和更高的运营安全系数，适宜在更高速度的高速铁路和高原等运行环境恶劣的铁路中使用。

24.1.2 接触线选型

接触线型号按铜及其合金元素类别、抗拉强度等级及标称截面积分类，接触线型号和技术要求见《电气化铁路用铜及铜合金接触线》（TB/T 2809）。具体型号选择时需考虑载流量、额定张力值、安全系数、施工难易程度、造价等因素。接触线截面由牵引供电计算确定，额定工作张力根据线路的行车速度等条件确定，按相应规范校核导线机械强度。

24.1.3 常用型号及张力

根据不同的速度等级，常用的接触线型号及张力配置如表 24.1 所示。

表 24.1 常用接触线型号及张力配置

速度/等级 型号/张力	160 km/h 及以下	200 km/h	200～250 km/h	300～350 km/h	重载铁路
正线接触线	CTA120、CTS120	CTA120、CTS120、CTA150、CTAH150、CTM120、CTMH120、CTM150、CTS150	CTAM150、CTSM150、CTM150、CTA150、CTMH150、CTCZ150	CTSH150、CTMM150、CTMH150、CTMM150、CTCZM150、CTCZH150	CTA150、CTSM150
正线接触线张力 /kN	15	15、20	25	28.5、30	15
站线接触线	CTA85、CT85、CT120、CTSM 120	CTA85、CT85、CT120、CTSM 120	CTS120、CT120、CTA120、CTSM 120	CTS120、CT120、CTA120、CTSM120	CTSM120、CTA120
站线接触线张力 /kN	10	10	15	15	15

24.2 承力索

承力索是简单链形悬挂和弹性链形悬挂中悬吊接触线的绞线，如图 24.2 所示，主要作用是通过吊弦将接触线悬挂平顺，并兼顾承载电流。承力索需具有良好的导电性、足够的机械强度和耐高温软化性能。

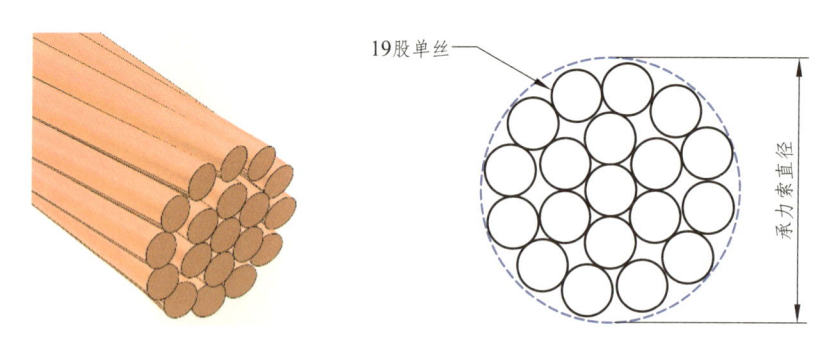

图 24.2　铜合金绞线外形及截面

24.2.1　承力索材质

我国承力索先后采用了镀锌钢绞线、铝包钢绞线、铜绞线、铜镁合金绞线、铜铬锆合金绞线。镀锌钢绞线、铝包钢绞线耐腐蚀性差，与铜质接触线线胀系数差异大造成接触网运行位移大，铜绞线机械强度和耐高温软化性能较差，只在早期电气化铁路中使用过。目前承力索一般采用铜镁合金绞线。

24.2.2　承力索选型

承力索型号及张力按铜及其合金元素类别、抗拉强度等级及标称截面积分类，承力索型号和技术要求见《电气化铁路用铜及铜合金绞线》（TB/T 3111）。承力索截面由牵引供电计算确定，额定工作张力根据线路的行车速度等条件确定，按相应规范校核导线机械强度。根据不同的速度等级，常用的承力索型号及张力配置如表 24.2 所示。

表 24.2　常用承力索型号及张力配置

速度/等级 型号/张力	160 km/h 及以下	200 km/h	200～250 km/h	300～350 km/h	重载铁路
正线承力索	JTMH95	JTMM95	JTMM120	JTMM120、JTMH120	JTMM150
正线承力索张力 /kN	15	15	20	21、23	15
站线承力索	JTMH95 JTMH70	JTMH95 JTMH70	JTMM95	JTMM95	JTMM95
站线承力索张力 /kN	15	15	15	15	15

24.3　吊　弦

在简单链形悬挂和弹性链形悬挂中，接触悬挂有接触线、承力索两根主体导线，其安装位置承力索在上、接触线在下，接触线通过间隔布置的吊弦悬吊在承力索上，结合支柱处腕臂支持装置对承力索、接触线进行固定和定位，以保证接触网的结构高度和接触线距轨面的工作高度及平顺度，提高列车受电弓的受流质量。

24.3.1 吊弦材质

吊弦有整体吊弦和环节吊弦两种类型。整体吊弦的吊弦线一般选用镁铜合金绞线，环节吊弦多采用 $\phi4.0$ 铁线制作，目前环节吊弦已不再使用。

24.3.2 吊弦选型

我国早期电气化铁路采用环节吊弦，由于环节吊弦安装精度低、运营稳定性差且不具备载流能力，现逐渐被淘汰，既有普速电气化铁路在用的环节吊弦，将在今后大修中逐步改造为整体吊弦。

整体吊弦由承力索吊弦线夹、吊弦线、接触线吊弦线夹和等电位连接构成，安装精度高、具有一定的载流能力。整体吊弦又分为可调和不可调两类，目前普速铁路一般采用可调结构，高速铁路一般采用不可调结构。整体吊弦的吊弦线一般采用铜镁合金绞线，刚性整体吊弦的本体一般选用磷青铜棒。常用的吊弦外形如图 24.3 所示。

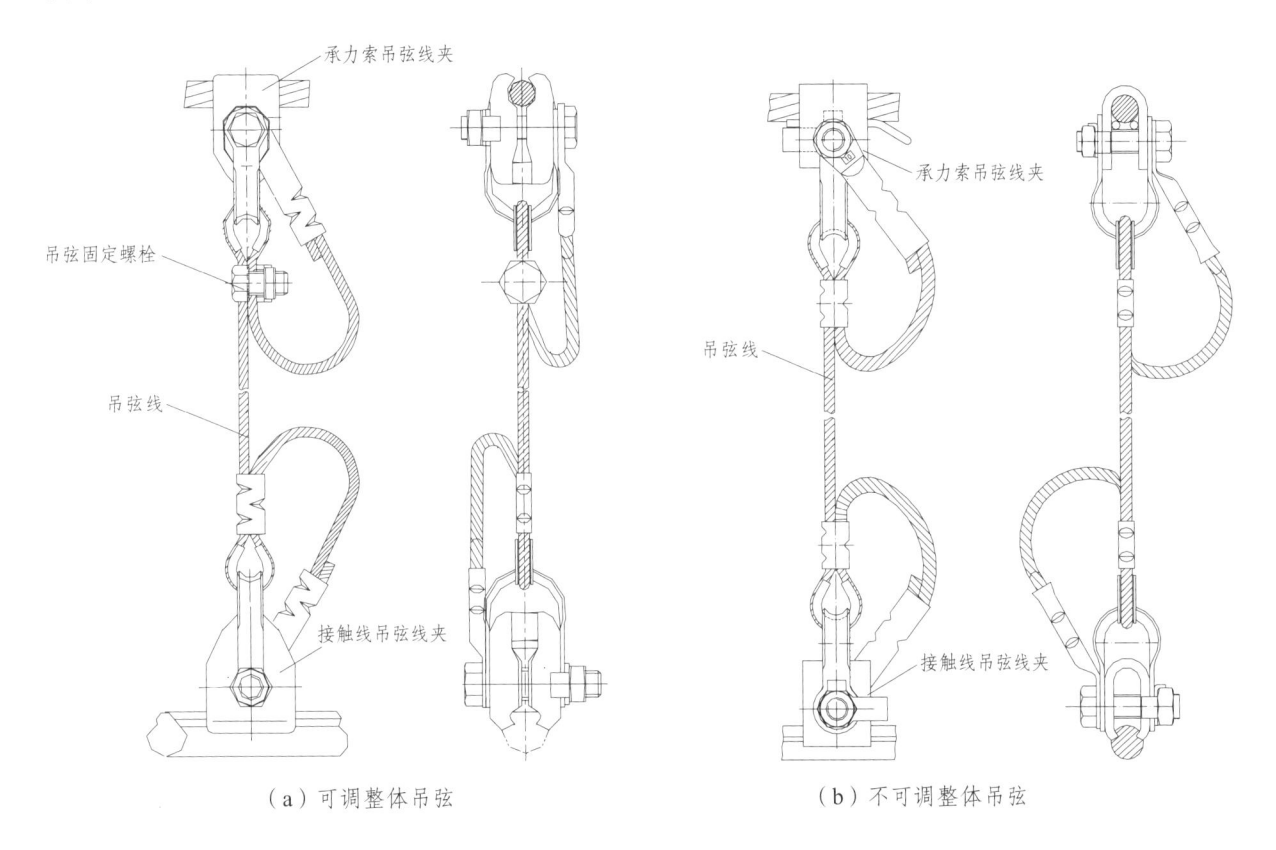

（a）可调整体吊弦　　　　　（b）不可调整体吊弦

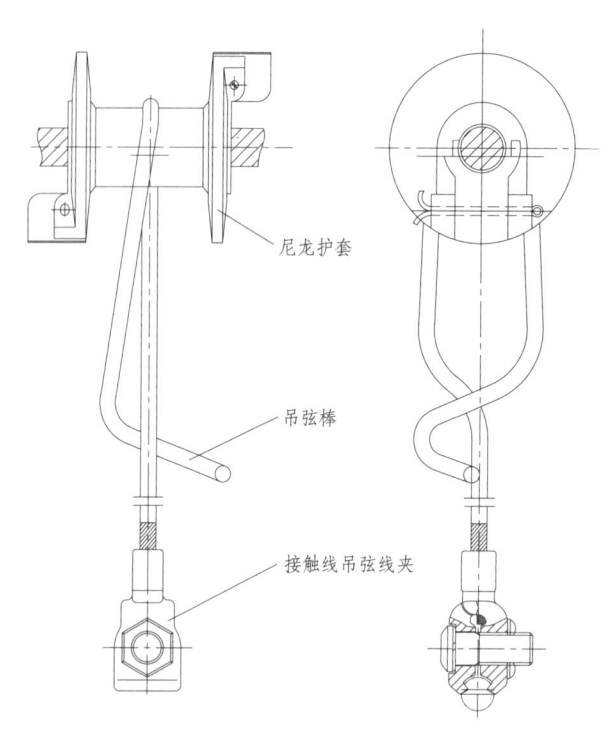

（c）刚性整体吊弦

图 24.3　整体吊弦安装图

24.4　弹性吊索

　　弹性链形悬挂中，为改善支柱腕臂定位处的弹性、降低接触网的弹性不均匀度，在腕臂装置定位处承力索和接触线间设置了弹性吊索，使支持定位处和两定位点之间的接触网的弹性差异变小，从而提高弓网受流质量。弹性吊索安装在弹性链形悬挂的定位点处，一般采用Π形结构。弹性吊索外形如图 21.4 所示。

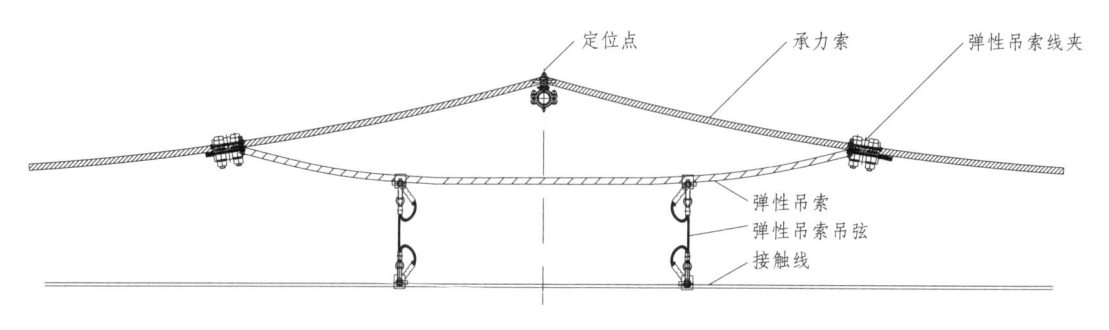

图 24.4　弹性吊索示意图

　　弹性吊索一般采用铜镁合金绞线，弹性吊索的选型及张力根据接触悬挂张力体系匹配确定，需满足高速铁路弓网受流性能的仿真和运行要求。

24.5　附加导线

24.5.1　附加导线种类

附加导线指牵引网除接触悬挂（主要是接触线、承力索）以外的其他各种导线，包括沿接触网架设的直接供电方式的回流线、AT 供电方式的正馈线和保护线、架空地线、避雷线，以及牵引变电所、分区所、AT 所、开闭所连接到接触网的供电线、中性线和电缆等。

24.5.2　附加导线材质及选型

架空附加导线一般采用铝绞线、钢芯铝绞线或铝包钢芯铝绞线，当地形地貌受限时可采用电缆。附加导线选型时需考虑载流量、机械强度、防腐性能等因素，合理确定材质和截面。常用绞线型号和技术要求见《圆线同心绞架空导线》（GB/T 1179）。

交流 27.5 kV 电气化铁路专用电缆及附件材质及选型执行《电气化铁路 27.5 kV 单相交流交联聚乙烯绝缘电缆及附件》（GB/T 28427），并需综合考虑电缆导体各种工况下的最高温度、机械荷载、电场强度等因素选择导体截面。

根据《铁路电力牵引供电设计规范》（TB 10009），结合《圆线同心绞架空导线》（GB/T 1179）中给定的不同截面导线的拉断力，计算确定架空线的最大工作张力。

25 接触网主要技术参数

接触网主要技术参数是接触网的基本技术指标，包括接触网支柱定位及，平面布置的侧面限界、跨距、锚段关节长度，以及接触网支持结构安装的接触线高度、结构高度、拉出值等。接触网主要技术参数是接触网建设和运营管理的依据。

25.1 接触线高度

接触线底面至轨顶连线的垂直距离为接触线高度，简称导高。导高的确定需考虑列车车辆装载高度、空气绝缘距离、冰雪附加荷载、工务维修、施工误差以及受电弓的工作范围等，如图 25.1 所示。

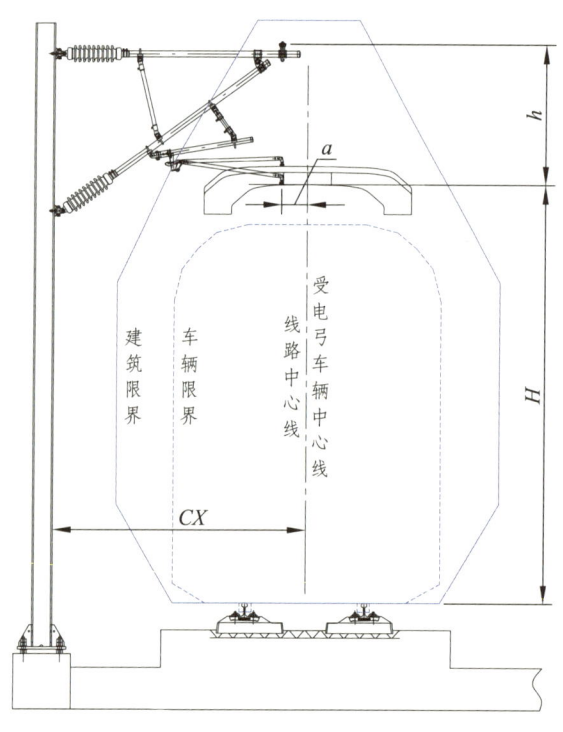

H—接触线高度；h—结构高度；CX—侧面限界。

图 25.1　接触网腕臂柱安装示意图

客货共线普速铁路站场、区间接触网支柱悬挂处接触线距轨面的高度一般为 6 000 mm，最低高度不小于 5 700 mm；编组站、区段站等配有调车组的线、站，正常情况一般为 6 450 mm，困难时不小于 6 200 mm；双层集装箱运输线路不小于 6 330 mm；仅开行动车组客运专线一般为 5 300 mm，困难时不小于 5 150 mm。

25.2 结构高度

结构高度是指链形悬挂支柱定位点处，承力索与接触线之间的垂直距离。结构高度的确定需兼顾接触网的动态特性、工程造价和可维护性。

按照铜合金绞线整体吊弦的结构特点和疲劳寿命试验，考虑工程造价及施工维护方便，实际工程中一般普速铁路采用 1.4 m、高速铁路采用 1.6 m 的结构高度。困难条件下，速度为 300 km/h、350 km/h 时，最短吊弦长度不小于 600 mm；速度为 250 km/h 时，最短吊弦长度不小于 500 mm；速度为 200 km/h、160 km/h 时，最短吊弦长度不小于 400 mm；速度为 120 km/h 及以下时，最短吊弦长度不小于 300 mm，特殊困难条件下，可按不小于 150 mm 考虑。

25.3 拉出值

接触线安装在铁路轨道上方，并不是在轨面连线中心上方呈直线布置，而是为使接触线与受电弓滑板磨耗均匀，并增加接触悬挂的风稳定性，在直线区段接触线需按"之"字形布置，在曲线区段，接触线被布置成折线。支柱悬挂定位点处，接触线偏离受电弓滑板中心（直线区段即轨面连线中心）的距离在直线上称之为"之"字值，在曲线上称为拉出值，统称为拉出值。在我国标准中，直线区段拉出值一般为 200 ~ 300 mm，曲线区段拉出值一般不大于 400 mm。接触线拉出值见图 25.2。

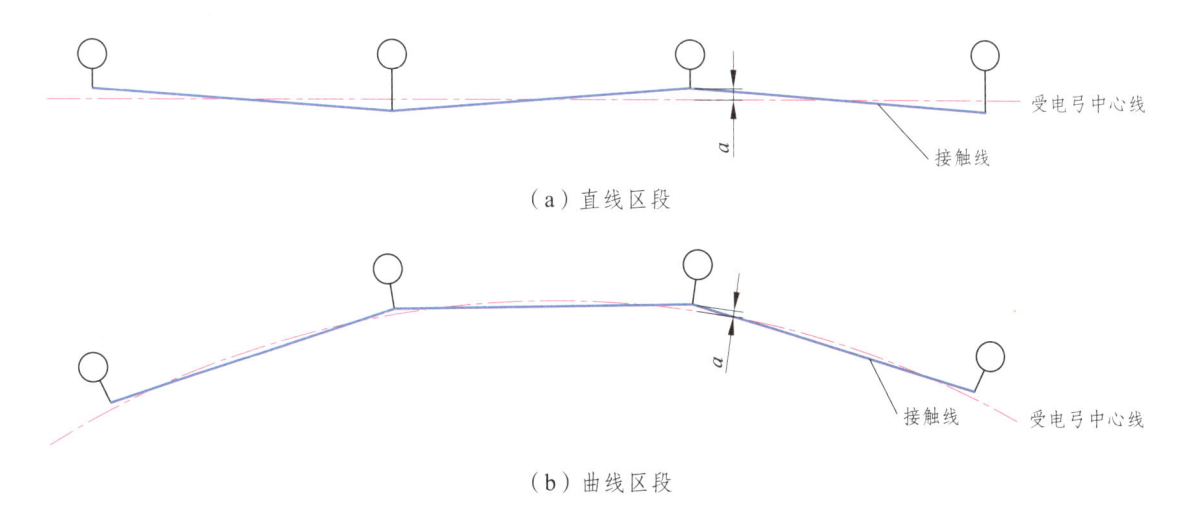

（a）直线区段

（b）曲线区段

图 25.2 接触线拉出值平面示意图

25.4　侧面限界

接触网支柱及相关结构属于轨旁设施，需满足侧面限界要求。当支柱在跨距确定的情况下，通过确定侧面限界，实际上就是确定了支柱的绝对坐标。

直线区段，接触网支柱内缘至邻近线路中心线在轨面高度处的距离，通过超限货物列车的正线或站线必须大于 2 440 mm，不通行超限货物列车的站线须大于 2 150 mm。曲线区段，上述距离按《标准轨距铁路限界》（GB 146）的规定加宽。采用大型机械化养护的路基地段，接触网支柱侧面限界满足大型机械作业的需要，不小于 3 100 mm。牵出线处支柱侧面限界一般不小于 3 500 mm，困难情况下不小于 3 100 mm。

接触网支柱的实际侧面限界应在上述规定的基础上，根据路基宽度及边坡角度、地质条件和排水沟、电缆沟分布等因素综合确定。桥梁上的接触网支柱主要根据桥梁结构等相关因素确定，通常根据桥梁类型采用标准布置。车站接触网支柱除考虑基本限界要求外，还要注重车站美观，尽量不在站台上设立支柱。确有困难需在站台上设立支柱时，应充分利用雨棚、站房结构等统筹设计。同一车站站台范围内的支柱类型或悬挂支持结构宜统一，且站台上支柱的内缘距站台边缘保证不小于 1 500 mm 的轻型车通道。

25.5　跨　距

跨距是指接触网悬挂两相邻支柱（定位点）间的水平距离，是接触网平面布置的基本长度单元。

接触网支柱跨距需根据设计速度、悬挂类型、曲线半径、导线最大受风偏移值、支柱和结构容量以及运营条件等因素综合确定。一般情况下最大允许跨距值，不大于 65 m。山口、谷口、高路堤和桥梁等风口范围内的跨距按设计标准选用值缩小 5～10 m。相邻两跨距之比，不大于 1.5∶1；桥梁、隧道口、站场咽喉等困难地段，一般不大于 2.0∶1。

25.6　锚段关节及锚段长度

接触网沿铁路线架设是按一个一个独立机械分段衔接起来的，每个机械分段称为一个锚段。每个锚段两端设置张力补偿装置，确保接触网接触线、承力索工作张力恒定，从而保持接触线平顺和接触悬挂结构稳定，并在锚段中部通过中心锚结与支柱等固定结构连接固定，防止接触线、承力索窜动，并在接触网断线时防止事故范围扩大。

当列车运行受电弓从一个锚段过渡到另一个锚段时，两相邻锚段衔接部分的弓网受流性能至关重要，为确保列车受电弓在两相邻锚段处平顺通过以及良好的弓网受流质量，两锚段在衔接处适当重叠布置，并对两侧锚段的接触线高度和水平间距进行过渡设置，使列车受电弓在两相邻锚段衔接区域由一个锚段平滑地过渡到另一个锚段，这相邻两个锚段的衔接重叠部分称为锚段关节。锚段关节分为非绝缘锚段关节和绝缘锚段关节，非绝缘锚段关节仅起机械分段作用，绝缘锚段关节既有机械分段作用，也有电气分段作用。在非绝缘锚段关节中，两组悬挂彼此间通过电连接直接从电气上连通，空气间隙较小；在绝缘锚段关节中，两组悬挂彼此间通过隔离开关实现电气上连通或断开，空气绝缘间隙需满足接触网电压的绝缘要求。

根据锚段关节所包含的跨距数，一般可分为三跨、四跨和五跨锚段关节，平面布置示意图见图25.3。我国电气化铁路接触网一般采用四跨或五跨锚段关节，线路速度较低或设置锚段关节困难地段也少量采用三跨锚段关节，高速铁路接触网普遍采用五跨锚段关节。

图 25.3 锚段关节平面布置示意图

锚段是接触网平面布置的基本机电单元，其长度取决于接触网的实际工作环境（最高温度、最低温度、最大风速和线路状况等），以及接触悬挂线索允许的张力偏差、锚段关节内悬挂间的绝缘间隙允许偏差、下锚型式及补偿装置的有效工作范围等。合理计算和选择锚段长度是接触网平面布置的主要内容之一。在计算温度下，接触线和承力索从中心锚结到补偿装置处的张力增量值即张力差，不得超过导线额定工作张力的10%。

26 接触网支柱与基础

26.1 支　柱

支柱是接触网中主要的支持结构,用于承载接触悬挂及其支持装置荷载。接触网支柱按照制造材料可分为钢柱和预应力混凝土柱。钢柱从采用的型材上可分为格构式钢柱、钢管柱、H型钢柱和其他特殊型式的钢柱。混凝土柱有横腹杆式预应力混凝土支柱和环形等径预应力混凝土支柱。支柱按照使用功能又可分为腕臂柱、软横跨柱和硬横跨柱。

我国早期电气化铁路接触网腕臂柱、跨越股道较少的软横跨柱支柱一般采用横腹杆式预应力混凝土支柱;大容量软横跨支柱、硬横跨支柱及桥支柱一般采用格构式钢柱。大秦铁路、广深准高速铁路开始采用环形等径预应力混凝土支柱,250 km/h以下的客运专线和城际铁路也多采用环形等径预应力混凝土支柱;250 km/h及以上高速铁路主要采用H形钢柱,硬横跨支柱一般采用等径钢管柱。

26.1.1 横腹杆式预应力混凝土支柱

横腹杆式预应力混凝土支柱为工字形截面,其在主要负载方向(垂直铁路方向)尺寸大于另外一个方向。柱内钢筋布置合理,节约钢材,同时在安装和维修时攀登也比较方便。其缺点是生产制造麻烦,运输过程容易损坏。横腹杆式预应力混凝土支柱主要用于普速铁路,见图26.1。

图 26.1　横腹杆式预应力混凝土支柱实景照片

26.1.2 格构式钢柱

格构式钢柱是由角钢焊接而成的立体桁架结构式支柱,一般采用热浸镀锌防腐,具有重量轻、容量大、运输及安装方便等优点。但其加工焊接工艺相对复杂,耐腐蚀性相对较差。格构式钢柱主要用于普速铁路的站场软横跨柱、硬横跨柱及桥支柱、供电线支柱。图 26.2 为格构式桥钢柱实景照片。

图 26.2 格构式桥钢柱实景照片

26.1.3 环形等径预应力混凝土支柱

环形等径预应力混凝土支柱在专用离心机装置上生产,与横腹杆式支柱相比,它的生产周期较短,运输方便,损耗率低,制造长度较灵活,同时具有风载体形系数较小的特点。但该类支柱因钢筋沿周边布置,受力无方向性,钢材消耗稍多,攀登不方便。我国在第一条重载铁路——大秦线首次采用了直径 400 mm 环形等径预应力混凝土支柱。目前,250 km/h 以下的客运专线采用直径 350 mm 的环形等径预应力混凝土支柱,见图 26.3。

图 26.3　环形等径预应力混凝土支柱实景照片

26.1.4　H 形钢柱

H 形钢柱利用轧制的 H 形钢与钢法兰焊接而成，具有结构简单、截面小、强度高、整齐美观、制造和运输便捷、施工及运营维护方便等优点。目前，250 km/h 及以上高速铁路接触网腕臂柱一般采用 H 形钢柱。其他铁路站场线间距受限处也可采用 H 形钢柱，见图 26.4。

图 26.4　H 形钢柱实景照片

26.1.5 环形等径钢管柱

环形等径钢管柱一般由无缝钢管进行焊接，或利用卷管机将钢板卷成钢管，然后进行焊接而成。环形等径钢管柱具有受力无方向性、风载体形系数小等优点，但相对 H 形钢柱来说，其断面尺寸大，且接触网装置需要抱箍安装，环形等径钢管柱一般用于硬横跨支柱或铁路强风区段，见图 26.5。与车站站房、雨棚圆形结构柱相协调的接触网线间支柱也可采用环形等径钢管柱。

（a）硬横跨支柱

（b）腕臂柱

图 26.5 环形等径钢管柱实景照片

26.2 软横跨与硬横跨

26.2.1 软横跨

站场中多股道接触网通过横向线索悬挂在两侧支柱上的装配方式称为软横跨。软横跨由站场线路两侧支柱和悬挂在支柱上的横承力索、上部定位绳、下部定位绳及其支持连接零件组成。

横承力索是软横跨的主要横向受力件，承受各股道纵向接触悬挂的全部垂直荷载。在横承力索下方布置有上、下部定位绳，用以在水平方向固定线索。横承力索与上部定位绳之间、上部定位绳与下部定位绳之间均用吊线连接。上部定位绳的作用是固定各股道的纵向承力索，并将纵向承力索的水平负载传递给支柱。下部定位绳的作用是固定定位器，对接触线进行定位，并将接触线的水平负载传递给支柱。横承力索和上、下部定位绳一般选用镀铝锌钢绞线。

由于软横跨的安装种类较多，结构比较复杂，所用的零部件也多，为了设计和施工方便，把软横跨各种装配经过归纳综合，制定了 15 种节点类型，其结构见图 26.6。

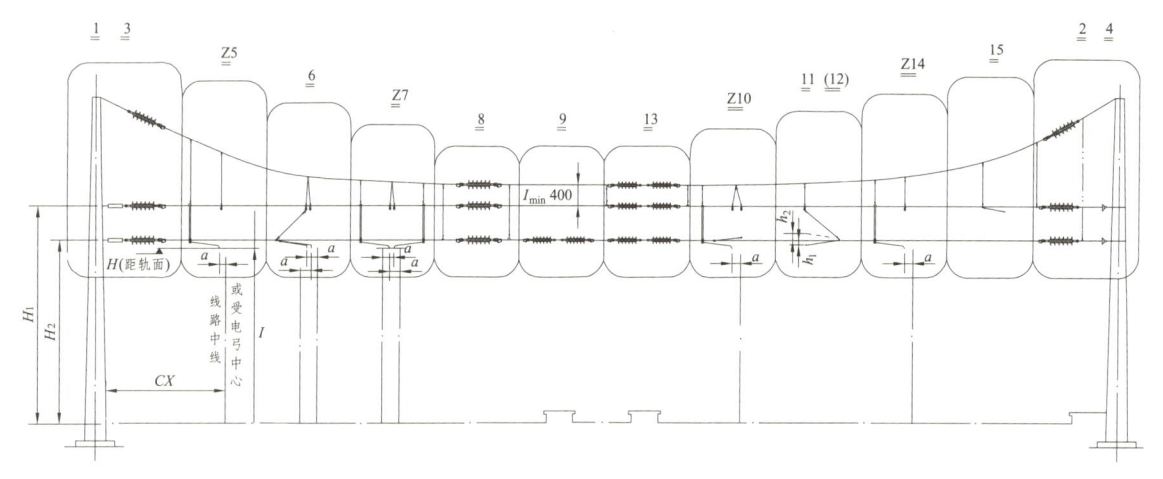

（a）安装示意图

（b）实景照片

图 26.6 软横跨安装示意图及实景照片

26.2.2 硬横跨

硬横跨由线路两侧的支柱及其上部的横梁组成的门式结构，它比软横跨结构稳定，抗风和抗冲击能力强。硬横跨一般用于高速铁路站场或区间多股道并行区段等场所，大风区域速度大于 160 km/h 的普速铁路站场根据需要也可采用硬横跨。

高速铁路采用钢管硬横跨结构，支柱为直径 350 mm 的圆钢管柱，横梁采用三角形桁架梁。普速铁路硬横跨有两种型式：一种是支柱为环形等径预应力混凝土支柱；另一种是支柱为格构式钢柱，横梁均为矩形角钢桁架梁。硬横跨分中间吊柱式和定位索式两种，前者各股道在机械上相互独立，导线高度、拉出值等变化小，适合于高速铁路；后者结构轻便，各股道在机械上相互牵连，导线高度、拉出值等变化较大，适合于速度相对较低的铁路。接触网硬横跨见图 26.7。

（a）环形等径预应力混凝土柱硬横跨

（b）格构式钢柱硬横跨

（c）钢管柱硬横跨

（d）定位索式钢管柱硬横跨

（e）桥上接触网硬横跨

图 26.7　硬横跨实景照片

26.3　吊　柱

接触网吊柱用于隧道内、硬横梁处、站房下支持腕臂系统及附加导线的安装，吊柱实质上相当于单腕臂柱上部分的功能。根据其截面型式可分为矩形钢管吊柱和圆钢管吊柱，根据其用途可分为腕臂吊柱和附加导线吊柱。

隧道内腕臂吊柱、附加导线吊柱一般通过预埋槽道进行固定，硬横梁和站房下吊柱分别通过与硬横梁、站房结构连接固定。接触网吊柱安装见图 26.8。

（a）隧道内吊柱安装 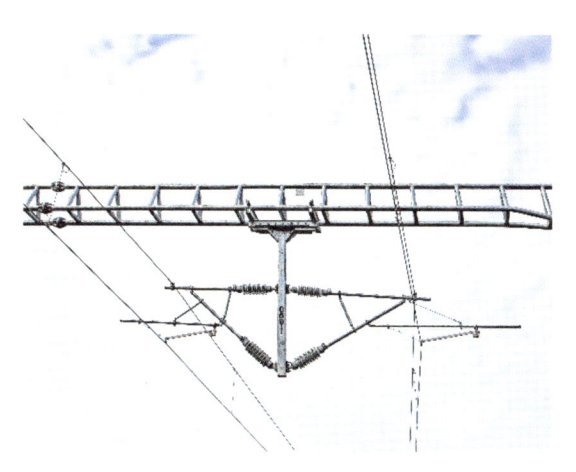　　　　　（b）硬横梁吊柱安装

（c）站房下吊柱安装

图 26.8　吊柱安装实景照片

26.4　支柱基础

接触网支柱通过与其连接的基础固定，基础承受支柱的全部荷载。小容量的横腹杆式预应力混凝土支柱

的基础与支柱制造为一个整体，可将基础看成支柱的一部分，施工时将支柱的下端部分作为基础埋入地下即可。路基、桥梁上的其他类型支柱需要设置独立的基础，支柱通过与基础连接安装，将支柱固定在基础上。

26.4.1 普通地质路基区段支柱基础

横腹杆式预应力混凝土支柱多为直埋式基础，大容量的软横跨柱及格构式钢柱、钢管柱、H 形钢柱、环形等径预应力混凝土柱、下锚拉线单独设置基础，基础一般现场混凝土浇制或由土建工程统一预留。

26.4.1.1 直埋式基础

小容量的横腹杆式预应力混凝土支柱采用直埋式基础，支柱埋入路基中的部分就作为支柱的基础，一般的支柱基础底部装设法兰底板，如果基础自身倾覆稳定不能满足安全要求，则需采用增设横卧板、浆砌片石加固等的方法来增加其稳定性，使之满足安全要求，见图 26.9。

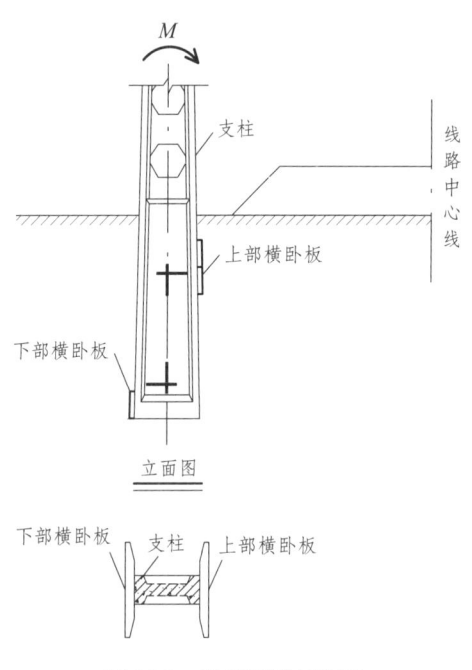

图 26.9　直埋基础示意图

基础承受由支柱传来的荷载，基础的尺寸及横卧板、底板规格和数量通过计算确定。

26.4.1.2 现浇混凝土基础

接触网环形等径预应力混凝土支柱和容量大的横腹杆式预应力混凝土支柱，一般采用现浇混凝土杯形基础。现场浇制混凝土基础时预留用于安装支柱的杯口，再将支柱插入杯口中，支柱与杯口基础采用细石混凝土或水泥砂浆浇制连接，见图 26.10。接触网钢柱如软横跨钢柱、硬横跨钢柱、路基 H 形钢柱、钢管柱、带法兰盘的环形等径混凝土支柱等基础普遍采用现浇混凝土法兰盘基础，支柱与基础通过法兰盘连接，见图 26.11。在沙漠的粉沙、细沙地基区段，由于基坑开挖时成形难，一般采用浅埋扩大基础，见图 26.12。根据支柱荷载及路基地质条件，基础采用阶梯形。

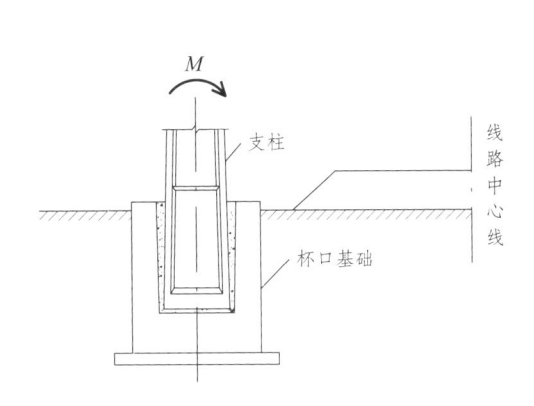

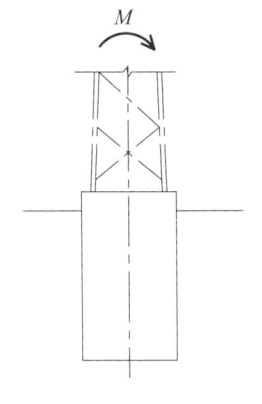

图 26.10 混凝土支柱杯型基础示意图

图 26.11 现浇混凝土基础示意图

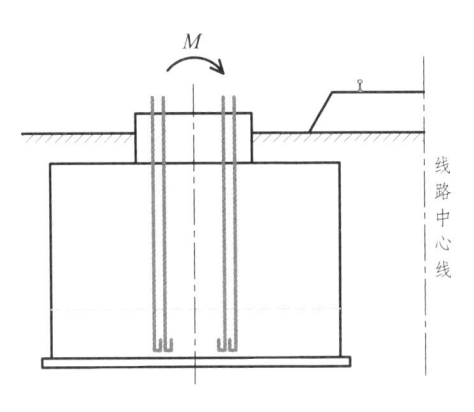

图 26.12 浅埋基础示意图

路堤地段的基础，在支柱抗倾覆不足时，需在其田野侧需进行培土或浆砌片石加固，见图 26.13，基础回填或培土，一般采用土质较好的非冻胀土，并分层夯实，夯实后的回填土其物理性能不得小于原坑土的标准。

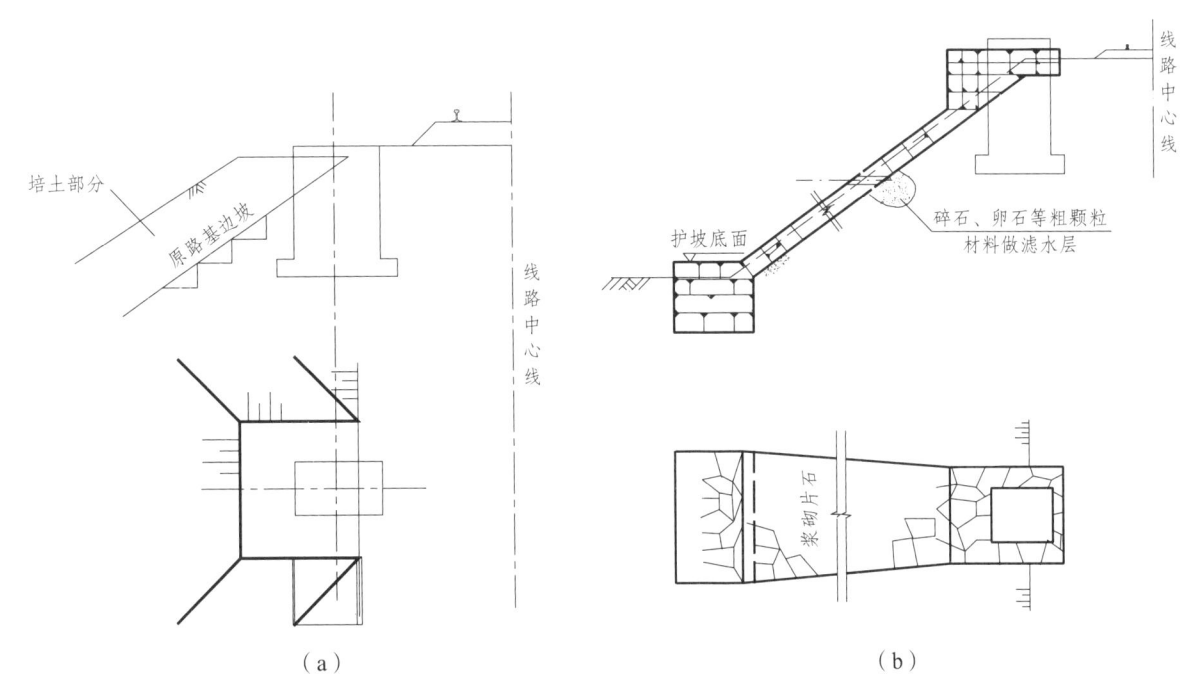

（a） （b）

图 26.13 路堤基础加固实例示意图

26.4.2 桥梁区段支柱基础

普速铁路和高速铁路的简支 T 梁区段，接触网支柱和拉线基础一般设置在桥墩台或桥墩侧面上，采用桥梁预留或后置锚栓固定的直腿、斜腿或牛腿结构基础。

高速铁路 32 米箱梁上接触网支柱基础一般设置在梁跨的 1/4、3/4 处，支柱及下锚拉线基础在桥面上预留地脚螺栓基础。

桥梁工程根据接触网专业提出的有关基础预留技术要求（基础类型、位置、荷载等）进行预留。

26.4.3 特殊路基区段支柱基础

路基挡墙型式多种多样，常见的主要有重力式挡墙、拉筋式挡墙、托盘式路基挡墙、桩板式路基墙、下承式 U 形槽（桥）挡墙等，在挡墙处设置接触网支柱基础时，根据不同的挡墙型式采取相应的特殊基础型式。路基工程根据接触网专业提出的有关基础预留技术要求（基础类型、位置、荷载等）进行特殊设计和预留。

26.4.3.1 重力式挡墙

当支柱布置在重力式挡墙上时，如果支柱全部设于挡墙顶面，且挡墙本体建筑材料及结构满足接触网支柱荷载要求，可直接将支柱基础或基础锚栓埋设于挡墙上。如支柱仅能部分设于挡墙顶面，而另一部分需设于挡墙外时，可采取类似于托盘式路基挡墙上支柱基础型式，即可将钢柱的部分锚栓预埋于挡墙上，而另外部分锚栓置于特殊设计的支撑结构上。重力式挡墙上支柱基础型式见图 26.14。

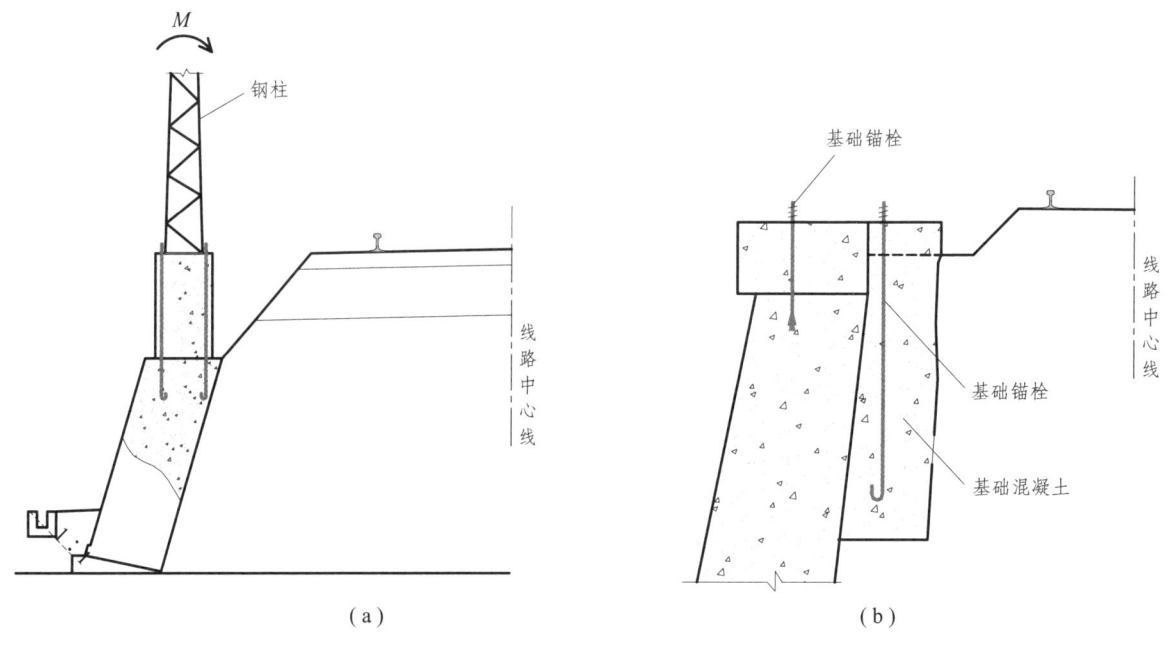

图 26.14 重力式挡墙上支柱基础示意图

26.4.3.2 拉筋式挡墙

当支柱布置在拉筋式挡墙上，当线路横向尺寸比较大，挡墙本体结构满足接触网支柱荷载要求，支柱基础可直接固定在挡墙顶面。新建工程中，一般可采用接触网支柱基础与拉筋挡墙施工同步实施。拉筋挡墙上支柱基础型式见图 26.15。

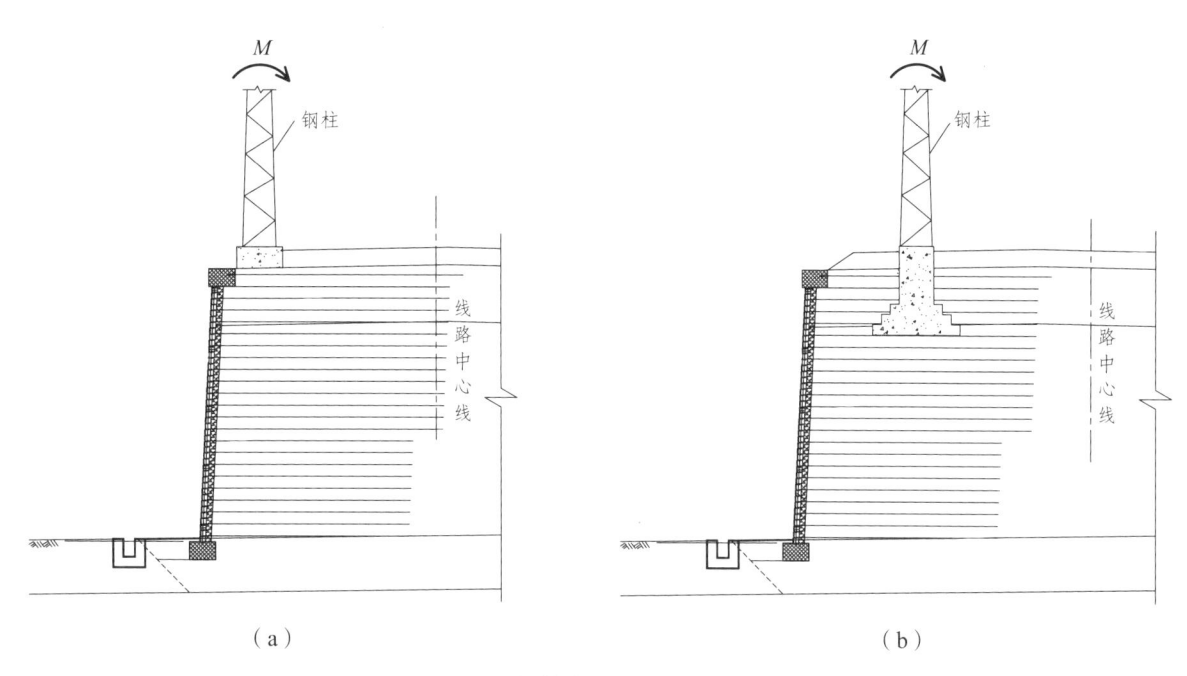

图 26.15　拉筋挡墙上支柱基础示意图

26.4.3.3　托盘式路基挡墙

当支柱布置在托盘式路基挡墙处时，为满足支柱侧面限界要求，支柱的内缘需设置于挡墙边缘以外，一般可在挡墙侧面设置或预留基础锚栓，采用支架及接腿的基础方式安装支柱。托盘式路基挡墙上支柱基础型式见图 26.16。

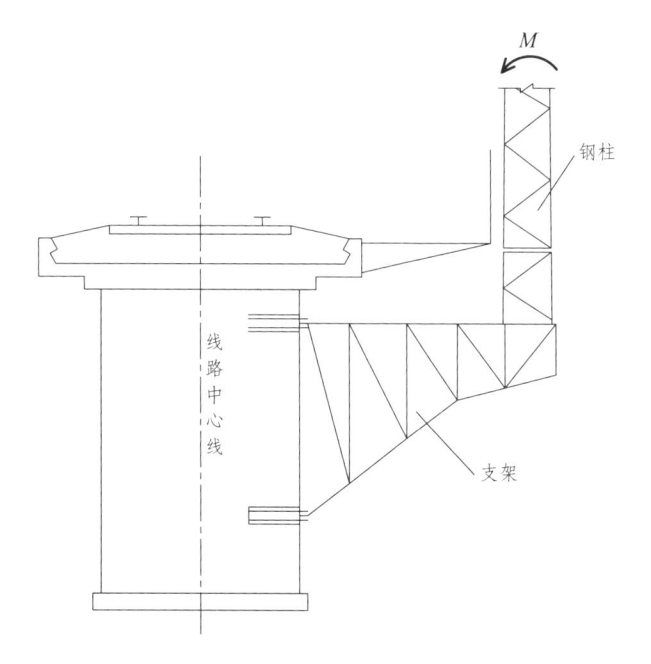

图 26.16　托盘式路基挡墙上支柱基础示意图

26.4.3.4　桩板式路基挡墙

当支柱布置在桩板式路基挡墙上，当线路横向尺寸较大，路基桩顶面尺寸能满足立柱和侧面限界要求时，可将支柱底座全部置于挡墙上,即直接将支柱基础锚栓埋置于挡墙上,基础型式见图 26.17。如支柱仅能部分设于挡墙顶面,而另一部分需设于挡墙外时,可采取类似于托盘式路基挡墙上支柱基础型式,即将钢柱的部分基础锚栓置于挡墙上,部分基础螺栓置于特殊设计的单腿支架上。

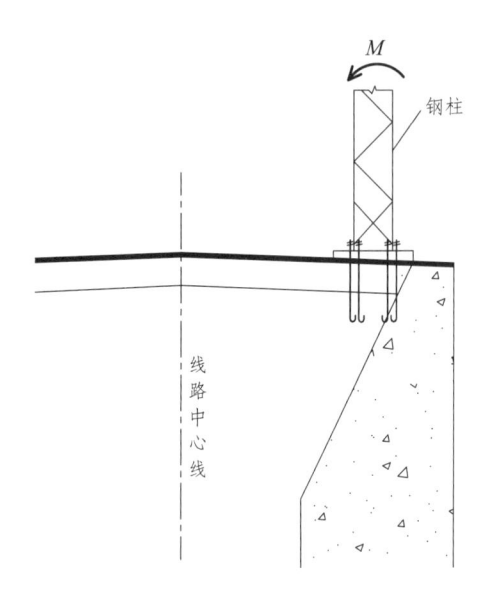

图 26.17　桩板式路基挡墙上支柱基础示意图

26.4.3.5　下承式 U 形槽

在下承式 U 形槽处,接触网采用单支柱或门形硬横跨结构,安装固定在 U 形槽顶面预留或后置基础螺栓上,基础锚栓位置以接触网平面布置为准。下承式 U 形槽上支柱基础型式见图 26.18。

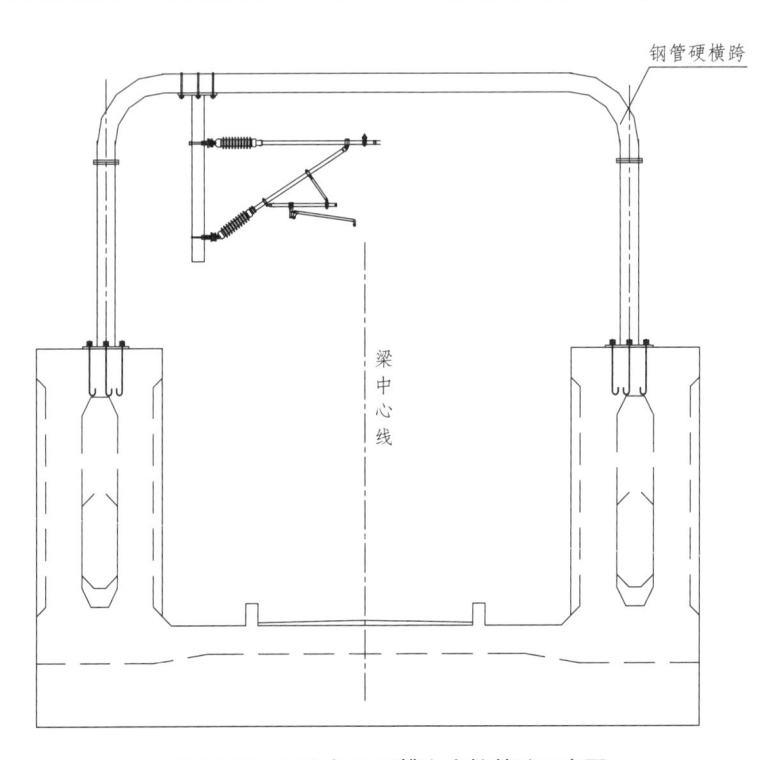

图 26.18　下承式 U 形槽上支柱基础示意图

26.4.4　特殊地质环境下支柱基础处理

26.4.4.1　湿陷性黄土地质支柱基础处理

在路基工程中对湿陷性黄土、膨胀土等特殊地质，路基地基应采取针对性的加固处理措施，保证路基基床结构的刚度满足列车运行时产生的弹性变形控制在一定范围内，强度能承受列车荷载的长期作用，基床标尺结构能防止地表水侵入而导致基床软化及翻浆冒泥、冻胀的基床病害，路基工程整体稳定。设置在上述特殊地质环境下的路基上的接触网支柱基础基底一般可不再另外做处理，主要需对基础与路基面的结合部做好防水措施，确保基础周围排水通畅、不积水。

26.4.4.2　冻土特殊地质支柱基础处理

季节冻土地区的桩基础除符合《建筑地基基础设计规范》（GB 50007）和《建筑桩基技术规范》（JGJ 94）的有关规定外，尚需进行桩基础冻胀稳定性与桩身抗拔承载力验算。

多年冻土地区采用钻孔插入桩，适用于桩长范围内平均温度低于 −0.5 ℃ 的坚硬冻土区段。施工时成孔直径大于桩径 100 mm，最大不宜超过桩径 150 mm，将预制桩插入钻孔内后，以水泥、砂浆或其他填料填充。当桩周围填充的水泥、砂浆全部回冻后，方可施加荷载。

钻孔灌注桩用于大片连续多年冻土区及岛状融区多年冻土地区时，成孔后用负温早强混凝土灌注，混凝土灌注温度一般为 5 ~ 10 ℃。

桩基础的构造需符合下列如下规定：桩基础的混凝土强度等级不低于 C30；插入桩桩端下设置 300 mm 厚的砂层；当钻孔灌注桩桩端持力层含冰率大时，在冻土与混凝土之间设置厚度为 300 ~ 500 mm 的砂砾石垫层。

26.5　预埋结构

26.5.1　路基预埋结构

我国高速铁路由于路基区段接触网支柱基础、过轨管线的工程施工一般和路基工程同步实施，需在路基工程中考虑结构预留条件，系统规划，统筹实施，避免造成二次开挖。因此，在路基上预埋接触网支柱基础等工程要做好专业间接口工作。

26.5.1.1　路基接触网基础预埋

无砟轨道正线路基面根据轨道结构和接触网支柱等设施的设置要求具体分析确定是否加宽；有砟轨道正线路基面按规范规定进行加宽。接触网支柱侧面限界，一般在正线无砟轨道路基地段不小于 3.0 m、有砟轨道路基地段不小于 3.1 m。路基上接触网支柱基础预埋型式实例见图 26.19。

车站内接触网支柱和设施的侧面限界要求见表 29.1，线间立柱基础需结合车站排水沟、给水管道等设施，进行接触网支柱基础预埋。

(a）双线路堤

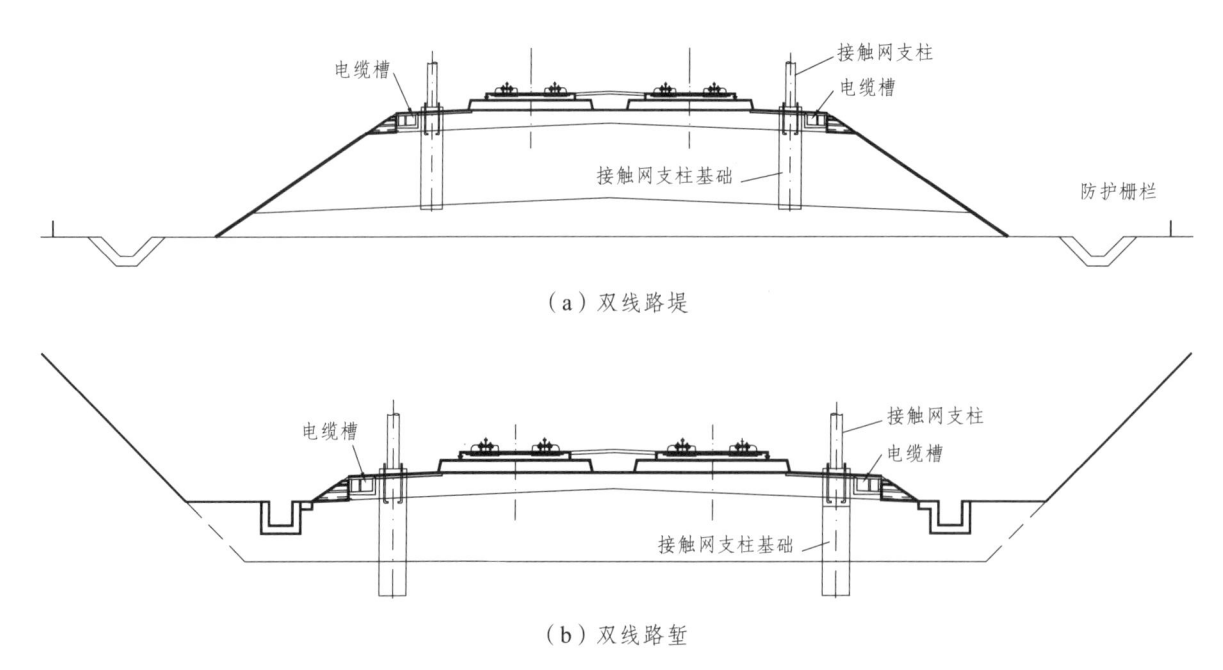

(b）双线路堑

图 26.19　路基接触网支柱基础预埋示意图

26.5.1.2　过轨管线预埋

供电线、保护线、回流线等采用电缆方式过轨时，需要在路基预埋过轨管，过轨管宜设散水坡度，实例如图 26.20 所示。接触网电缆槽跨越排水沟时，排水沟需进行沟底局部加强，与路基手孔井衔接时电缆槽需加深处理。

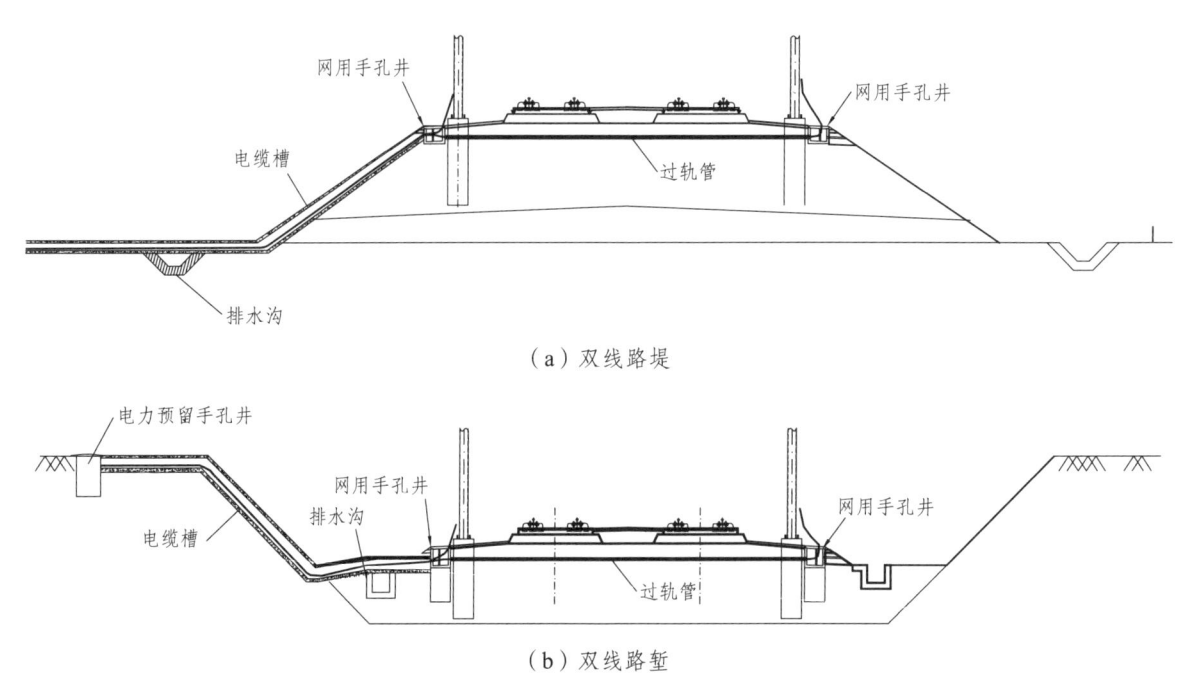

(a）双线路堤

(b）双线路堑

图 26.20　接触网电缆过轨管预埋示意图

26.5.1.3 支柱基础接地预留

路基区段在接触网支柱基础内预留接地钢筋和接地端子，一端与支柱（或基础）连接，一端与综合接地的贯通地线连接，实例如图 26.21 所示。

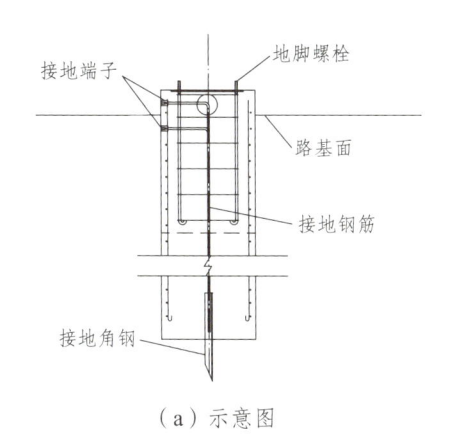

（a）示意图 　　（b）实景照片

图 26.21　支柱基础接地预留及连接

26.5.2　桥梁预埋结构

26.5.2.1　桥梁上接触网基础预埋或预留

铁路桥梁主要有混凝土结构及钢结构两种。混凝土结构桥梁主要有预制简支梁桥及现浇连续梁桥。简支梁主要有箱梁、T 梁、槽梁。混凝土简支梁桥上接触网支柱基础预埋型式见图 26.22。

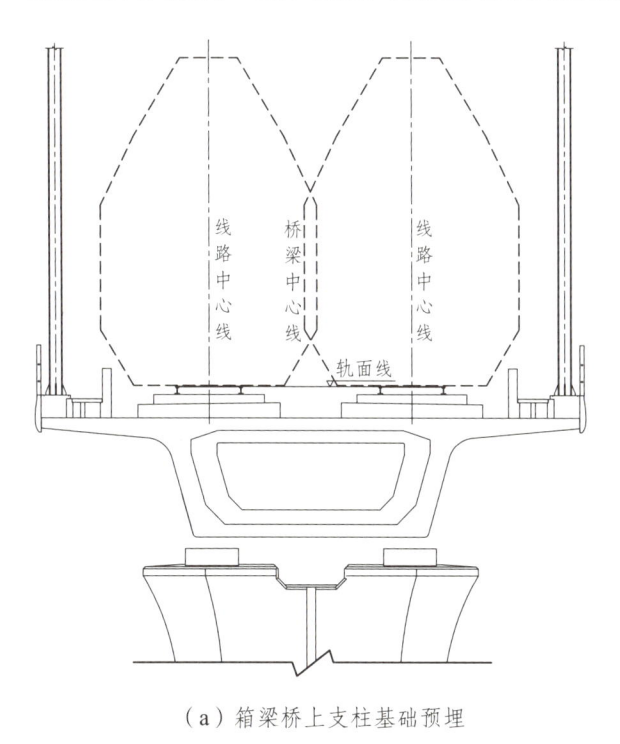

（a）箱梁桥上支柱基础预埋 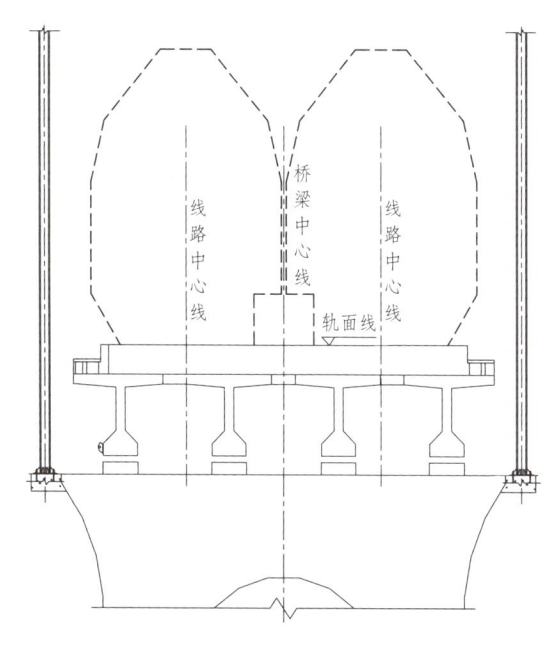　　（b）T 梁桥上支柱基础预埋

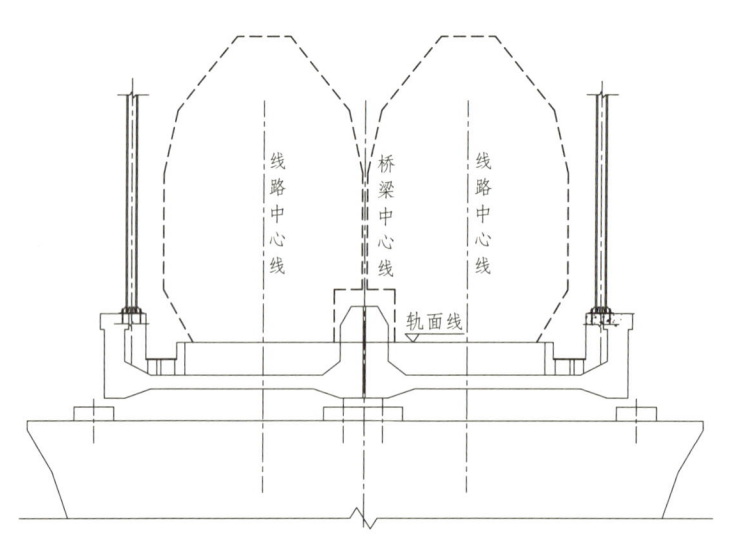

(c)槽梁上支柱基础预埋

图 26.22　简支梁上接触网支柱基础预埋示意图

现浇连续梁上接触网支柱宜对称于连续梁中心线布置，尽量避免设置下锚柱、下锚拉线等，困难时，下锚支柱位置应距梁端距离不小于 8 m，以避免接触网下锚拉线跨梁设置。

钢结构桥上根据接触网悬挂安装要求，在钢构梁、柱上预留基础预埋件或预留基础螺栓孔安装接触网吊柱或腕臂等。接触网基础预留方式见图 26.23。

在桥梁上预留支柱基础时，专业间接口配合紧密，接触网专业根据接触网平面布置，向桥梁专业提供详细的有关基础预留技术要求（基础类型、位置、荷载等），确保桥梁预留接触网基础准确。

(a)腕臂安装吊柱基础

（b）下锚安装底座基础

图 26.23　钢结构桥上预留基础实景照片

26.5.2.2　桥梁上电缆桥架预埋

新建铁路的桥梁，在桥墩、梁处采用预埋电缆安装的槽道（或锚栓）和电缆安装孔；既有桥墩、梁处采用后置锚栓固定方式。电缆支架、桥架系统间以及与接地干线间均需有可靠的电气连接。电缆桥架一般不作为接地干线回路，否则必须校核电缆桥架、电缆支架以及连接构件承受接地故障电流能力、热效应等要求。桥梁上电缆桥架与电缆支架连接见图 26.24。

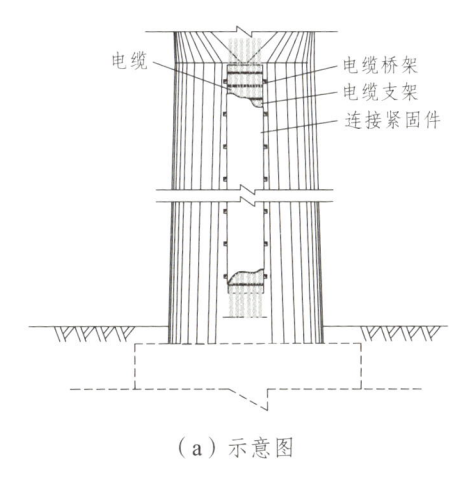

（a）示意图　　　　　　　　　　（b）实景照片

图 26.24　电缆桥架与电缆支架连接

26.5.3　隧道预埋结构

26.5.3.1　隧道内预埋槽道

隧道内接触网通过吊柱安装在隧道拱顶，吊柱基础预埋结构件采用安全、可靠、耐受动荷载、防火的预埋槽道。预埋槽道基础为两条弧度与衬砌拱顶一致的槽道，两条槽道的间距与吊柱底板孔距相同，隧道施工时固定在衬砌台车模板上同步浇筑。预埋槽道见图 26.25。

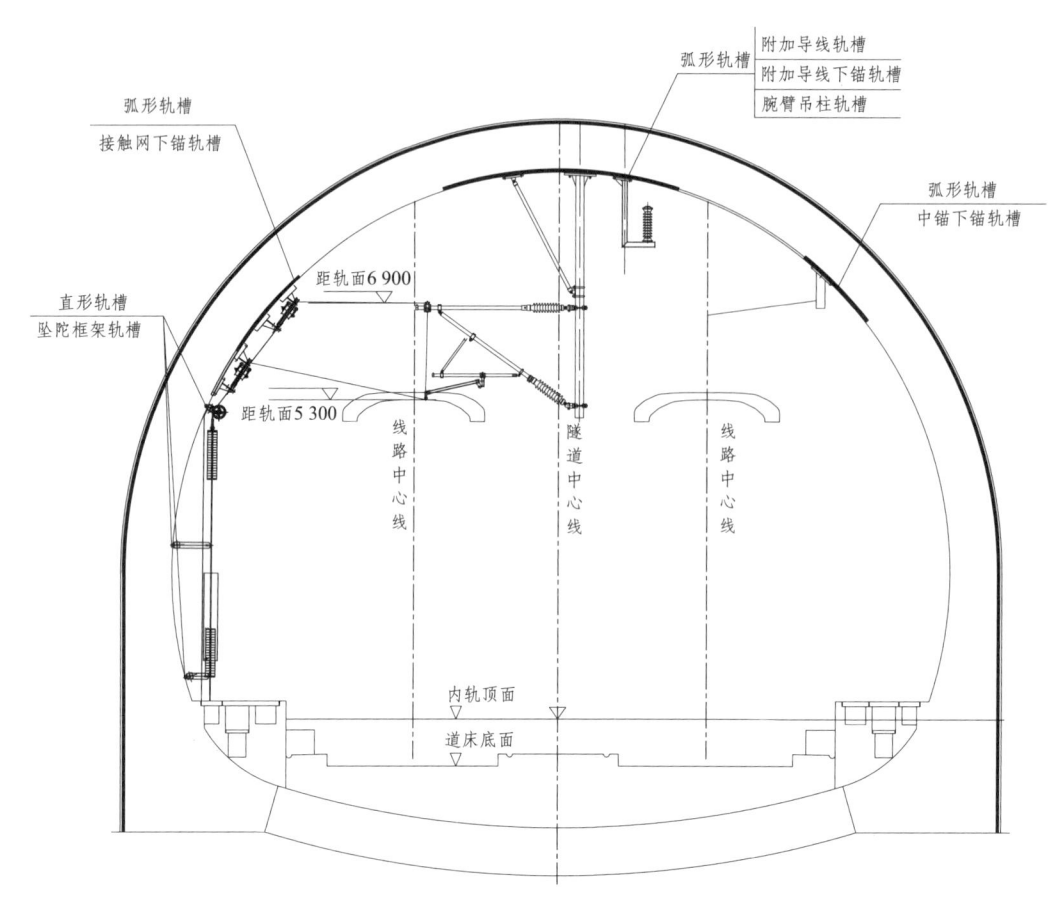

（a）预埋槽道隧道断面示意图

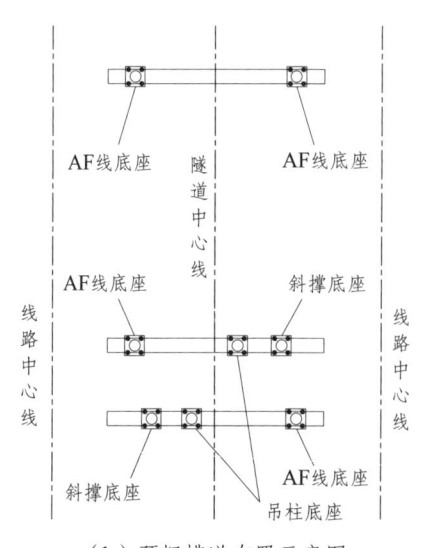

（b）预埋槽道布置示意图

图 26.25　隧道预埋槽道示意图

根据吊柱实际所受荷载，参照《电气化铁路接触网隧道内预埋槽道》（TB/T 3329）槽道所受的静态荷载选择槽道的规格，常用的槽道外形及尺寸如图 26.26 所示。

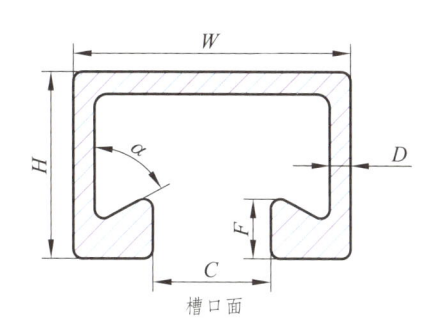

图 26.26 隧道预埋槽道截面外形及尺寸示意图

既有隧道一般采用后置锚栓或后置锚栓固定槽道方案，安装接触网吊柱。

26.5.3.2 隧道预埋槽道处衬砌结构的加强

接触网结构一般安装在隧道二次衬砌上，高速铁路隧道衬砌结构的受力需考虑列车高速运行时产生的气动力的影响，结构静动荷载要求比中低速更高，单纯依靠提高衬砌厚度并加大混凝土标号难以符合受力要求，因此必须在二次衬砌内进行局部加强。同时，基础结构件预埋加强钢筋与衬砌内接地网连接，可作为接触网接地通道，有效保护隧道内的预应力钢筋及其他设备。预埋接触网设备底座槽道处衬砌加强方式见图 26.27。

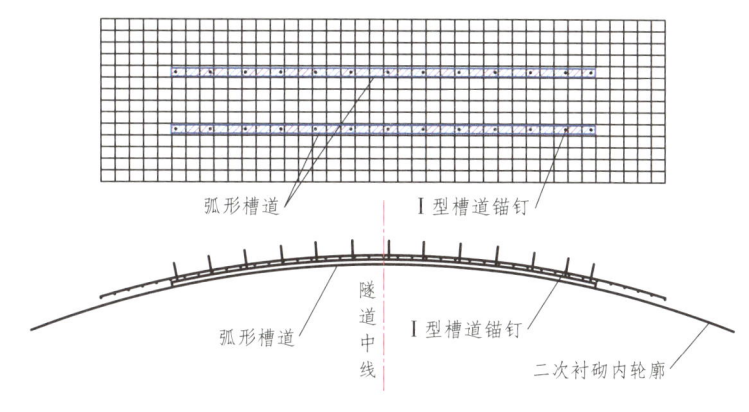

（a）结构示意图

（b）实景照片

图 26.27 接触网预埋槽道处衬砌加强钢筋实例

26.5.3.3 槽道预埋方案和接地预埋

根据隧道内接触网平面布置图、相关安装图及隧道模板台车型号等对接触网预埋槽道进行定位布置。槽道主要按照固定接触网吊柱底座、接触网下锚及导向轮底座、接触网设备底座、附加导线底座等进行分类选用。预埋槽道接地纳入综合接地系统，接地钢筋与槽道锚杆 L 形搭接焊接后，通过二衬砌内环向接地钢筋引入综合接地。

26.5.3.4 既有隧道吊柱基础

既有隧道一般采用后置锚栓基础，如图 26.28 所示。锚栓按照锚栓性能、基材性状、锚固连接的受力性质、被连接结构类型、抗震设防等要求选用。

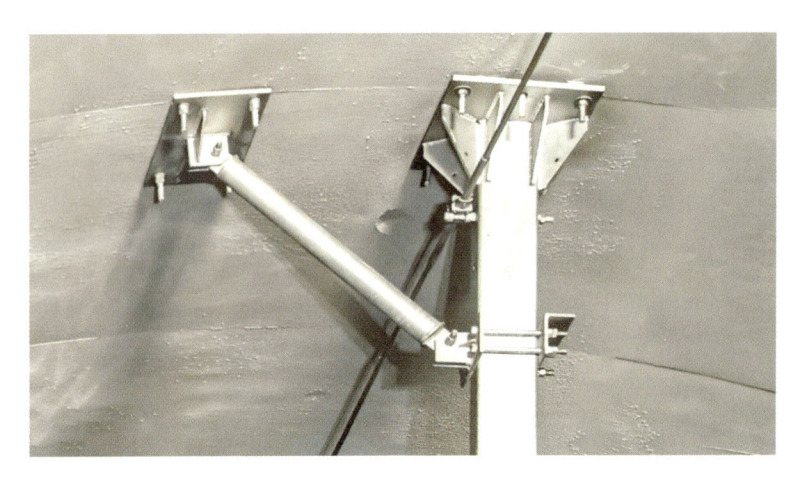

图 26.28 隧道内后置锚栓基础安装实景照片

26.5.4 站房等构筑物预埋（预留）结构

车站接触网支柱无法在线间立柱时，要考虑支柱与雨棚、站房结构合架，特殊结构预埋（预留）需从现场实际出发，不能影响站房等构筑物的结构功能，同时还要满足接触网悬挂安装要求。接触网与站房、雨棚结构的合架方案，还需采取合理措施减小接触网结构对车站景观的影响，从而强化整体景观设计，使接触网设备与车站景观融为一体。

26.5.4.1 接触网与雨棚合架

接触网与线间雨棚柱、雨棚横梁合架时，一般预留腕臂底座、附加导线底座等结构，充分利用雨棚柱、梁截面特点，做到安装简明、受力合理。接触网在线间雨棚柱、梁上的预埋（预留）方式见图 26.29。

(a) 与线间雨棚柱合架　　　　　　　　　　　　　　(b) 与雨棚横梁合架

图 26.29　接触网与雨棚合架预埋结构实景照片

在雨棚柱上合架接触网硬横跨时，一般在雨棚柱顶预埋基础螺栓，作为硬横跨支柱安装接口，见图 26.30。

图 26.30　接触网与雨棚柱顶合架预埋硬横跨支柱基础实景照片

26.5.4.2　接触网与站房合架

接触网与站房柱合架时，站房柱本体预留腕臂底座、附加导线底座等结构；接触网与站房横梁合架时，可在横梁处预埋（预留）锚栓安装接触网吊柱和结构。接触网与站房合架预埋结构实景照片见图 26.31。

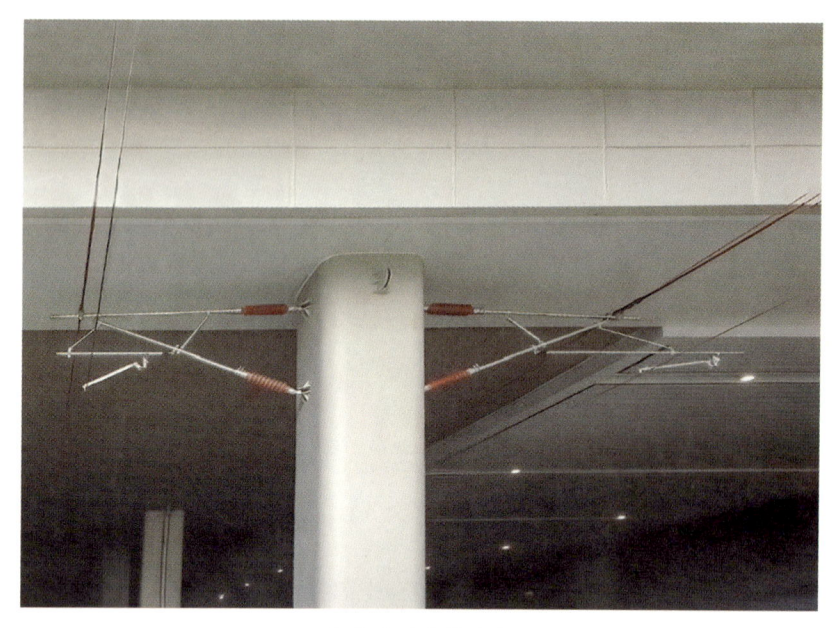

（a）与站房柱合架

（b）与站房横梁合架

图 26.31　接触网与站房结构合架实景照片

27 接触网支持装置

27.1 腕臂安装

接触悬挂的承力索、接触线在腕臂柱和一般的硬横跨处,通过腕臂结构支持装置进行固定和定位,隧道内、高架站房下采用吊柱时也是通过腕臂结构支持装置进行固定和定位。腕臂结构支持装置由平腕臂、斜腕臂和支柱或吊柱组成,形成一个稳定的三角形结构。我国早期在平腕臂处于受拉状态时,为节省投资采用钢筋作为拉杆,见图 27.1(a)。拉杆结构由于刚性差,在受风及运行振动时,腕臂结构支持装置稳定性较差,后将拉杆全部改用了平腕臂。

27.1.1 钢腕臂结构

我国电气化铁路早期均采用钢腕臂结构,钢腕臂结构取材便利,工艺可靠,机械强度高。目前主要用于 250 km/h 及以下铁路和部分 350 km/h 的高速铁路。

钢腕臂结构主要由腕臂底座、绝缘子、平腕臂(或拉杆)、斜腕臂、腕臂连接装置、承力索座、定位装置、腕臂支撑、管帽等组成,此腕臂结构支持结构稳定、可靠性高,见图 27.1。

(a)拉杆式钢腕臂

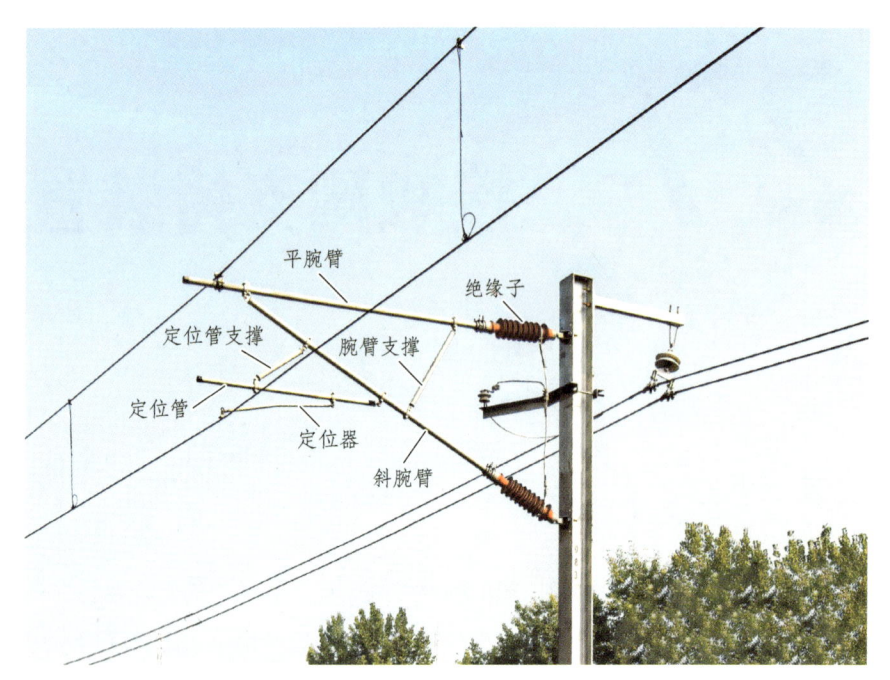

（b）平腕臂（正定位）

（c）平腕臂（反定位）

图 27.1　钢腕臂安装实景照片

27.1.2　铝合金腕臂结构

铝合金腕臂质量轻、美观、防腐性能好，具有良好的韧性、延展性，抗疲劳及抗振性能优异，主要用于 300～350 km/h 的高速铁路。

铝合金腕臂结构主要由腕臂底座、绝缘子、平腕臂、斜腕臂、腕臂连接装置、承力索座、定位装置、腕臂支撑、管帽等组成。此腕臂结构支持结构稳定、防腐性能好，见图 27.2。

　　　　　　　　（a）正定位　　　　　　　　　　　　　　　　　　（b）反定位

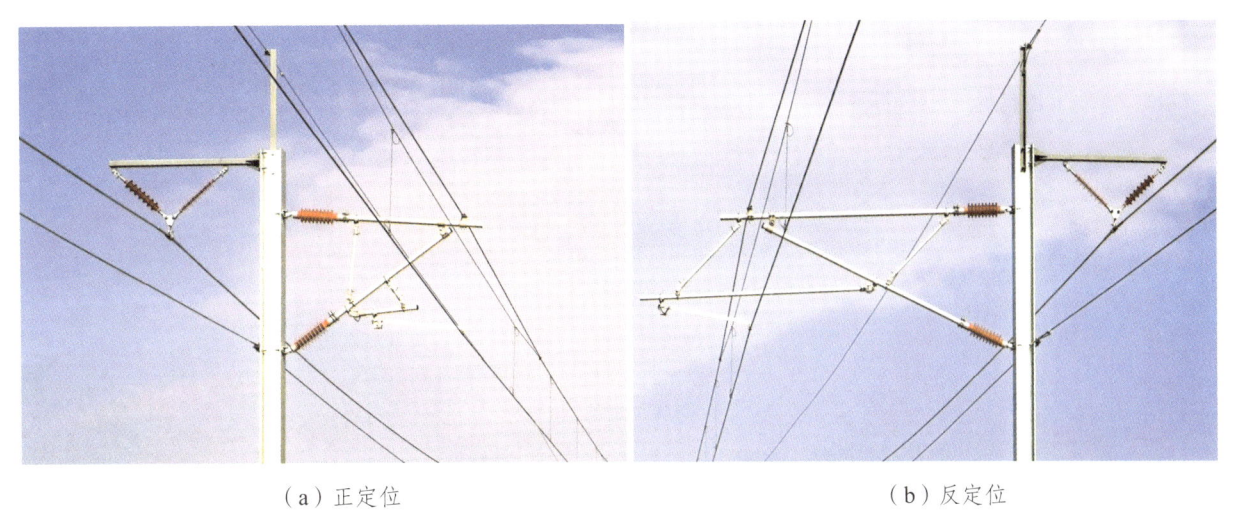

图 27.2　铝合金腕臂安装实景照片

27.1.3　简统化腕臂结构

简统化是在接触网系统和装备的系列化的基础上对腕臂结构的优化和简化。简统化腕臂结构主要是进行了零部件的集成优化，精简了原腕臂结构中的紧固和连接零部件的数量，进一步提高了接触网高速运行中的稳定性，降低了维护检修工作量。简统化腕臂安装见图 27.3。

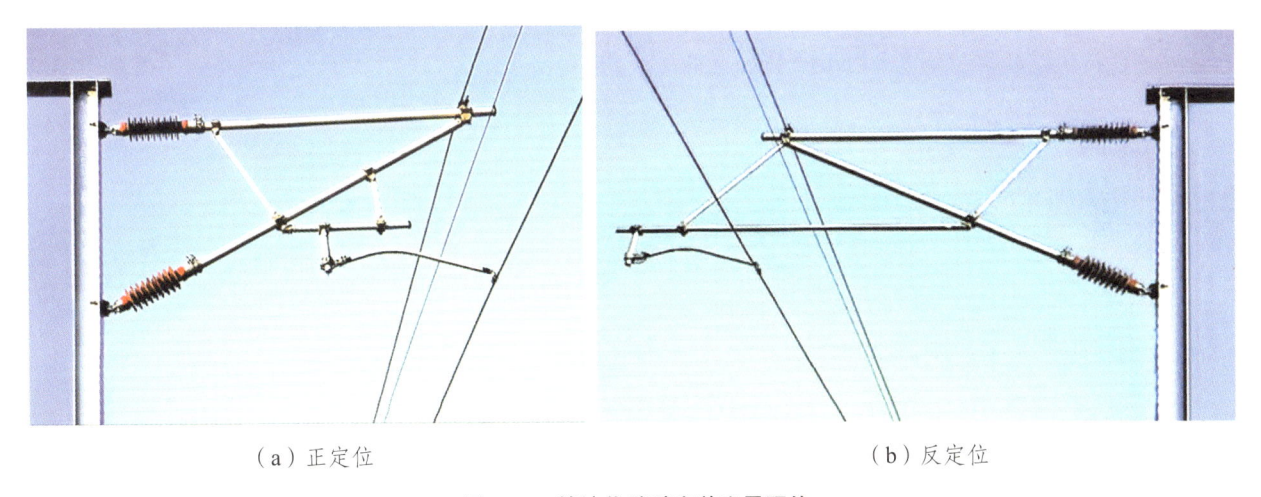

　　　　　　　　（a）正定位　　　　　　　　　　　　　　　　　　（b）反定位

图 27.3　简统化腕臂安装实景照片

27.1.4　整体腕臂结构

整体腕臂多用于大风等环境恶劣地区，连接紧凑，结构稳定，表现出优越的结构抗风和抗振性能。整体腕臂支持结构由带弯头的平腕臂整体替代了平腕臂与定位管支撑（吊线）的功能，直接固定定位管，采用钢质平腕臂和斜腕臂双销钉弧形可调腰孔内相连，正定位定位管与斜腕臂采用抱箍连接、螺栓紧固。反定位定位管与弯型平腕臂采用销钉铰接相连，定位管与斜腕臂采用抱箍连接，见图 27.4。

(a) 正定位　　　　　　　　　　　　(b) 反定位

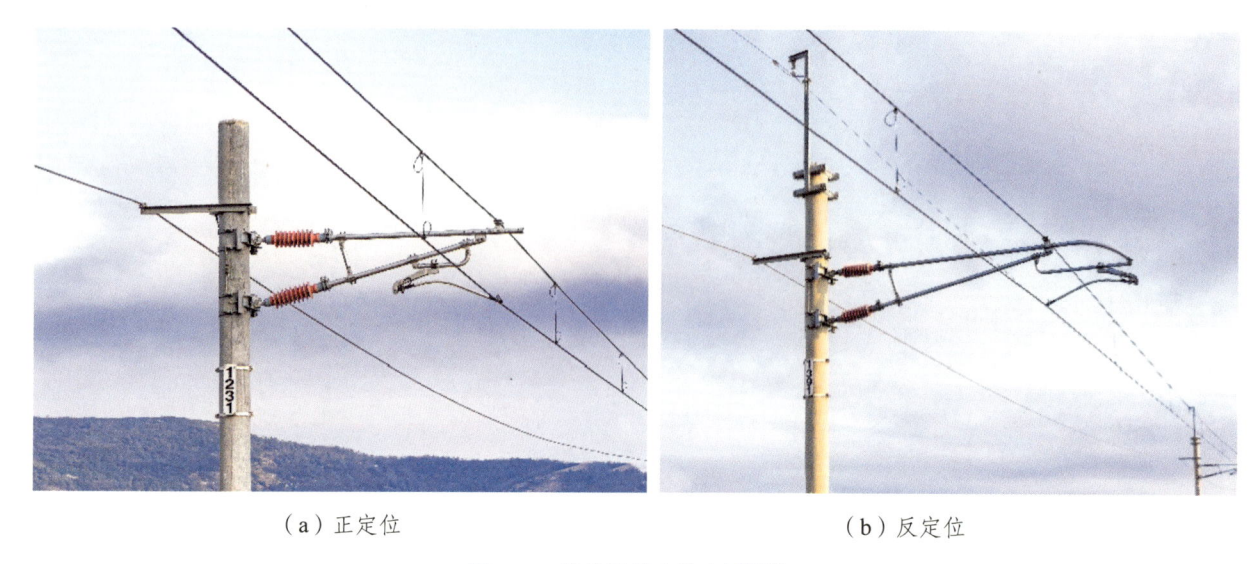

图 27.4　整体腕臂安装实景照片

27.2　定位装置安装

为了使列车受电弓滑板在运行中与接触线良好地接触取流，需将接触线按受电弓的运行要求进行定位，这种对接触线进行定位的装置称为定位装置，它由定位器、定位支座、定位线夹等组成。定位装置的主要作用是：使接触线始终在受电弓滑板的工作范围内、受电弓滑板磨耗均匀，并将接触线受到的荷载传递给腕臂。

27.2.1　限位定位装置

我国电气化铁路接触网悬挂一般采用矩形限位定位装置、弹性限位定位装置两种类型。

27.2.1.1　矩形限位定位装置

矩形限位定位装置由定位器本体、定位线夹、定位支座、等电位连接线等组成，如图 27.5、图 27.6 所示。定位器的本体采用铝合金型材，具有良好的抗弯性能，质量轻、结构简单、旋转灵活等特点，且具有故障限位功能。矩形限位定位器在我国普速铁路、高速铁路接触网广泛应用。

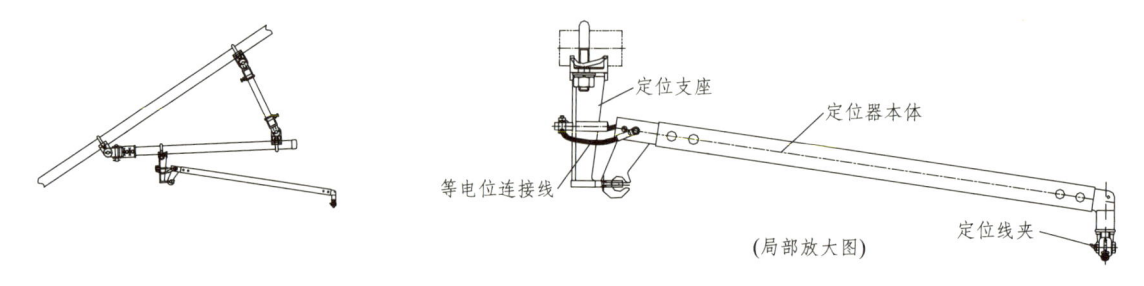

图 27.5　腕臂柱矩形限位定位器示意图

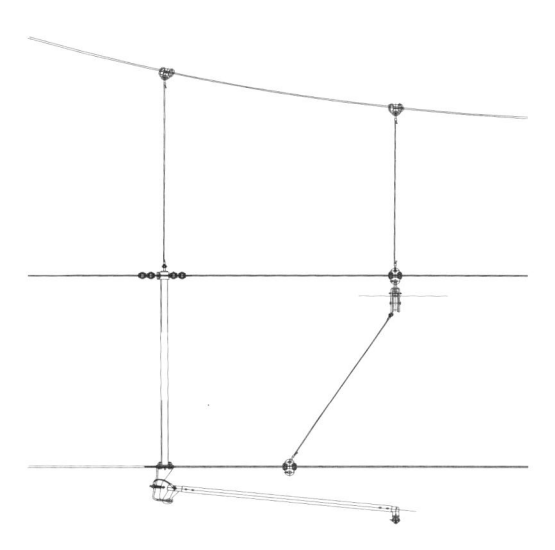

图 27.6　软横跨矩形限位定位器示意图

弹性定位装置采用了多项防震安全性措施，圆管型弹性弧形限位定位器的端部采用平销轴与垂直销轴连接，不会发生脱钩现象；具有弹簧减震机构，吸收振动能量、减少振动；具有断线防脱落功能，即使在接触线断线时，定位器也可通过弹簧保持自身平衡，防止定位器线夹脱落引起打弓故障，见图 27.7。

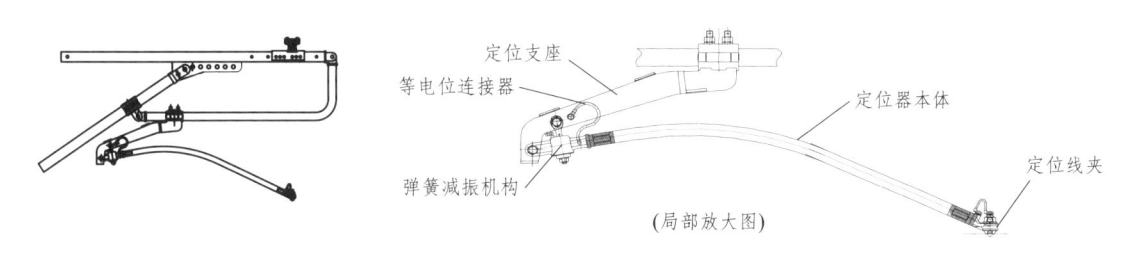

图 27.7　弹性限位定位器示意图

27.2.2　非限位定位装置

非限位定位装置（T 形定位器）为由弧形定位器本体、定位线夹、定位支座、等电位连接线等组成。一般用于接触网锚段关节、道岔及侧面限界受限处的悬挂定位，见图 27.8、图 27.9。

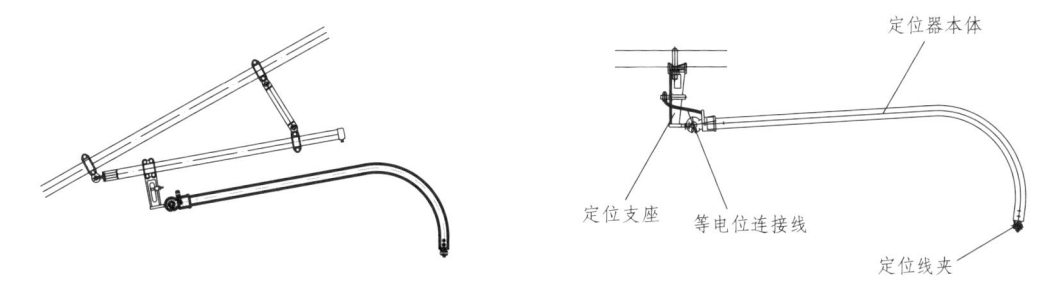

图 27.8　T 形定位器示意图

图 27.9 软定位器示意图

27.3 车站接触网安装

车站接触网平面设计需高度重视车站景观,一般不在站台上立柱,基本站台上原则上不立柱,应充分利用车站路基外侧或在线间距较大的股道间立柱。无法线间立柱时,有雨棚地段原则上与雨棚柱合架;无雨棚时,在基本站台和侧式站台上支柱尽量立在站台外侧,岛式站台立在站台中间。

27.3.1 车站站房类型

27.3.1.1 线平式站房车站

线平式站房车站的站房与站场股道设置在地面,站房与站场相对独立,旅客需要经过高架桥或者地下通道到达目标站台进出车站,站台上一般设置雨棚,雨棚仅覆盖站台范围,见图 27.10。

在线平式站房车站内的接触网安装,主要取决于站内股道的线间距大小。当线间距较大时,优先考虑线间立柱方案;当线间距不足无法线间立柱时,通常需结合雨棚柱的结构型式及间距,采用雨棚柱顶设置硬横梁方案。

图 27.10 线平式站房车站实景照片

27.3.1.2　线上式站房车站

线上式站房采用高架型式，站房主体结构位于股道上方，根据站场布局和高架站房结构分别设站台雨棚，见图27.11。接触网合理利用站房、雨棚结构进行安装，功能与景观相互兼顾并重。

图 27.11　线上式站房车站实景照片

27.3.1.3　线下式站房车站

线下式站房车站一般为高架桥车站，站台及股道全部位于架空桥上，见图27.12。高架桥车站的接触网方案，与线平式站房车站的情况类似，根据站内股道的线间距大小，分别采用线间立柱方案、雨棚柱顶设硬横梁方案。当站台雨棚采用全覆盖（股道上方也存在雨棚）方式时，接触网也可在雨棚结构上设置吊柱方案。

图 27.12　线下式站房车站

27.3.1.4 地下站房车站

地下站房车站的站台、股道和站房结构均设置在地下,见图27.13(a)。地下站房车站的接触网与地下站房隧道断面相结合,一般采用隧道顶部预留结构采用吊柱安装方案,见图27.13(b)。

(a)外景

(b)地下站房接触网吊柱安装实景照片

图 27.13　地下站房车站实景照片

27.3.2　接触网线间立柱

由站场专业综合考虑线间设备的设置条件,一般当线间距≥5.5 m时,该车站具备接触网线间立柱条件。线间立柱方案站内的通透性好,接触网设备整齐美观,支柱布置受控因素小,是我国高铁常用的车站布置方案,见图27.14。

图 27.14　车站线间立柱安装实景照片

线间立柱方案实施过程中，需要注意几点：

（1）支柱的限界问题：优先考虑支柱对正线的侧面限界。如某车站线间距为 6.0 m 时，线间组立的支柱优先考虑对正线侧面限界满足 3.0 m，然后检查对站线的侧面限界是否满足要求。

（2）支柱基础与排水沟：提前与站场等专业沟通，确定支柱基础与排水沟干扰的处理措施，具体的处理措施可分为：排水沟偏置、排水沟外绕支柱基础、支柱基础留孔等，见图 27.15。

图 27.15　排水沟偏置及外绕支柱基础安装实景照片

（3）支柱基础与综合接地：综合接地线一般敷设在站台墙下端，而支柱设置在线间，需要采用分支引接线等，将接触网基础纳入综合接地。

27.3.3　接触网与雨棚结构合架

当线间距不足，无法线间立柱时，通常采用雨棚柱顶设置硬横跨或软横跨方案。具体如下：

27.3.3.1 雨棚柱顶合架硬横跨、软横跨

站台区一般设置简易雨棚时，结合车站平面、线间距、站台及雨棚柱设置情况，接触网采用利用雨棚柱在雨棚上方合架硬横跨或软横跨。合架硬横跨实景见图 27.16。

图 27.16 雨棚柱顶合架硬横跨实景照片

27.3.3.2 雨棚结构合架吊柱

接触网利用雨棚顶部结构安装吊柱，腕臂结构在吊柱上安装。当雨棚净空不高时，可采取短吊柱方案。当雨棚净空较大时，吊柱较长，容易发生晃动或变形，会影响接触网弓网受流质量，因此需增加拉线或斜撑，对吊柱结构进行加强。短、长吊柱与雨棚结构合架见图 27.17。

（a）短吊柱

(b)设拉线的长吊柱

(c)设支撑的长吊柱

（d）Y形长吊柱

图 27.17　接触网与雨棚结构合架的短、长吊柱安装实景照片

27.3.3.3　雨棚柱合架

在大跨度高净空的雨棚范围内，股道间接触网腕臂结构可利用雨棚柱合架安装，见图 27.18。

图 27.18　接触网与雨棚柱合架安装实景照片

27.3.3.4 雨棚结构合架软横跨

在不满足线间立柱条件的普速铁路车站，接触网也可以采用软横跨方式安装，软横跨柱利用雨棚柱合架，软横跨上部横向承力索在雨棚顶部结构上吊装。如南京站、济南站，图 27.19 为济南站现场实景照片。

图 27.19　软横跨与雨棚合架安装实景照片

27.3.4　接触网与站房结构合架

27.3.4.1　站房柱合架

高架站房下股道间有站房柱时，接触网腕臂采用与站房柱合架方式，见图 27.20。

图 27.20　接触网与站房柱合架安装实景照片

27.3.4.2 高架站房合架吊柱

高架站房下无可利用的站房柱时，可以利用站房底部结构安装吊柱方式悬挂接触网，当净空较低时可采用弓型腕臂支持装置，见图 27.21。

（a）三角腕臂安装

（b）弓型腕臂安装（低净空）

图 27.21 接触网与站房结构合架吊柱安装实景照片

27.4 桥梁接触网安装

桥梁是铁路土建工程中的重要组成部分，普速铁路桥梁一般采用简支 T 梁、钢桁架；高速铁路桥梁主要采用简支箱梁，部分采用简支 T 梁、连续梁、系杆拱、钢桁架等。

27.4.1 简支 T 梁桥上接触网安装

普速铁路或速度较低的联络线、动车走行线桥梁一般采用简支 T 梁桥，接触网一般采用在桥墩台顶帽上预留接触网支柱基础和组立格构式钢柱，并在格构式钢柱上安装腕臂定位装置和附加导线，如图 27.22 所示。

图 27.22　简支 T 梁桥上接触网安装实景照片

27.4.2 简支箱梁、连续梁桥上接触网安装

高速铁路正线桥梁大部分采用简支箱梁桥，连续梁桥也比较常见，接触网一般采用在桥梁面上预留接触网支柱基础和组立 H 形钢柱，并在 H 形钢柱上安装腕臂定位装置和附加导线，如图 27.23 所示。

图 27.23 简支箱梁上接触网安装实景照片

27.4.3 系杆拱桥上接触网安装

系杆拱桥的轨面以上空间高大，其系杆拱结构不便于接触网安装，一般采用在桥梁面上立 H 形钢柱悬挂腕臂定位装置，附加导线在支柱上采用线路侧或田野侧安装，设计时需注意 H 形钢柱、附加导线与吊杆、拱架的空间位置关系，避免相互干扰，并满足绝缘安全距离的要求，如图 27.24 所示。

图 27.24 系杆拱桥上接触网安装实景照片

27.4.4 钢桁梁桥上接触网安装

钢桁梁桥如京沪铁路淮河特大桥、京沪高铁南京大胜关特大桥、银西高铁黄河特大桥等，其杆件结构较复杂，接触网一般采用与钢桁梁合架的安装方式，可在钢桁梁上预留腕臂底座和附加导线底座；或在钢桁梁上预留吊柱连接底座，采用吊柱悬挂；或在钢桁梁上预留硬横梁连接底座，采用硬横跨安装悬挂；也可利用钢桁梁结构采用外抱型式连接安装。具体采用哪种安装方案需根据钢桁梁结构型式、钢桁梁与接触网协调性及运营维护便利性等因素确定，见图 27.25。

（a）拱顶结构合架

（b）侧面结构合架

图 27.25 钢桁梁桥上接触网安装实景照片

27.5 隧道内接触网安装

隧道内接触网安装包括腕臂支持结构、附加导线、接触悬挂下锚、隔离开关等设备安装。隧道内接触网安装除需满足接触网系统的要求外，还需符合隧道有效内轮廓、建筑接近限界、空气绝缘间隙、受电弓动态包络线等约束条件，高速铁路同时考虑动车组高速运行的空气动力影响。

隧道断面在满足接触网一般悬挂安装条件的基础上，对于锚段关节、隔离开关安装需要空间较大时，为保证设备安装、绝缘距离的要求，铁路隧道需进行局部加高、加宽。

典型隧道断面内安装如图 27.26 ~ 图 27.30 所示（图中尺寸单位：cm）。

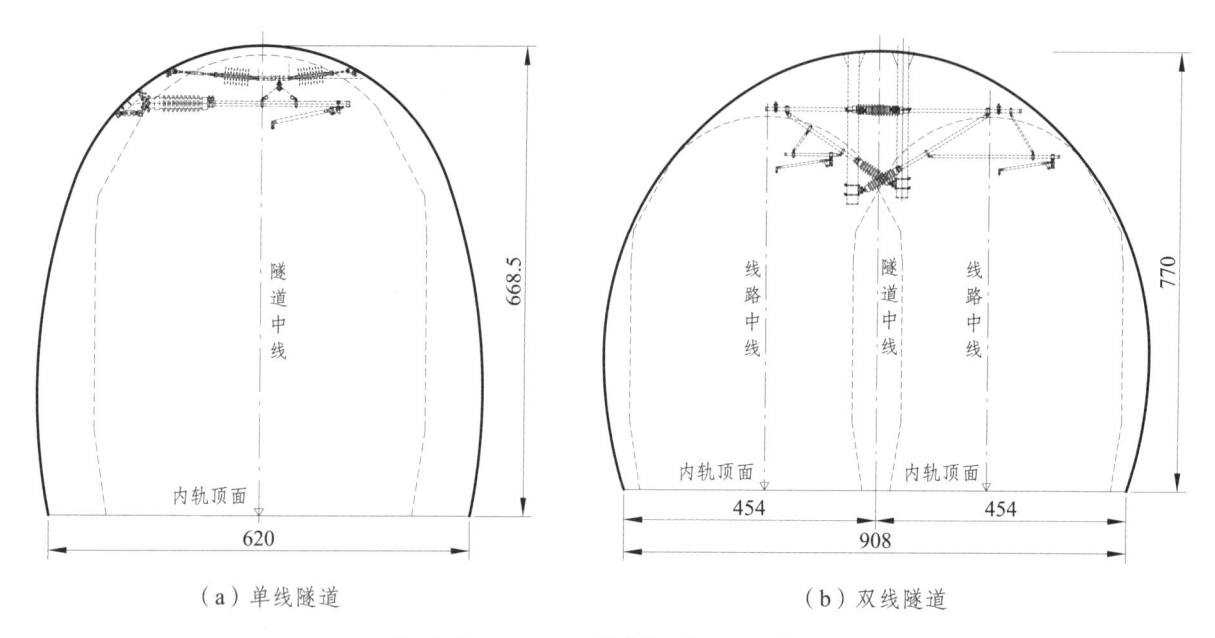

（a）单线隧道　　　　　　　　　　　（b）双线隧道

图 27.26　120 km/h 隧道断面及安装示意图

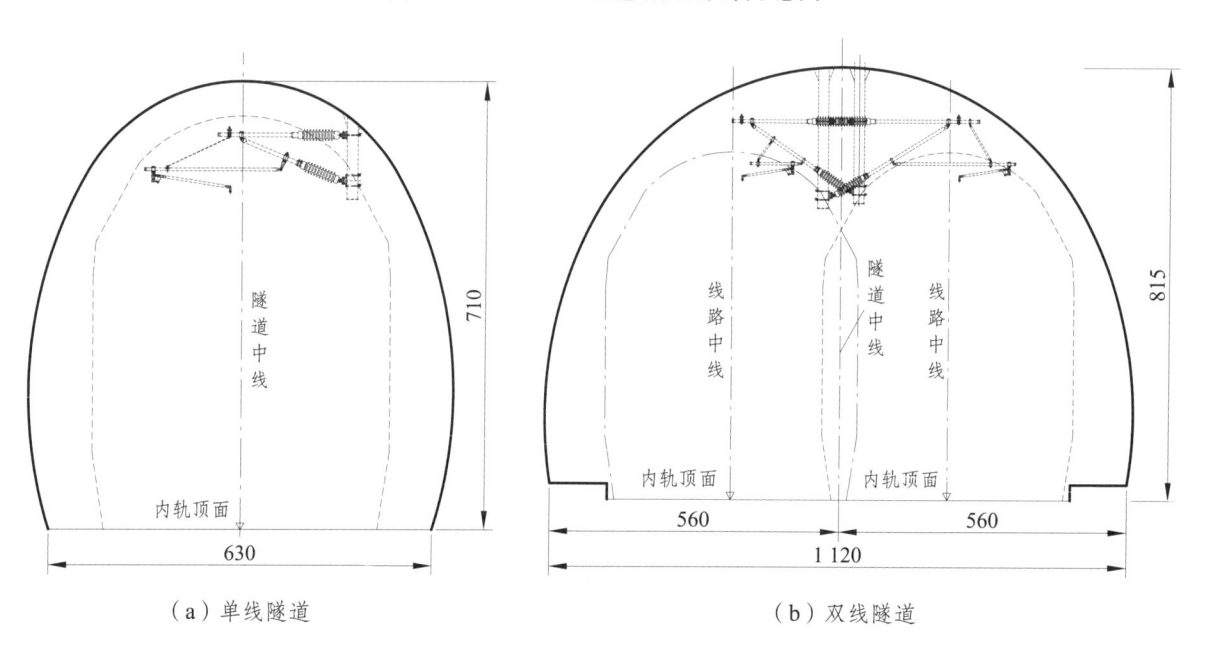

（a）单线隧道　　　　　　　　　　　（b）双线隧道

图 27.27　160 km/h 隧道断面及安装示意图

(a) 单线隧道 （b) 双线隧道

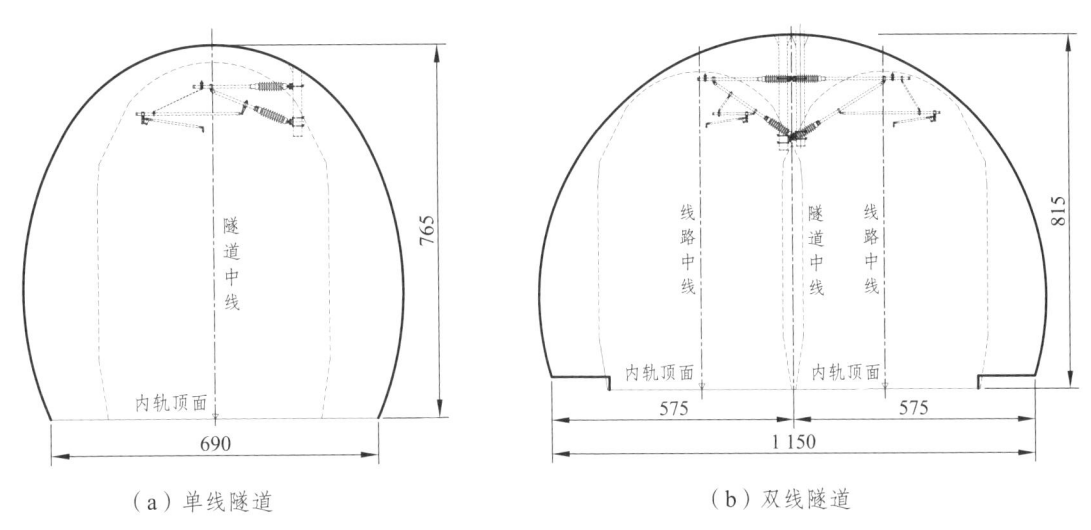

图 27.28 200 km/h 隧道断面及安装示意图

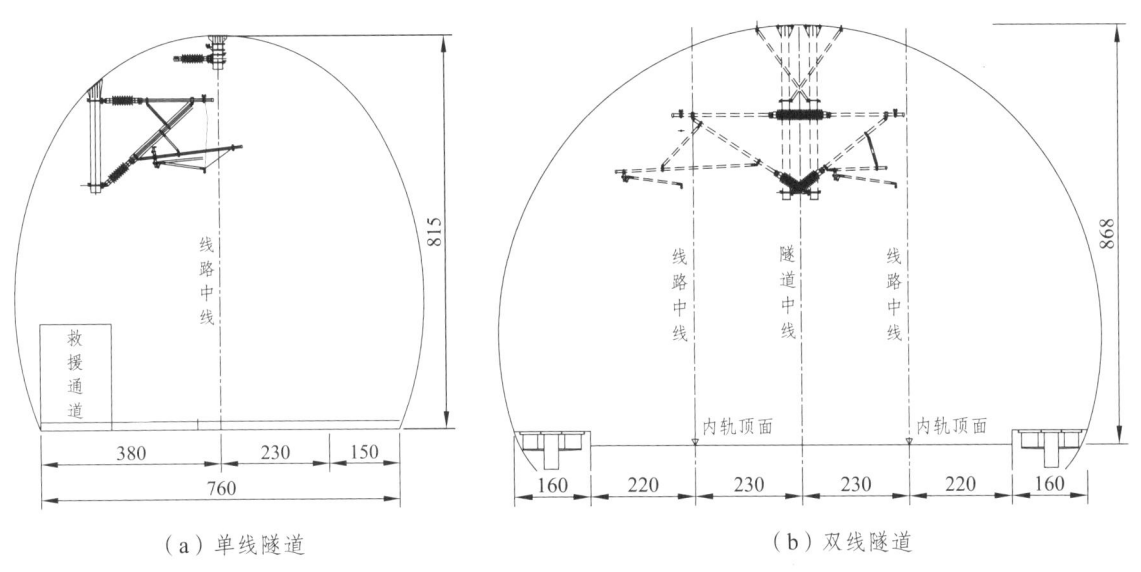

(a) 单线隧道 （b) 双线隧道

图 27.29 250 km/h 隧道断面及安装示意图

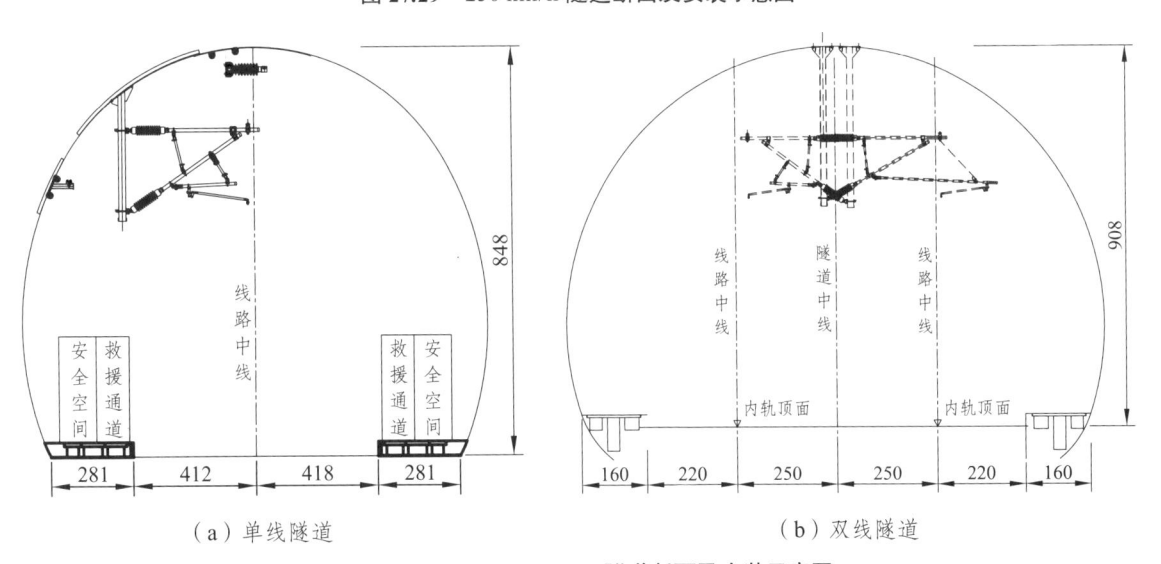

(a) 单线隧道 （b) 双线隧道

图 27.30 300～350 km/h 隧道断面及安装示意图

27.5.1 隧道内腕臂安装

27.5.1.1 客货共线铁路隧道内安装方式

客货共线铁路隧道内接触网依据速度目标值、隧道断面采用不同的安装方式。对于 120 km/h 隧道可采用水平悬挂和弓形腕臂两种方式，分别如图 27.31 所示。160 km/h 和 200 km/h 隧道一般采用独立吊柱安装腕臂结构的方式，并且双线隧道上、下行吊柱分别设立，顺线路方向交错布置，然后在吊柱上安装腕臂结构，典型安装方式如图 27.32、图 27.33 所示。客货共线铁路和城际铁路隧道净空较低等情况下，也可采用刚性悬挂形式，如图 23.4 所示。

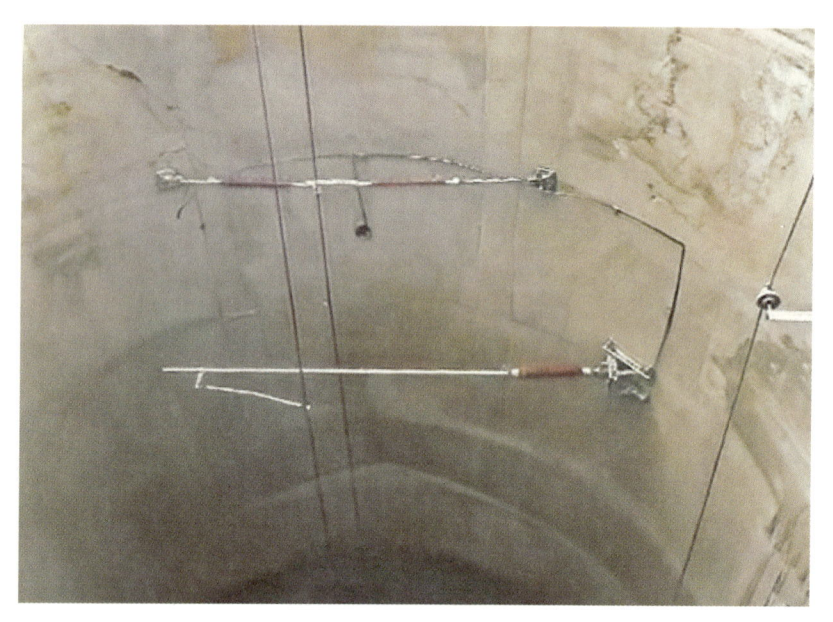

（a）水平悬挂安装

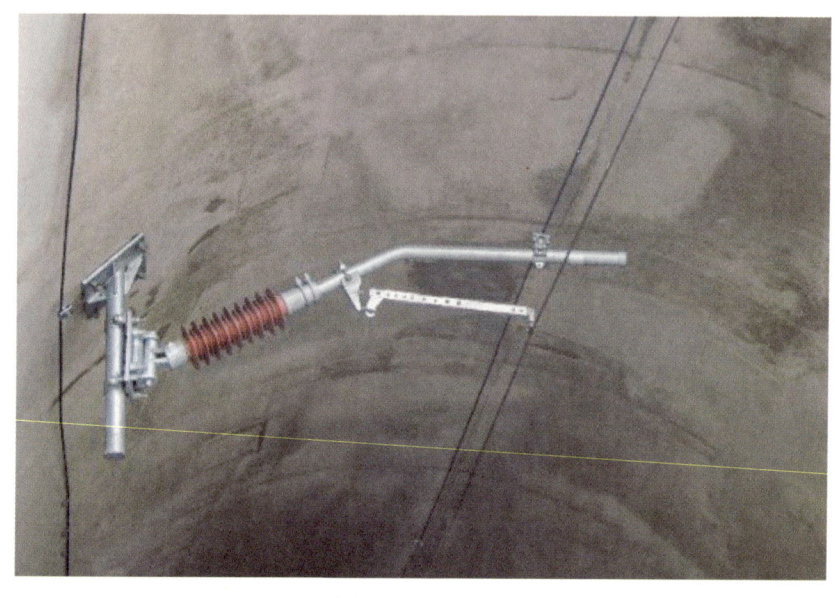

（b）弓形腕臂安装

图 27.31 120 km/h 隧道腕臂安装实景照片

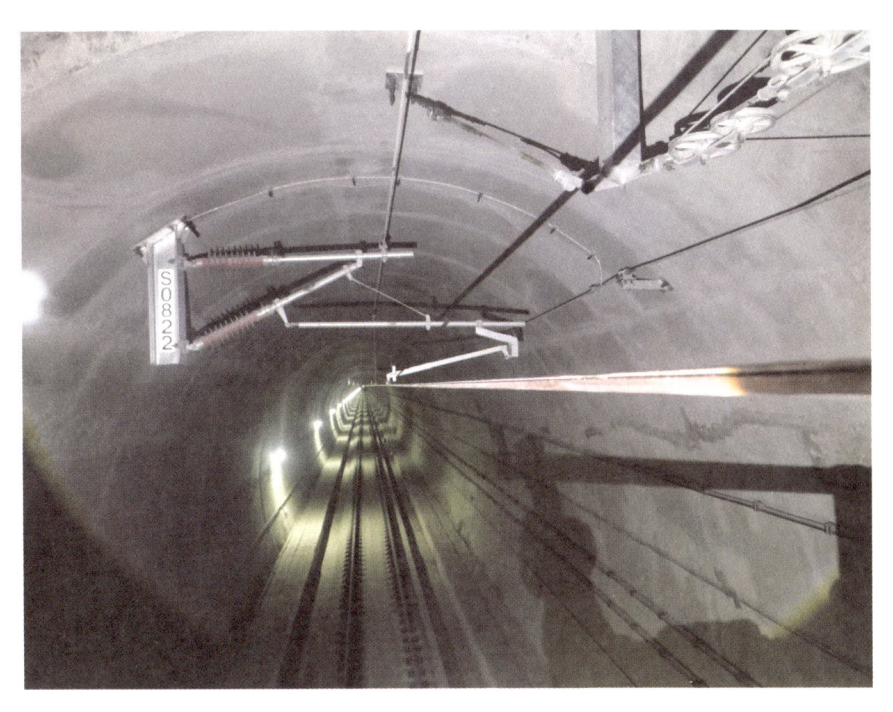

图 27.32　160 km/h、200 km/h 单线隧道腕臂安装实景照片

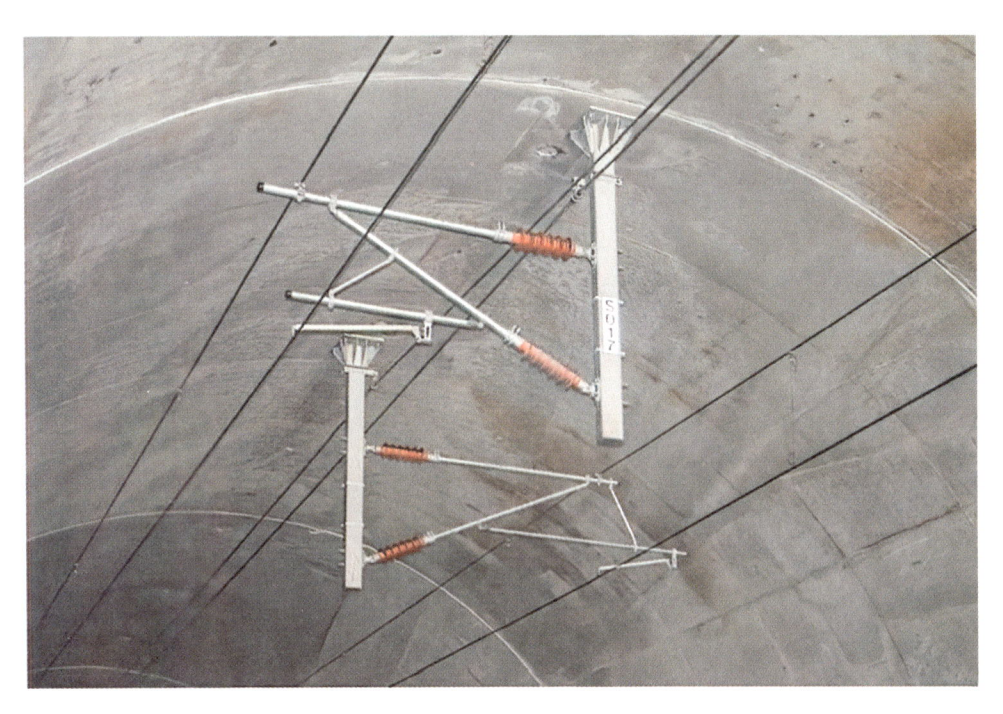

图 27.33　160 km/h、200 km/h 双线隧道腕臂安装实景照片

27.5.1.2　高速铁路隧道内安装方式

隧道内上、下行分别设立独立吊柱，在吊柱上安装腕臂结构，顺线路方向交错布置。由于隧道内风洞效应引起的风荷载大，吊柱增设了斜支撑加固。

250 km/h 线路一般采用钢腕臂，典型安装方式如图 27.34 所示。

(a) 安装示意图

(b) 安装实景照片

图 27.34　250 km/h 钢腕臂安装

300 km/h、350 km/h 线路隧道中一般采用铝合金腕臂，典型安装如图 27.35 所示。

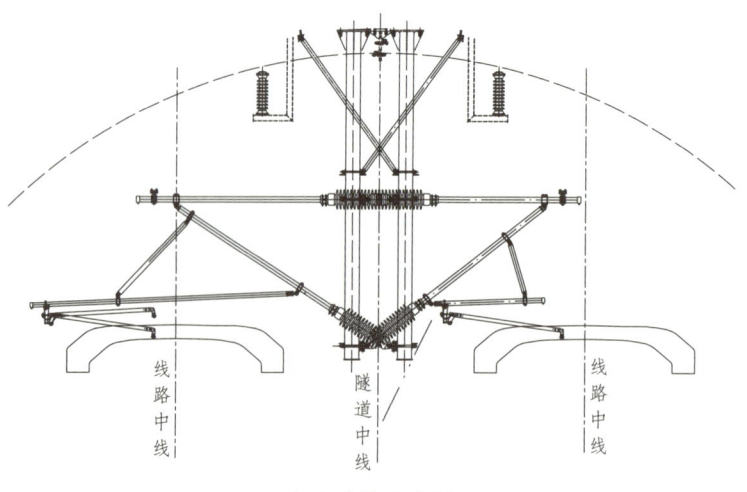

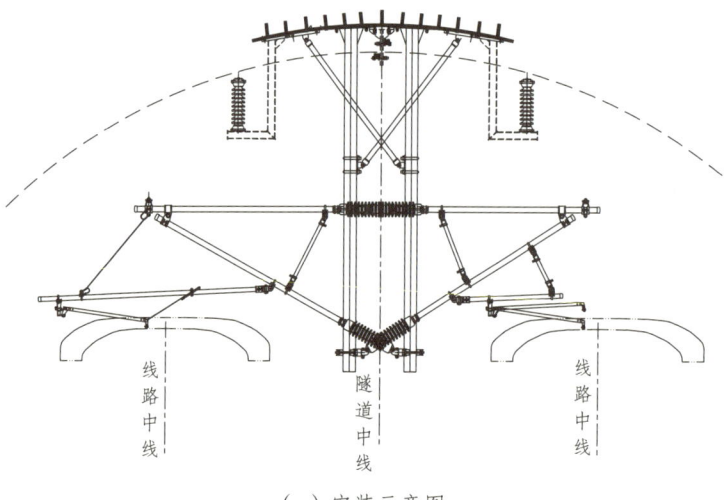

(a) 安装示意图

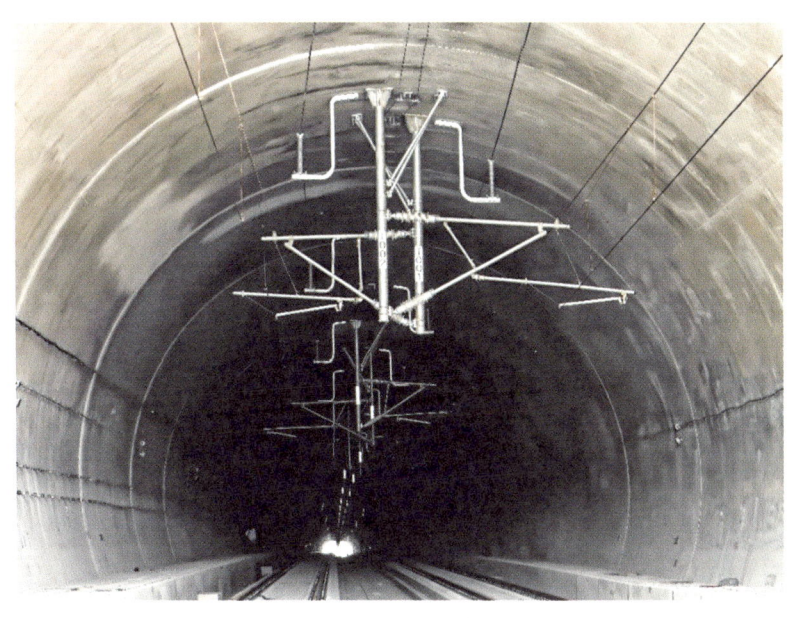

（b）实景照片

图 27.35 300 km/h、350 km/h 铝合金腕臂安装

27.5.2 附加导线安装

隧道内正馈线、回流线、保护线等附加导线一般安装在隧道拱顶，可避免附加导线与射流风机、灯具、线缆和接触网隔离开关、下锚补偿装置等相互干扰。

隧道拱顶附加导线典型安装方式如图 27.36 所示。

（a）AT 供电方式

(b)带回流线的直接供电方式

图 27.36　隧道拱顶附加导线安装实景照片

为避免隧道口附近风、雨、覆冰等天气引起的线索间动态空气绝缘间隙不足问题，采取了隧道口正馈线设置对向下锚、保护线或回流线在隧道口侧壁对锚，并分别转至隧道拱顶、正馈线转至线路侧通过硬横跨进入隧道拱顶等减少交叉架设的方式，如图 27.37、图 27.38 所示。

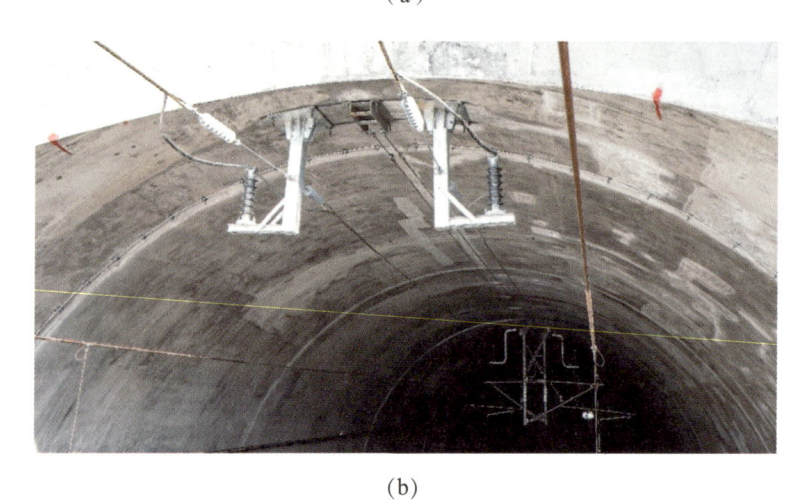

(a)

(b)

图 27.37　AT 供电方式隧道口附加导线转换安装实景照片

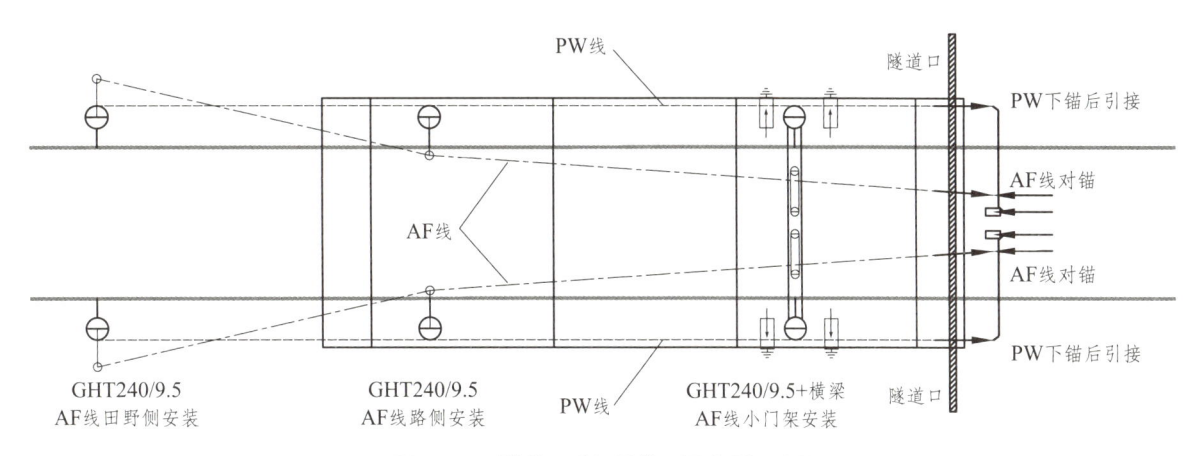

图 27.38　隧道口附加导线平面布置示意图

隧道内和隧道群供电线受隧道净空、线索间绝缘距离的制约，一般采用电缆，有沿隧道侧壁或利用电缆沟两种敷设方式，均需考虑设置一定的电缆余长，沿隧道侧壁安装的电缆必须可靠固定，以满足安全运行要求，典型方案如图 27.39 所示。

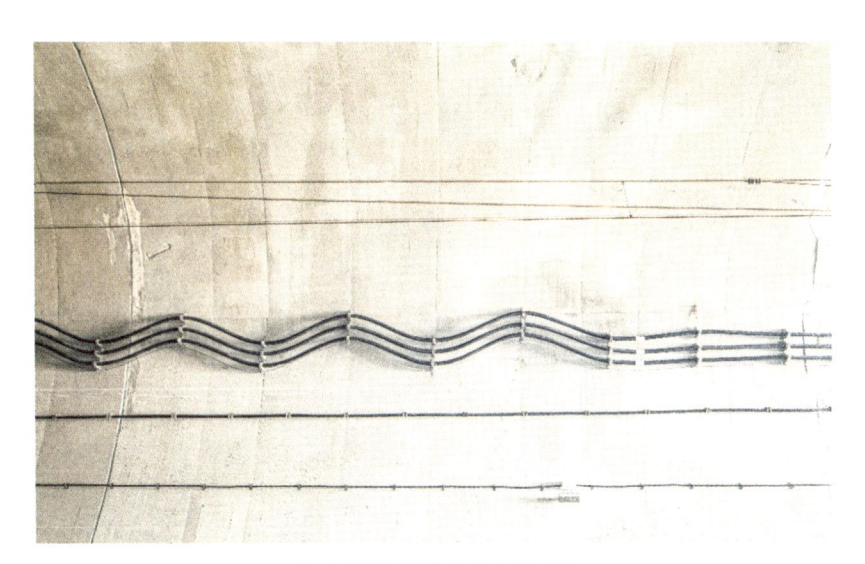

（a）隧道侧壁安装实景照片

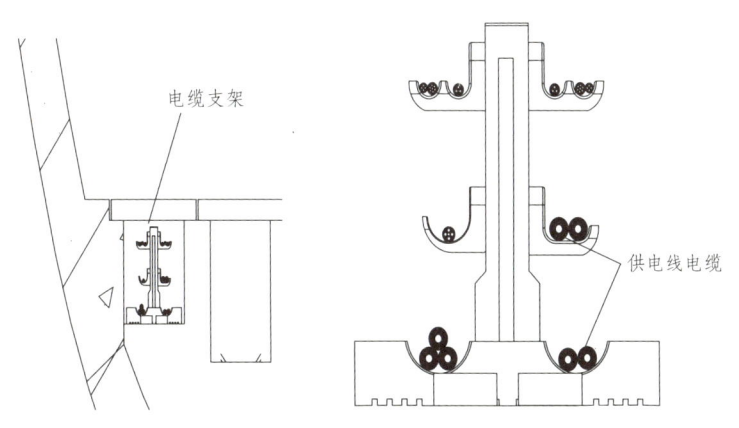

（b）电缆沟敷设安装示意图

图 27.39　供电线电缆在隧道敷设安装

27.5.3 隔离开关设备安装

隧道内隔离开关一般采用直接安装在隧道拱墙上或安装在专门设置的洞室内的方式；引线采用软铜绞线，无法满足电气安全距离要求时，可采用电缆。隔离开关安装时，不能超出救援通道允许局部占用的范围，其他线缆在隔离开关处须采取绕避措施，保证电气安全距离要求，典型方案如图 27.40 所示。

图 27.40　隧道内隔离开关设备安装实景照片

27.6　跨线建筑物接触网安装

无论新建电气化铁路还是既有线电气化改造工程中，接触网经常遇到各类跨线建筑物（如上跨铁路桥、公路桥、天桥、高架站房、管道、渡槽等），接触网如何安全地通过跨线建筑物，是电气化铁路建设过程中比较复杂的问题。

27.6.1　接触网通过跨线建筑物所需净空

接触网通过跨线建筑物所需净空 H 参照图 27.41、按式（27.1）计算：

$$H = h_j + y + y' \tag{27.1}$$

图 27.41 中：

l——跨线建筑物宽度，mm；

H——跨线建筑物净空（距轨面），mm；
h_j——接触线高度（距轨面），mm；
y——跨线建筑物底部距承力索空气绝缘间隙，mm；
y'——跨线建筑物下接触网结构高度，mm。

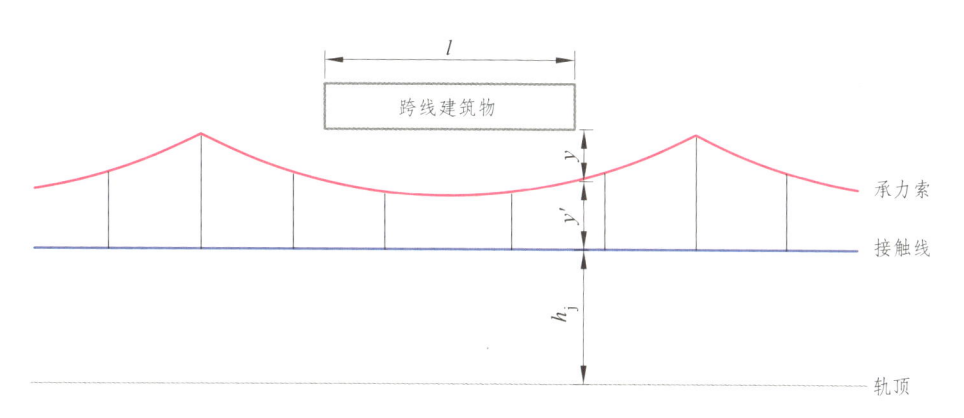

图 27.41 跨线建筑物下接触网通过示意图

对于既有跨线建筑物，其净空与宽度是固定的，可以通过调整接触网相关参数，如结构高度、承力索工作张力，或线路落道降低轨面高度等措施使接触网能够安全通过。如果跨线建筑物净空偏低，接触网可尽量采取特殊措施让接触网安全通过。当接触网采取特殊措施都难以满足通过要求时，则需要对跨线建筑物进行适当改造。

原则上尽量避免对跨线建筑物进行改造。铁路在办理跨线建筑物跨越既有铁路、在建铁路或规划铁路方案协调时，应统一按照电气化净空要求考虑，具体方案应综合兼顾跨线建筑物的技术经济可行性、合理统筹确定。接触网通过跨线建筑物下安装实例如图 27.42 所示。

图 27.42 接触网通过跨线建筑物下安装实景照片

27.6.2 低净空跨线建筑物接触网通过方案

铁路电气化工程中常常存在部分跨线建筑物的净空较低，不能满足接触网正常通过要求的情况，需要逐一研究既有低净空跨线建筑物下接触网特殊设计通过方案。特殊措施包括：适当降低接触线高度 h_j；或跨线建筑物底部距承力索空气绝缘间隙 y；或跨线建筑物下接触网结构高度 y'。接触线高度 h_j 调整的幅度有限，主要是调整跨线建筑物底部距承力索空气绝缘间隙 y 和跨线建筑物下接触网结构高度 y'。任何一个特殊方案，都必须满足列车通行速度、接触网带电体对跨线建筑物的绝缘距离及相关设施检修方便等要求。

链形接触悬挂通过低净空跨线建筑物的安装方案，归纳起来主要有以下几种。

27.6.2.1 降低接触网结构高度通过方案

该方案适用于跨线建筑物底部至轨面净空高度差距较小时的工况。图 27.41 中，降低跨线建筑物下接触网结构高度 y'，即减小承力索至接触线的距离，结构高度的降低导致最短吊弦长度变短，为保证弓网受流特性满足行车速度要求，最短吊弦长度需符合相关规范的规定。典型跨线桥下降低结构高度安装见图 27.43。

图 27.43　跨线桥下降低接触网结构高度安装实景照片

27.6.2.2 承力索绝缘通过方案

跨线建筑物底部至轨面净空高度采用降低接触网结构高度仍不能满足要求时，可采用承力索绝缘通过方案。该方案承力索在跨线建筑物两侧用绝缘子断开（通过一定距离外绕行的供电线将承力索连通），承力索在跨线建筑物下不带电，接触线带电通过跨线建筑物，如图 27.44 所示。此时注意两绝缘子之间不得安装吊弦且不得安装横向电连接，实际应用时还需要校验接触线对跨线建筑物底部的绝缘距离。该方式就是较大幅降低了跨线建筑物底部距承力索空气绝缘间隙 y，必要时还可同时降低跨线建筑物下接触网结构高度 y'。高速铁路行车速度高，由于不带电的承力索段不能安装吊弦，影响列车通行弓网受流质量，跨线建筑物顺线路方向的宽度大于吊弦间距时该方案慎用。

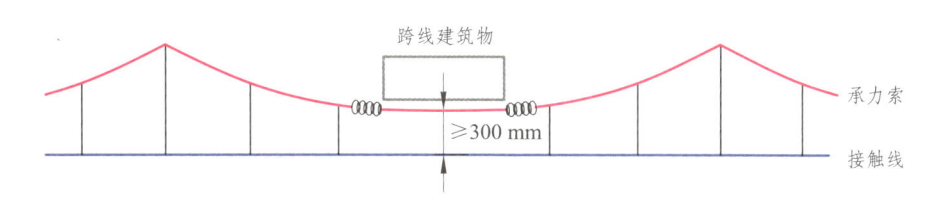

图 27.44　承力索绝缘通过，接触线带电通过安装示意图

27.6.2.3　承力索下锚通过方案

跨线建筑物底部至轨面净空高度采用承力索绝缘通过方案仍不能满足要求时，可采用承力索下锚通过方案。该方案承力索在跨线建筑物两侧下锚（可通过一定距离外绕行的供电线将承力索连通），承力索不在建筑物下通过，跨线建筑物下只有接触线带电通过，如图 27.45 所示。该方案相当于取消了跨线建筑物底部距承力索空气绝缘间隙 y，跨线建筑物下接触网结构高度 y' 的性质也发生了改变，此时接触线距跨线建筑物底部的空气绝缘间隙成为了控制条件。该方案与承力索绝缘通过方案相比，适应的跨线建筑物净空更低。由于跨线建筑物下没有承力索及吊弦，影响列车通行弓网受流质量，跨线建筑物顺线路方向的宽度大于吊弦间距时该方案慎用。

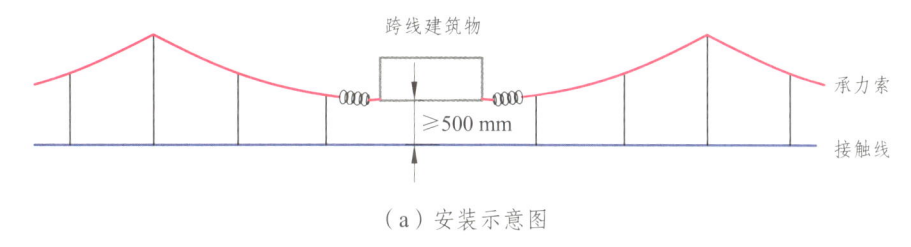

（a）安装示意图

（b）实景照片

图 27.45　承力索下锚，接触线正常通过

27.6.2.4　弹性支撑简单悬挂安装方案

当低净空跨线建筑物顺线路方向宽度大于吊弦间距且净空不允许承力索通过时（相当于承力索下锚中断），由于跨线建筑物宽度范围内接触网没有承力索和吊弦，相当于变成了简单悬挂。当跨线建筑物宽度

大于简单悬挂接触网跨距时，需在跨线建筑物下方增加接触线的定位悬挂点，为保证一定的行车速度，一般采用弹性支撑简单悬挂安装方案，即承力索在跨线建筑物两侧下锚，接触线通过安装在跨线建筑物下的弹性支撑进行悬挂定位，此时仍需在一定距离外绕供电线将承力索连通，如图 27.46 所示。弹性支撑定位器能对悬挂点的弹性进行补偿，最高适用行车速度 120 km/h。该方案只适用于普速铁路改造困难的低净空跨线桥、跨线建筑物或低净空隧道。

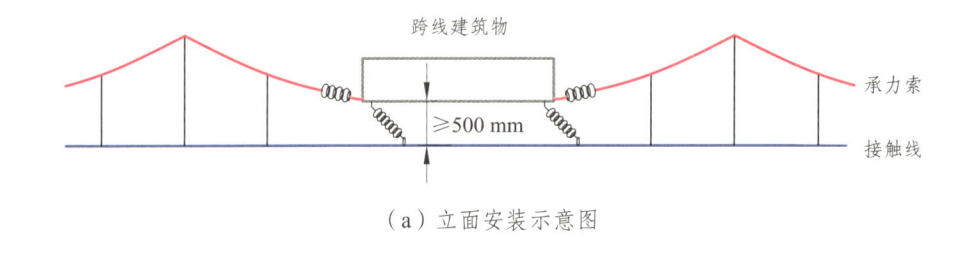

(a) 立面安装示意图

(b) 结构安装示意图

(c) 实景照片

图 27.46　低净空跨线建筑物下弹性支撑简单悬挂安装

28 接触网主要设施

28.1 锚段关节

锚段关节处相邻两锚段的接触网并行架设，使得列车通过时受电弓由一个锚段平滑地过渡到另一个锚段。根据锚段关节在接触网系统中的功能和作用不同，一般可分为非绝缘锚段关节和绝缘锚段关节两种类型：

（1）非绝缘锚段关节：仅有机械分段作用，相邻两个锚段间电气上是连通的。以四跨非绝缘锚段关节为例，其安装如图 28.1 所示。

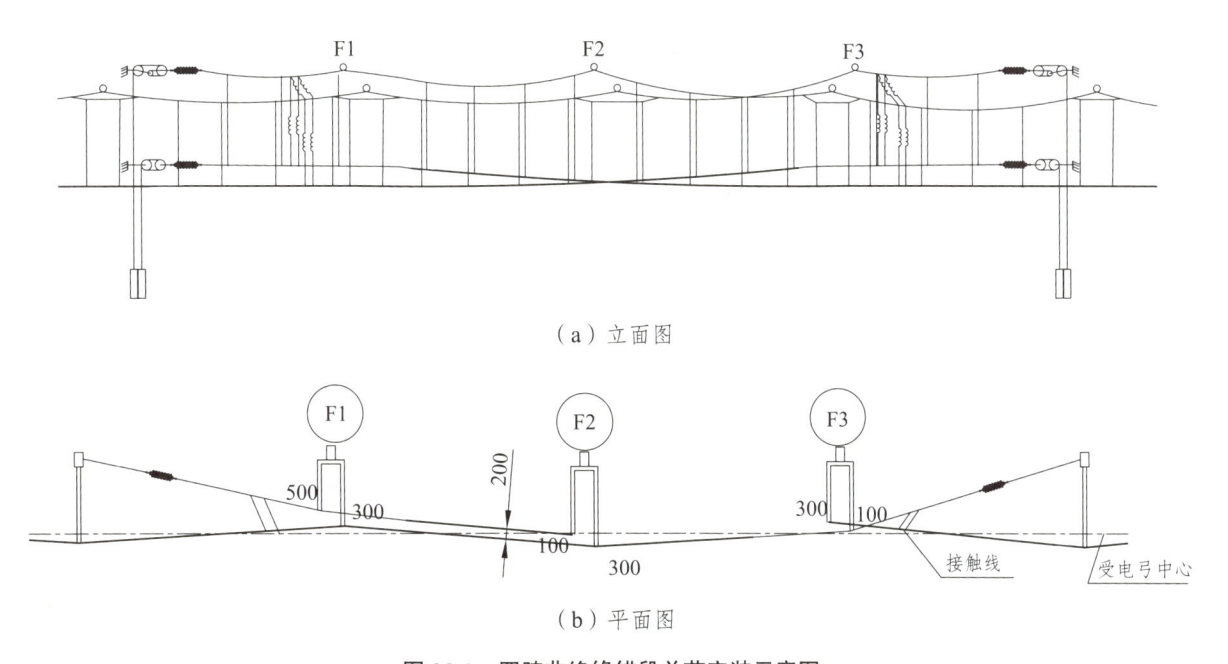

（a）立面图

（b）平面图

图 28.1　四跨非绝缘锚段关节安装示意图

（2）绝缘锚段关节：既有机械分段作用，又有电分段作用，相邻两个锚段间电气绝缘。以四跨绝缘锚段关节为例，其安装如图 28.2 所示。

（a）立面图

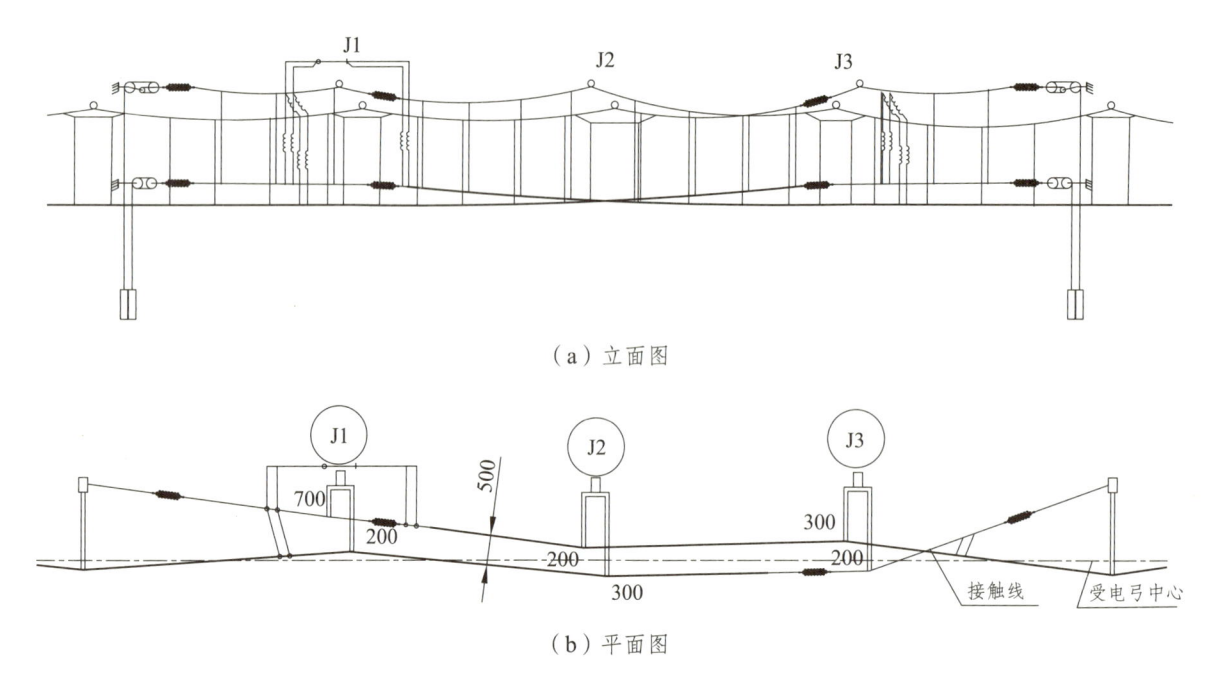

（b）平面图

图 28.2　四跨绝缘锚段关节安装示意图

28.2　下锚及中心锚结

28.2.1　下　锚

接触线或承力索会因温度变化伸长或缩短，从而使导线张力、弛度发生变化，进而造成弓网受流条件恶化。为克服这种影响，一般在接触网锚段的两端设置张力自动补偿装置。在锚段长度较短时可以一端采用无补偿下锚，另一端采用补偿下锚，即半个锚段。接触网下锚的张力自动补偿装置主要有滑轮式、棘轮式和弹簧式等几种型式，同一个锚段的张力自动补偿装置选用相同型式。张力补偿坠砣主要有圆形和矩形等形状，分为混凝土坠砣、铁坠砣、复合坠砣等，选用原则如下：

（1）普速铁路接触网下锚一般采用滑轮补偿装置和圆形混凝土坠砣。桥梁和特殊隧道内接触网下锚一般采用棘轮补偿装置和铁坠砣，也可结合应用环境条件采用复合坠砣。安装空间特别困难的低净空隧道内或非正线下锚可采用弹簧补偿装置。

（2）高速铁路和城际铁路接触网下锚一般采用棘轮补偿装置和圆形铁坠砣，隧道内可采用占用隧道空间小的长矩形铁坠砣。

28.2.1.1　滑轮补偿装置

滑轮补偿装置由铝合金补偿滑轮组、补偿绳、补偿坠砣、坠砣限制架及其连接零件等组成。补偿滑轮采用动滑轮组，可满足不同补偿张力的要求，具体安装见图 28.3、图 28.4。隧道内滑轮补偿装置安装时，隧道根据净空要求预留下锚洞。

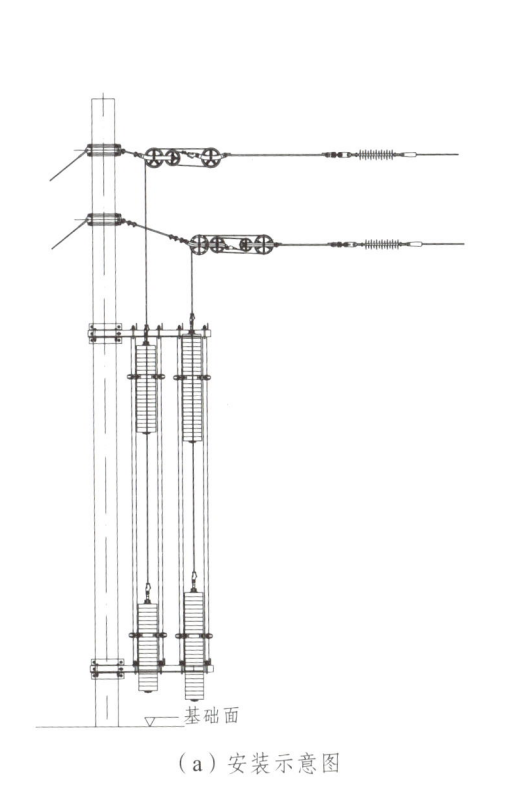

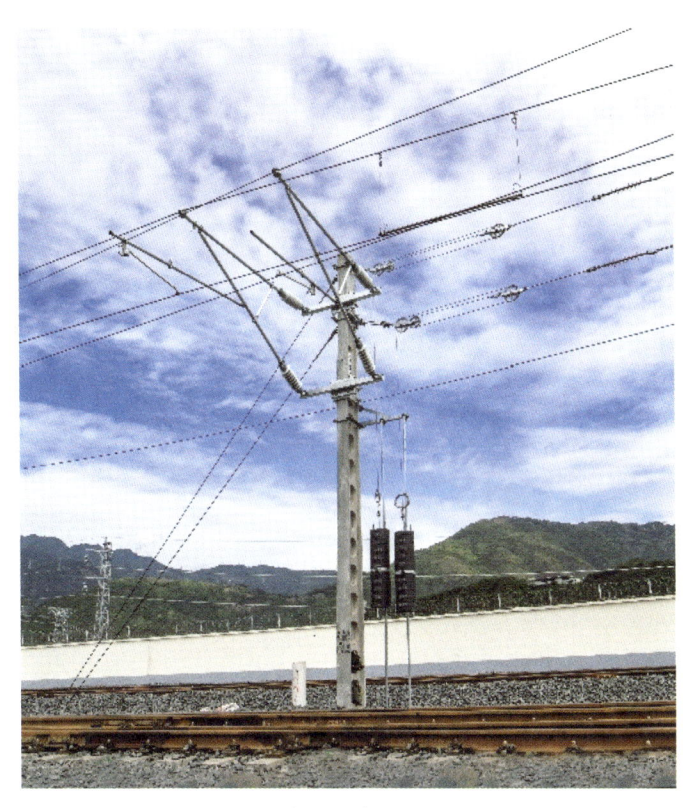

(a)安装示意图　　　　　　　　　　(b)实景照片

图 28.3　隧道外接触网下锚滑轮补偿装置安装

(a)安装示意图　　　　　　　　　　(b)实景照片

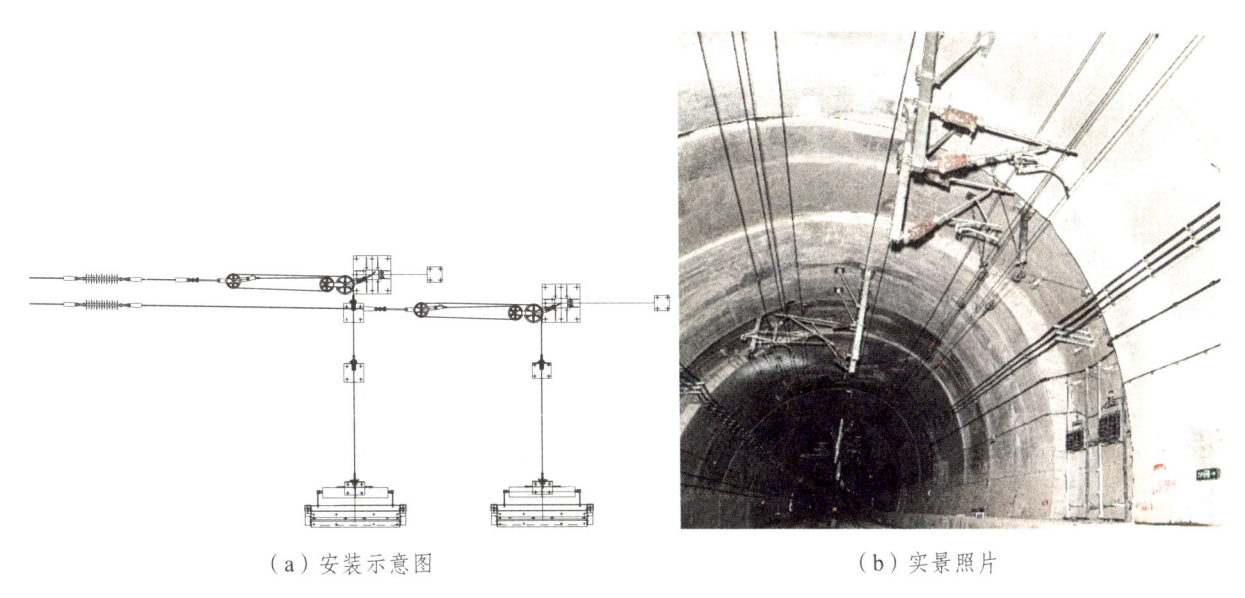

图 28.4　隧道内接触网下锚滑轮补偿装置安装

28.2.1.2　棘轮补偿装置

棘轮补偿装置由平衡轮、棘轮本体、框架、补偿绳、补偿坠砣、坠砣限制架等组成，其结构特点是棘轮和工作轮共为一体，具备断线制动功能。当接触网线索断线后，坠砣下落，棘轮有效制动，防止坠砣下落、缩小事故范围，具体安装见图 28.5、图 28.6。

（a）安装示意图　　　　　　　　　　（b）实景照片

图 28.5　隧道外接触网下锚棘轮补偿装置安装

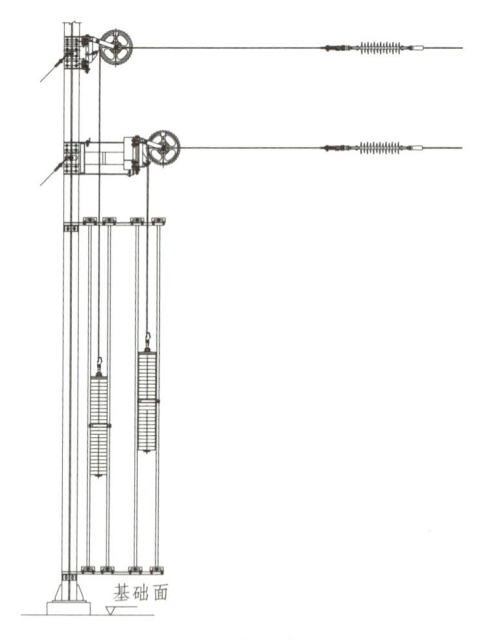

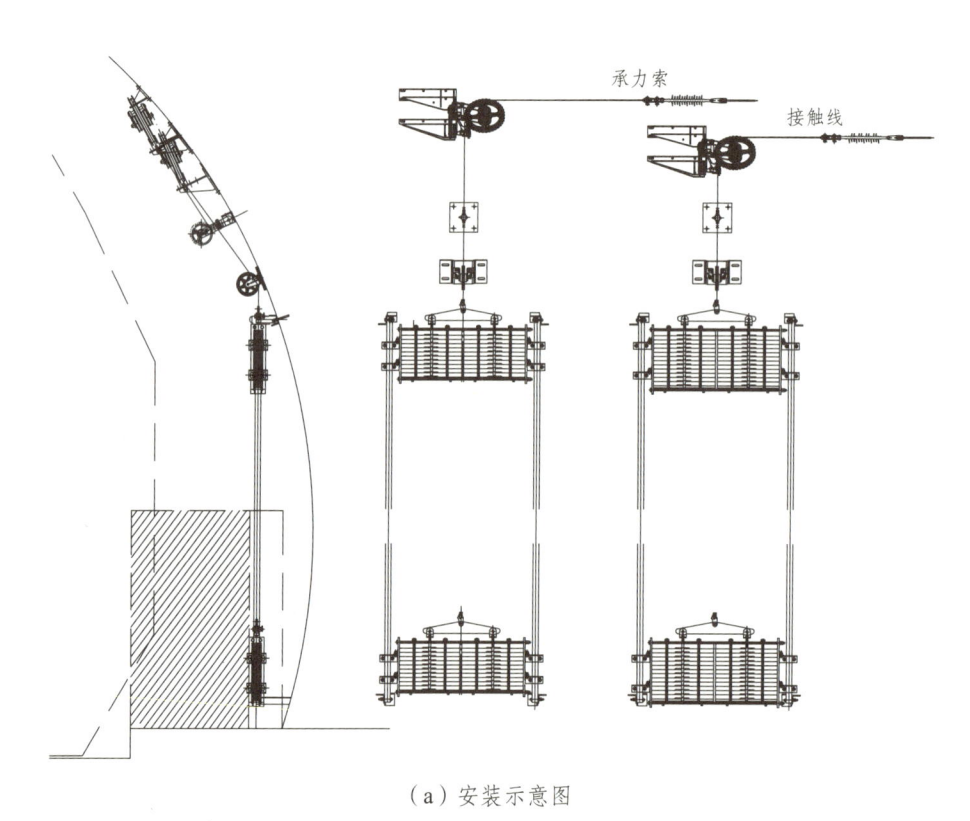

（a）安装示意图

（b）实景照片

图 28.6　隧道内接触网下锚棘轮补偿装置安装

28.2.1.2　弹簧补偿装置

弹簧补偿装置取消了下锚补偿坠砣，占用空间较小、安装方便，其典型安装见图 28.7。

图 28.7　接触网下锚弹簧补偿装置安装实景照片

28.2.2　中心锚结

中心锚结是锚段中部的锚固结构，由于锚段关节两端设置了自动张力补偿装置，在温度变化时，接触线、承力索会因热胀冷缩发生位移。在锚段关节中部设置中心锚结，防止接触线、承力索发生位移时窜动，当中心锚结采用锚固到接触网支柱上的方案时，中心锚结除了可以防止接触线、承力索窜动外，还可以防止接触线或承力索断线时对整个锚段产生的冲击。中心锚结分防断中心锚结、防窜中心锚结两种类型，一般情况下采用防断中心锚结。在车站咽喉区安装受限的站线可采用防窜中心锚结，防止接触线、承力索在中点的窜动，但不能承受导线断线产生的断线冲击。

28.2.2.1 防断中心锚结

两跨式防断中心锚结的平立面安装如图 28.8 所示。

(a) 整体结构示意图

(b) 节点 Ⅰ 放大图

(c) 节点 Ⅱ 放大图

(d) 节点 Ⅲ 放大图

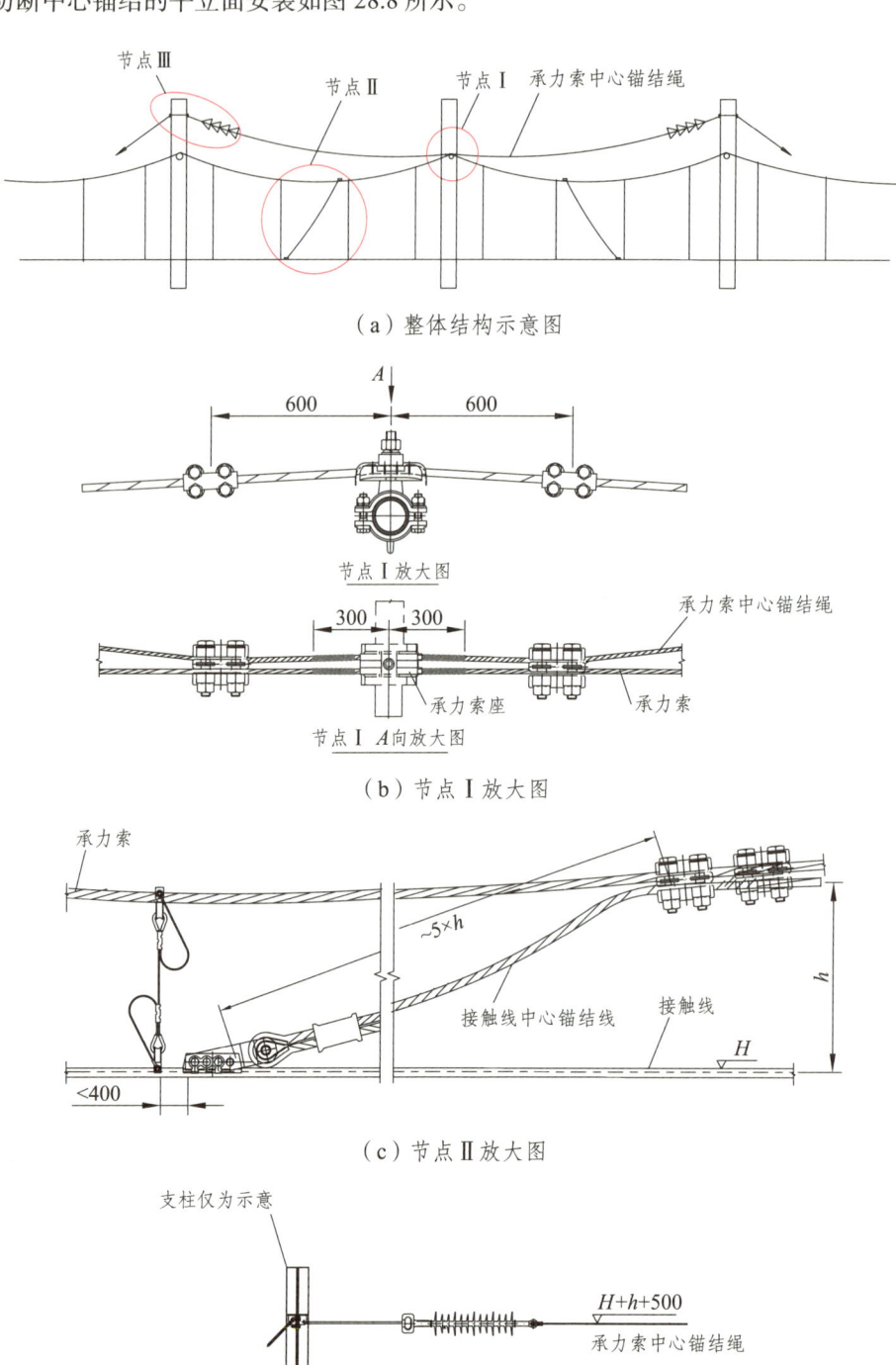

图 28.8 腕臂柱两跨式防断中心锚结安装示意图

28.2.2.2 防窜中心锚结

两跨式防窜中心锚结示意如图 28.9 所示。

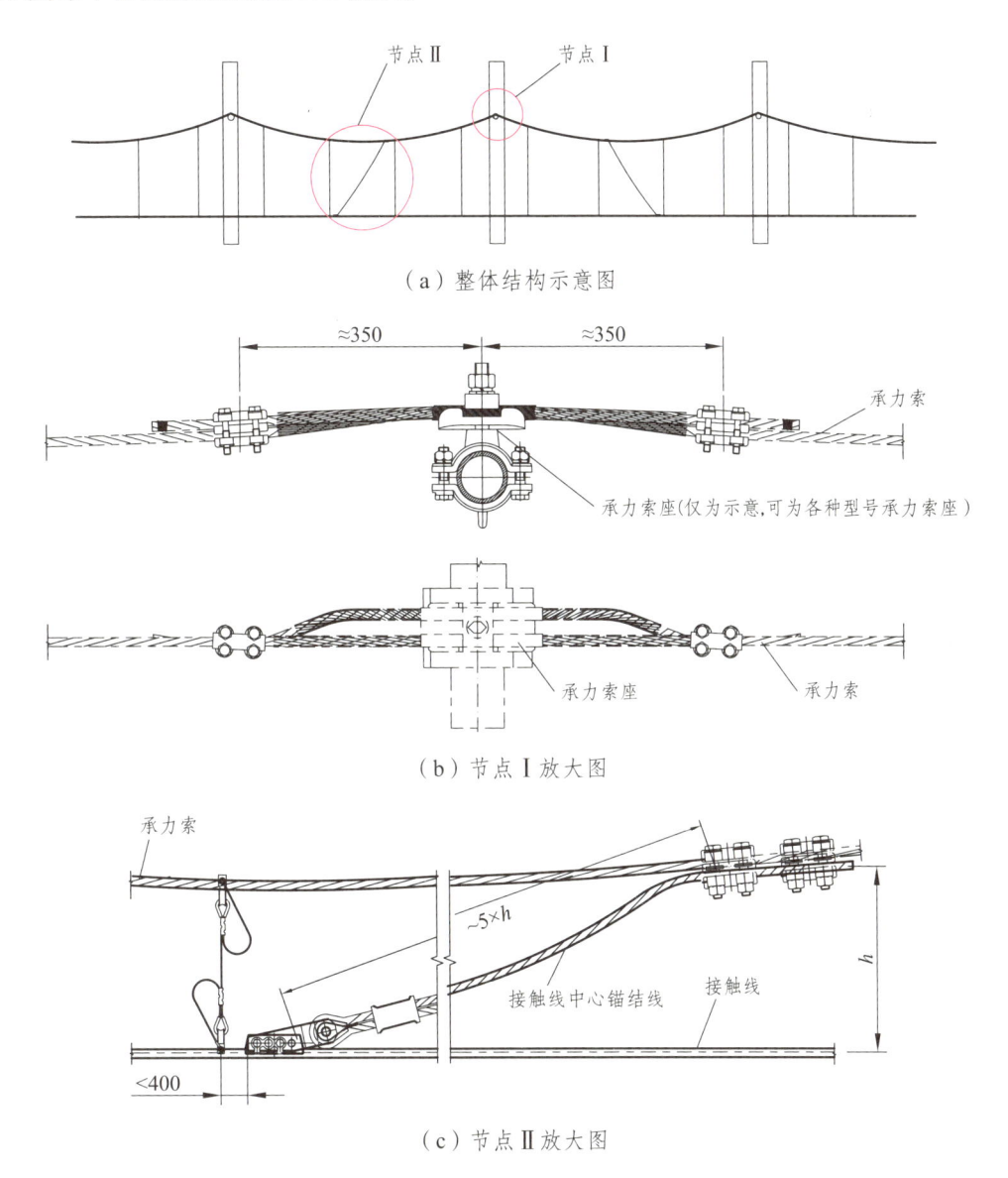

(a) 整体结构示意图

(b) 节点 I 放大图

(c) 节点 II 放大图

图 28.9 腕臂柱两跨式防窜中心锚结安装示意图

28.3 道岔定位

在道岔处对应于地面两条钢轨交叉，道岔上方也布置有两组接触网交汇，接触网道岔定位要确保道岔两股道通行的列车受电弓各行其道，互不干扰。普速铁路采用 1/9 号、1/12 号、1/18 号道岔，接触网一般采用交叉定位方式；高速铁路采用 1/18 号及以上道岔，根据正线或侧线通过速度，一般采用交叉定位方式、无交叉定位方式和带三线辅助悬挂的无交叉定位方式。

接触网道岔定位布置根据受电弓型号及其动态包络线、定位柱处接触线拉出值、定位柱支持装置的几何尺寸，道岔型号等条件，通过几何关系研究和计算确定，从而保证受电弓安全平滑通过线岔区。

28.3.1 交叉定位布置

交叉定位布置就是在道岔处的两组接触线采用线岔相交，使两股道的接触线相互约束牵制，列车在经过道岔定位的线岔时，保证受电弓运行时的接触点由一股道的接触网顺利平滑地过渡到另一股道的接触网上，见图 28.10。

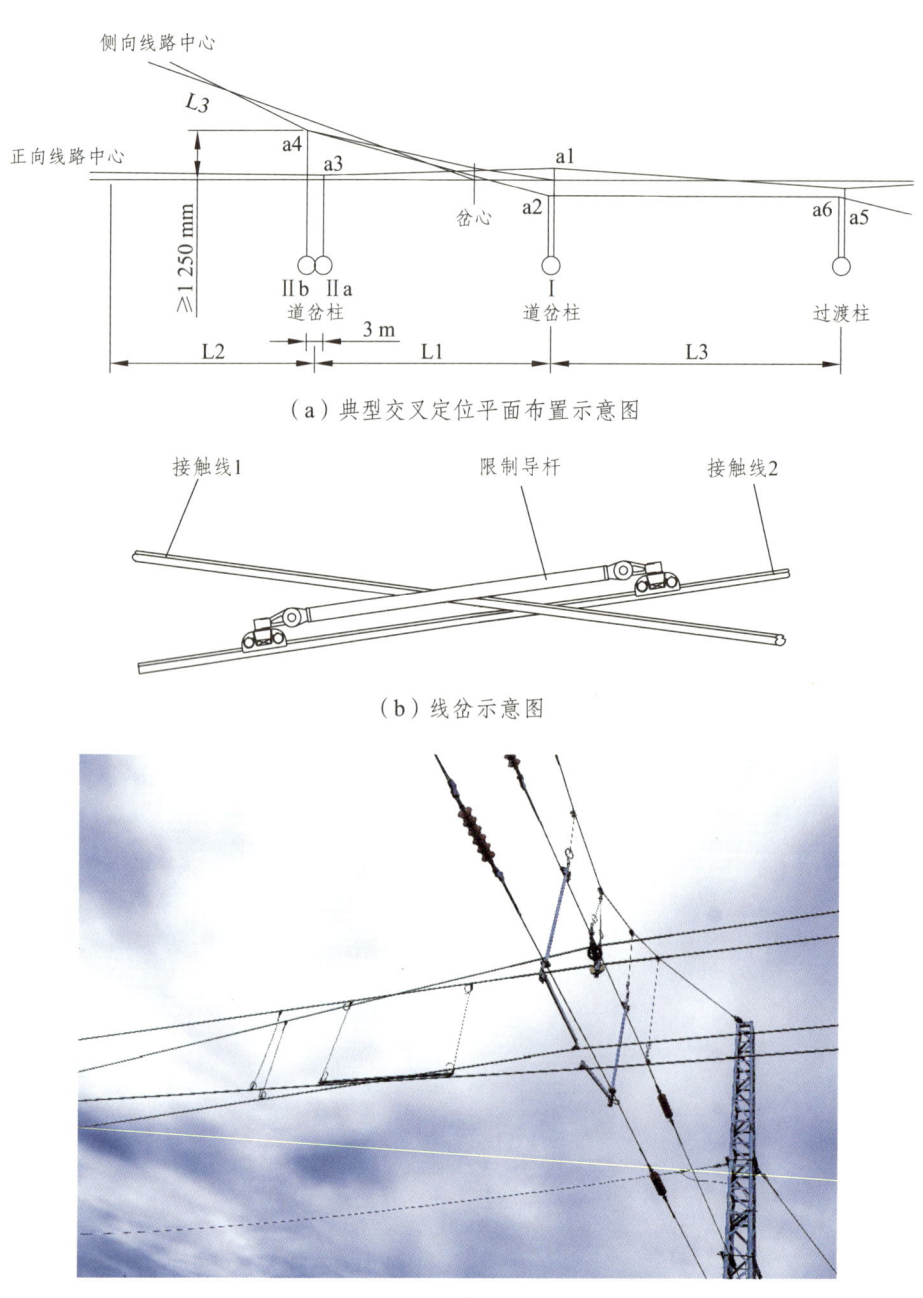

（a）典型交叉定位平面布置示意图

（b）线岔示意图

（c）实景照片

图 28.10 交叉定位布置

28.3.2　无交叉定位布置

交叉定位布置在列车高速通过时，由于线叉的硬点影响大，加上高速运行时接触线抬升量大及线岔引起的两支接触线的连动性，交叉定位布置不能满足高速铁路弓网受流质量和安全可靠运行的要求，高速铁路一般采用无交叉定位方式。无交叉定位布置就是道岔处两组接触网无相交点，两组接触网不相交、不接触，无线岔设施，减少了接触网因线岔装置而产生的硬点，且两支接触线相互比较独立，提高了接触网的弹性均匀度和弓网受流质量，一般用于1/18号道岔的定位安装，见图28.11。

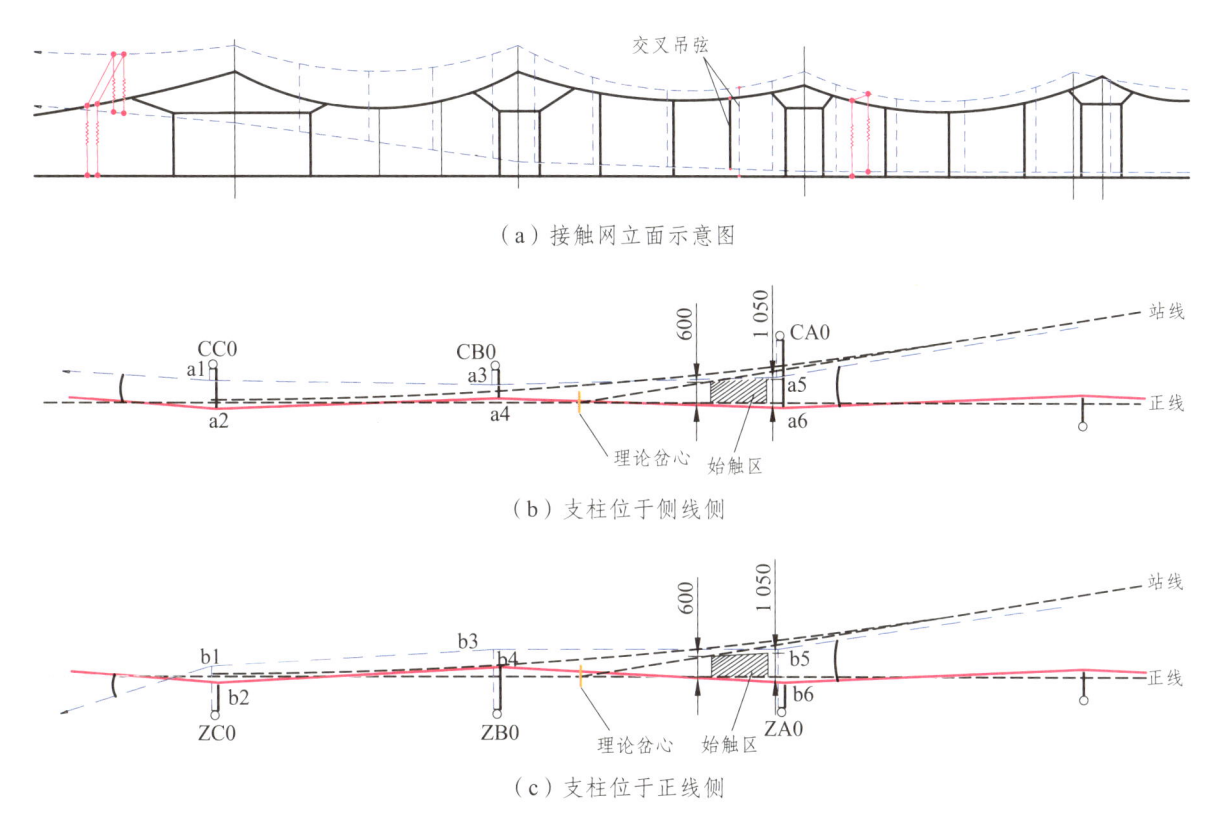

（a）接触网立面示意图

（b）支柱位于侧线侧

（c）支柱位于正线侧

图 28.11　典型 1/18 号道岔无交叉定位布置

28.3.3　带三线辅助悬挂的无交叉定位布置

带辅助绳悬挂的无交叉定位方式作为无交叉线岔布置的一种，在正线接触网和侧线接触网之间再增加一组辅助悬挂以保证受电弓从正线进入侧线或从侧线进入正线时能过渡平稳、运行安全。带辅助绳悬挂的无交叉定位方式性能稳定，但结构较复杂，一般多用于要求侧线运行速度较高的道岔（如1/42号道岔），见图28.12。

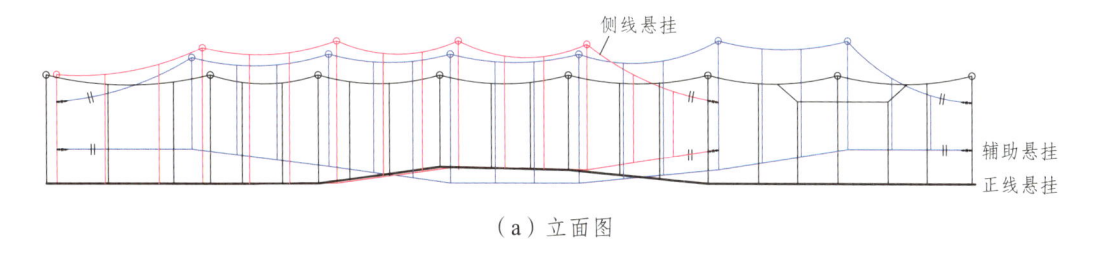

（a）立面图

(b）平面图

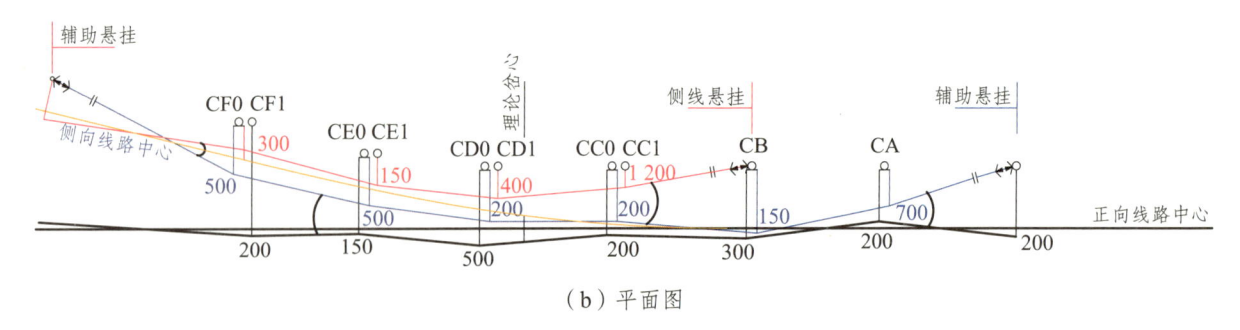

图 28.12　1/42 号道岔处接触网带三线辅助悬挂式定位布置

28.4　电连接

接触网负荷电流大，载流通道各个环节要可靠电气连接。电连接的作用就是加强相关供电设施界面的电气连接，确保电流通道畅通安全。电连接由电连接线和电连接线夹组成。电连接根据作用或安装位置，具体一般可分为：

锚段关节、线岔电连接：安装于锚段关节、线岔处，使锚段关节、线岔处两支不同接触网间实现电流导通。

股道间电连接：安装于多股道车站或编组场，使相同供电分束中的多股道不同接触悬挂并联，降低网阻抗。

开关电连接：安装于供电线与接触悬挂上网连接处、或接触网绝缘锚段关节处，通过电连接将隔离开关接入两边接触网系统。

横向电连接：根据系统供电载流要求，按一定的间隔在接触网锚段内设置的接触线和承力索间的电连接。

接触网电连接安装见图 28.13。

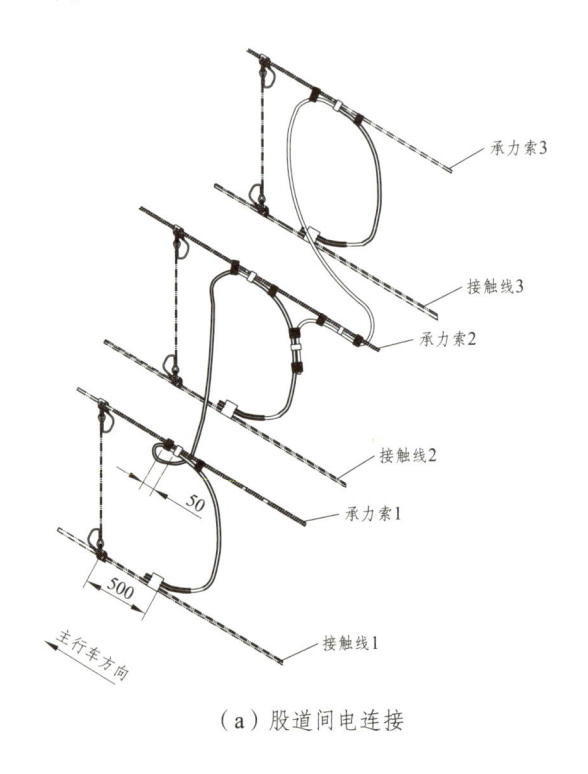

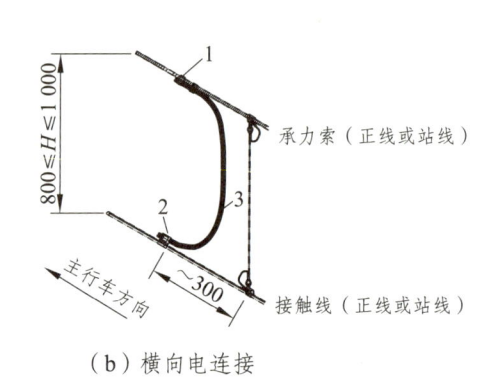

（a）股道间电连接　　　　（b）横向电连接

(c)实景照片

图 28.13 接触网电连接

28.5 电分段

电分段有器件式和绝缘锚段关节式两种类型,在区间、枢纽或车站联络线、长距离走行线采用绝缘锚段关节式电分段,在车站渡线、到发线等处一般采用器件式电分段。

28.5.1 器件式电分段

器件式电分段采用分段绝缘器,如图 28.14 所示。

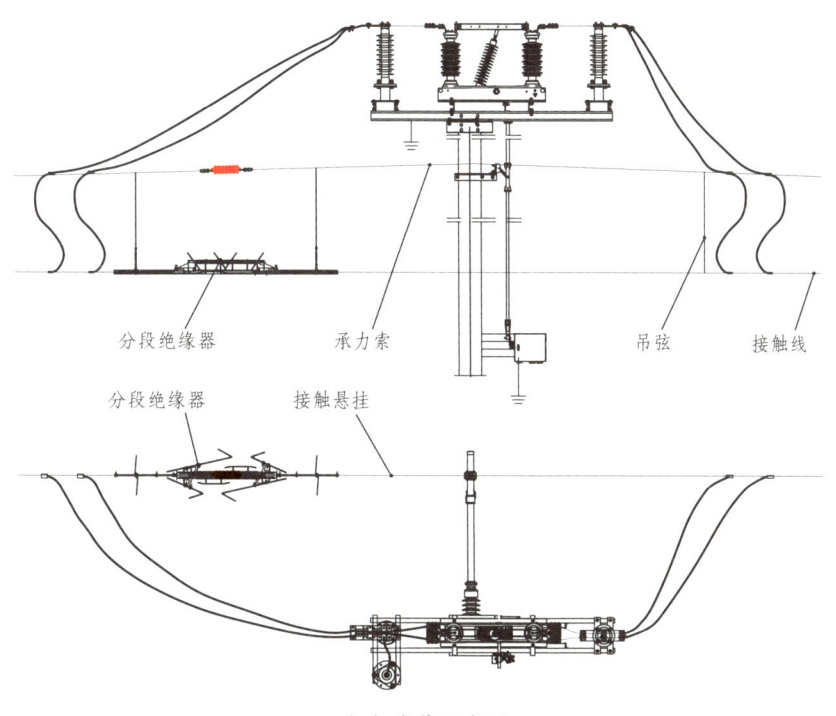

(a)安装示意图

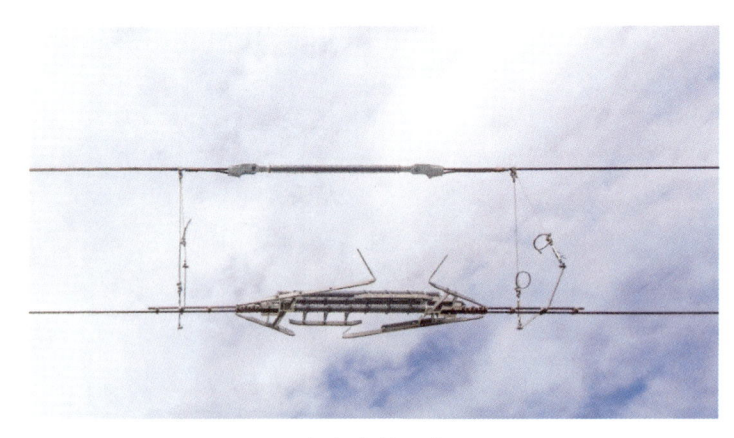

(b) 实景照片

图 28.14 分段绝缘器安装

当电分段两侧电位差较大时,分段绝缘器需具有消弧功能。由于器件式电分段硬点影响明显,不适用于高速运行。在正常情况下,列车受电弓带电滑行通过。当某一侧接触网发生故障或因检修需要停电时,可打开分段绝缘器处的隔离开关,将该部分接触网断电,而其他部分接触网仍正常供电,从而提高了接触网运行的可靠性和灵活性。

分段绝缘器一般用于车站货物线及有装卸作业的到发线、机车整备线、车库线、专用线、同一车站不同车场之间的横向电分段等处。通过隔离开关的开合实现独立区段的停电和带电,以保证货物装卸人员、机车或接触网检修人员及其他作业人员的作业安全和人身安全。

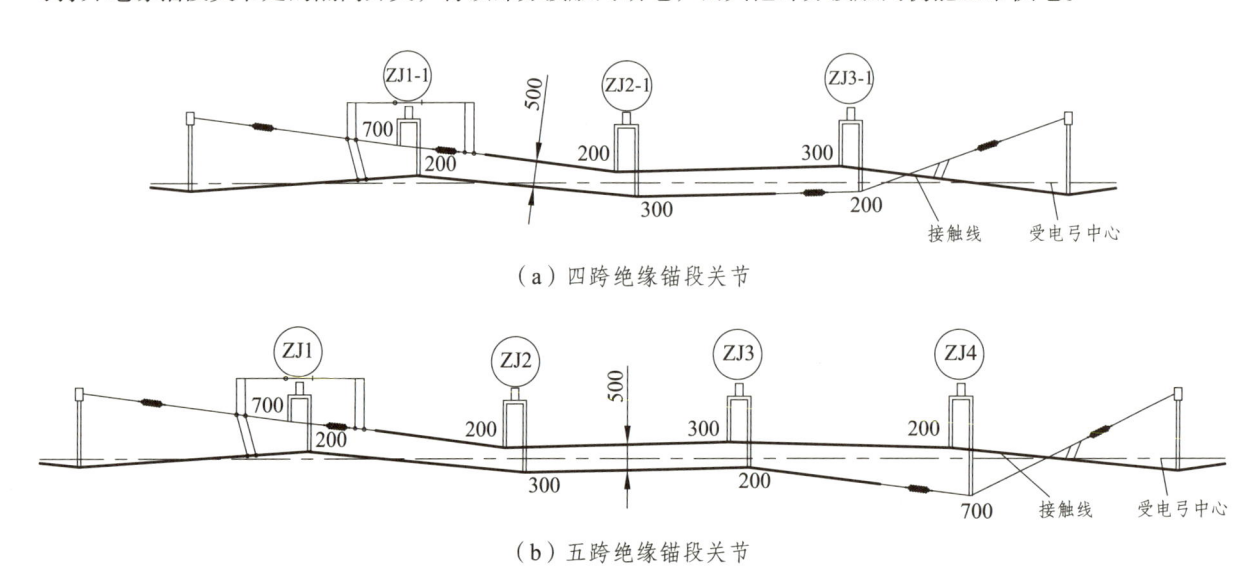

28.5.2 绝缘锚段关节式电分段

绝缘锚段关节式电分段是利用绝缘锚段关节的空气间隙实现电分段功能。绝缘锚段关节弹性均匀度好,适用于高速运行。绝缘锚段关节式电分段如图 28.15 所示。当某一侧接触网发生故障或因检修需要停电时,可打开绝缘锚段关节处的隔离开关,将该部分接触网断电,而其他部分接触网仍能正常供电。

(a) 四跨绝缘锚段关节

(b) 五跨绝缘锚段关节

图 28.15 绝缘锚段关节式电分段

绝缘锚段关节根据载流情况在两侧转换柱附近设置关节电连接、开关电连接及等电位连接线等，与隔离开关配套使用，实现同相电分段；一般情况下，隔离开关处于常闭状态，当一侧馈线需要检修时，打开隔离开关，保证另一馈线范围正常行车。

28.6 电分相

电分相用于两个不同相供电分区之间的电气隔离，有器件式和绝缘锚段关节式（简称关节式）两种类型，后者又分为两断口与三断口两种方案。我国电气化铁路电力机车及动车组工作受电弓一般不设置高压母联，电分相布置与弓间距需相互配合，见 28.6.3 节。

我国早期电气化铁路采用器件式电分相，随着铁路提速及高速铁路的发展，有利于改善弓网受流质量的关节式电分相在我国电气化铁路得到了全面推广应用。

28.6.1 器件式电分相

器件式电分相由三个电分相绝缘器构成，电分相绝缘器上方的承力索，通过与接触线上绝缘元件相对应的绝缘子断开，如图 28.16 所示。电分相绝缘元件构成的不带电区段称为中性区，列车通过中性区时断电惰行通过。器件式电分相适用于 120 km/h 以下的线路。

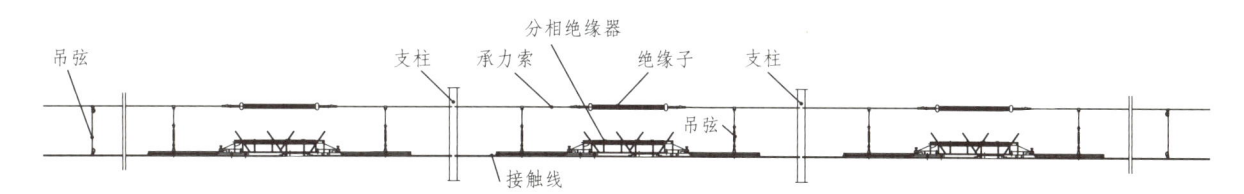

（a）结构示意图

（b）实景照片

图 28.16　器件式电分相

28.6.2 绝缘锚段关节式电分相

关节式电分相采用由两个绝缘锚段关节构成的中性区段，中性区段设置无电区隔离两边不同相位的接触网。这种采用两个锚段关节组成的电分相存在两个电气断口，一般称为双断口关节式电分相。

在普速电气化铁路或动车组型号较多的高速铁路中，为适应线路上运行的列车受电弓的多种布置型式，部分线路采用了三断口或多断口关节式电分相，布置示意图参见图28.17。

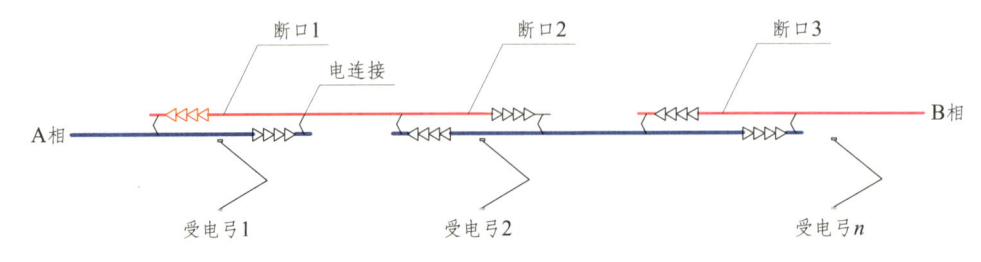

图 28.17　三断口关节式电分相示意图

28.6.3 电分相与受电弓间距的匹配

关节式电分相的中性区段布置方案根据《轨道交通受流系统受电弓与接触网相互作用准则》（TB/T 3271），需满足与双弓取流受电弓的匹配要求，避免双弓在电分相处将两侧不同相位的接触网短接。根据我国《铁路技术管理规程（高铁部分）》（TG/01）电动车组重联或长编组运行双弓间距 L 为 200～215 m。关节式电分相由两个绝缘锚段关节构成的中性区段 D，中性区段设置无电区隔离不同相位的接触网。接触网关节式电分相可采用无电区 D' 的长度大于弓间距 L 的布置型式，其中 D' 的长度一般不小于 220 m，如图 28.18 所示。

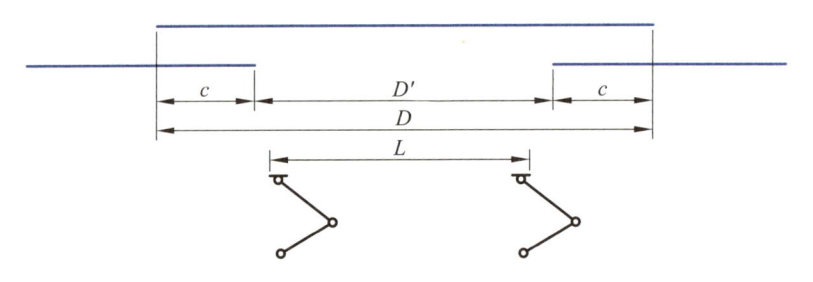

图 28.18　无电区大于弓间距的电分相示意图

接触网关节式电分相也可采用中性区段 D 的长度不大于最小双弓间距的布置型式，D 的长度一般不大于 195 m，如图 28.19 所示。

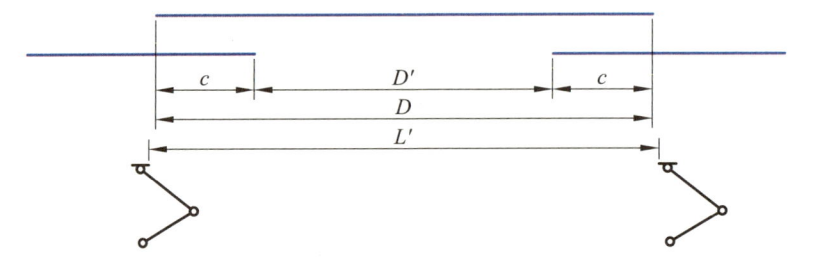

图 28.19　中性区段小于弓间距的电分相示意图

此型式适用于以下条件：
- 工程实施受限，如隧道口间距短处设置电分相；
- 行车检算对运行时分影响较大；
- 250 km/h 及以下的客货共线、单弓运行的城际或市域铁路等。

28.6.4 列车过分相

随着列车运行速度的提高，早期采用的人工操作过分相的方式已逐步被自动过分相取代。目前，我国常用的列车自动过分相方式有车载自动过分相和地面自动过分相两大类型。

客运列车断电过分相需符合《轨道交通 客运列车断电过分相系统相互匹配准则》(GB/T 36981)的规定。

28.6.4.1 车载自动过分相

车载自动过分相一般是指车载设备断电过分相方式，原理如图 28.20 所示。普速铁路一般通过抽换磁性枕实现，常用的地面磁性枕埋设如图 28.21 所示。高速铁路采用设地面应答器的列控系统控制车载设备断电操作。

图 28.20 车载自动过分相原理示意图

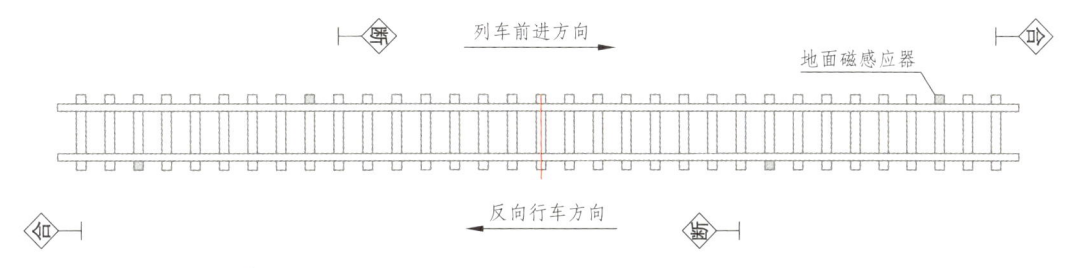

图 28.21 断合标切换过分相及机车配合地面磁钢过分相示意图

28.6.4.2 地面自动过分相

目前我国电气化铁路地面自动过分相应用的方式有以下 2 种方案。

1. 电子开关切换式地面自动过分相

以前地面自动过分相装置采用断路器切换方案，存在直接切换负荷大电流，容易造成对牵引供电系统的暂态冲击，且列车通过电分相需要断路器频繁动作，严重影响断路器寿命，故障隐患大，运营成本高。上述问题的症结在于断路器，如果采用电子开关（晶闸管）取代断路器就可以克服断路器切换存在的问题，从而形成新型的切换过分相系统。电子开关可以在电流过零时切换,避免了暂态冲击影响,故障少,整个过分相系统运行状态稳定可靠。如图 28.22 所示,电子开关切换式地面自动过分相原理如下:

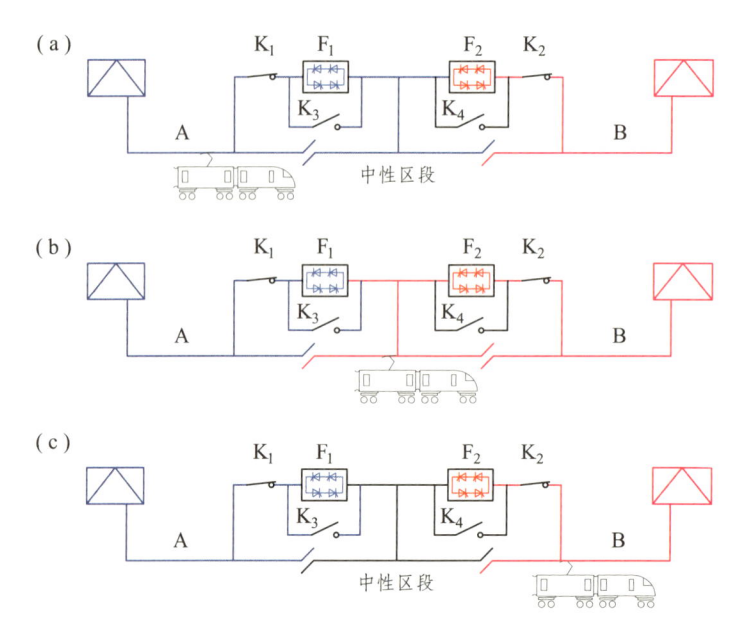

图 28.22　电子开关切换式地面自动过分相原理示意图

(1)电力牵引列车接近中性区时电力电子开关 F_1 导通,使得中性区具有此刻的同相电 A。

(2)列车位于中性区内时,开关 F_1 断开、开关 F_2 闭合,使之转换为与列车前方电源端同相位的电源 B。

(3)列车驶离中性区后装置返回到初始状态,等待下一趟列车到来。

2. 连续供电式地面自动过分相

任何自动过分相装置都存在着从 A 相到 B 相的换电过程,不同的只是换电时间的长短或是否存在断电,要真正实现不断电切换就必须做到中心段与 A 相电压、B 相电压平稳过渡,我国研制成功的连续供电式地面自动过分相装置就是实现这一目标的世界首套真正不断电自动切换地面过分相系统。我国研制的连续供电式地面自动过分相装置,利用大功率电力电子柔性供电技术,巧妙利用并网和移相技术为列车通过接触网电分相中性区时提供可靠连续供电,消除了列车经过电分相中性区需断电通过的缺陷,实现了真正的列车带电通过电分相,可避免列车通过电分相掉速和电压转换引起的过电压暂态过程,从而根本解决了列车过分相的应用难题。系统整体技术方案和工作原理图如图 28.23 所示。不断电的连续供电式地面自动过分相 BPT 系统原理如下:

(1)电力牵引列车接近中性段时 BPT 装置输出电源,使得中性段具有此刻的与 A 同相的电压 u_a,列车从 A 相供电臂平稳驶入中性段。

(2)列车位于中性段内时,系统变流器装置可在保持满功率输出状态下,快速变换当前工作电压相位 u_a,使之在列车移动过程中转换为与列车前方电源端同相位的电源 u_b。此时列车在中性段电压平稳移相为 B 相时平稳驶入 B 相供电臂。

(3)列车驶离中性区后装置返回到初始状态,等待下一趟列车到来。

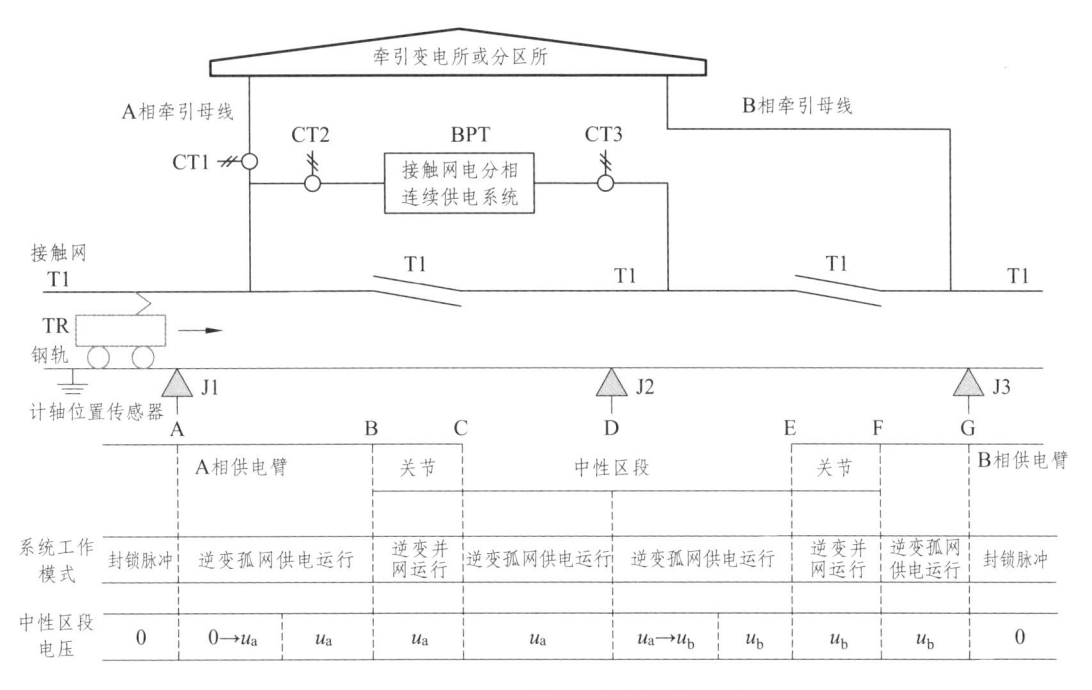

图 28.23　连续供电式地面自动过分相原理示意图

连续供电式地面自动过分相系统是我国电气化铁路自主创新领先世界的先进技术，能够真正实现带电过分相（对行车而言相当于不存在电分相），实现列车零掉速通过电分相。期待不断积累经验，实现优化，为中国电气化铁路服务。

该系统在长株潭城际铁路湘江隧道 30‰ 长大坡道上的电分相处投入应用，可解决大坡道、枢纽等限制条件下的电分相设置难题，充分满足工程建设和运营管理多方面的需求；有效解决了大坡道、重载等特殊工况下列车过分相停坡、降速、无法全力制动、带电过分相的过电压、相间短路、拉弧等问题；减少列车过分相速度损失和节省运行时间。

29 接触网平面布置

铁路沿线接触网平面布置一般按区间、站场进行划分，接触网的布置型式在站场和区间路基、桥梁、隧道等存在一定差异。

接触网平面布置主要内容为支柱布置及支柱侧面限界确定、锚段划分、道岔区定位布置、拉出值设置、特殊地段导线高度及结构高度确定、吸上线及接地位置确定等。

接触网锚段的典型平面布置见图29.1。图中数字1～19为支柱编号，"○"为支柱，支柱1～6号间、14～19号间为锚段关节，7～8号间、12～13号间支柱为中间腕臂柱；9～11号支柱处为中心锚结，相邻两根支柱之间距离为跨距，1号至19号支柱间的距离为一个锚段长度。

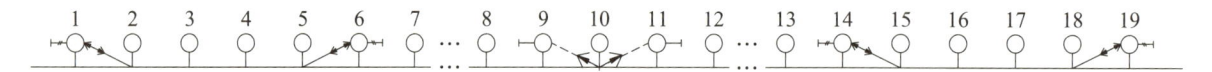

图 29.1 接触网锚段平面布置示意图

29.1 站场接触网平面布置

29.1.1 平面布置主要内容及原则

铁路车站是办理客、货运输的场所，为满足列车通过及作业的功能需求，除正线以外还设置有到发线、牵出线等。站场范围内的接触网设施以满足列车通过及作业的需求为目的，同时兼顾美观，与整体系统的景观相互协调，达到功能与景观兼具的效果。站场接触网平面布置的主要内容及原则如下：

1. 站场接触网布置的控制点

站场接触网布置的控制点主要有咽喉区道岔、信号机、平交道口、天桥、地道、涵洞、站房和雨棚范围及立柱、水管、电缆沟等。接触网布置时要先落实控制点的定位，然后依次进行平面布置工作，必要时与其他专业配合共同优化接触网及相关专业方案。

2. 支柱布置

站场接触网一般采用软横跨、硬横跨或腕臂柱型式，个别使用双、多线路腕臂结构（采用腕臂柱向邻线伸出长腕臂给邻线悬挂定位，应用较少）。具体方案根据铁路等级、站场规模及平面、站房结构等因素确定，主体方案宜统一，整体协调美观。软横跨一般用于普速铁路，软横跨所跨越的股道数一般不超过 8 股，股道过多时，可在软横跨中间加设一根软横跨支柱，形成 3 支柱的两组连续软横跨。硬横跨常用于高速铁路，硬横梁长度一般不大于 40 m，跨越股道过多时，也可在硬横跨中间加设一根硬横跨支柱，形成 3 支柱的两组连续硬横跨，普速铁路在速度较高、大风区或跨越股道较少不适合采用软横跨时，也可采用硬横跨，此时可采用轻型硬横梁并采用定位索悬挂方式。腕臂柱一般作为车站软横跨或硬横跨的补充在咽喉区或外侧股道采用，客运专线在车站规模小且线间距满足立柱条件时，也可以全部采用腕臂柱。接触网软横跨、硬横跨、腕臂柱、双线路腕臂结构实景照片分别见图 29.2～图 29.4。

图 29.2　软横跨实景照片

图 29.3　硬横跨实景照片

（a）腕臂柱　　　　　　　　　　（b）双线路腕臂结构

图 29.4　腕臂柱、双线路腕臂结构实景照片

3. 锚段划分

站场内锚段设置相对区间比较简单，在站场范围内正线、到发线一般设置 1 个锚段，到发线较长或车站咽喉区外伸较长时会超过 1 个锚段。锚段划分在满足技术条件要求的前提下，尽量减少锚段数量，接触悬挂下锚柱、中心锚结下锚柱及拉线尽量避开桥、涵及其他建（构）筑物。正线间渡线有条件的情况下按正线悬挂类型单独设置一个锚段。

站场内附加导线锚段划分结合区间锚段设置情况，尽量避免在站台范围内设置下锚，使站场内接触网更简洁。

4. 站场内拉出值的确定

站场接触线拉出值原则参照直线区段"之"字拉出值 200 ~ 300 mm，曲线区段拉出值不大于 400 mm 标准值布置。以道岔定位柱为控制起点开始布置，整体次序与接触网支柱布置原则相同。需特别注意反定位时定位管与雨棚之间的距离，当选用常规拉出值不满足绝缘间隙要求时，按实际条件确定反定位拉出值。

5. 站场内侧面限界选用

站场内接触网侧面限界选用见表 29.1。

表 29.1　站场内接触网侧面限界选用表

区段		支柱侧面限界 /mm
直线区段	通过超限货物列车的正线或站线	>2 440
	不通过超限货物列车的站线	>2 150
曲线区段		按《标准轨距铁路限界》（GB 146）的规定加宽
牵出线处	采用大型机械化养护的路基地段	≥ 3 100
	一般情况下	≥ 3 500
	困难情况下	≥ 3 100

6. 道岔区接触网布置

道岔区接触网布置，即道岔定位，其布置方式包括交叉布置与无交叉布置两种，道岔定位结构的平面和立面图见本书 28.3 节。

我国普速铁路道岔区接触网采用交叉布置方式，道岔柱设在单开道岔的道岔区线间距 600 mm 处，即标准定位方式。高速铁路正线道岔区的接触网布置一般采用无交叉布置方式，侧线通过速度 120 km/h 及以上的道岔区可采用带三线辅助悬挂的无交叉关节布置方式。

站场道岔区接触网平面布置实例及效果如图 29.5 ~ 图 29.7 所示。

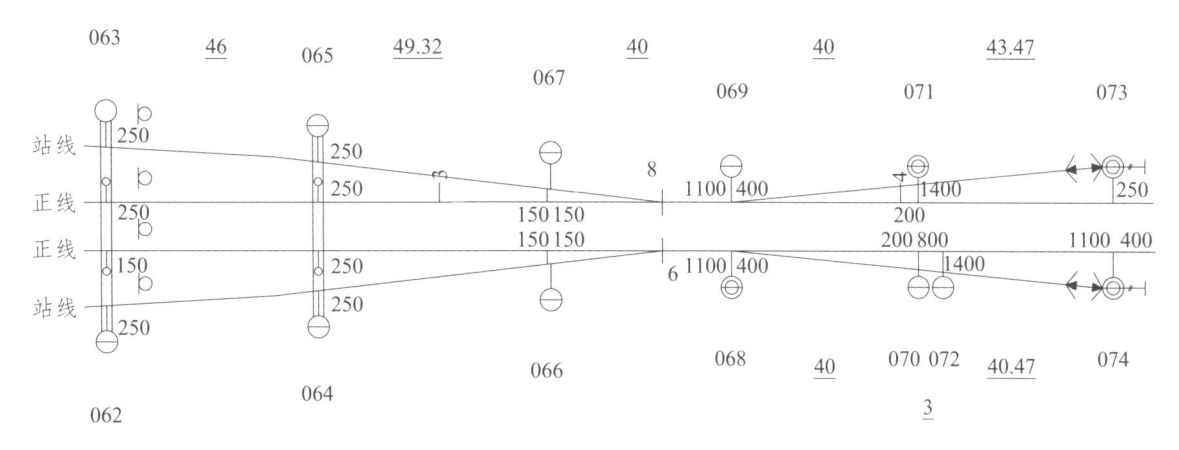

图 29.5 站场道岔区接触网平面布置图

图 29.6 站场道岔区接触网平面布置实景照片（腕臂柱）

图 29.7　站场道岔区接触网布置实景照片（硬横跨）

29.1.2　软横跨、硬横跨布置

1. 软横跨

普速铁路在车站股道多且线间距紧凑无法设置腕臂柱时，一般采用软横跨。软横跨结构主要由横承力索、上部定位绳、下部定位绳等组成，接触网的承力索、接触线分别在上、下部定位绳上悬挂安装。

结合支柱容量计算的结果，软横跨柱一般仅在跨越较少股道时采用预应力混凝土支柱，对跨越股道较多或支柱容量较大的软横跨处采用钢柱。

2. 硬横跨

高速铁路或大风区、车站景观要求较高的普速铁路车站，在股道多且线间距紧凑无法设置腕臂柱时，一般采用硬横跨。硬横跨由硬横梁柱、硬横梁和吊柱等组成。吊柱吊装在硬横梁上，接触网的承力索、接触线在吊柱上安装，类似于单腕臂柱的安装方式。线路速度不高的硬横跨，接触网的承力索、接触线可采用定位索安装方式。硬横跨支柱高速铁路多采用钢管支柱，普速铁路主要采用格构式钢柱，在支柱容量较小时可以采用预应力混凝土环形支柱。

29.2　站台区域接触网布置

接触网作为特殊的室外输电线路，其支持悬挂方案对景观效果存在一定影响，因此，需考虑景观要求综合确定站台范围内的接触网布置。车站接触网布置方案主要为线间立柱和与雨棚、站房结构合架。接触网线间立柱见图 29.8、图 29.9。

接触网布置时，尽量不在站台上设置支柱，基本站台上原则不设置支柱。确需在站台上立柱时，原则上与站房结构和雨棚结构合架，无条件利用时，在基本站台和侧式站台上支柱尽量立在站台外侧，岛式站台立在站台中间，特殊情况时根据具体条件确定立柱方案，图 29.10 为站台立柱实景照片。

图 29.8 站台内接触网线间立柱实景照片

图 29.9 雨棚下接触网线间立柱实景照片

图 29.10 站台上接触网立柱实景照片

接触网与站房结构合架时,一般利用站房结构柱安装腕臂支持装置,或站房结构下设置吊柱,分别见图 29.10、图 29.11。

(a)利用站房柱安装腕臂支持装置

(b)利用站房结构柱合架硬横跨

图 29.10　利用高架站房结构柱合架实景照片

图 29.11 高架站房下接触网吊柱悬挂实景照片

接触网与雨棚结构合架时,一般利用雨棚柱合架硬横跨(早期电气化很多合架软横跨),该方式中硬横跨采用短钢柱,其余技术条件与一般硬横跨或软横跨一致。雨棚柱合架硬横跨安装实景照片见图 29.12。车站采用无站台柱雨棚时,雨棚距轨面以上净空较高,一般利用雨棚柱安装腕臂支持装置,或雨棚结构下设置吊柱。与雨棚柱合架见图 29.13。

图 29.12 雨棚柱合架钢管硬横跨实景照片

（a）利用雨棚柱合架

（b）利用雨棚顶结构

图 29.13　利用雨棚结构合架实景照片

29.3　区间接触网平面布置

29.3.1　平面布置主要内容及原则

区间只有铁路正线，即单线铁路有 1 条正线，复线铁路有上、下行 2 条正线。复线铁路 2 条正线除绕行区段线间距较大外，一般并行区段线间距较小，不具备线间设立接触网支柱条件。区间相对车站其结构和功能都比较简单，区间接触网平面布置主要是做好路基、桥梁、隧道区段的支持安装和悬挂定位，并与线路整体系统功能和景观协调。区间接触网平面布置的主要内容及原则如下所述。

29.3.1.1 区间接触网布置控制点

区间接触网布置的控制点主要有影响支柱位置的桥梁、隧道、涵洞、区间高柱信号机及其他轨旁设施、铁路平交道口、站场接口,以及跨越铁路的公路桥等跨线建筑物、高压电力线等。接触网平面布置时要首先考虑这些控制点的支柱定位、然后再逐步展开确定其他支柱分布方案,必要时与其他专业配合确定接触网布置方案。区间接触网布置见图 29.14、图 29.15。

图 29.14 区间接触网布置实景照片一

图 29.15 区间接触网布置实景照片二

29.3.1.2 锚段划分

锚段长度根据补偿的接触线和承力索的补偿张力差、补偿装置型式、下锚高度以及气象条件等综合因素确定。锚段划分首先将隧道、桥梁、跨线建筑物、电分相等控制点的锚段划分好，然后再向两侧延伸。

锚段关节布置尽量避免设在隧道内、桥梁上。确需在隧道内设置锚段关节时，需综合考虑隧道内锚段关节、下锚、下锚拉线的空间位置，及与周围电缆、消防通道的位置关系等；在桥梁上设置锚段关节时，桥梁上尽量采用不打拉线的锚柱，否则要考虑锚柱拉线位置，同时要考虑支柱、拉线、下锚坠砣与桥栏杆、避车台、声屏障的位置关系等。

29.3.1.3 支柱布置

区间支柱布置一般从区间与车站衔接的锚段关节开始，结合锚段划分、支柱类型、支持装置、侧面限界、计算跨距、风偏检算等条件，先确定电分相位置及桥梁、涵洞、隧道、跨线建筑物、平立交道、高柱信号机等控制点的跨距，再向周边延伸完成其他支柱布置。支柱布置尽量采用标准跨距，常用跨距为 40～65 m，高速铁路箱梁上结合桥梁跨度一般为 48 m，在受控制点影响不采用标准值时，可根据具体情况采用实际跨距值。曲线区段腕臂柱有条件时尽量设于曲线外侧，锚柱布置需考虑下锚拉线的位置。

29.3.1.4 拉出值布置

区间拉出值一般按标准值选用，即直线区段，接触线按"之"字形布置，支柱处的拉出值为 200～300 mm；曲线区段，接触线一般由受电弓中心向外侧拉出，并宜使接触线与受电弓中心点的轨迹相割，高速铁路对于半径较大的曲线区段一般也按"之"字形布置。在个别桥梁、隧道等处采用标准拉出值绝缘距离不够时，可按实际条件确定拉出值。

29.3.1.5 侧面限界

区间支柱侧面限界参见本书 25.4 节。

29.3.2 桥梁上接触网平面布置

桥梁接触网平面布置在确定的悬挂类型和悬挂支持方案的基础上，确定跨距长度、接触悬挂安装位置和安装方案。有条件时尽量不在桥梁上设置锚段关节，较长桥梁难免设置锚段关节时，还需确定锚段关节及中心锚结位置和安装方案。高速铁路接触网支柱基础等设施在桥梁制作时预留。

铁路桥梁有 T 梁、箱梁、下承式桁梁等类型。梁的型式和股道数量的不同，接触网设施的设置要求也不相同。

T 梁上接触网采用钢支柱，一般在桥墩、墩台上进行布置。接触网布置方案见图 29.16。

箱梁上接触网一般采用 H 形钢柱立于桥面上，接触网支柱沿桥面纵向布置，支柱基础一般在桥梁制作时预留设置。接触网跨距设置结合梁缝、拉线与锚柱相对位置等因素确定，一般采用 48 m 跨距，跨距设置有规律性，尽可能减少桥梁特殊模板数量。接触网支柱基础可分为中间柱、转换柱、下锚柱基础和拉线基础。接触网基础的荷载与接触网悬挂及附加导线的线材配置、张力选用、线路的曲线半径、支柱选型、冰雪风等气象条件、列车空气动力等相关。接触网布置方案见图 29.17。

图 29.16 T 梁上接触网布置实景照片

图 29.17 箱梁上接触网布置实景照片

接触网通过下承式桁梁的安装,需根据下承式桁梁的限界、桥梁结构型式及尺寸,确定接触网悬挂支持装置位置及安装方案。一般利用梁体结构安装,如在梁底设置吊柱等安装方案,见图29.18。

图 29.18 下承式钢桁梁接触网布置实景照片

多线桥上的接触网平面布置方案类似于站场方案。有条件时在股道间设立单腕臂柱,股道间不具备立柱条件时,一般采用硬横跨,支柱立于桥面上。多线桥上接触网布置方案见图29.19。

(a)线间立柱接触网布置

（b）硬横跨布置

图 29.19　多线桥上接触网布置实景照片

29.3.3　隧道内接触网平面布置

隧道内接触网平面布置在确定的悬挂类型和悬挂支持方案的基础上，确定接触线高度、结构高度、跨距长度、悬挂点位置、安装埋入件位置、拉出值的大小及方向、锚段关节及中心锚结位置等。有条件时尽量不要在隧道内设置锚段关节。

新建隧道内接触网需要设置绝缘锚段关节时，隧道需预留锚段关节、下锚洞及安装隔离开关用空间。隧道内接触悬挂补偿下锚一般采用坠砣式补偿下锚方式及铁坠砣结构，特殊情况下可采用弹簧补偿器等下锚方案。

新建隧道接触网安装一般采用预埋槽道方案，预埋槽道及接触网接地线等在隧道施工时一并实施。既有铁路隧道接触网安装连接件一般采用后置锚栓方案。

隧道内接触网结构及运行状态需要考虑列车通行时风动力的影响，在进行隧道内接触网平面布置时，尤其要注意隧道口不同导线之间的绝缘间隙，必须保证在温度、风、覆冰、列车受电弓等外界条件影响下导线间有足够的绝缘距离。高速铁路隧道内接触网布置方案见图 29.20。隧道内附加导线具体布置方案详见本书 27.5.2 节。

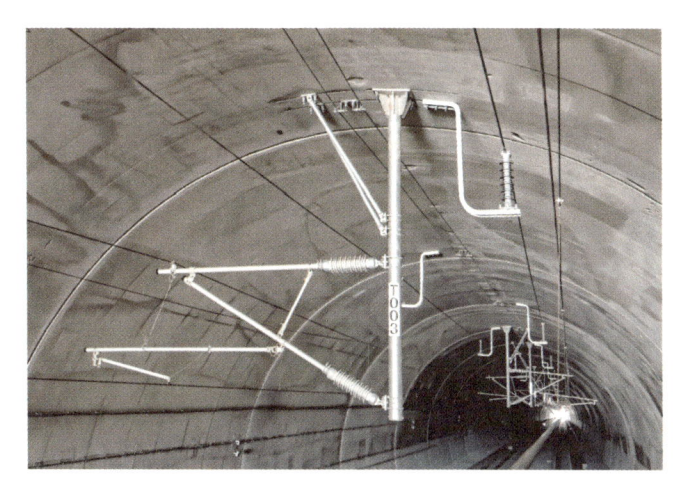

图 29.20　高速铁路隧道内接触网布置实景照片

29.4　接触网供电分段

为实现牵引供电系统不同相电源供电分区间的绝缘隔离，以及在同一相电源供电分区内为保证接触网供电可靠性和灵活性，缩小检修和停电事故的影响范围，接触网在供电方面设计成既相互联系又相互独立的区段，称为供电分段。供电分段分为电分相和电分段两种类型。通过供电分段设置，当某区段接触网需进行停电检修或者发生故障时，可以断开相应区段的隔离开关，实现该区段的无电作业，而不影响其他区段接触网的正常供电。

29.4.1　电分相

我国电气化铁路采用交流工频单相制式，由电网提供工频三相交流外部电源，由于电气化铁路是单相不平衡负荷，为平衡电力系统各相负荷，牵引供电系统一般实行牵引变电所相邻供电臂相序轮换供电，为此需要在接触网上相邻供电臂间设置电气绝缘装置，称为电分相，将不同相电进行电气隔离以避免相间短路。

电分相有器件式电分相和锚段关节式电分相（空气间隙式）两种型式。其中，锚段关节式电分相又分为两断口与三断口两种类型，具体方案见本书 28.6 节。

电分相设置原则如下：单线电气化铁路在接触网牵引变电所处及供电臂末端设置电分相。复线电气化铁路在接触网牵引变电所处和分区所处设置电分相。电分相位置尽量避免设置在长大坡道区段、列车出站加速区段和线路限速低速区段，具体设置方案及设置位置需经行车检算并与线路、站场、信号、供电等相关接口专业协商确定。

枢纽内牵引供电在采用不同牵引变电所的馈线供电时，不同相序供电分区相邻的线路、车场间的联络线、动走线等设置电分相。枢纽电分相及电分段设置参见本书 5.5 枢纽供电原则及方案。

29.4.2　电分段

在同一相的供电分区内再分隔成不同的供电区域，分隔不同供电区域的设施称为电分段。接触网电分段有器件式、绝缘锚段关节及绝缘子（软横跨）电分段等型式，具体方案见本书 28.5 节。接触网电分段有纵向电分段和横向电分段两种类型。沿线路方向所进行的分段称为纵向电分段。枢纽及站场多股道接触网之间所进行的分段称为横向电分段。

接触网纵向电分段设置原则如下：单线电气化铁路一般在车站的电源侧设置电分段，一般采用绝缘锚段关节型式；复线电气化铁路需满足上下行分别独立供电、检修安全，实行 V 形天窗、反向行车的要求，按 V 形天窗的停电范围设置绝缘锚段关节；根据检修停电需要在供电臂中部的适当位置处设置绝缘锚段关节。上述绝缘锚段关节处均设置隔离开关。

接触网横向电分段设置原则如下：复线铁路上、下行能分开独立供电，即必要时上（下）行停电时下（上）行仍能正常供电，并在必要时做到相互供电，双线间渡线设置电分段；大中型站场的不同车场间、同一车场的不同供电分束间设置电分段。

器件式电分段弹性差，适用速度低，一般用于复线铁路上下行渡线间及站场内分束供电股道间。绝缘锚段关节作为电分段弹性好，适用速度高，一般用于区间和站场内列车运行速度较高的走行线、联络线等处。

绝缘子电分段用于车站多股道软横跨上，仅具备供电绝缘作用。车站供电分段见图 29.21。

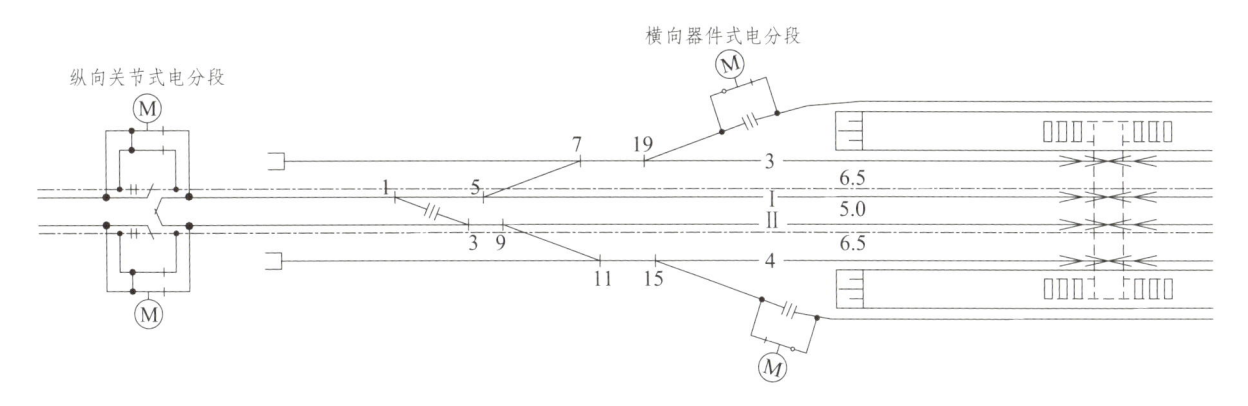

图 29.21 车站供电分段示意图

29.4.3 分束供电

枢纽及大型站场一般按不同车场或线路方向分别设置电分段划分为不同供电分区，由于有的车场股道多规模大或车场功能复杂，为避免整个车场作为一个供电分区在故障或检修时一起停电影响范围大，需要进一步细分供电分区，缩小停电范围。将规模较大或功能复杂的车场或大型车站实施分束供电，即将车场或车站股道按功能或方向别以几条股道为单元进一步细分为不同的供电分区，供电分区间设置电分段，可以实现车场或车站内各个细分的供电分区单独停电。车站供电分束见图 29.22。

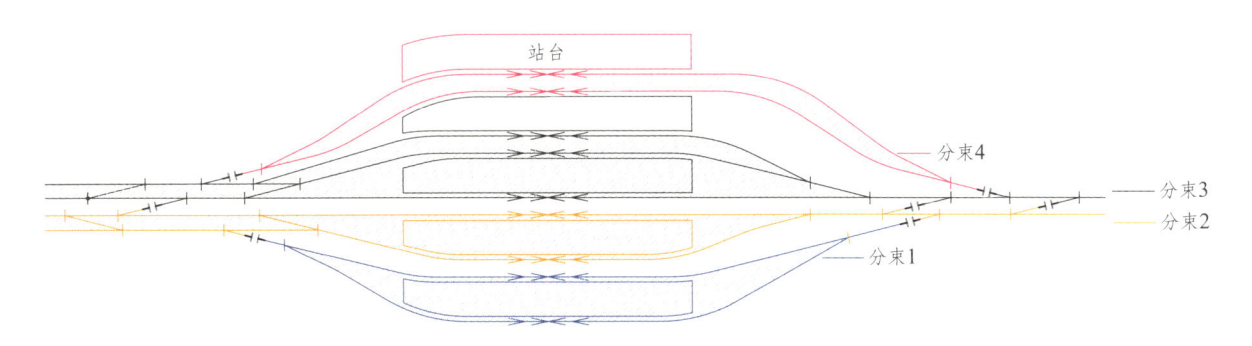

图 29.22 站场分束供电示意图

29.5 接触网 V 停反行

运营铁路接触网一般利用维修天窗进行维修或养护，由于繁忙运输干线维修天窗比较困难，时间十分紧张。为解决好运输与维修之间的矛盾，提高维修天窗的使用效率，以一个车站或区间为检修单元，采取将上、下行单独开天窗方案，即开 V 形天窗。维修天窗只封闭一个方向线路，另一个方向线路实行双向行车，即被封闭线路的列车通过采用反方向行车的办法疏解运输。

为实现 V 停反行，首先在各站两端设置反向渡线和反向行车进站信号；接触网在每个车站两端设置绝缘锚段关节电分段和隔离开关，上、下行渡线上设置器件式电分段，实现接触网以车站或区间为单元按上、下行分别停电。上、下行接触网带电设备的间距规范规定大于 2 m，以保证维修人员的人身安全。接触网 V 停反行供电方案见图 29.23。

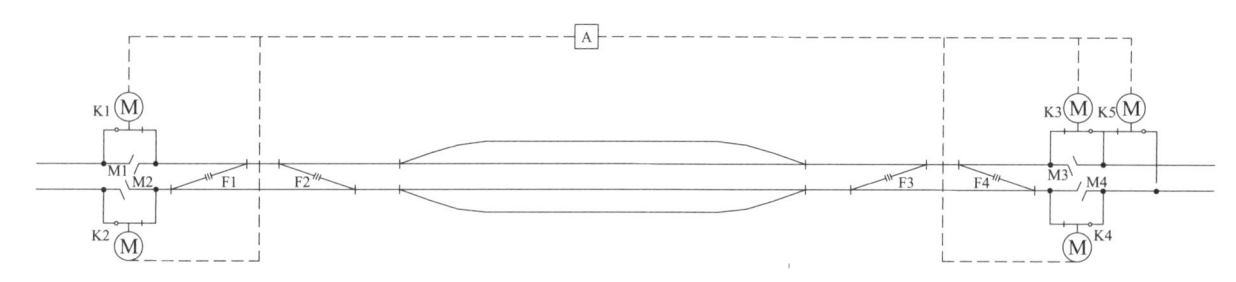

图 29.23　接触网 "V" 停反行供电方案示意图

29.6　接触网景观设计

接触网沿铁路线布置，与沿线路基、桥梁、隧道和车站站房等铁路设施及铁路周边背景环境关系密不可分。接触网在满足列车持续安全可靠供电的基础上，如何使接触网与沿线铁路设施及周边背景环境在景观上协调融合，也是接触网同样需要重点考虑的问题，接触网景观设计日益受到重视，并逐渐成为了接触网系统技术的重要内容。例如接触网安装与客运车站站台及雨棚的有机融合，支柱、硬横梁结构视觉轻型优化，平面布置和空间高度的整齐协调性等技术措施，既能实现铁路运营的性能，又能尽量减少或降低接触网对整体美观的干扰，达到一体化的景观效果。

29.6.1　景观美学的主要构建原则

接触网与沿线铁路其他专业设施接口繁琐而细致，而且存在与站前土建工程建设上的时间差。接触网景观设计需要系统考虑，协调配合。接触网是一个分布广泛的庞大系统，接触网的美观性、安全可靠性等特性越来越受到人们的关注，因此应用景观美学的构建原则，对接触网产生一些约束条件，让接触网能更好地融入铁路这个大系统及周边环境，适应广大乘客的审美观。接触网景观设计中的景观美学构原则主要包括功能性原则、艺术性原则、生态性原则等。

29.6.2　接触网结构的视觉设计原则

设计时需将接触网结构作为一个整体综合研究，在满足功能的前提下尽量考虑其单项和整体的美观性；列车也是一个旅客体验平台，需考虑乘客在列车上对接触网结构的视觉感受，采用主次分明、重心稳定的结构，而且要给旅客呈现出干净、整齐、稳重、安全的感觉，在旅客站台宜减少或取消支柱的布置；支柱、腕臂以及绝缘子等的色彩和谐统一，慎用过于鲜艳刺眼的色彩。

29.6.3　接触网融入不同环境的景观协调设计

由于车站内与车站外环境不同，周边设施有差异，列车的速度也不一样，则相应的接触网设计方案存在着区别。站内以车站建筑风格为主要依据，接触网设计尽可能与之相匹配。接触网若能隐藏在建筑特征之内，可弱化对站内建筑结构景观的影响，则视觉效果为最佳。

站外以周边环境为主要参照背景，要求不如站内那样复杂，可重点考虑接触网系统本身的景观要求，保证各单元序列的节奏感。

29.6.4　支持装置及安装方式的景观选择

由于不同铁路的地域文化、建设风格等存在较大差异，对接触网的支持装置及安装方式等可结合具体项目，按照视觉评价要素选用支持装置，如不在站台上立柱、利用雨棚柱合架、利用站房结构柱安装等，尽量使其不与美学理论相悖。各结构的应用和选择主要看相互间的搭配效果，原则上对接触网结构整体进行评价。

选择时主要需考虑以下几方面的因素：材料、截面、安装方式、色彩、质感以及经济性等，其中，截面、色彩和质感直接影响视觉效果。

一般而言，腕臂柱和硬横梁较稳重，力量感较强，可以通过结构型式、色彩和表面质感的配合来达到所期望的视觉效果。

29.6.5　接触网景观设计工程措施

接触网工程措施需兼顾景观效果。接触网景观设计只是按照景观要求考虑设计方案，一般不增加投资，或者增加的工程投资相对较小。接触网景观设计是在接触网功能设计的基础上，兼顾景观需要，对功能、景观、投资综合考虑。

区间接触网支柱高度原则统一，特殊地段可适当增加或降低高度，相邻支柱高度需保持相近。整体支柱高度和跨距协调平衡。

高净空大型及以上站房接触网一般采用线间立柱、与雨棚柱合架、与站房结构合架的软横跨等方案，跨线站房下慎用硬横梁方案。站房净空较低时可采用吊柱方案。

跨线硬横跨的硬横梁本身结构高度与两侧支柱宽度（或直径）接近，横梁上吊柱一般尽量远离两侧支柱。

有景观要求的接触网支柱可采用 H 形钢柱、圆柱或视觉体量感较轻的其他类型支柱。

接触网系统的景观设计与车站、桥梁等设计综合考虑，必要时由相关专业提供接触网立柱的设计安装条件。

29.6.6　景观设计的典型工程应用

29.6.6.1　武汉站

2009 年开通的武广高铁武汉站，其中央大厅采用了大跨度结构，接触网没有站房结构柱利用条件，为了不在站台上立接触网支柱，接触网采用了超大的 84 m 跨距，并对接触网结构高度、吊弦相应调整，直接跨越了中央大厅下的大空间，采用这一世界第一大跨的接触网系统，避免了对站房整体景观的影响，在满足受流性能、结构安全、人员安全等功能性设计要求的同时，实现了融入整体建筑景观的协调目标。

站内两端扶梯的中部公共区采用了与雨棚柱色彩、外形统一协调、结构相互融合的合架悬挂，与公共设施形成整齐的序列,将接触网结构设施完美融入了站房结构系统,保证了整个站房区域的良好景观效果。武汉站外景及中央大厅如图29.24所示,中央大厅下站台区域无接触网支柱等结构,呈现整体空旷的开阔视野。

(a)室外全景

(b)室内大跨度空间一

(c)室内大跨度空间二

图 29.24 武汉站景观实景照片

29.6.6.2 广州南站

武广高铁广州南站主体建筑采用了 V 形柱结构，接触网采用与 V 形柱合架方案，无 V 形柱时采用线间立柱方案，支柱结构与站房整体结构协调。整个车站接触网支持结构融入了站房结构系统，站台上没有设立接触网支柱等结构，站台及上方站房空间干净、整洁，整体协调美观。广州南站外景及室内景观如图 29.25 所示。

（a）室外全景

（b）室内 V 形柱

（c）室内站台空间

图 29.25 广州南站景观实景照片

30 接触网绝缘、防雷、接地与回流

30.1 接触网绝缘与绝缘配合

接触网绝缘指接触网带电体与接地体间的电气隔离，主要通过绝缘子和空气间隙来实现绝缘。绝缘子需要根据环境条件确定规格类型及爬电距离（可以理解为绝缘子两端沿绝缘子表面的最短距离），空气间隙的大小需要综合系统过电压、所处地理位置等因素确定。接触网绝缘配合是指用以确定接触网悬挂、支持结构和设备等带电体的绝缘水平以及与列车绝缘、牵引变电设施绝缘协调的原则、方法和规定。

根据环境类型、污秽种类及污秽等级，以及牵引供电系统需求，接触网系统需明确接触网绝缘元件选择、空气间隙和电气设备绝缘配合的要求与方法，做好接触网绝缘设计，并与牵引供电系统其他电气设施的绝缘协调与匹配。

30.1.1 绝缘子作用

绝缘子是接触网支持装置的重要组成部分，由绝缘件和金具两部分组成。按外形可分为悬式绝缘子和棒式绝缘子两类；按材质主要分为瓷质、复合绝缘子。绝缘子除了承担接触网与地之间的正常绝缘外，还必须耐受雷电和开关操作引起的过电压冲击。同时，还要承担固定和支持腕臂装置及接触悬挂的机械荷载，并承受恶劣天气情况下的风荷载、雪荷载、导线舞动以及运输等动态荷载。所以，绝缘子是接触网中同时承担电气绝缘荷载和机械荷载的重要设备。

30.1.2 绝缘子选型

《污秽条件下使用的高压绝缘子的选择和尺寸确定》（GB/T 26218）规定了通用定义、现场污秽度测评方法及污秽条件下高压绝缘子的选择和尺寸确定等内容。

污秽等级的选用和划分需考虑地理环境并结合具体工作条件的特点确定，一般采用瓷质绝缘子，在污秽特别严重地区或隧道内等场所采用复合绝缘子。

覆冰区域宜采用绝缘子串插花布置、V形绝缘子串，或采用大小伞间隔的伞型绝缘子，支柱侧加装大盘径绝缘子等措施，降低绝缘子覆冰闪络概率。

在鸟害区域，主要防止鸟排泄物引起的闪络，宜安装驱鸟装置或加装大盘径防鸟罩。采用复合绝缘子时，绝缘子复合材料宜采用添加防鸟啄食的配方。

海拔大于1 000 m的铁路，绝缘子外绝缘需进行海拔修正。

30.2 接触网雷电防护

30.2.1 接触网防雷设计原则

接触网遭受的雷击主要有直击雷和感应雷两种类型，因感应雷引起的跳闸率较直击雷引起的跳闸率低得多。因此，接触网雷电防护以防直击雷为主，兼防感应雷。

接触网防雷设计中，根据《交流电气装置的过电压保护和绝缘配合设计规范》（GB/T 50064）、《高速铁路牵引供电系统雷电防护技术导则》（TB/T 3551）的规定，调查铁路沿线年平均雷暴日和地闪密度，确定防雷分区。为保证接触网设备的可靠性，针对不同防雷分区采取差异化设计方案。

30.2.2 雷电防护措施

我国电气化铁路接触网防雷保护措施包括：在绝缘锚段关节、电分相、隧道口等关键位置设置避雷器；年平均雷暴日普速铁路在60天及以上、高速铁路在40天及以上的线路，根据铁路通过地区的雷电活动强度和当地电力线路的运行经验以及地质结构与地形地貌、土壤电阻率情况，需采取设置避雷线等加强防雷措施。

图30.1为典型工程的避雷线架设及保护范围示意图，图中保护范围弧线示意按滚球半径法计算绘制。

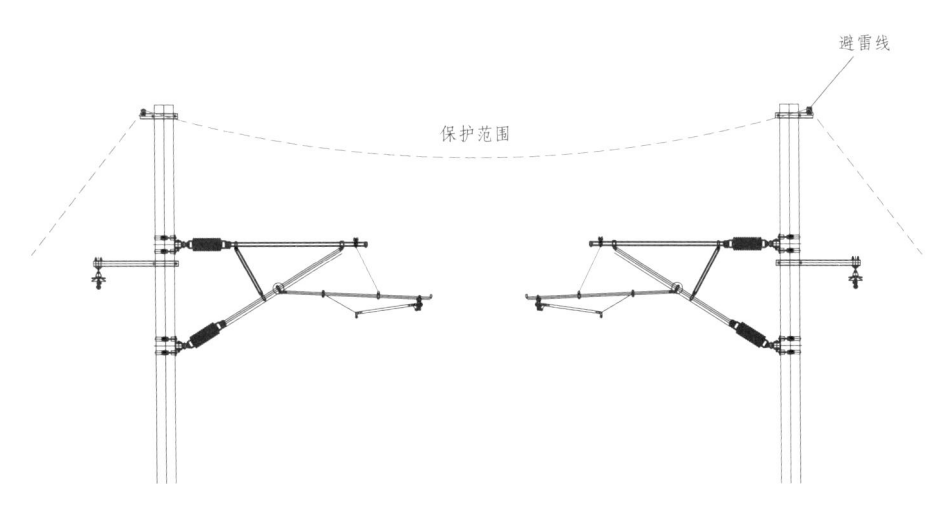

图30.1 避雷线架设及保护范围示意图

30.3 接触网接地、回流与电气安全

30.3.1 接触网接地

为保证电气化铁路设备、人身的电气安全，以及有效降低钢轨电位，接触网系统采用了多种接地措施。接触网的接地措施分为工作接地（闪络保护接地、回流接地等）、安全接地（感应电位保护接地）、防雷接地（避雷器、避雷线等雷击防护设施的接地）等。接地电阻是接地装置的主要技术参数，是电流经接地装置流入大地呈现出的电阻。接地电阻根据接地所起的作用不同，分为工频接地电阻和冲击接地电阻。工频接地电阻是牵引供电系统正常负荷电流经接地装置流入大地呈现的电阻。当雷击电流通过接地体注入大地时，接

地体周边土壤会被电离，此时呈现出的接地电阻为冲击接地电阻。

在山区等高土壤电阻率地区，接地电阻不容易满足设计要求时，可采取填充电阻率较低的物质或降阻剂等措施来降低接地电阻。

按照《铁路防雷及接地工程技术规范》（TB 10180）中有关要求，设置了综合接地系统的高速铁路、城际铁路等，接触网接地宜接入综合接地系统，其在贯通地线上的接入点与其他弱电设备在贯通地线的接入点间距不小于 15 m。

接触网的接地体一般分为自然接地体和人工接地体。桥梁结构钢筋、隧道结构钢筋以及其他轨旁建筑物或构筑物结构钢筋均是很好的自然接地体。人工接地体是指专门独立设置的接地极或接地网。

利用自然接地体需要与相关专业配合，校验接地体的电流热效应、机械力的影响，以确保自然接地体主体结构的安全和正常运行。人工接地体一般采用镀锌钢材或铜合金材料，以增强接地体自身的防腐蚀能力，延长使用寿命。

接触网系统的钢支柱、钢支架、安装底座等金属件需通过接地线与接地体实现可靠接地，以在接触网绝缘子发生闪络或短路时形成可靠的故障电流通路，确保牵引变电设施保护跳闸切除故障回路。另外，距离接触网高压带电体附近 5 m 范围内的其他金属设施（桥梁、信号机等）及铁路系统外重要结构等也需要进行可靠接地或接入综合接地系统，以避免由于感应电压或接触网系统短路造成设施或人身伤害。

30.3.2 接触网回流

我国电气化铁路主要采用带回流线的直接供电方式和 AT 供电方式，不论哪种牵引供电方式，钢轨和大地都是牵引系统回流通路的重要组成部分。牵引供电系统的列车牵引电流经过回流回路，流回牵引变电所，其回流回路大致有两部分：一部分是牵引网本身具备的回流回路，如 AT 供电方式中的正馈线、带回流线供电方式中的回流线；另一部分是钢轨及与钢轨相连的导体，如 AT 供电方式中的保护线、贯通地线，以及大地（包括线路附近地中敷设与线路平行的管线等）。对于有综合接地系统的铁路，接触网回流纳入了铁路综合接地系统，每隔 500 m 上、下行贯通地线横向连接一次，构成接触网回流回路。

带回流线的直接供电方式，列车电流大部分通过钢轨和大地流回牵引变电所（约 70%），其余通过回流线流回牵引变电所（约 30%）。

AT 供电方式列车电流主要从正馈线流回牵引变电所，AT 段内流经接触网和正馈线的电流大小相近、方向相反。

我国高铁的回流系统中保护线或回流线一般每隔约 1.5 km 通过吸上线与信号扼流圈中性点连接，同时与贯通地线全并联。在靠近牵引变电所或分区所的地方回流线或保护线、贯通地线、钢轨等均通过导体引至所内回流箱，并与所内接地网连接。典型的回流系统示意图如图 30.2 所示。图中所示回流扼流变的距离，需根据行车和钢轨电位限制计算分析确定。

（a）带回流线的直接供电方式

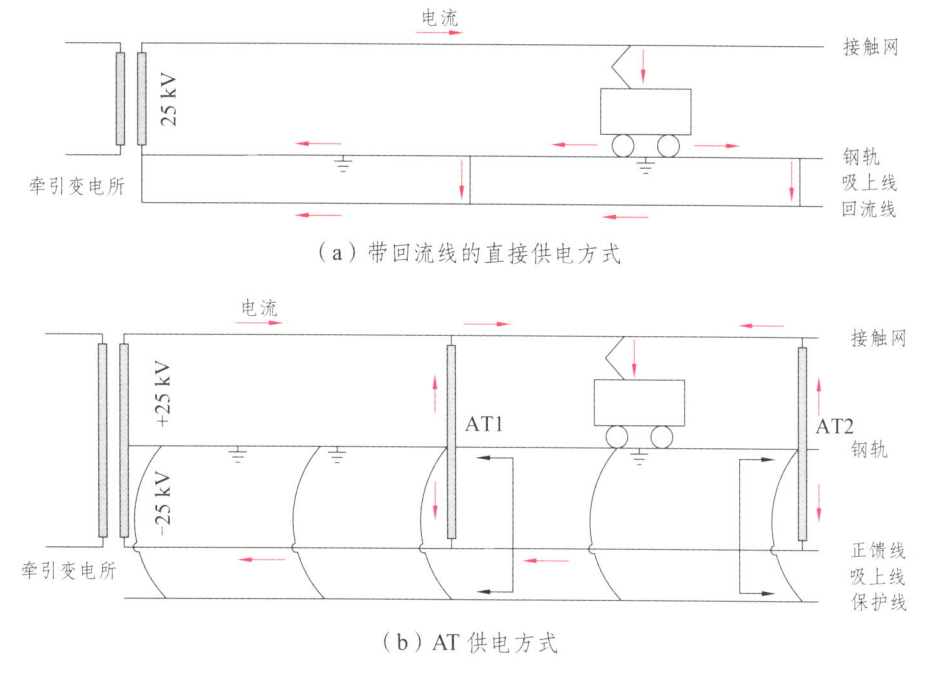

（b）AT 供电方式

图 30.2　牵引供电系统回流示意图

30.3.3　电气安全防护要求

电气化铁路沿线设施需根据《轨道交通 地面装置 电气安全、接地和回流 第 1 部分：电击防护措施》（GB/T 28026.1），考虑接触网断线或受电弓脱线时的电气安全和防护措施。电气化铁路接触网断线或受电弓脱线所及的最大区域称为接触网和受电弓接地区域，如图 30.3 所示。GB/T 28026.1 规定我国交流 25 kV 电气化铁路至少对 $X=4$ m、$Y=2$ m、$Z=2$ m 区域内的所有裸露导体或金属结构进行安全接地。外露导电部分或接触网带电体采取措施防止间接触电。位于架空接触网区和受电弓区内牵引供电和非牵引供电系统的外露导电部分需直接与回流电路相连接。

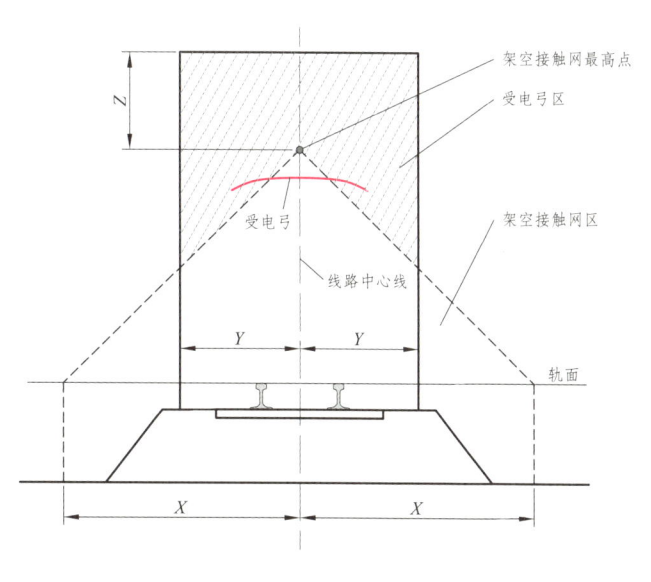

图 30.3　电气安全防护区

31 接触网零部件

31.1 接触网零部件分类

接触网零部件种类繁多，根据在接触网安装中的不同用途，可分为悬挂零件、定位零件、连接零件、锚固零件、补偿零件、支撑零件、电连接零件、接地零件、隧道零件、预绞式金具等。常用接触网零部件分类见表 31.1。

表 31.1 常用接触网零件分类

序号	类别	主要零部件	安装用途
1	悬挂零件	整体吊弦、承力索座、中心锚结装置、弹性吊索、软横跨悬吊滑轮等	用于接触线、承力索或杆件的固定
2	定位零件	定位线夹、限位型定位装置、非限型位定位装置、定位器、T形定位器、线岔等	用于空间安装固定接触线位置
3	连接零件	腕臂连接器、定位环等	分别用于斜腕臂与平腕臂的支撑连接、定位管与斜腕臂之间的固定连接
4	锚固零件	双耳楔形线夹、接触线终端锚固线夹、承力索终端锚固线夹等	用于接触网各类线索终端固锚
5	补偿零件	滑轮组补偿装置、棘轮补偿装置、弹簧补偿装置等	用于接触线、承力索下锚张力补偿的安装与调整
6	支撑零件	单腕臂上底座、单腕臂下底座、双腕臂上底座、双腕臂下底座、腕臂（平腕臂、斜腕臂、整体腕臂等）、腕臂支撑、定位管、定位管支撑、承锚底座等	用于固定支撑悬挂零件、定位零件、锚固零件及补偿零件的安装
7	电连接零件	承力索电连接线夹、接触线电连接线夹、电连接线等	用于供电线向接触网供电、接触网线索之间的电气连接
8	接地零件	接地线连接线夹、接地线夹等	用于接地连线、接地线或接地电缆的连接固定
9	隧道零件	水平悬挂底座、隧道用调整螺栓、悬吊滑轮支架、隧道用悬吊滑轮、可调整底座、弓型腕臂、吊柱、固定底座、重型锚臂装置、拉线底座、转向轮、限制架等	隧道内接触网系统专用零件
10	预绞式金具	预绞式耐张线夹、预绞式护线条预绞式悬垂线夹等	螺旋预制成型工艺制造的金属绞丝结构的零件，用于承力索、附加导线的耐张、护线、悬垂等安装

31.1.1 悬吊零件

悬吊零件是指悬挂承力索、接触线及杆件的零件，主要有整体吊弦、承力索座、中心锚结装置等。

31.1.1.1 整体吊弦

整体吊弦用于接触悬挂中悬吊接触线，其一端与承力索相连接，另一端与接触线相连接，见图 31.1。

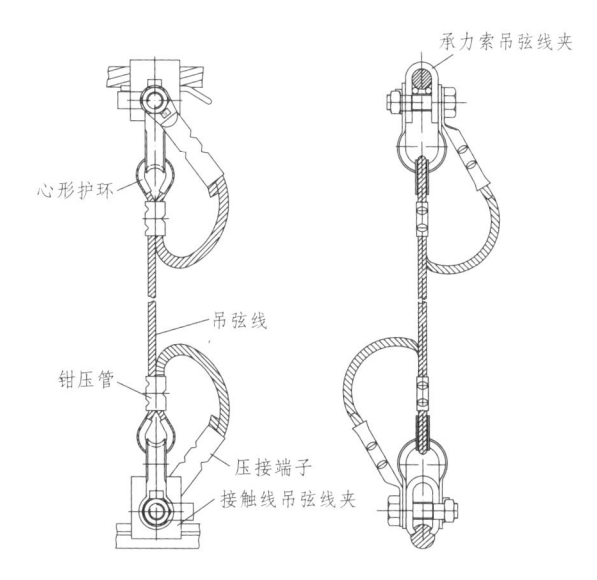

图 31.1 整体吊弦

31.1.1.2 承力索座

本零件安装在平腕臂上，固定并支撑承力索，见图 31.2。

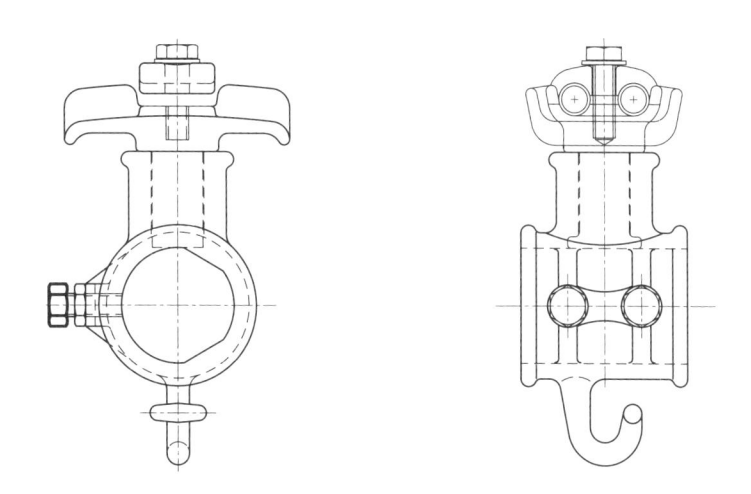

图 31.2 承力索座

31.1.1.3 中心锚结装置

中心锚结装置用于接触悬挂系统中防止整个锚段向一侧窜动，在接触悬挂断线时减少对接触悬挂的影响，缩小事故范围，见图 31.3。

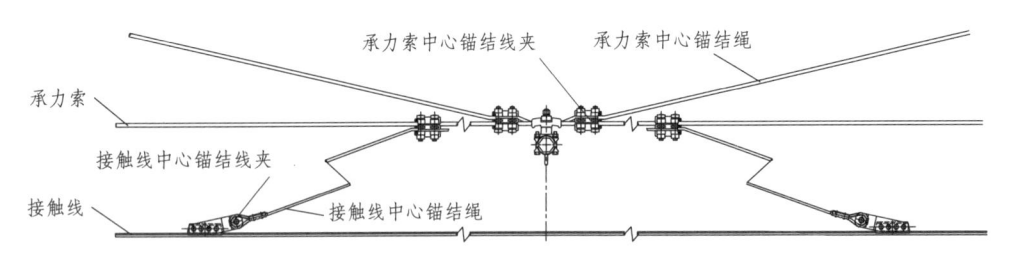

图 31.3　中心锚结装置

1. 接触线中心锚结线夹

接触线中心锚结线夹用于接触线中心锚结绳与接触线之间的连接固定，见图 31.4。

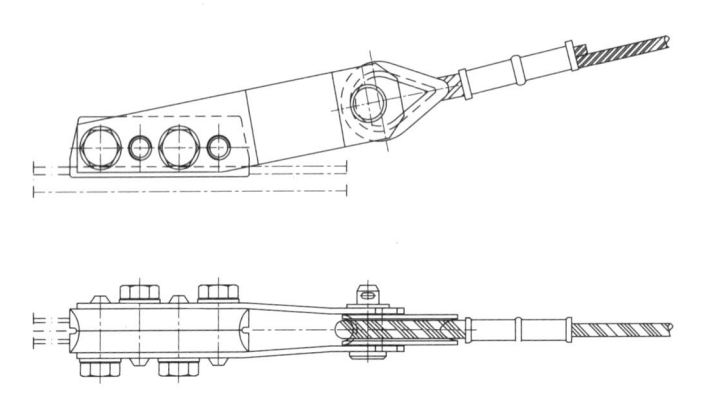

图 31.4　接触线中心锚结线夹

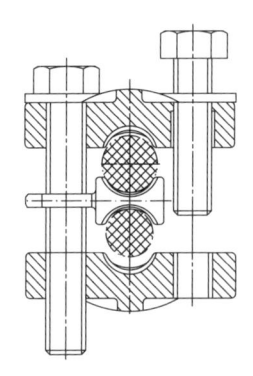

2. 承力索中心锚结线夹

承力索中心锚结线夹用于承力索与接触线中心锚结绳、承力索与承力索中心锚结绳之间的连接固定，见图 31.5。

图 31.5　承力索中心锚结线夹

31.1.2　定位零件

定位零件指安装固定接触线位置的零件，主要有定位线夹、定位器、定位器支座和线岔等。

31.1.2.1 定位线夹

定位线夹用于与定位器连接后固定工作支接触线的位置，见图 31.6。

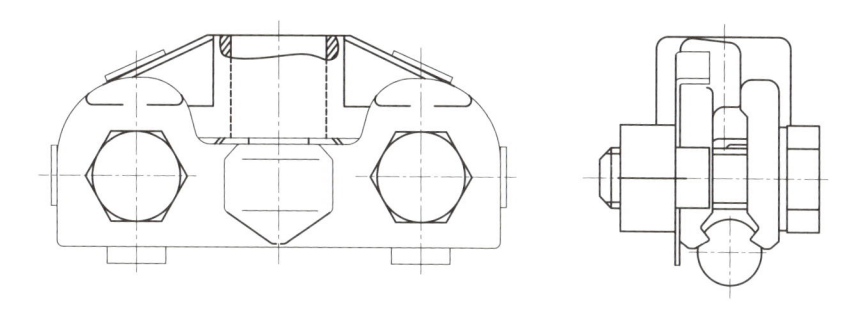

图 31.6　定位线夹

31.1.2.2 定位器

定位器用于与定位线夹及定位器支座连接后固定接触线的位置，见图 31.7。

图 31.7　定位器

31.1.2.2 定位器支座

定位器支座是用于在定位管上固定定位器的零件，见图 31.8。

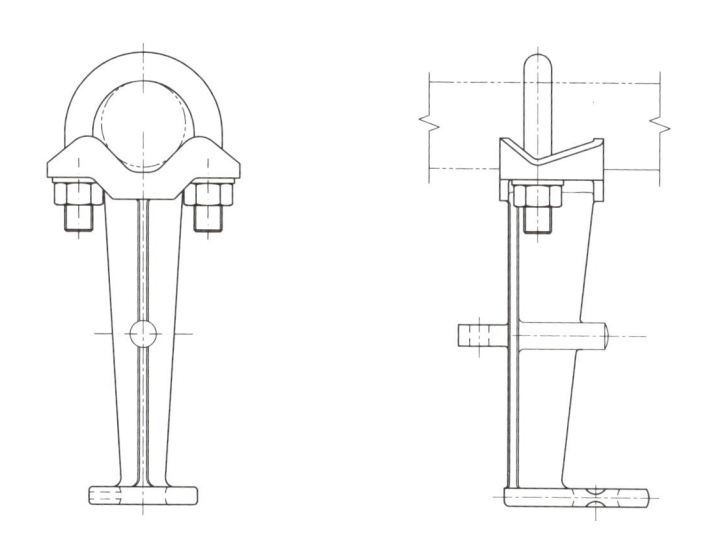

图 31.8　定位器支座

31.1.2.4 线 岔

线岔是用于接触网网交叉布置时固定两支接触线并使其相互约束的零件，见图 31.9。

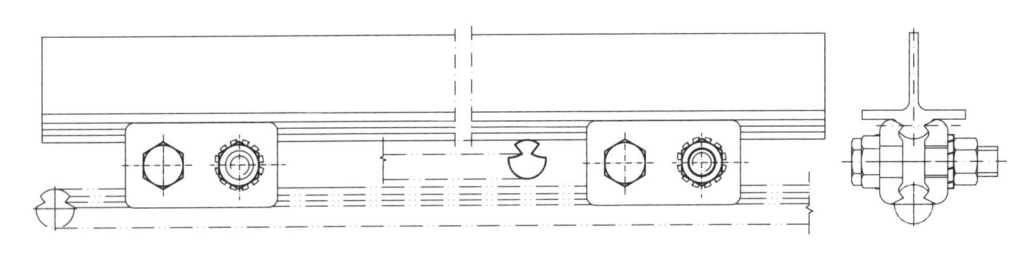

图 31.9　线岔

31.1.3　连接零件

连接零件是指连接腕臂与腕臂或腕臂与定位管之间的零件，主要有腕臂连接器、定位环。

31.1.3.1　双套管腕臂连接器

双套管腕臂连接器用于斜腕臂与平腕臂的支撑连接，见图 31.10。

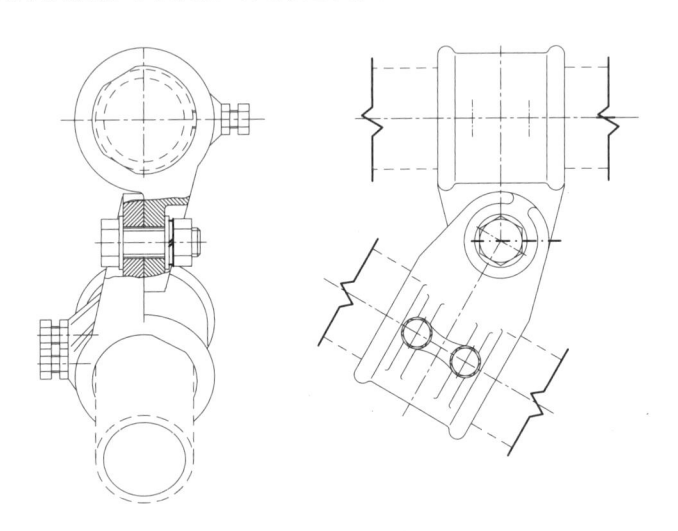

图 31.10　双套管腕臂连接器

31.1.3.2　定位环

定位环用于定位管与斜腕臂之间的连接，见图 31.11。

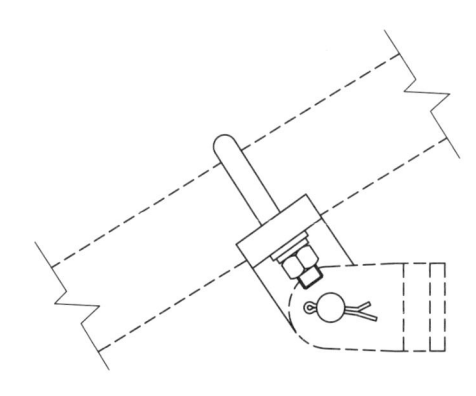

图 31.11　定位环

31.1.4 锚固零件

锚固零件指接触网各线索终端锚固用的零件，主要有承力索终端锚固线夹、接触线终端锚固线夹等。

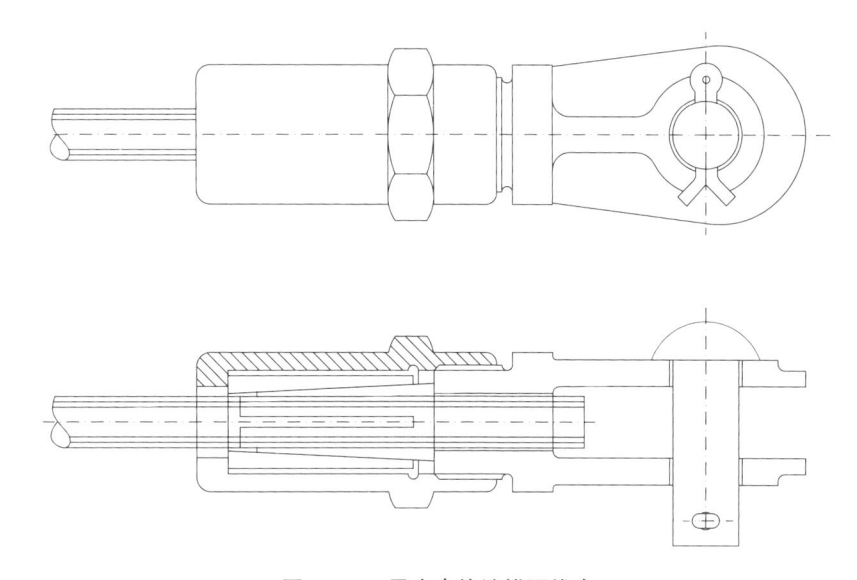

31.1.4.1 承力索终端锚固线夹

承力索终端锚固线夹用于承力索的终端锚固，见图 31.12。

图 31.12 承力索终端锚固线夹

31.1.4.2 接触线终端锚固线夹

接触线终端锚固线夹用于接触线的终端锚固，见图 31.13。

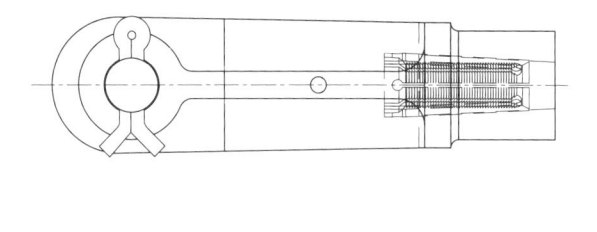

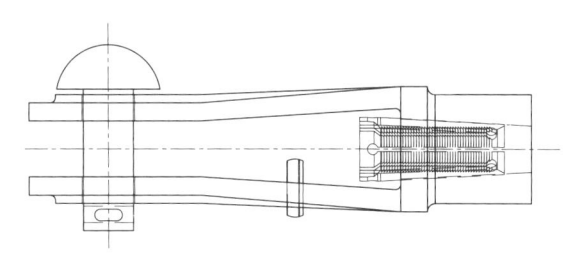

图 31.13 接触线终端锚固线夹

31.1.5 补偿零件

补偿零件指接触线、承力索下锚张力补偿安装和调整用的零件，主要有滑轮下锚补偿装置、棘轮下锚补偿装置等及相关零件。

31.1.5.1 滑轮下锚补偿装置

滑轮补偿装置主要由下锚安装底座、补偿滑轮组、补偿绳、坠砣限制架、坠砣等组成。承力索和接触线经不同的滑轮下锚补偿装置分别下锚，见图 31.14。

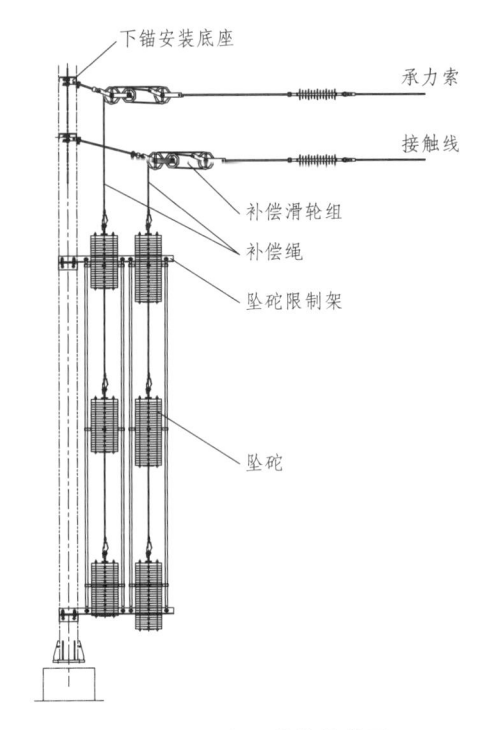

图 31.14 滑轮下锚补偿装置

31.1.5.2 棘轮下锚补偿装置

棘轮下锚补偿装置主要由下锚安装底座、棘轮、补偿绳、坠砣限制架、坠砣等组成。承力索和接触线经不同的棘轮下锚补偿装置分别下锚，见图 31.15。

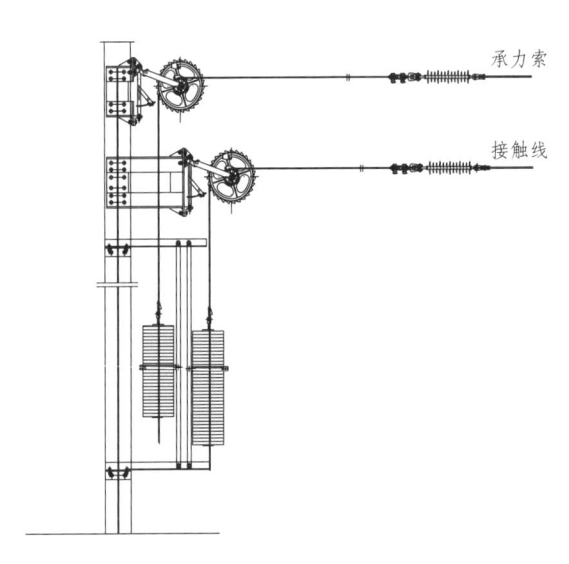

图 31.15 棘轮下锚补偿装置

31.1.6 支撑零件

支撑零件是用于固定支撑悬挂零件、定位零件、锚固零件及补偿零件安装的零件,主要有单腕臂上底座、单腕臂下底座、双腕臂上底座、双腕臂下底座、下锚底座、腕臂(平腕臂、斜腕臂等)、腕臂支撑、定位管、定位管支撑等。

31.1.6.1 腕臂底座

腕臂底座用于支柱和吊柱上,对单支、双支或三支旋转腕臂装置进行安装固定,包括上、下腕臂底座,见图 31.16。

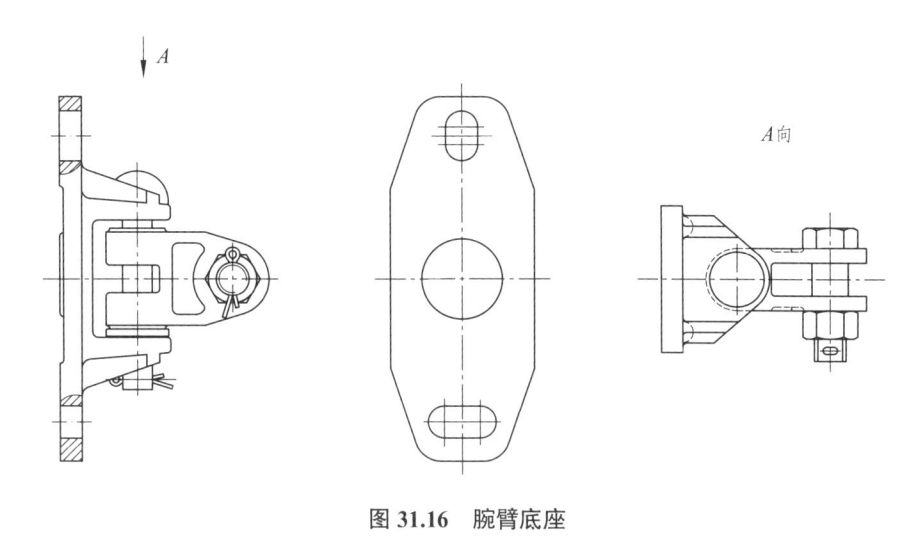

图 31.16 腕臂底座

31.1.6.2 腕 臂

接触网的三角腕臂结构中包括平腕臂、斜腕臂。

平腕臂是组成腕臂支持结构三角形上部的结构件,平腕臂一端安装承力索座支撑承力索,另一端通过棒式绝缘子与腕臂上底座连接。

斜腕臂是组成腕臂支持结构三角形斜边的结构件,斜腕臂一端通过腕臂连接器与平腕臂连接,另一端通过棒式绝缘子与腕臂下底座连接。

平腕臂、斜腕臂的材料为钢质圆管或铝合金圆管,见图 31.17。

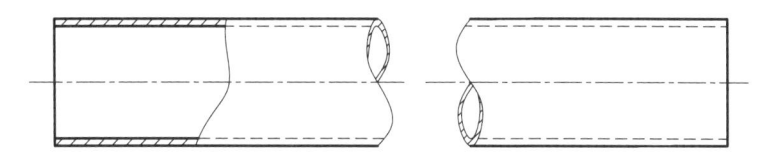

图 31.17 平腕臂、斜腕臂

31.1.6.3 定位管

定位管用于固定和支撑定位器,定位器与定位管连接后通过定位管与腕臂支持结构相连接。定位管本体为钢质无缝钢管或铝合金无缝圆管,见图 31.18。

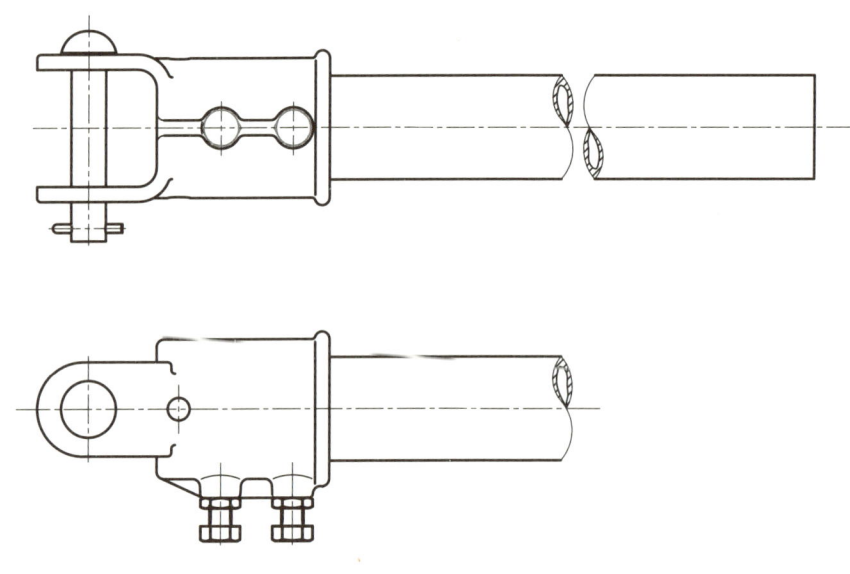

图 31.18　定位管

31.1.7　接地零件

接地零件是固定接地连线、接地线或接地电缆的零件，主要有接地线连接线夹、接地线夹、接地引下线等，见图 31.19。

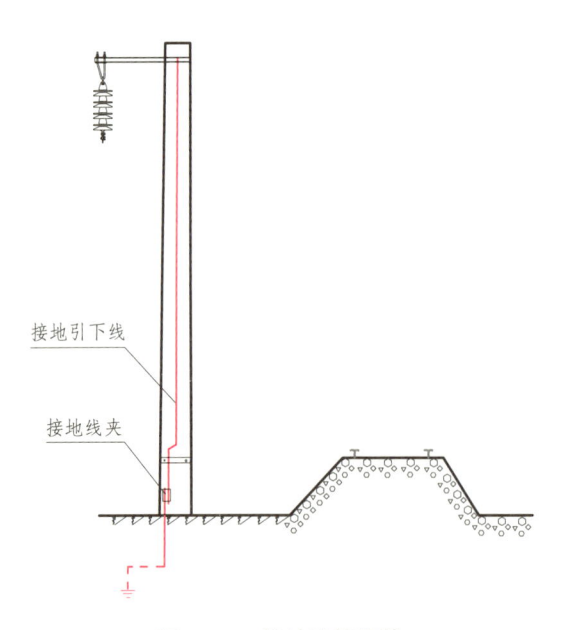

图 31.19　接地连接零件

31.1.8　电连接零件

电连接零件指供电线向接触网供电的电连接零件或线索之间的电气接续零件，主要有承力索电连接线夹、接触线电连接线夹。承力索电连接线夹一侧固定在承力索上，另一侧与软铜绞线连接。接触线电连接线夹一侧固定在接触线上，另一侧与软铜绞线压接固定。电连接线夹一般采用压接方式安装。电连接线夹见图 31.20。

（a）承力索电连接线夹

（b）接触线电连接线夹

图 31.20　电连接线夹

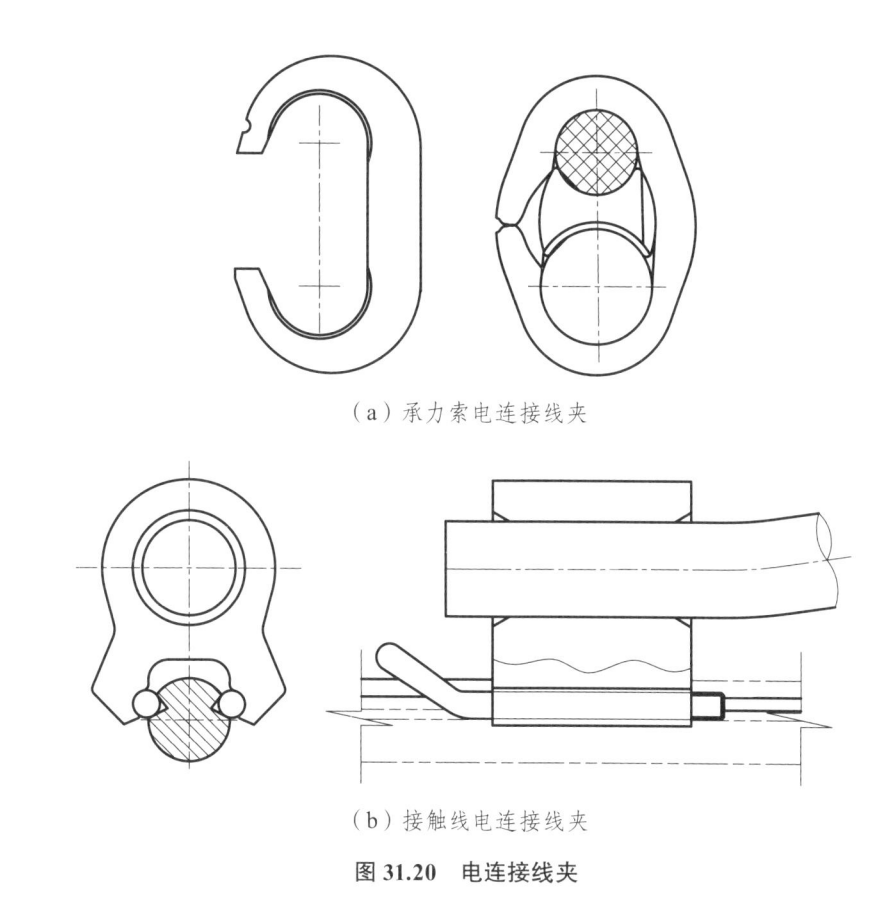

31.2　接触网零部件的标准化

31.2.1　我国接触网零部件的发展

我国接触网零部件的发展大致可划分为三个历史阶段：第一个阶段，是电气化铁路发展初期的20世纪80年代前；第二个阶段是在20世纪80年代到20世纪末；第三个阶段是21世纪初到客运专线大规模建设之后。铁路客运专线的大规模建设为接触网零部件的发展提供了难得的机遇。目前，我国接触网零部件的设计、制造、试验、安装、维护等方面都有了系统性的进步与发展，达到了国际先进水平，并形成了我国接触网零部件标准体系。

31.2.2　接触网零部件的标准化

31.2.2.1　技术性能标准化

零部件需满足相关规范的要求和设计的技术条件，同时零部件在使用期间能承受所有荷载（包括紧固件对零件形成的预紧荷重和工作弯矩）和各种功能要求，包括最大工作荷重、滑动荷重、耐拉伸（压缩）荷重、静应力测试、结构材料可靠度系数、抗疲劳破坏性能、残余应力、焊接要求、螺纹联接受力要求、振动及疲劳试验、零部件电气性能等。

31.2.2.2 材料选择标准化

接触网零部件采用的材料一般为碳素结构钢、灰铸铁、铸钢、铸造铜合金、铜和铝青铜型材、铜镍硅合金型材、磷青铜合金型材、铜合金锻件、铝和铝合金型材、铸造铝合金、不锈钢件等。对所选用的材料的牌号、性能要求以及加工工艺等制定了接触网零部件材料选用标准。

31.2.2.3 加工工艺标准化

接触网零部件制造采用的工艺主要有铸造、锻造、挤压、冲压、热处理、表面处理等，对工艺的基本要求如下：

（1）铝合金腕臂上安装的支持装置零件、滑轮、棘轮采用金属模低压铸造工艺。
（2）铝合金、铜合金及钢锻造零部件采用金属型精密锻造工艺。
（3）整体吊弦线夹一般采用冲压工艺。
（4）电连接线夹、线岔本体、铝合金腕臂管、定位管一般采用型材挤压工艺。
（5）铰链结构零件、铰链轴铆钉采用翻边铆工艺。
（6）铝合金铸造类、锻造类、铜合金锻造类及冲压类零部件采用热处理工艺。
（7）钢支柱、钢材质零部件采用热浸镀锌工艺。

31.2.2.4 质量判定标准化

（1）零部件按相应的产品标准逐件进行外观检验、主要尺寸检验、组装检验。
（2）采用铸造的关键受力零部件逐件进行无损探伤检验。
（3）球窝联结的杆头和球窝尺寸，逐件进行"过规"和"不过规"的出厂检验。
（4）零部件应按批进行抽查检验，抽查检验在出厂检验合格后从中随机抽出，抽查方案按《周期检验计数抽样程序及表（适用于对过程稳定性的检验）》（GB/T 2829）要求选取。

31.2.3 防腐蚀及防松脱措施标准化

接触网零部件由于全天候在露天、无防护的环境下运行，且配置单一、无备用，因此要求接触网零部件具备较好的耐腐蚀性能。主要采取防腐蚀措施如下：

（1）铝合金型材零件表面进行阳极氧化处理；铝合金锻造零件表面进行钝化或微弧氧化，并做封闭处理。
（2）钢质零部件表面一般采用热浸镀锌或性能更优的耐腐蚀处理措施。
（3）环境恶劣、工业污染严重等特殊区域的不锈钢零部件表面一般采用钝化工艺或选用耐腐蚀的材料牌号提高耐腐性能。

为保证接触网系统的安全性和可靠性，零部件需具备的防松措施如下：

（1）对于接触网系统采用螺纹副结构作为紧固装置的零部件，其紧固装置中的螺纹副结构须具备可靠的机械性能，满足接触网零件所受振动及交变荷载的使用要求。紧固件的反复作业次数满足精确预配、精确安装的要求。

（2）对于接触网系统采用螺栓紧固的零部件，一般采用止动垫片等可靠的防松措施。

31.3 接触网零部件试验

接触网零部件种类多、型号繁杂、应用场所不同，试验按类型可分为型式试验、认定检验、监督抽查检验、工程验收检验以及委托检验。样品的抽取按检验性质一般按《计数抽样检验程序》（GB/T 2828）、《周期检验计数抽样程序及表（适用于对过程稳定性的检验）》（GB/T 2829）、《不合格品百分数的小批计数抽样检验程序及抽样表》（GB/T 13264）标准要求进行。按性质可分为外观检查、表面防腐试验、静强度试验、动强度试验、无损伤试验、电气性能试验以及应力腐蚀试验、化学成分试验等。

接触网零部件试验项目主要包括项目外观检查、尺寸检查、组装检查、破坏荷载试验、耐拉伸（压缩）荷载试验、紧固力矩试验、滑动荷载试验、振动试验、疲劳试验、滑轮和棘轮传动效率试验、弹簧补偿装置张力偏差试验、弹簧补偿器张力偏差试验、补偿装置断线制动试验、接触电阻试验、载流温升试验、电热循环试验、镀锌层及氧化层试验、盐雾试验、材料化学成分试验、腕臂装置挠度及变形量试验、射线探伤试验、低温试验、吊柱弯矩试验、复合材料坠砣跌落试验、补偿绳不松散试验、坠砣重量试验等。

试验方法和内容不低于《轨道交通 地面装置 电力牵引架空接触网》（GB/T 32578）的要求，具体试验技术条件见铁路行业标准《电气化铁路接触网零部件技术条件》（TB/T 2073）、《电气化铁路接触网零部件试验方法》TB/T 2074、《电气化铁路接触网零部件》（TB/T 2075）。

32 弓网受流系统与受流质量评价

列车运行过程中有牵引和再生两种工况，牵引工况时，列车通过受电弓从接触网获取电能，再生工况时，通过受电弓向接触网反馈电能。受电弓与接触网保持良好的电气接触，确保电能的可靠传输，是列车稳定运行的前提。

受电弓与接触网电气接触的最高境界是在导通电流的过程中让人们感觉不到其存在，最低要求是不产生对牵引供电系统不可忽略的影响。由此引出了受电弓与接触网电气接触的安全性、适用性、耐久性等与可靠性相关的研究内容。

列车停车时，受电弓与接触网相对静止不动，滑板和接触线材料能承受车内附属设施运行电流通过弓网接触点所引起的温度升高，即静态接触温升。

列车运行过程中，接触线位于轨道上方适当的位置才能保证受电弓沿接触线顺利滑行。接触线与滑板的材料组合满足弓网最大传输电流和磨耗寿命的要求。弓网滑动过程中出现的燃弧对接触材料的热侵蚀限制在允许范围内，受电弓与接触线不出现脱离现象。

依据受电弓滑板与接触线的静态接触温升、耐受热侵蚀、磨耗寿命、振动疲劳和离线燃弧等方面指标可以评价受电弓与接触网的接触质量，即受流质量。

静态接触温升与列车辅助设施用电负荷、接触材料性质、受电弓垂直作用到接触线上的力（即弓网接触力）等相关；接触材料磨耗寿命与接触材料性质、接触线在滑板上的往复运动范围、弓网接触力、弓网取流量等相关；接触材料遭受的热侵蚀则与接触材料性质、弓网接触力、弓网取流量、滑板沿接触线相对运动的速度等相关，离线和接触网弹性不均匀度与弓网耦合相关。

综上所述，表征接触线与滑板相对运动的接触网几何特性参数、表征弓网动态相互作用的参数（包括弓网接触力和接触线抬升）直接影响到与弓网系统的安全性、适用性和耐久性相关，通常使用上述参数对受电弓与接触网的接触质量进行优劣评价。

32.1 接触网的几何特性

接触网作为受电弓的滑道，其空间几何位置，尤其是接触线沿线路的平面布置在很大程度上决定着滑板的使用寿命，甚至影响到受电弓的安全运行。

在轨顶连线的垂直方向，接触线保持在受电弓的工作范围内；在滑板工作范围内，需至少维持一根接触线始终存在。

我国铁路受电弓的弓头轮廓见图 32.1，其中，弓头总长度为 1 950 mm，根据滑板铺设长度确定接触线正常工作的往复运动范围，一般为图中的 1 030 mm 范围内。

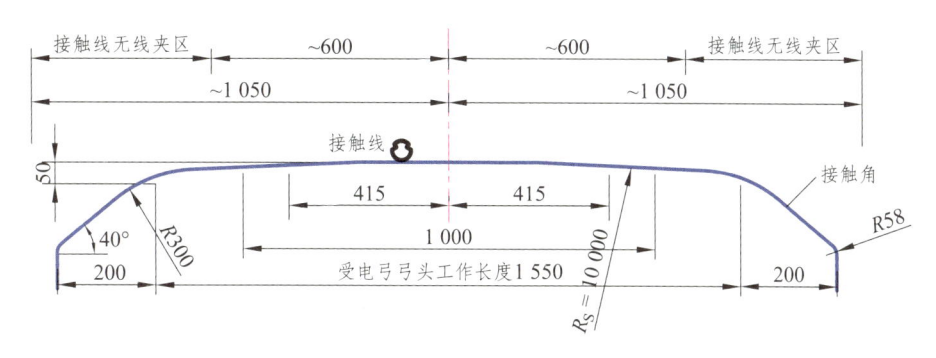

图 32.1 我国铁路受电弓的弓头轮廓实例

受电弓沿接触网滑行时的定位点接触线抬升由弓网系统设计人员利用计算机仿真系统进行计算，使用非限位定位器时的接触线预留抬升空间大于等于定位点处受电弓动态最大抬升量的 2 倍，使用限位定位器时的接触线预留抬升空间大于等于定位点处受电弓动态最大抬升量的 1.5 倍，以避免受电弓与接触线的定位装置发生机械碰撞。

32.2 弓网动态相互作用评价

受电弓与接触网属于两个相互独立的振动子系统，这两部分具有不同的质量模块、弹性系数、衰减系数和固有频率，并且通过弓网接触力耦合在一起；在受电弓抬升力作用下，接触网将产生受迫振动，振动沿接触网传播形成波动，振动与波动共同作用，导致弓网接触力、接触线抬升产生变化。

随着列车运行速度的提高，动态部件对弓网接触力的影响越来越大，弓网接触力的动态范围也越来越大，弓网振动引起的接触线抬升也会相应增加。

既可以使用弓网动态相互作用仿真系统获取一个特定系统的弓网接触力和接触线抬升数据，也可以使用弓网动态相互作用检测装置获取弓网接触力和接触线抬升数据。只有经过严格确认的仿真系统和检测装置，输出结果才能符合客观实际。

弓网系统的振动为随机振动，依靠数理统计的方法进行评价更加有效。

我国高铁在弓网受流质量评价时，通常采用下列接触力的统计标准：

——平均接触力 F_m；

——接触力标准偏差 σ；

——最小统计接触力 $F_m - 3\sigma$；

——最大统计接触力 $F_m + 3\sigma$；

——最小接触力 $F_{\min}$；

——最大接触力 $F_{\max}$。

其中：

$$F_m = \frac{\sum x_i}{n} \tag{32.1}$$

$$\sigma = \sqrt{\frac{\sum(x_i - F_m)^2}{n-1}} \tag{32.2}$$

式中 x_i——接触力的采样值，$i=1,2,\cdots,n$；
　　n——评估区段内接触力的样本数量，评估区段长度不短于一个接触网锚段。

评估区段内的弓网最大接触力 F_{max} 和最小接触力 F_{min} 满足处于表 32.1 规定的范围内。

表 32.1　弓网接触力范围

电流制式	列车速度 /（km/h）	F_{max}/N	F_{min}/N
交流制式	≤200	300	>0
	>200	350	>0

在接触力标准偏差 σ 较小的情况下，可以对受电弓的结构进行优化，以减小受电弓平均抬升力，这样的弓网系统一般既没有离线，也可以进一步降低滑板和接触线的磨耗。

在同样边界条件下，标准偏差 σ 可用来比较受电弓和接触网的受流性能，并通过调整设计的相应参数，达到优化弓网系统运行质量的目的。

弓网动态受流质量的评价中，当接触力最小值为 0 时，仿真评价需分析离线率，根据《高速铁路设计规范》（TB 10621），我国高铁仿真离线率统计不大于 1%。

检测评价时也可测量弓网系统燃弧的次数与持续时间，并利用燃弧率对弓网受流质量进行评价。燃弧率 NQ 可用下式进行计算：

$$NQ = \frac{\sum t_{arc}}{t_{total}} \times 100\% \tag{32.3}$$

式中 $\sum t_{arc}$——持续大于 5 ms 的燃弧的持续时间，单位为毫秒（ms）；
　　t_{total}——测量区段内的受电弓电流大于 30% 额定电流的运行测量总时间，单位为毫秒（ms）。

通常规定，车辆低速运行时，燃弧率不超过 0.1%；高速运行时，燃弧率不超过 0.2%。

利用燃弧率评价弓网受流质量的局限性在于：无法识别弓网接触力过大或弓网接触力过小且不取流两种情况。

弓网动态相互作用评价的详细规定，可按《轨道交通 受流系统 受电弓与接触网相互作用准则》（GB/T 43790）的相关规定。

32.3　弓网动态相互作用的仿真要求

计算机仿真是模拟弓网动态相互作用的有效方法，弓网动态相互作用仿真的目的是要确定受电弓作用在接触线上的移动接触力与位置相关的特性，以及和接触线抬升的相互关系。

受电弓与接触网通过接触点形成了两个子系统的相互耦合，这就需要分别建立受电弓和接触网的模型，合理模拟接触点的特性和相互作用，并计算出接触力和接触点的垂直运动。

弓网系统的动态特性与频率相关，针对弓网动态相互作用仿真所研究的对象，确定关注的频率范围，这一频率范围与受电弓模型、接触网模型、耦合模型以及弓网动态相互作用性需能参数测量系统的频率范围保持一致。

为了使弓网动态相互作用的仿真结果符合客观实际，需要对仿真系统进行验证。常用的仿真系统的验证手段有两种，即将其仿真结果与在线实测结果进行比较，或与其他已被验证过的仿真系统进行比较。

弓网动态仿真需符合《轨道交通 受流系统 受电弓与接触网动态相互作用仿真的验证》（GB/T 32591）的规定。

32.4　弓网动态相互作用的检测要求

弓网接触力、受电弓通过定位点时的接触线抬升等弓网动态相互作用性能参数的实测数据既可用于弓网系统运行可靠性和运行质量的评估，也可用于弓网动态仿真系统和其他测量系统的确认，还可用于弓网系统的故障诊断。

除了需要测量弓网接触力、接触线抬升等参数外，列车运行工况（列车速度、位置等）也需要做好不间断的记录，环境条件（雨、雪、温度、风、隧道等）和测试配置（受电弓的参数和排列、接触网的类型等）也需记录在检测报告中，要使测量结果具备可重复性与可比较性，就必须附加这些信息。

如果不具备测量接触力的条件，就需采用测量弓网系统电弧的方法对弓网接触质量进行评估，但这种评估有一定的局限性。

弓网接触力、电弧以及位移的测量均需符合规定的要求，且能够得到相应的确认，只有这样，这些参数的测量结果才能令人信服。具体检测要求见《轨道交通 受流系统 受电弓与接触网动态相互作用测量的要求和验证》（GB/T 32592）。

32.5　供电安全检测监测系统

针对我国铁路弓网系统运行安全缺乏有效的检测监测手段问题，构建了系统的、全面的铁路供电检测监测体系，实现了对我国铁路弓网系统全方位、全覆盖的综合检测监测。

我国 2012 年颁布了《高速铁路供电安全检测监测系统（6C 系统）总体技术规范》（铁总〔136〕号文件），明确了建设 6C 系统的总体技术路线。6C 系统主要功能包括对接触网悬挂参数和弓网运行参数的检测，对接触悬挂、腕臂结构、附属线索和零部件的检测，对接触网参数的实时检测，对受电弓滑板状态及接触网特殊断面和地点的实时监测，对接触网运行参数和供电设备参数的实时在线检测等。6C 系统总体技术规范明确了建设 6C 系统的总体技术路线，指出 6C 系统顶层设计的总体框架分为上下两层（见图 32.2）。供电安全检测监测系统由高速弓网性能综合检测装置（1C）、接触网安全状态巡检装置（2C）、车载接触网运行状态检测装置（3C）、接触网悬挂状态检测监测装置（4C）、受电弓滑板监测装置（5C）、接触网及供电设备地面监测装置（6C）六个独立部分构成，基于规约的通信接口与综合数据中心共同构成开放的分层分布式网络结构，通过融合子系统检测监测的信息，采用综合分析管理的运营方式，为我国高铁供电设备运营安全提供客观依据和可靠保障。

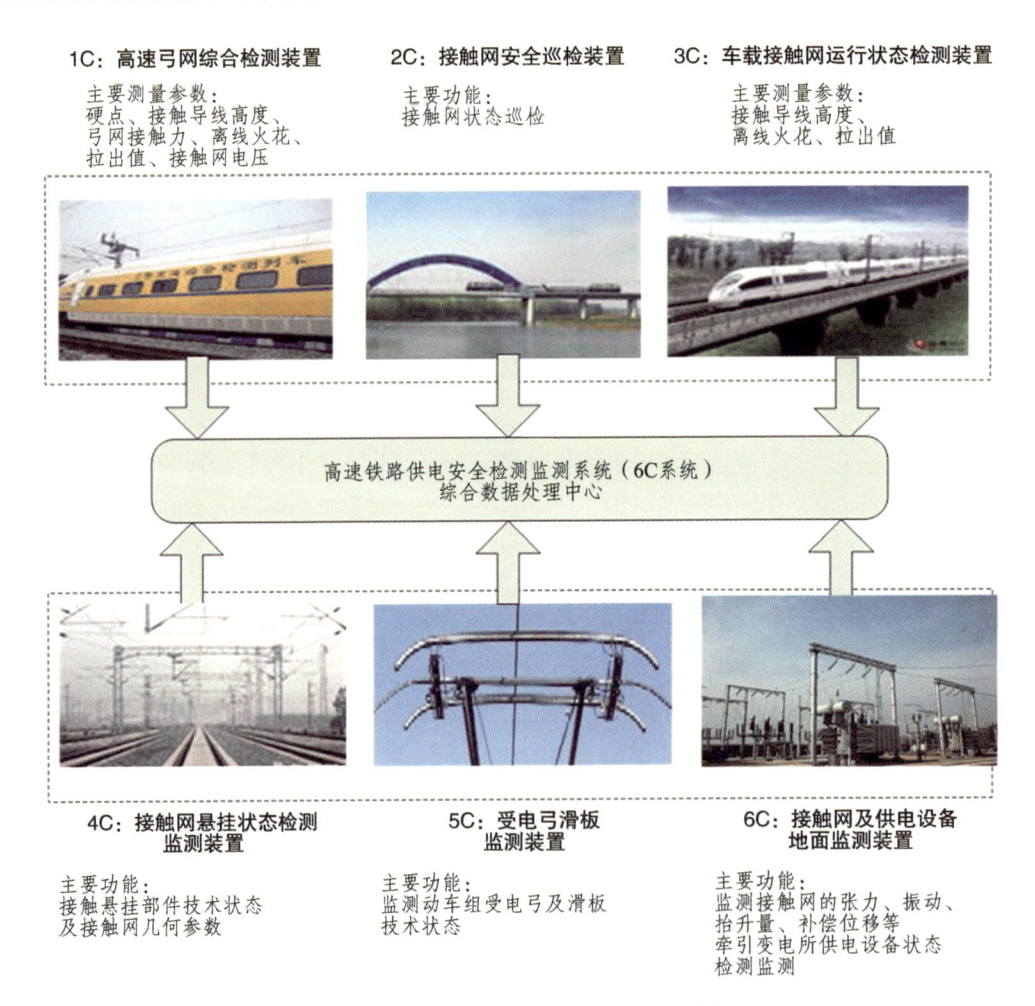

图 32.2 高速铁路供电安全检测监测系统（6C 系统）总体框架

33 接触网外部接口与配合

接触网是铁路牵引供电系统重要组成部分，与其他专业设施存在着大量的联系或接口，包括与线路、路基、桥梁、隧道、站场、建筑结构、行车、信号、通信、供电、变电、电力、轨道、环保等均存在复杂精细的关联接口。在这些接口配合中，各专业间需分阶段、按计划相互协作，采取交互式的协同方式，以达到接口协调匹配最优的目标。

33.1 土建专业接口

土建专业主要包括线路、路基、地质、轨道、桥梁、隧道、站场、跨线建筑物、建筑与结构专业。

33.1.1 线 路

33.1.1.1 线路平、纵断面

接触网是沿铁路线架设的供电线路，电力机车或动车组的进路上均架设有接触网。因此，线路平面、纵断面图是接触网平面布置的主要依据。线路专业提供准确的线路信息，如里程、曲线半径、超高、长短链等。接触网根据线路信息，结合路基、桥梁、跨线建筑物、隧道、车站等工点信息确定接触网平面布置。

33.1.1.2 线路平立交道

在既有普速电气化铁路线路上，还存在用于行人或车辆穿行铁路的平交道。接触网在平交道处往往需要设置限界门，并在平交道两侧一般不得设置下锚支柱。平交道的位置由线路专业提供。

随着铁路列车速度的提高，平交道逐渐被立交所取代，接触网系统设计的侧重点由防护转为协调配合。对于上跨线路立交的立交桥，接触悬挂若不能正常通过，一般都要采取必要的措施进行特殊处理：比如降低结构高度、降低接触导线高度等。若采用特殊处理影响受流质量，甚至接触网悬挂方案不能实施时，需向线路专业反馈，由其对跨线建筑物进行抬高或降低轨面标高。线路提供的立交道表需要包括线路立交道的净空、净宽、与线路交角等要素。

33.1.2 地质及路基

33.1.2.1 地质条件

在普速电气化铁路中,接触网支柱一般采用直埋式设置,其埋深一般都在 3 m 左右。为保证支柱的稳定性,在埋设过程中往往要加装底板和横卧板,底板、横卧板是否需要加装及加装的数量要根据支柱埋设位置的土壤承载力、安息角及填挖方等条件确定,这些水文地质情况和地质条件等资料,由地质专业提供。

在高速铁路中,接触网支柱一般通过法兰与实体基础连接。实体基础的设置深度一般为 3 ~ 4 m。高路堤地段,若实体基础未进入原状土,接触网基础根据路基填料资料进行设计;若实体基础进入原状土,仍然需要地质专业提供土壤承载力、安息角及填挖方等水文地质情况和地质条件等资料,作为接触网基础设计的依据。

33.1.2.2 路基段接口

路基需向接触网专业提供路基段换填土、防护、水沟、过轨管、基础实施等技术资料。路基段接触网接口包括路基接触网支柱基础、下锚拉线基础预留,高、低压电缆上下路基、过铁路所需的电缆槽、过轨管、预留手孔等,路基接触网支柱基础实景照片见图 33.1。

图 33.1 路基接触网支柱基础实景照片

1. 一般路基横断面

普速电气化铁路中,当路基宽度不满足接触网基础宽度时,需要根据路基专业提供的路基型式确定接触网基础的位置,并确定接触网支柱处基础外侧的培土或砌石数量。

高速铁路路基宽度一般可保证接触网基础设置,接触网需要向路基提供接触网基础位置、基础尺寸,以便路基在横断面上合理布置接触网基础、通信、信号、电力电缆槽等设施。

2. 特殊路基横断面

对于特殊路基横断面如挡土墙、桩板结构等，接触网基础设置方式需要与路基共同商定。比如挡土墙地段，若路基挡土墙采用钢筋混凝土结构，接触网基础可与挡土墙合建。

3. 过轨管线

在高速铁路、城际铁路等电气化铁路工程中，路基密实度很高，后期若需轨道下顶管敷设电缆时非常困难，一般在路基工程实施过程中预留过轨管线。

路基需考虑接触网预留基础位置与电缆沟槽间的匹配布置、综合接地在路基上设置与预埋等接口设计。预埋过轨需考虑过轨管的规格、型号、材质，并考虑与电缆槽的顺接。

实施过程中，接触网根据需要向路基提供过轨管线的位置及管线的直径、材质等要求。

33.1.3 轨 道

轨道的轨面标高、外轨超高等，是与接触网专业相关的重要基础参数，接触网需根据这方面参数进行精确计算与施工安装。

轨道的精测网布置与接触网专业存在接口，其棱镜支座设置不得影响接触网补偿装置的正常工作，遇有接触网补偿装置时需做协调处理。

轨道的结构型式有无砟、有砟两大类。在有砟线路区段，工务维护部门往往需要大型养路机械作业，接触网支柱侧面限界的设置需要满足大型养路机械作业的需要，一般不得小于 3.1 m。在无砟轨道区段，不需要考虑大型沿路机械作业问题，因此，接触网支柱侧面限界满足机车车辆限界即可。在有砟轨道区段，因工务养护作业后，轨面标高都可能产生变化，因此，若支柱采用预留孔设计，必须为后期轨面标高变化预留调节量；对于无砟轨道，路基、轨道稳定，支柱预留孔设置可不考虑标高变化。

轨道的结构高度、轨面至路肩面高度直接影响接触网支柱高度的选择，接触网在满足功能需要的前提下，支柱高度需尽可能小，以节省工程投资。

33.1.4 桥 梁

接触网是沿线路、露天布置的无备用供电系统。接触网系统状态受气象条件影响较大。如温度变化，可以引发附加导线的弛度变化及腕臂偏移量的变化；覆冰可引起凝冻，引发导线悬挂系统单重的变化等。因此，接触网工程必须考虑气象条件变化的影响。桥梁专业需统筹调查风速、雪、覆冰、气温等接触网专业所需气象资料。

桥梁区段接触网相关接口工程包含桥梁上接触网支柱基础、下锚拉线基础预留、桥梁综合接地线设置与预埋，高、低压电缆上桥所需的电缆桥架、电缆槽、预留孔设置等。跨线桥区段接触网相关接口工程包括跨线桥净空及限界确定、跨线桥结构预埋、跨线桥绝缘防护设施、跨线桥接地设置等。

桥梁专业需考虑桥梁、桥墩、跨线桥等接触网相关设施如基础、开关检修平台、下锚等的受力计算，桥面布置或桥墩布置需考虑接触网基础相对线路中心横向位置、基础标高等。桥梁接触网接口见图 33.2 ~ 图 33.5。

图 33.2 桥梁接触网支柱基础 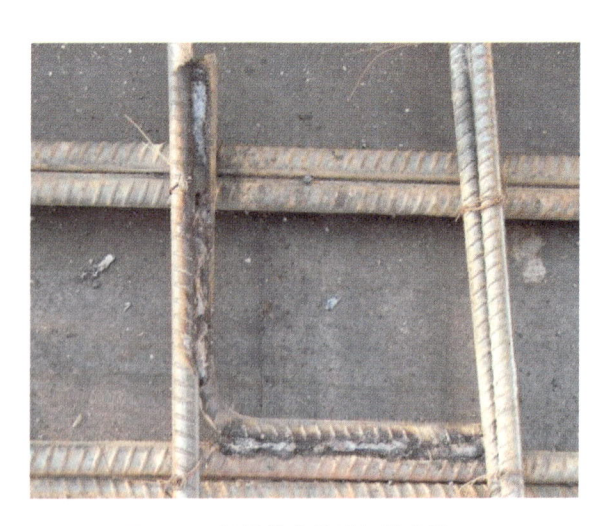　　　　　　　　图 33.3 桥梁综合接地钢筋连接

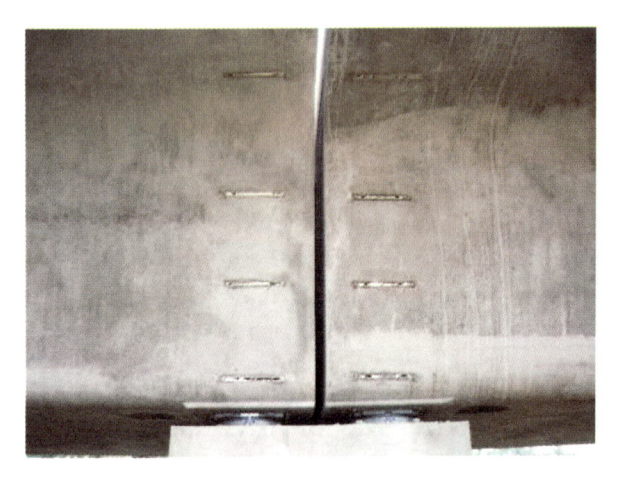

图 33.4 桥梁电缆桥架预留槽道 　　　　　　　图 33.5 桥梁电缆上桥预留锯齿槽

既有线电气化改造工程，接触网需要向桥梁专业提供支柱基础或下锚拉线位置及荷载要求，由桥梁专业对既有桥梁是否可以承受接触网荷载进行检算，若能满足接触网荷载要求，由接触网通过后置锚栓将基础或基础托架与桥墩进行连接；若不能满足接触网荷载要求，由桥梁进行加固处理。

新建普速铁路和部分城际铁路一般采用简支 T 梁结构，接触网支柱立于桥墩处。桥梁向接触网提供大中桥表（含孔跨长度、墩台里程）、小桥表、涵洞表、桥梁结构横断面尺寸等资料，接触网依据上述资料，结合线路平、纵断面图进行接触网平面布置，确定每座桥梁的支柱基础和拉线基础设置位置，并根据选定的接触网系统计算荷载要求，汇总成桥梁的接触网预留要求，提供桥梁，由其完成新建桥梁的基础预留。

新建高速铁路和部分城际铁路一般采用整体箱梁，接触网支柱一般设置在箱梁的翼缘板处。桥梁向接触网提供大中桥表（含孔跨长度、墩台里程）、小桥表、涵洞表、桥梁结构横断面尺寸等资料。接触网依据上述资料，结合线路平、纵断面图进行接触网平面布置，确定每个桥梁的支柱基础和拉线基础设置位置，并根据选定的接触网系统计算荷载要求，汇总成桥梁的接触网预留要求提供桥梁，由其完成新建桥梁的基础预留。为便于接触网基础在箱梁上的预制，基础预留位置要尽量统一，比如一般设置在桥梁的 1/4 处或 3/4 处。为减少后期对桥墩的改造，需要设电缆上下桥的工点，宜在桥墩侧面预埋槽道；需要供电电缆上桥的桥梁，箱梁预制时需在翼缘板处预留电缆上桥孔，且需在梁底下预留安装电缆桥架的槽道。

桥梁需负责桥梁上接触网特殊基础（如硬横跨基础）、特殊结构（如跨线钢构桥梁上预留结构）、大型结构（如硬横跨结构），接触网负责提供接触网工程位置及荷载参数。

33.1.5 隧　道

隧道断面型式是隧道内接触网专业的基础资料，接触网设计首先根据隧道断面结构型式，选定合适的悬挂支持结构型式和下锚及补偿装置型式，常用的悬挂支持结构有三角腕臂结构型式，净空较小的断面常用的有整体腕臂、弓形腕臂和水平悬挂类型；常用的补偿装置型式有滑轮组型式、棘轮型式或弹簧补偿型式。根据隧道内接触网的平、立面布置结果，确定隧道内荷载要求、局部加高加宽要求以及预留下锚洞、开关洞、梯车洞等要求。隧道内接地网布置需统筹考虑接触网接地要求。

新建铁路隧道内接触网结构安装件一般采用预埋槽道方式，由隧道按接触网要求预留，一般在隧道二次衬砌过程中实施，工程完成后，外露槽道表面与二次衬砌表面齐平，槽道锚杆与二次衬砌内的结构钢筋可靠机械连接，与接地钢筋网可靠电气连接。这种方式的优点是便于高铁接触网大荷载的受力分散，且便于后期调整。隧道预埋槽道见图33.6。

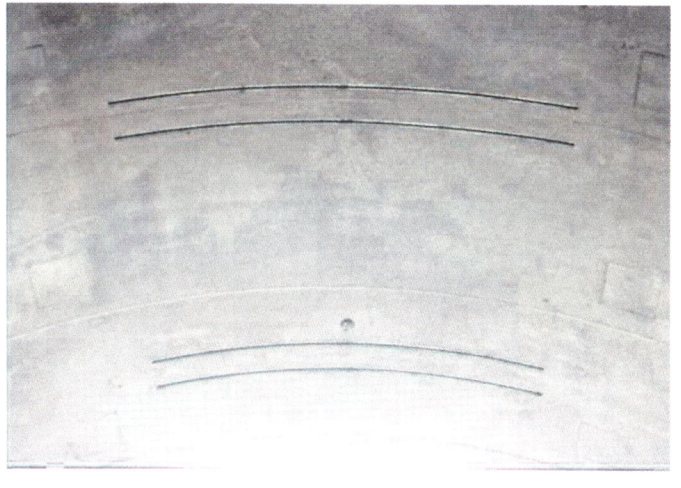

（a）台车上固定预埋槽道　　　　　　　　　（b）隧道顶槽道预埋后效果

图 33.6　隧道预埋槽道

既有铁路电气化改造的隧道内，接触网一般采用后置锚栓方式，隧道需负责后置处衬砌结构条件的测量、计算与评估。根据接触网平面布置的需要，通过打孔植入后置锚栓来完成接触网结构连接件的锚固连接。隧道存在病害时需在隧道整治完成后实施。

隧道内下锚补偿装置及坠砣接口工程中，高速铁路接触网一般采用矩形坠砣，其结构尺寸、安装方式除满足接触网系统要求外，还不能超出救援通道允许局部占用的范围。同时，为了避免补偿装置偏磨、卡滞等问题，坠砣限制架可设置导向轮。隧道内其他线缆在补偿装置处须采取绕避措施，一般采取从补偿装置与隧道拱墙间通过的方式。

当隧道内需要敷设电缆时，需与隧道配合，合理确定电缆悬挂高度，并提供电缆过轨位置及相关要求。

电缆的敷设及过轨需重点考虑敷设的弯曲半径。接触网负责电缆过轨或转弯的设置，其弯曲半径一般不小于 20D（D 为电缆直径），电缆头一般需在两端转弯处固定，保证电缆头不受弯曲外力。

33.1.6 站 场

33.1.6.1 站场平面布置

站场在确定站场总平面布置前，一般需要各个相关专业提供对站场设计的要求。

站场提供给接触网站场或车场的平面布置图，包含线间距、电化股道表、径路类型（是否通行超限货物列车）、道岔坐标表、道岔类型、道岔选用图号、信号机、各种管线、天桥、地道、涵洞、站台及雨棚位置等。

站场建筑布置需考虑接触网立柱对线间距的要求、站场接触网平面布置、支柱基础及与雨棚柱、站房主合架、反向行车时车站八字渡线、单渡线与接触网匹配设置等接口设计。为方便道岔处接触网定位，道岔一般不得设置在桥梁上或跨线建筑物下；大型车站每隔最多 8 条股道或每隔 40 m 留出满足接触网立杆条件的线间距，并避免接触网柱与排水沟、管道等发生干扰。

33.1.6.2 供电工区设置要求

站场专业需满足供电工区或综合维修工区设置要求，包括工区位置及场地需求面积；供电工区引入段管线数量及长度；段管线设置应满足快捷出入车的要求，段管专用线旁应设置小型站台，便于机具、设备、材料装卸作业。供电工区需引入公路，可供抢修汽车或电力工程抢修车出入。

33.1.7 跨线建筑物

依据建筑限界和接触网方案进行净空高度计算。净空高度需满足接触网最小结构高度要求以及正馈线、保护线、架空地线通过时的绝缘距离要求。

接触网专业向桥梁或房建（结构）专业提出天桥等跨线建筑净空高度要求。

桥梁或房建（结构）专业根据接触网要求在天桥、高架站房设计时考虑轨面以上净空高度或接触网悬挂定位条件。

33.1.8 建筑与结构

33.1.8.1 供电工区

房建专业根据供电工区的关于定员及房屋等方面的要求，负责供电工区的办公、检修库、停车库等房屋设计，厕所、职工宿舍等由房建根据规定按定员统一考虑，供电工区按规定设置防火设备。

33.1.8.2 雨棚接口

房建专业需向接触网专业提供雨棚区域的平面图、立面图和剖面图。

雨棚区域平面图的柱网分布是接触网平面设计的重要输入资料，根据柱网分布，首先确定需要合架的柱网位置，然后根据不同位置柱网接触网悬挂结构型式，如中间柱、转换柱、锚柱等，计算雨棚柱的荷载，并提供房建进行受力检算并统筹设计。接触网与雨棚柱合架可采取在雨棚柱侧面预留接触网腕臂底座、接触网下锚底座；雨棚柱顶预留硬横梁柱底座等。各项预留件由站房单位实施，预留零件的材质及防腐要求由接触网提出要求。雨棚的排水或雨棚沿高度应避免和接触网腕臂站房建筑需考虑站台雨棚或雨棚柱合架、雨棚及高架站房的综合接地设置与预埋。

33.1.8.3 特殊结构接口

房建专业需负责接触网特殊基础（如路基基础）、特殊结构（如站房、车库结构上预留基础或连接件等）、大型结构（如硬横跨结构）的工程设计，接触网专业负责提供接触网工程要求及荷载数据，并分别由各土建工程的主体专业实施。

33.2 "四电"接口

"四电"是指电气化（包括牵引供电、牵引变电、接触网、供电维修等专业）、信号、通信、电力，各专业接口要求包括以下主要内容。

33.2.1 牵引供电

1. 牵引网供电方式

牵引网供电系统采用带回流线的直接供电方式或自耦变压器供电方式即 AT 供电方式，两种牵引网的结构型式是不一样的，对接触网的影响主要体现在附加导线及供电线等的设置，具体采用何种供电方式需经供电结合接触网综合比选确定。接触网参与供电方式的比选研究，根据工程特点向供电提供所比选供电方式的可实施性及工程投资。

2. 牵引变电所、分区所分布方案

供电计算根据行车、站场、机车或动车组、线路等资料，确定牵引变电所、分区所、AT 所及电分相位置的分布方案。变电依据初步的牵引变电设施分布方案，确定牵引变电设施的平面位置，接触网依据变电确定的牵引变电设施位置，结合线路的平、纵断面图以及供电线路径初选接触网电分相的位置。由于牵引变电设施位置受地形、洪水位及征地等因素影响；接触网供电线路径受地形限制；电分相位置受线路坡度、列车功率及信号机位置等因素影响。因此，电分相位置需要供电、接触网、行车、线路、站场、信号等相关专业共同协商确定，并且随着设计阶段和工程进展的深入可能要重复上述的配合过程，以确保在满足供电要求的前提下，牵引变电设施和接触网设施设置方案合理可行。

3. 线材选择

线材的选择包含三个要素：材质、截面和张力。供电计算需校核线材的载流能力，偏重于线材电气性能，即材质和截面；接触网在电气性能的基础上校验线材的机械性能，即导线张力。两个专业共同配合，一同选定线材型号。

一般由供电提供接触网线材的材质及截面，接触网确定线材的额定张力或最大张力。

4. 供电分段原则

供电分段主要包括牵引供电系统的供电分区划分以及电分段位置、电分相位置、馈线数量及馈线走向等。区间供电臂长度一般由供电计算根据系统计算确定。站场枢纽供电分区划分及供电分段设定，一般由供电根据车场分布及功能并结合接触网的站内分场分束原则确定。

一般由供电确定供电分段原则，接触网细化并具体落实。

5. 牵引网特征电流值

一般由供电计算确定，作为接触网专业选择隔离开关等设备参数的依据。

33.2.2 牵引变电

1. 牵引变电所、分区所、AT 所及开闭所平面布置

牵引变电所、分区所、AT 所及开闭所平面布置包含围墙位置、馈线间隔、馈线走向、接地系统等。

牵引变电与接触网的分工一般以围墙为分界，围墙的位置为接触网供电线、回流线的起点。

馈线间隔分布是接触网系统供电线、回流线设计的基础，接触网供电线设计必须与变电馈出线设计进行的良好衔接，避免馈线间出现相互交叉的问题。

2. 接触网开关位置及数量

接触网开关的位置及数量，由接触网专业根据供电分段原则及运营维护需要确定。接触网开关的位置尽量靠近牵引变电设施及车站等电源、通信通道容易引入的地点，接触网开关控制纳入牵引变电设施统一实施。

一般由接触网专业向牵引变电专业提供电动隔离开关的位置及数量，由牵引变电专业完成电动隔离开关的控制设计，并向有关专业提出相应的用电及通信要求。

33.2.3 信 号

1. 信号机位置

车站附近设置电分相时，电分相距离邻近信号机距离需满足《轨道交通 客运列车断电过分相系统相互匹配准》（GB/T 36981）的要求。

区间信号机和接触网的区间支柱都是沿铁路线路贯通布置的固定构筑物，两者距离线路中心的距离相近，需协调配合避免接触网支柱等设施遮挡信号机。信号专业需向接触网专业提供区间信号机位置，接触网支柱设计尽量躲避与区间信号机位置应相互协调立杆，原则上接触网支柱距离与区间信号机支柱距离不得小于 5 m，且信号机避免位于在中心锚结下锚、接触悬挂下锚跨内。

2. 扼流变中性点位置及连接原则

根据牵引电流回流的需要，接触网需设置吸上线。在有轨道电路的区段，吸上线与信号扼流变中性点的连接，两吸上线的距离，满足信号轨道电路传输及安全可靠运行的需要。一般由接触网向信号提供吸上线设置（间隔、位置）要求。信号专业根据接触网专业提供的吸上线位置要求，结合信号系统要求设置扼流变或空扼流变，并向接触网专业提供扼流变设置具体里程。

3. 过分相控制数据

在采用列控系统的铁路中，列车自动过分相一般通过列控系统获取列车位置信息。接触网专业向信号专业提供需机车强制断电点及恢复送电点的里程，信号专业根据接触网专业提供的里程，合理设置应答器，实现列车自动过分相功能。信号专业根据确定的分相里程设置相应的自动过分相应答器组。

33.2.4 通 信

关于隧道外接触网支柱挂设通信设施问题，由通信专业提出挂设通信设施的区段及挂设荷载，接触网专业根据通信提供的资料计算支柱荷载并预留支柱容量和挂设位置。通信设施附挂需要取得相关主管部门批准。

供电或接触网工区设铁路地区电话、电调电话各 1 部（均安装在值班室，电调电话为录音电话），由供电维修专业或接触网专业提出需求，通信专业实施。

33.2.5 电 力

接触网专业根据接口要求，提出沿线需要电力供电的接触网隔离开关位置和电源要求，电力专业负责设置牵引变电无法供电的接触网开关的电源电缆，例如区间隧道口、隧道内等工点。

铁路电力系统需满足供电工区等维修机构的用电要求，包括供电维修机构的位置、数量、用电功率等，由电力负责完成相关供电工程。

33.3 其他专业接口

1. 经济与运量

最大货物装载由经济与运量调查研究确定，作为接触网接触线高度确定的依据。接触网导线高度的确定需满足最大货物装载高度下的绝缘间隙要求，一般情况下，接触线处于最低高度时，距离货物最大装载高度不小于 350 mm。

2. 行车

行车专业确定的线路速度目标值，是接触网系统设计重要依据。根据不同的速度目标等级，接触网设计将选取不同的系统型式、技术参数及材料、设备等。

接触网电分相的设置需与信号系统协调一致，保证列车在符合铁路局任何运行规定情况下都能正常惰性通过无电区。接触网向行车和信号提供电分相设置的位置及无电区长度、正反断标位置，由行车结合机车类型及牵引力等对过分相能力进行检算，并根据检算结果向牵引供电、接触网提出调整意见，由接触网、牵引供电根据调整意见进行调整并与行车和信号等专业再次确认电分相位置，通过交互式反复调整协同设计，确定合理的电分相位置。

3. 信息

防灾系统设计中，信息专业往往需要在接触网支柱上加挂风速计、雨量计等，接触网专业在支柱设计中需预留条件并协调好安装位置及安装方式。

4. 暖通

暖通专业需根据供电工区等维修机构的要求设置空气调节、采暖通风及防火设施。

5. 给排水

排水专业需根据供电工区等维修机构的位置及规模按规定设置生产、生活用水设施及相关排水设施；汽车库、作业车库配备冲洗设施。

6. 机务

机务段、折返段内的接触网要考虑机务作业及检修的需求，一般在段外机走线上设置电分段和隔离开关，将机务段、折返段作为一个独立供电分区供电，段内接触网挂网范围、供电分区或分束、悬挂方式、支持结构型式、电分段及隔离开关的设置，由机务专业提出需求，接触网专业实施。

7. 机械

在有龙门吊的车站或装卸厂相关股道需要电化时，由机械专业向接触网专业提供与电化股道相关的龙门吊限界、净高及作业空间范围等资料，接触网设计时需统筹考虑，在接触网悬挂影响装卸作业时可采取移动接触网方案。

机械专业根据供电工区等维修设施的要求，统筹完成综合维修设施的配置。

8. 车辆

车辆检修库内接触网的设计要考虑车辆作业及检修的需要，一般将检修库作为一个独立供电分区供电，库内接触网挂网范围、悬挂方式、支持结构型式、电分段及隔离开关的设置，由车辆专业提出需求，接触网专业实施。

9. 环保

环保的声屏障和接触网系统的支柱均设置在线路外侧，两者的位置应相互协调，以避免安装过程中位置冲突。由主体土建专业牵头（桥梁地段由桥梁专业牵头，路基地段由路基专业牵头等），完成声屏障与接触网支柱的协调工作。

通常情况下，路基上设置声屏障时，声屏障设于路肩边缘处、外绕接触网支柱。桥梁声屏障设于桥面系人行道栏杆处，在有接触网坠砣的地方，注意声屏障设置不能影响接触网坠砣自由行程。

10. 电力机车、动车组

电力机车、动车组类型，动车组编组方式，受电弓类型、同时受流受电弓数量、受电弓间距及多弓间有无电气连接等情况对牵引供电系统方案、接触网电分段、弓网受流性能有很大的影响。牵引供电和接触网专业需结合行车专业、机车或动车专业提供的上线运行的电力机车或动车组牵引特征参数、运行方式、列车类型和受电弓布置进行相关设计。

参考文献

[1] 曹建猷. 电气化铁道供电系统 [M]. 北京：中国铁道出版社，1983.

[2] 吴命利. 电气化铁道牵引网的统一链式电路模型 [J]. 中国电机工程学报，2010，28(28)：52-58.

[3] 景德炎. 电气化铁路的负荷特性及电能质量分析 [J]. 中国标准化，2010(12)：18-22.

[4] 胡海涛，何正友，张民，等. 高速铁路全并联 AT 供电系统串联谐振分析 [J]. 中国电机工程学报，2012，32(13)：52-60.

[5] 吴命利. 牵引供电系统电气参数与数学模型研究 [D]. 北京：北京交通大学，2006.

[6] 缪耀珊. 交流电气化铁道的钢轨对地电位问题 [J]. 电气化铁道. 2007(4)：1-6.

[7] 邓云川，综合接地系统钢轨电位及电流分布的分析 [J]，铁道标准设计，2009:153-156.

[8] 陈屹，邓云川，遂渝线无砟轨道综合接地系统钢轨电位及电流分布分析 [J]，铁道工程学报．

[9] 克莱顿 R. 保罗. Analysis of Multiconductor Transmission Lines 2nd Edition[M]. 杨晓宪，郑涛，译. 北京：中国电力出版社，2013.

[10] 铁道部电气化工程局电气化勘测设计院. 电气化铁道设计手册——牵引供电系统 [M]. 北京：中国铁道出版社，1988.

[11] 景德炎. 客运专线电气化技术标准探讨 [J]. 电气化铁道，2006(10)：323-329.

[12] 康．古．马克瓦尔特. 电气化铁路供电 [M]. 袁则富，何其光，译. 峨眉：西南交通大学出版社，1987.

[13] 辛成山. AT 供电系统等值电路推导方法 [J]. 电气化铁道. 1999(1)：17-20.

[14] 刘士璋. 铝绞线钢芯铝绞线交直流电阻及载流量的计算 [J]. 电线电缆，1988(6)：6-12.

[15] 章熙民，任泽霈，梅飞鸣. 传热学 [M]. 北京：中国建筑工业出版社，2007.

[16] Kie Bling，Puschmann，Schmieder. 电气化铁道接触网 [M]. 中铁电气化局集团有限公司译. 北京：中国电力出版社，2004

[17] 马国栋. 电线电缆载流量 [M]. 北京：中国电力出版社，2003：4-7.

[18] 邓云川. 武广客运专线牵引网载流能力确定 [J]. 高速铁路技术，2010(4)：21-25.

[19] 中国电力工程顾问集团有限公司，中国能源建设集团规划设计有限公司. 电力工程设计手册 [M]. 北京：中国电力出版社，2000.

[20] 中国国家铁路集团有限公司．电气化铁路 AT 供电方式故障测距装置：Q/CR 686—2018[S]. 北京：中国国家铁路集团有限公司，2018.

[21] 中国国家铁路集团有限公司. 牵引供电系统继电保护配置及整定计算技术导则：Q/CR 687—2018[S]. 北京：中国国家铁路集团有限公司，2018.

[22] 中国国家铁路集团有限公司. 牵引变电所辅助监控系统暂行技术条件：TJ/GD 025—2018[S]. 北京：中国国家铁路集团有限公司，2018.

[23] 中国国家铁路集团有限公司. 牵引变电所辅助监控系统技术规范：Q/CR 1029—2024[S]. 北京：中国国家铁路集团有限公司，2024.

[24] 钱清泉. 电气化铁道微机监控技术 [M]. 北京：中国铁道出版社，2000.

[25] 钱清泉，高仕斌，何正友，陈奇志，等. 中国高速铁路牵引供电关键技术 [J]. 中国工程科学，2015(4)：9-20.

[26] 中国铁路设计集团有限公司. 智能牵引供电系统关键技术研究[R]. 天津：中国铁路设计集团有限公司，2017.

[27] 中铁二院工程集团有限责任公司. 基于 IEC61850 标准的智能化牵引变电技术应用研究 [R]. 成都：中铁二院工程集团有限责任公司，2015.

[28] 中铁二院工程集团有限责任公司. 高地震、高海拔地区牵引变电电气设备与布置的适应性研究 [R]. 成都：中铁二院工程集团有限责任公司，2013.

[29] 中铁二院工程集团有限责任公司. 高海拔地区牵引变电所亭设计修正导则 [R]. 成都：中铁二院工程集团有限责任公司，2018.

[30] 戚广枫. 高速铁路接触网安全及可靠性研究 [M]. 成都：西南交通大学出版社，2012.

[31] 戚广枫，辛成山. 高速铁路牵引网电压电流分布及其综合接地 [M]. 成都：西南交通大学出版社，2012.

[32] 戚广枫，张育明，李红梅. 中国第一条长大高速铁路干线武广高铁技术创新工程丛书. 电气化与电力工程 [M]. 武汉：湖北科学技术出版社，2015.

后 记

《电气化铁路概论》以电气化专业技术科普读物形式，就要与读者见面了。电气化在中国铁路飞速发展的历程中，经过一代代电气化人的艰苦创业和不懈奋斗，使电力牵引逐渐成为了中国铁路运输的主导力量，承载了中国高速铁路、重载铁路发展的腾飞和辉煌，在中国铁路发展史上留下了浓墨重彩的华章。

中国电气化铁路从无到有，从弱到强，从跟随到引领，凝聚了一代代电气化人的汗水和梦想。从西南交通大学教授曹建猷院士奠基单相工频 25 千伏交流供电制式以来，电气化人才开枝散叶，精英辈出，电气化事业在艰难曲折中顽强前行，在国家改革开放的伟大历史时期获得了飞速的发展，运营里程不断刷新历史纪录，特别是近二十年借着高铁建设的东风，获得了爆炸式的发展，创造了连续几年每年建成约 10 000 千米的空前绝后的世界纪录，经过一代代电气化人 60 多年的艰苦奋斗，使我国电气化铁路总里程及技术标准、运营管理水平，都登上了世界巅峰，成为名符其实的电气化铁路大国和电气化铁路强国。

电气化与铁路众多专业及电力等部门有着十分紧密的联系，随着铁路电气化率的大幅提高，电气化获得了全面普及式发展，在铁路各专业及电力等部门宣传电气化铁路基础知识和专业接口协调配合技术，十分迫切和重要，具有重要的现实意义。

本书在编写过程中，得到了国铁集团有关部门和有关设计院、工程局、铁路局的大力支持和帮助，为我们提供了许多珍贵的资料，主编人员多次深入现场走访、调研、拍摄，寻找先人的足迹，特别去了电气化铁路的诞生地宝鸡秦岭地区，分别参观了宝凤段灵官峡宝成铁路文化体验馆、秦岭站宝成精神陈列馆、宝鸡供电段宝成电气化陈列馆、宝鸡机车维修段宝成电气化陈列馆、宝鸡电气化器材厂，深切感受到了那段历史的厚重和辉煌。还通过各种渠道收集、咨询国外电气化铁路资料，力争内容准确、丰富、全面、翔实。由于第一条电气化铁路宝成线建设年代久远，设计、建设单位几经变迁，以及国外电气化铁路发展时间跨度大，宝凤段和国外电气化资料零散且缺乏完整的官方权威渠道，许多资料还存在着零碎、模糊，个别甚至可能还存在着偏差的缺憾，期待以后能更好地补充和完善。

期望本书的出版发行，能够在铁路相关专业中普及电气化铁路基础知识，并妥善协调好电气化与相关专业和电力等部门的接口及配合，使之规范化、标准化，从而提高电气化铁路的系统性和整体水平；并有利于电气化创新精神和专业技术的传承，更好地推动电气化铁路技术的进步，为中国铁路事业的发展和服务社会做出更大的贡献。